Prague
et ses environs

Cofondateurs : Philippe GLOAGUEN et Michel DUVAL

Directeur de collection et auteur
Philippe GLOAGUEN

Rédacteurs en chef adjoints
Amanda KERAVEL
et Benoît LUCCHINI

Directrice de la coordination
Florence CHARMETANT

Directrice administrative
Bénédicte GLOAGUEN

Directeur du développement
Gavin's CLEMENTE-RUIZ

Conseiller à la rédaction
Pierre JOSSE

Responsable voyages
Carole BORDES

Direction éditoriale
Élise ERNEST

Rédaction
Isabelle AL SUBAIHI
Emmanuelle BAUQUIS
Mathilde de BOISGROLLIER
Thierry BROUARD
Marie BURIN des ROZIERS
Diane CAPRON
Véronique de CHARDON
Laura CHARLIER
Fiona DEBRABANDER
Anne-Caroline DUMAS
Éléonore FRIESS
Géraldine LEMAUF-BEAUVOIS
Olivier PAGE
Alain PALLIER
Anne POINSOT
André PONCELET

2019/20

hachette

TABLE DES MATIÈRES

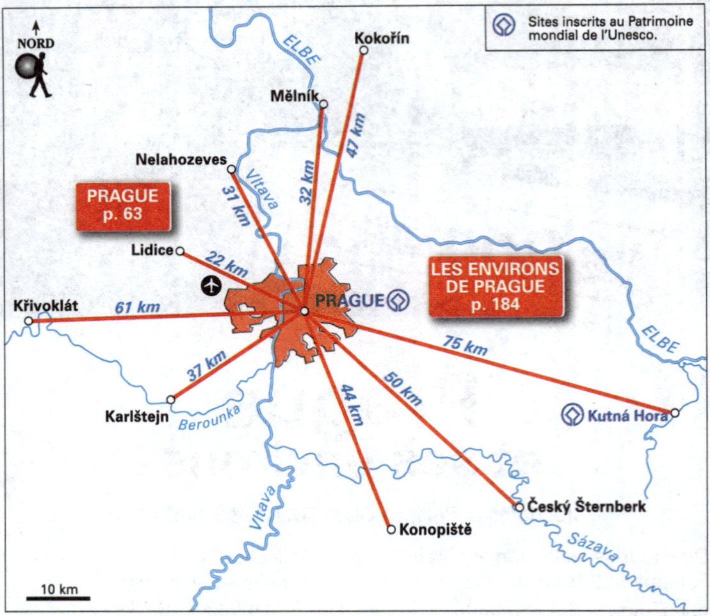

PRÉAMBULE

COMMENT Y ALLER ? 36

PRAGUE UTILE 43

Important : dernière minute

Sauf rares exceptions, le *Routard* bénéficie d'une parution annuelle à date fixe. Entre 2 dates, des événements fortuits (formalités, taux de change, catastrophes naturelles, conditions d'accès aux sites, fermetures inopinées, etc.) peuvent modifier vos projets de voyage. Pour éviter les déconvenues, nous vous recommandons de consulter la rubrique « Guide » par pays de notre site • *routard.com* • et plus particulièrement les dernières ***Actus voyageurs.***

☎ **112 :** c'est le numéro d'urgence commun à la France et à tous les pays de l'UE, à composer en cas d'accident, agression ou détresse. Il permet de se faire localiser et aider en français, tout en améliorant les délais d'intervention des services de secours.

Vue de la Vltava et de ses ponts depuis le parc Letná

LA RÉDACTION DU ROUTARD

(sans oublier nos 50 enquêteurs, aussi sur le terrain)

Thierry, Anne-Caroline, Éléonore, Olivier, Alizée, Pierre, Benoît, Alain, Fiona, Emmanuelle, Gavin's, André, Véronique, Bénédicte, Jean-Sébastien, Mathilde, Amanda, Isabelle, Géraldine, Marie, Carole, Philippe, Florence, Anne.

La saga du *Routard* : en 1971, deux étudiants, Philippe et Michel, avaient une furieuse envie de découvrir le monde. De retour du Népal germe l'idée d'un guide différent qui regrouperait tuyaux malins et itinéraires sympas, destiné aux jeunes fauchés en quête de liberté. 1973. Après 19 refus d'éditeurs et la faillite de leur 1re maison d'édition, l'aventure commence vraiment avec Hachette. Aujourd'hui, le *Routard,* c'est plus d'une cinquantaine d'enquêteurs impliqués et sincères. Ils parcourent le monde toute l'année dans l'anonymat et s'acharnent à restituer leurs coups de cœur avec passion.

Merci à tous les Routards qui partagent nos convictions : liberté et indépendance d'esprit ; découverte et partage ; sincérité, tolérance et respect des autres.

NOS SPÉCIALISTES PRAGUE

André Poncelet : Bruxellois, biberonné aux aventures de *Tintin* et de *Bob Morane,* il trace la route dès ses 17 ans. Après une carrière dans le livre, il participe au 1er *Routard* consacré à son pays. Ciseleur de mots et arpenteur de méridiens, il n'a de cesse de communiquer ses coups de cœur tant pour les cités au riche patrimoine que pour les grands espaces.

Fabrice de Lestang : il s'est longtemps levé bien tard puis a subitement réalisé, à 22 ans, que la vie c'est le mouvement. Régisseur sur les plateaux de tournage 7 jours sur 7, il est passé avec bonheur des décors de studio aux paysages réels. Au *Routard* depuis plus de 20 ans, il se lève désormais très tôt et affiche plus de 130 voyages au compteur.

Claude Hervé-Bazin : passionné d'îles perdues et de nature très sauvage, il décline le voyage et l'écrit depuis l'âge de 17 ans. Un métier ? Non, une pulsion qui pousse à additionner les heures de vol, les road trips et les formules de politesse (dans toutes les langues) pour vérifier si l'herbe est plus verte ailleurs, si les couettes sont plus douillettes et les hommes plus heureux.

UN GRAND MERCI À NOS AMI(E)S SUR PLACE ET EN FRANCE

Pour cette nouvelle édition, nous remercions particulièrement :

- **Marie Muchova** de Czech Tourism à Paris ;
- **Alicia, Jan et Patrick** de l'équipe d'Avantgarde Prague ;
- **Thomas Bacher,** pour ses excellentes adresses et ses bons tuyaux ;
- **Pierre Dupont,** pour son expérience de *geek* spécialisé en transports en commun.

Pictogrammes du Routard

Établissements

- Hôtel, auberge, chambre d'hôtes
- Camping
- Restaurant
- Terrasse
- Pizzeria
- Boulangerie, sandwicherie
- Pâtisserie
- Glacier
- Café, salon de thé
- Café, bar
- Bar musical
- Club, boîte de nuit
- Salle de spectacle
- Boutique, magasin, marché

Infos pratiques

- Office de tourisme
- Poste
- Accès Internet
- Hôpital, urgences
- Adapté aux personnes handicapées

Sites

- Présente un intérêt touristique
- Point de vue
- Plage
- Spot de surf
- Site de plongée
- Recommandé pour les enfants
- Inscrit au Patrimoine mondial de l'Unesco

Transports

- Aéroport
- Gare ferroviaire
- Gare routière, arrêt de bus
- Station de métro
- Station de tramway
- Parking
- Taxi
- Taxi collectif
- Bateau
- Bateau fluvial
- Piste cyclable, parcours à vélo

Tout au long de ce guide, découvrez toutes les photos de la destination sur • *routard.com* • Attention au coût de connexion à l'étranger, assurez-vous d'être en wifi !

Le *Routard* est imprimé sur un papier issu de forêts gérées.

I.S.B.N. 978-2-01-706715-3

NORD
0 200 400 m
HRADČANY
MALÁ STRANA
Château royal
Cathédrale Saint-Guy
Palais Sternberg
Palais Schwarzenberg
Notre-Dame-de-Lorette
Palais Wallenstein
St-Nicolas
Vlašská
Palais de l'Ordre de Malte
Musée national de la Musique
Abbaye de Strahov
Musée Franz Kafka
KARLŮV MOST
Pont Charles
Île de Kampa
Musée Kampa
Vrtbovská zahrada
Lobkovická zahrada
Petřínské sady
Kinského zahrada
Stadion Strahov
Střelecký ostrov
Slovanský ostrov
Dětský ostrov
MOST LEGIÍ
JIRÁSKŮV MOST
Dejvická
Hradčanská
Malostranská
VÍTĚZNÉ NÁMĚSTÍ
NÁM. SVOBODY
HRADČANSKÉ NÁM.
MALOSTRANSKÉ NÁM.
MALTÉZSKÉ NÁM.
NÁMĚSTÍ KINSKÝCH
ARBESOVO NÁM.
Evropská
Československé armády
Milady Horákové
Mariánské hradby
Nerudova
Karmelitská
Újezd
Strahovský tunel
Vaníčkova
Holečkova
Švédská
Na Hřebenkách
Zborovská
Janáčkovo nábřeží
Matoušova
V botanice
Mostecká
Letenská
Valdštejnská
Thunovská
Loretánská
Úvoz
Pohořelec
Strahovská
Keplerova
Jelení
U Brusnice
Patočkova
Chotkova
Badeniho
Pelléova
Pod Kaštany
Wintra
Bubenečská
Sibeliova
Jaselská
Dejvická
Václavkova
Svatovítská
Kafkova
Generála Píky
Gymnasijní
Slunná
Na Ořechovce
Dělostřelecká
Pod hradbami
Tychonova
Na valech
Mickiewiczova
Gogolova
Na baště
Pod Chotkovem
Hládkov
Parléřova
Dlabačov
Nový Svět
Černínská
Kapucínská
Kanovnická
Ke Hradu
Zám. schody
Tomášská
Míšenská
Cihelná
Hellichova
Nosticova
Na Kampě
U Sovových mlýnů
Všehrdova
Říční
Vítězná
Plaská
Petřínská
Vodní
Malátova
Kroftova
Drtinova
Štefánikova
Preslova
Chaloupeckého
Jezdecká
Šermířská
Zapova
U Plátenice
Pěší

LETNÁ
Letenské sady
Vltava
JOSEFOV
NOVÉ MĚSTO
STARÉ MĚSTO
VINOHRADY
Galerie nationale d'Art moderne
Vltavská
Couvent Ste-Agnès
Musée des Arts décoratifs
Synagogue Vieille-Nouvelle
Synagogue espagnole
Cimetière juif
Hôtel de ville juif
Synagogue Pinkas
Palais Kinský
Ungelt
St-Jacques
Hôtel Paříž
Maison municipale
Musée historique
Florenc
Staroměstská
Mariánské náměstí
N.-D.-du-Týn
Hôtel de ville
Place de la Vieille-Ville
Tour poudrière
Náměstí Republiky
Synagogue de Jérusalem
Na příkopě
Musée du Communisme
Můstek
Hlavní nádraží
Tête de Kafka
Národní třída
Théâtre national
Muzeum
Église du Sacré-Cœur
Maison dansante
Karlovo náměstí
I. P. Pavlova
Náměstí Míru
Korunovační
Milady Horákové
Edvarda Beneše
Dvořákovo nábřeží
Revoluční
Celetná
Hybernská
Václavské náměstí
Národní
Masarykovo nábřeží
Vinohradská
Wilsonova
Washingtonova
Ječná
Resslova

PRAGUE

L'horloge astronomique, place de la Vieille-Ville

« À Prague, sur les marchés, au temps du communisme et de la disette, on croisait des Tchèques sans provisions. »
Marc Hillman (humoriste)

Prague, « la capitale magique de l'Europe » comme l'écrivait André Breton, a cette capacité de transporter celui qui la découvre au sommet d'une **exaltation romantique.** C'est en effet une ville empreinte de magie, non seulement par la présence légendaire des **alchimistes** au XVIe s mais surtout par la trace de plusieurs cultures qui se sont entremêlées en ses murs notamment celle de la communauté juive très présente dans le quartier de Josefov, dans la vieille-ville.

Blottie dans les méandres de la Vltava, tour à tour ville royale, cité impériale, bourgade provinciale assoupie puis capitale renaissante d'un État moderne, Prague s'est façonnée une image de **mère des villes,** accumulant en couches successives un patrimoine architectural et artistique incomparable.

Les musiques de **Mozart, Dvořák** et **Smetana** hantent les lieux de promenade. Sur fond de verres qui s'entrechoquent, les cafés se souviennent encore des débats échevelés des artistes et intellectuels qui renouent avec leur passé confisqué par les voisins plus puissants. L'ombre du **Golem** se profile, le **soir venu,** sur les murs de la ville juive et de son cimetière. Si la silhouette de **Kafka** hante encore les escaliers qui montent au château, les fantômes inquiétants du stalinisme ont heureusement déserté les couloirs du palais présidentiel.

Tout le centre de la ville de Prague est classé au **Patrimoine mondial de l'Unesco.**

La relève de la garde

NOS COUPS DE CŒUR

1 S'imprégner de la beauté de la place de la Vieille-Ville, scène privilégiée des turbulences de l'histoire.

C'est le cœur de la cité et le théâtre des grands moments d'un passé troublé. Ce fabuleux décor constitué de maisons aux styles hétéroclites, dominées par les tours de Notre-Dame-de-Týn et de l'hôtel de ville, est le parfait reflet de l'extrême diversité architecturale de la ville. L'été, la place se remplit de terrasses accueillantes et s'égaie d'ensembles musicaux ou de solistes qui s'y produisent dans une joyeuse cacophonie. *p. 113*

Bon à savoir : *la nuit, dans le vieux Prague, l'éclairage parcimonieux d'antiques réverbères favorise tous les tremblements de terre sentimentaux et les chocs esthétiques les plus forts…*

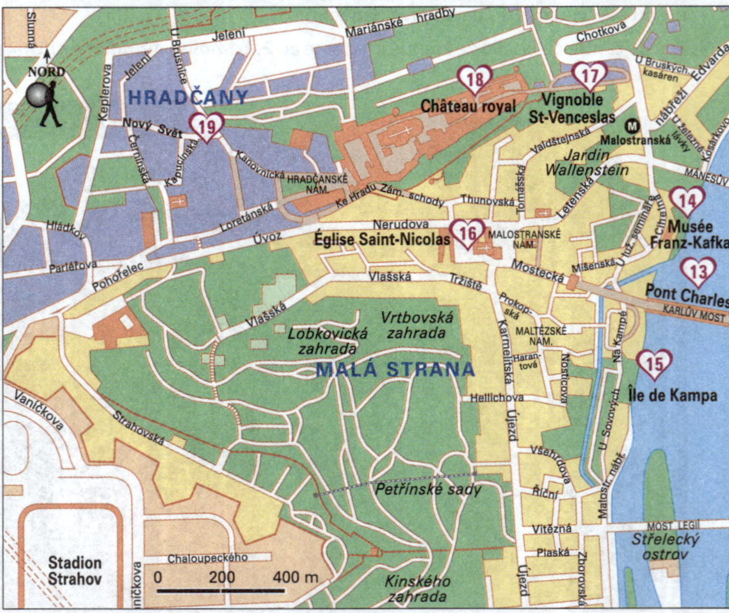

© Jen-Pierre Lescourret/hemis.fr

2 Suivre les traces de la mémoire juive, au fil des rues de Josefov, et à l'ancien cimetière dans la vieille ville.

De l'important quartier juif (qui recensa jusqu'à 40 000 habitants), il ne reste que 6 synagogues, l'ancien hôtel de ville et le cimetière. Il s'y concentre pourtant un pouvoir émotionnel et une spiritualité intacts. Dans ce quartier sans circulation automobile, la quiétude qui y règne est presque magique (sauf l'été). Il faut explorer ce petit bout de ville avec humilité et discrétion « car ici, on passe devant des cendres encore fumantes », comme le dit un habitant. Au-delà de la partie ancienne, en levant le nez, on admire les superbes et parfois délirants édifices Art nouveau du début du XXe s. *p. 120*

***Bon à savoir :** acheter un billet forfaitaire pour visiter la plupart des synagogues. Il peut également être judicieux de suivre une visite guidée.*

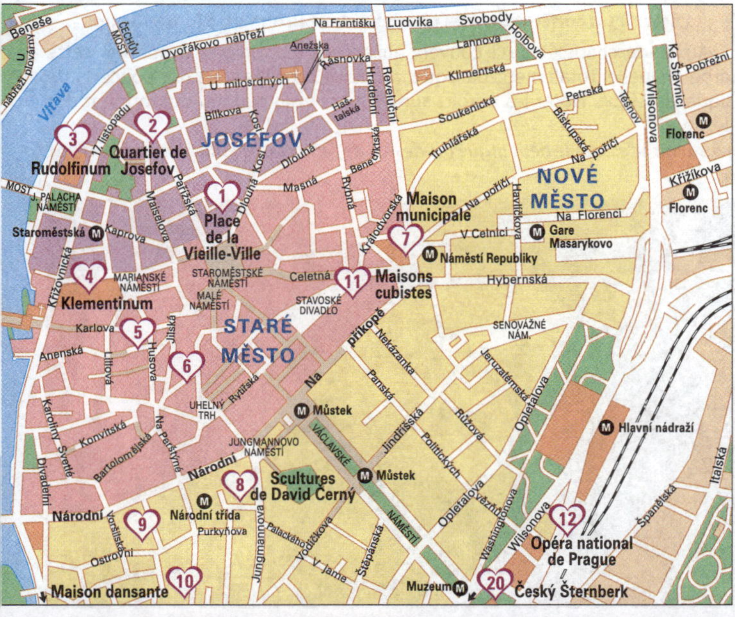

3 Assister à un concert de musique classique dans la ville de Mozart, Smetana et Dvořák.

C'est fou ce que la culture musicale est vivante dans cette ville. Impossible de passer devant une église sans qu'on vous distribue une brochure pour assister à un concert. La vie des Pragois est intimement liée à la musique classique : chaque jour de l'année on peut assister à une multitude de concerts classiques, aussi bien dans des lieux prestigieux comme la salle Smetana de la Maison municipale ou le Rudolfinum que dans la plupart des églises baroques, et même celles de quartier. Les grands palais des princes de Bohême, tels celui des Lobkowicz, le palais Clam-Gallas, le palais Martinic, organisent aussi des concerts. *p. 111*

Bon à savoir : *ensemble des programmes consultable sur • bohemiaticket.cz •*

© René Mattes

4 Assister à un concert dans la chapelle des Miroirs du Klementinum.

Au rez-de-chaussée de ce couvent qui occupe tout un pâté de maison, cette superbe chapelle, totalement baroque, accueille tous les soirs des concerts de musique classique. Noter les miroirs sur les murs et le plafond qui forment des étoiles. *p. 111*

Bon à savoir : *c'est sur le petit orgue au-dessus de l'entrée que joua Mozart lors d'une visite.*

© Gardel Bertrand/hemis.fr

5 **Apprécier une *pivo* fraîche et mousseuse dans l'une des innombrables tavernes de Prague.**

En plus d'être une des meilleures du monde, la bière *(pivo)* est très bon marché. On la brasse à Prague depuis le XIe s, et certaines tavernes abreuvent les Pragois depuis les XIVe et XVe s. Les bières tchèques : *Pilsner, Budweiser* (rien à voir avec l'américaine) ou *Smíchov de Staropramen* sont servies dans des bocks de 50 cl, sans oublier toutes les bières des innombrables microbrasseries. Dernière venue à Prague : la *Velvet*, une rousse onctueuse, qui porte bien son nom. *Na zdraví*, à votre santé ! *p. 99*

Bon à savoir : *liste complète des microbrasseries tchèques sur le site* • *pivovary.info* •

6 **Boire un verre d'absinthe dans une vieille taverne et être inspiré comme un artiste !**

Les poètes maudits Rimbaud et Verlaine en faisaient l'éloge, Van Gogh et Oscar Wilde en buvaient plus que de raison… Normal, cette boisson romantique et littéraire était surnommée la « muse verte ». Elle est très forte en alcool (environ 68 °) et se boit (avec modération, bien sûr) servie dans un verre dans lequel on verse de l'eau froide à travers une cuillère perforée portant un morceau de sucre. Parfait pour digérer la roborative cuisine locale ! *p. 100*

Bon à savoir : *se rendre par exemple à l'*Absintherie*, bar et magasin situé Jilská 7.* • *absintherie.cz/fr* •

7 Visiter la Maison municipale, temple de l'Art nouveau mâtiné d'influences néobaroques ou néo-Renaissance.

En façade ou à l'intérieur, ce ne sont que stucs, marbres, fers forgés, sculptures-lampadaires, statues, vitraux et mosaïques délicates. Admirer la salle Smetana avec ses fresques allégoriques et son balcon d'où fut proclamée l'indépendance de la République tchécoslovaque en 1918, mais aussi la salle de la Mairie décorée par Mucha. En partant, jetez un œil au très select restaurant français avec sa pendule et ses luminaires. *p. 119*

***Bon à savoir :** les salles de l'étage ne sont accessibles que dans le cadre de la visite guidée.*

© Maurizio Borgese/hemis.fr

8 Découvrir le Prague humoristique et provocateur du sculpteur David Černý.

De saint Venceslas dans le passage Lucerna, assis sur le ventre de son cheval renversé, aux bébés posés à 4 pattes, à l'extérieur du musée Kampa ou grimpant la tour de la télévision, en passant par l'homme suspendu par un bras à un mât d'acier, ceux pissant sur la carte du pays ou encore la sublime tête de Kafka en perpétuelle métamorphose, les œuvres de Černý font à présent partie intégrante des musts de Prague ! *p.138, 168, 170, 180*

***Bon à savoir :** pour admirer la monumentale tête de Kafka, qui pèse 39 t, il faut se rendre à la station de métro Národní třída.*

David Černý © Rieger Bertrand/hemis.fr

9 Faire la tournée des clubs de la vieille ville et finir sur les quais pour assister au lever du soleil sur la Vltava.

En semaine, pas mal de bars et pubs ferment vers minuit ou 1h. Mais les boîtes et clubs de musique prennent le relais jusqu'aux petites heures du matin. Il y en a pour tous les goûts : du club de jazz au bar destroy, de la salle ripou à la boîte hype. Sortir reste abordable et les oiseaux de nuit changent de nid à plusieurs reprises dans la même soirée. Parmi les incontournables : le *Rock Café,* tendance rock progressif ; le *Roxy,* historiquement « expérimental », le *Cross Club,* un véritable labyrinthe dans lequel on se perd avec plaisir, ou encore le *Palác Akropolis,* un des meilleurs clubs de Prague. *p. 105*

Bon à savoir : *liste des concerts et adresses des bonnes boîtes dans l'hebdo* The Prague Post *(en anglais), et auprès de l'office de tourisme.*

© Alamy/hemis.fr

10 S'amuser du spectacle insolite du couple de la Maison dansante **de Frank O. Gehry.**

À l'angle du quai Rašínovo nábřeží et du pont Jiráskův, cet édifice étonnant, familièrement surnommé *Ginger & Fred,* appartenait déjà au XXIe s dès son inauguration, en 1996. Matérialisées par une architecture fluide et résolument moderne, les deux tours évoqueraient un Fred Astaire de béton en compagnie d'une Ginger Rogers de verre, enlacés dans un pas de danse. L'impression de mouvement est rendue par les formes courbes de madame et la disposition irrégulière des fenêtres chez monsieur. Une vraie touche de poésie dans le centre de Prague. *p. 173*

Bon à savoir : *au 7e étage, le* Ginger & Fred, *un resto très chic, ouvre sa terrasse panoramique aux non-dîneurs tous les jours de 9h à minuit. Conso obligatoire, mais les prix sont encore raisonnables.*

Architecte : Frank O. Gehry © Sime/Maurizio Rellini/Photononstop

© Rieger Bertrand/hemis.fr

11 **Partir à la recherche des maisons cubistes, une curiosité pragoise !**
Si le cubisme s'est surtout exprimé par la peinture, la sculpture et les arts appliqués, Prague est sans doute un des rares endroits au monde où ce mouvement artistique a été transposé jusque dans l'architecture. Après une formation dans la mouvance Art nouveau à Vienne, Josef Chochol conçoit à Prague plusieurs bâtiments dans le style cubiste. Ces curieux immeubles sont composés de facettes et d'arêtes, à l'image des cristaux ou des minéraux. *p. 178*
Bon à savoir : *au bout de la rue Celetná, dans la vieille ville, on peut admirer la maison* À la Vierge noire de Dieu, *l'œuvre d'un autre architecte cubiste, Josef Gočár.*

© Ivoha/Alamy/Hemis

12 **S'offrir une soirée à l'Opéra national de Prague.**
Il faut absolument aller au moins une fois assister à une représentation d'opéra, un art que les Tchèques portent dans leur ADN. La programmation extrêmement variée rend les mises en scène facilement accessibles pour les néophytes, sans qu'il s'agisse pour autant de productions au rabais. À Prague, l'opéra est un art populaire majeur, ouvert à tous. Les novices y trouvent une belle occasion de se frotter aux merveilles du répertoire. À l'affiche, toute l'année : grands opéras italiens ou *Carmen* de Bizet, accompagnés des orchestres philharmoniques tchèques. *p. 110*
Bon à savoir : *• narodni-divadlo.cz •*

13 **Déambuler sur le pont Charles au point du jour et l'avoir pour soi… presque tout seul.**

L'un des emblèmes de Prague. Même si on l'a souvent vu en photo, le pont Charles avec ses statues exerce un indéniable pouvoir d'attraction. Érigé au XIVe s, ce pont piéton relie la vieille ville à *Malá Strana* en franchissant la *Vltava* sur une longueur de 500 m. Rançon de la gloire, il est envahi dans la journée par les brosseurs de profil, peintres du dimanche, marionnettistes ou gratteurs de guitare… Un conseil, venez au lever du soleil pour profiter d'une douce lumière. Et c'est encore mieux en soirée, avec la silhouette du château et les tours de la cathédrale qui se profilent en arrière-plan : sublime ! *p. 135*

Bon à savoir : *n'oubliez pas ensuite de visiter les 2 tours qui le bordent.*

14 Marcher sur les pas de Franz Kafka.

Depuis sa maison natale, située dans la vieille ville, jusqu'au musée qui lui est consacré à Malá Strana, habillé de noir comme il se doit, en passant par *Metamorphosis*, la tête monumentale de Kafka signée David Černý. Sans oublier de se replonger dans les écrits de l'auteur du *Procès* et du *Château,* annonciateurs du nazisme. Une œuvre qui n'aurait jamais dû être publiée mais qui fait désormais l'objet d'un engouement, voire d'un culte. Noir, c'est noir ! *p. 118, 139, 168*

Bon à savoir : *pour compléter la démarche, il faut aller se recueillir sur sa tombe au nouveau cimetière juif de Žižkov.*

© Pietro Canali/SIME/Sime/Photononstop

15 **Goûter au calme de l'île de Kampa, un havre de paix entre la Vltava et le canal de la Čertovka.**

Au bout du pont Charles, sur la gauche, des escaliers mènent à Na Kampě, une placette d'un charme fou, bordée de nobles demeures anciennes, avec des toits de tuiles. L'hiver, c'est l'endroit le plus romantique de la ville. L'été, de petits artisans assurent une gentille animation. Un bras mort de la Vltava enlace amoureusement l'île et un beau moulin retapé tourne encore doucement. *p. 138*

Bon à savoir : *visitez le musée Kampa, centre dédié à l'art contemporain • museumkampa.cz •, avant d'engloutir une bière dans l'un des bars posés sur le canal.*

16 Pénétrer dans l'église Saint-Nicolas de Malá Strana et découvrir l'un des plus éblouissants manifestes du baroque pragois.
Cet ensemble ambitieux édifié par les jésuites entre 1673 et 1755 est l'œuvre de Christoph Dientzenhofer. Malgré sa large et ondulante façade assez quelconque, la nef de Saint-Nicolas est l'un des chefs-d'œuvre du baroque fou qui enflamma la Contre-Réforme. Tout dans la luxuriante décoration va dans le sens de l'exubérance et de l'excès, en parfaite illustration du triomphe de l'Église catholique sur la Réforme. En matière de brillant et de clinquant, Saint-Nicolas est une incontestable réussite ! *p. 140*
Bon à savoir : *en été, concerts d'orgue fréquents dans l'église où joua Mozart.*

17 **Descendre du quartier du château vers Malá Strana en passant par le petit vignoble de Saint-Venceslas, une vraie surprise et une bien jolie balade !**

Après la ruelle d'Or et la tour Daliborka, suivre vers l'est l'escalier de Staré zámecké schody. Il débouche alors sur le vignoble qui fut planté vers l'an 900. On traverse à pied ce petit carré de vignes à flanc de colline (2 500 plants, 30 cépages différents dont le pinot noir et le riesling), en profitant d'une vue superbe sur Prague, le pont Charles et la rivière. *p. 160*

Bon à savoir : *au passage, possibilité de s'arrêter boire une mousse ou un verre dans la buvette dépendant du resto* Villa Richter, *ou sous la pergola en contrebas.*

18 Se promener sur la colline du château royal…
Hradčany est le quartier le plus campagnard de la capitale tchèque, tout en hébergeant quantité de palais et de monuments. Au centre, le château royal, édifié à partir du IXe s, véritable ville dans la ville avec ses ruelles, ses cours, ses passages… Ses vastes jardins, de style Renaissance italienne, furent aménagés par Ferdinand Ier au milieu du XVe s. Ils offrent l'occasion d'une agréable balade, bucolique et reposante, ponctuée de quelques édifices remarquables. *p. 149*
Bon à savoir : *comptez une journée bien remplie pour en profiter, le billet est valable 2 jours.*

19 Errer le soir dans les rues pavées de Nový Svět, sur la colline du château, un quartier qui ressemble à un coin de campagne du XVIIIe s.
Autour de la délicieuse Nový Svět (rue du Nouveau-Monde), la rue la plus secrète du quartier, on se croirait dans un petit village de Bohême du Sud. De nombreuses maisons sont classées Patrimoine national. Perdez-vous au cœur de ces ruelles à flanc de colline, encore hantée par l'ombre de Mozart : c'est un vrai bonheur. Un voyage dans le passé sans avoir besoin d'une machine à remonter le temps ! *p. 165*
Bon à savoir : *allez vous éblouir les yeux dans la salle du Trésor de Notre-Dame-de-Lorette devant l'ostensoir serti de 6 222 diamants légués en 1699 au couvent par la comtesse Kolowrat.*

20 Faire la tournée des châteaux autour de Prague.
Dans un rayon d'une cinquantaine de kilomètres autour de Prague, la campagne de Bohême est parsemée de châteaux. De la ruine médiévale à l'édifice rénové au XIXe s, ils ont vécu au rythme des péripéties de l'histoire et depuis 1990, les anciennes familles propriétaires ont récupéré leurs biens ancestraux. Parmi nos préférés : le château de Český Šternberk ; on l'aime pour son site « romantique » s'étirant sur une arête rocheuse au-dessus de la rivière Sázava, son environnement naturel et l'histoire de la famille Šternberk, une des plus puissantes de Bohême. *p. 184*
Bon à savoir : *pour des excursions d'½ journée à 2 jours, consultez la brochure téléchargeable* Trips from Prague *sur le site* • *czechtourism.com* •

Vitrail d'Alfons Mucha, cathédrale Saint-Guy

ITINÉRAIRES CONSEILLÉS

Prague l'essentiel en 4 jours

La vieille ville (1 jour)

Autour de la place de la Vieille-Ville (1) : l'hôtel de ville, l'église Notre-Dame-de-Týn et Ungelt, la cour du Týn. La **rue Celetná,** la **tour poudrière,** la **Maison municipale** et l'**église Saint-Jacques-Majeur (2).** La **ville juive (3)** : les synagogues, le cimetière juif, balade dans le quartier Art nouveau et le couvent de **Sainte-Agnès-la-Bienheureuse (4).**

Au sud et à l'ouest de la vieille ville et la nouvelle ville (1 jour)

La **rue Karlova**, le **Klementinum,** l'**église Saint-Gilles,** balade dans les vieilles ruelles au sud de **Karlova,** la **place de Bethléem (1).**

La nouvelle ville (2) : le Théâtre national, les rues Na Příkopě et Národní ; le **quai**

Vue aérienne de la vieille ville
© pavel068/Shutterstock

Masarykovo (3) nábřeží et son alignement d'immeubles néobaroques jusqu'à la Maison dansante ; **Václavské náměstí (4)** ; le **Národní Muzeum**, le **musée Mucha** et le **musée du Communisme (5).**

En bordure du centre (1 jour)

La **galerie nationale d'Art moderne (1)** ; le **musée historique de la ville (2)** ; la **tour de la Télévision (3)** et **l'église du Sacré-Cœur (4)** à Žižkov ; le **musée Dvořák (5)** ; la **maison Faust (6)** et l'**église Saints-Cyrille-et-Méthode (7).**

Malá Strana et Hradčany (1 longue journée)

Le pont Charles (1), trait d'union entre la vieille ville et Malá Strana ; le **Musée Franz-Kafka (2)** ; l'**île de Kampa (3)** et la place Na Kampě ; la **rue Mostecká (4)** mène à Malostranské náměstí et l'église Saint-Nicolas ; la **rue Nerudova (5)** ; le **château royal (6)**, la cathédrale Saint-Guy et la ruelle d'Or ; le quartier de **Nový Svět (7)** ; **Notre-Dame-de-Lorette (8)** ; le **monastère de Strahov (9)** ; retour par la rue Loretánská, le **vignoble Saint-Venceslas (10),** la **rue Tomášská (11)** et le **jardin Wallenstein (12).**

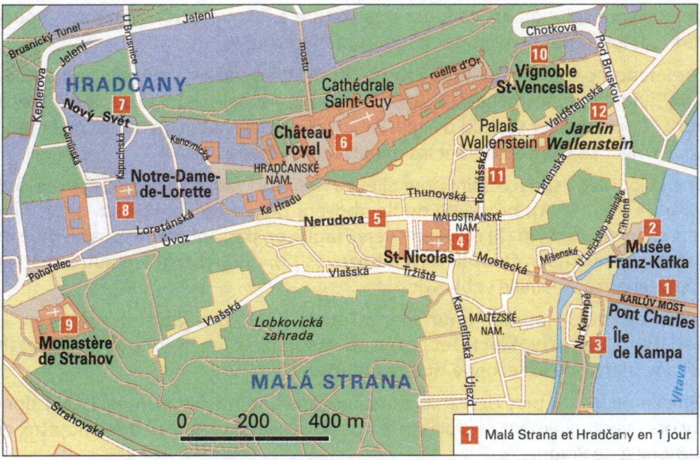

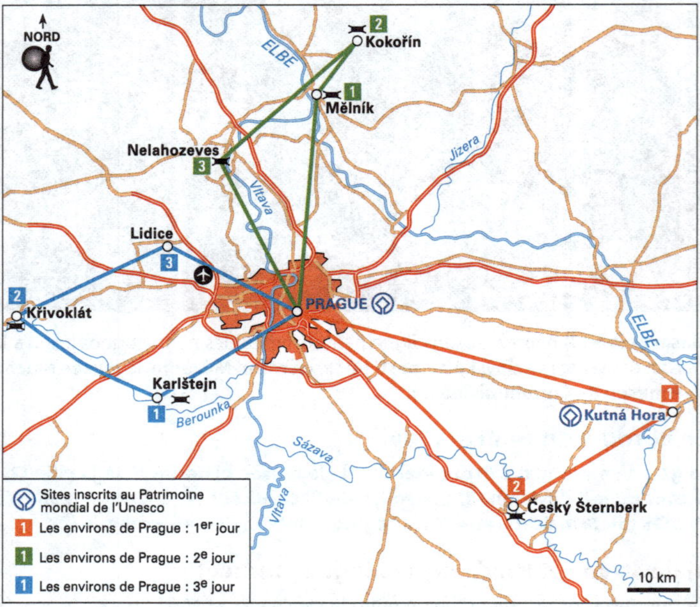

Dans les environs de Prague : 3 jours

La meilleure solution est de louer une voiture à Prague et d'acheter une bonne carte car les routes ne sont pas toujours bien indiquées.

Commencer par une 1re journée à **Kutná Hora (1)** au sud-est, une jolie petite ville à taille humaine, très proche de Prague. Au retour, visiter le château de **Český Šternberk (2),** perché sur son nid d'aigle. Prévoyez dans ce cas de partir tôt de Prague, pour arriver au château durant les horaires d'ouverture.

Une 2e journée est nécessaire pour aller au nord de Prague visiter le superbe **château de Mělník (1),** propriété du flamboyant prince Jiří Lobkowicz, poursuivre vers celui de **Kokořín (2)** et revenir vers Prague en passant par le **musée-maison natale du musicien Dvořák à Nelahozeves (3),** qui héberge un autre château appartenant à la famille Lobkowicz.

Compter une 3e journée pour aller à l'ouest de Prague voir les **châteaux de Karlštejn (1)** et **Křivoklát (2)** et passer au retour par le site historique de **Lidice (3)** (village martyr de la Seconde Guerre mondiale).

Difficile de visiter plus de deux châteaux dans une même journée. Il faut donc encore éventuellement prévoir du temps pour aller au château de Konopiště, au sud-ouest de Prague.

SI VOUS ÊTES...

Plutôt romantique : le pont Charles au lever du jour, l'île de Kampa et ses moulins, le panorama des « 100 clochers » depuis les terrasses du château, la balade en bateau sur la Vltava.

Plutôt brasseries et cafés : la *pivo* mousseuse coule dans les innombrables tavernes de Prague, et, en plus d'être une des meilleures du monde, elle est très bon marché.

Plutôt nature et jardins : le quartier bucolique du Nouveau-Monde (Nový Svět), le sommet de la colline de Petřín accessible en funiculaire, un pique-nique sur le plateau de la citadelle de Vyšehrad, les terrasses italiennes du palais Wallenstein.

Plutôt mélomane : dans la ville de Dvořák et de Mozart, les occasions d'assister à un concert sont multiples, et les billets pour l'Opéra sont à la portée de toutes les bourses.

Plutôt alchimiste, astrologue ou magicien : l'horloge astronomique de l'hôtel de ville, la ruelle d'Or, le musée de l'Alchimie, les rues mystérieuses de Malá Strana au pied du château à la lueur des réverbères.

Plutôt à la recherche de la culture juive : tout le quartier de Josefov dans la vieille ville, avec son cimetière et ses synagogues.

Plutôt souvenirs des années de plomb : le musée du KGB et celui du Communisme.

Plutôt médiéviste : les vestiges du gothique abondent ! À Prague, le couvent de Sainte-Agnès-la-Bienheureuse et ses peintures ; la cathédrale Saint-Guy et l'église Notre-Dame-de-Týn.

Plutôt Renaissance : sous la figure légendaire de Rodolphe II, Prague connaît son âge d'or. La peinture du bas Moyen Âge se complaît dans le maniérisme et Arcimboldo, peintre à la cour impériale, transforme ses portraits en assemblages de fruits et légumes. À voir : les façades des palais Martinic et Schwarzenberg.

Plutôt baroque : le style de la Contre-Réforme a fait florès à Prague à partir de 1620. En vedette, l'église Saint-Nicolas (Malá Strana), le Klementinum et le palais Wallenstein de Malá Strana, sans oublier les statues du pont Charles.

Plutôt Art nouveau : Prague est, avec quelques autres capitales et villes européennes, une des villes où cet art éphémère a fait éclore fleurs et gracieuses arabesques de pierre, de verre et de fer. À ne pas manquer, le *Grand Hotel Europa* sur la place Venceslas, le palais Koruna et le musée Mucha, mais surtout ce chef-d'œuvre du Jugendstil : la Maison municipale et ses éblouissants vitraux.

Plutôt cubiste : une curiosité ! Car si ce mouvement s'est surtout exprimé par la peinture, la sculpture et les arts appliqués, Prague est sans doute un des rares endroits au monde où le cubisme s'est vu transposé dans l'architecture grâce à Chochol ! Témoins : les maisons conçues par celui-ci à Vyšehrad, ainsi que la maison *À la Vierge noire de Dieu* sur la Celetná, conçue par son confrère Josef Gočár.

Plutôt art contemporain : la galerie nationale d'Art moderne de Prague et le musée Kampa devraient retenir votre attention, de même que la *Maison dansante* sur le quai Rašínovo, née de l'imagination débridée de Frank O. Gehry.

L'église Notre-Dame-de-Týn
et la place de la Vieille-Ville

LU SUR routard.com

Parcs et forêts de Prague : un patrimoine insoupçonné
(tiré du reportage de David Alon)

Certains quartiers de la capitale tchèque font penser à de **véritables coins de campagne.** C'est tellement bluffant que ça en est parfois déroutant ! Il faut dire qu'avec 10 % de superficie en parcs et forêts, Prague se range parmi les villes les plus vertes de l'UE. Nul besoin de prendre la voiture pour trouver un lac naturel ou un troupeau de daims, ce qui est impensable à Paris...

Pour les Pragois, il s'agit d'un véritable art de vivre, à l'instar des tavernes. Protégées au titre du patrimoine, les forêts sont ici déclarées terrains inconstructibles. Attention, on ne parle pas des jardins apprivoisés de Malá Strana ou du château, mais de véritables **espaces sauvages.** En hiver par exemple, certains Pragois vont patiner sur le lac gelé de la forêt de Michelský Les, à Prague 4. Pendant un instant, on se croirait transporté dans le *Paysage d'hiver aux patineurs* de Pieter Bruegel... À Noël, magie garantie.

Parmi ces nombreux parcs, certains sont méconnus des Pragois eux-mêmes. Aménagé en un vaste jardin à l'anglaise, le **parc-forêt de Cibulka** (Prague 5) abrite des statues baroques et des stations néogothiques en des lieux dissimulés et surprenants. Les sites furent commandés dans les années 1820 par l'évêque Leopold de Hohenštejn, qui cédait à la mode du romantisme. Depuis, la nature y a repris tous ses droits et les différents sites semblent livrés à la forêt, suite à un relatif abandon. Mais cela n'est pas sans accentuer le charme de l'endroit...

Entre les arbres se dresse une tour crénelée de type médiéval. On y monte par un étroit escalier pour s'offrir une belle vue sur la masse touffue des arbres. Au loin, de vagues silhouettes d'immeubles rappellent que l'on est en ville. En contrebas, une petite grotte artificielle, l'**Enfer de Dante,** se dévoile derrière des ouvertures en ogive. Plus loin, Diane chasseresse et ses chiens apparaissent presque soudainement. Camouflés dans leurs couleurs mousse et brun, ils semblent presque pousser dans la forêt. C'est derrière cette statue, qu'à la faveur de la tombée de la nuit, j'ai pu admirer une daine avant qu'elle ne détale... Plus loin, c'est encore un mystérieux **pavillon chinois,** à côté d'un corps de ferme du XIXe s, le tout en assez mauvais état.

Louis Aragon et les autres surréalistes, qui cherchaient le mystère dans le parc des Buttes-Chaumont à Paris, auraient sûrement trouvé Cibulka à leur goût !

LES QUESTIONS QU'ON SE POSE AVANT LE DÉPART

Infos détaillées dans le chapitre « Prague utile » *p. 43*

➢ Quels sont les documents nécessaires ?

Pour les ressortissants de l'Union européenne et les Suisses, la carte d'identité ou le passeport suffisent (encore valables 3 mois après la fin du séjour). Chaque enfant doit impérativement être en possession d'une carte d'identité ou d'un passeport en cours de validité à son nom. Les Canadiens ont besoin d'un passeport valide encore 6 mois après leur entrée en République tchèque.

➢ Quelle est la meilleure saison ?

Prague se visite presque à toutes les époques de l'année. Printemps et automne sont les saisons idéales (mai, sauf pendant les ponts, juin, septembre et octobre). On recommande l'hiver avec modération. Certes, il y a nettement moins de monde (sauf à Noël où le prix des hôtels grimpe en flèche !) mais il fait très froid et la nuit tombe vers 16h. Quant à la carte postale de « Prague sous la neige », elle s'avère de moins en moins vraie.

➢ Quel budget prévoir ?

Le niveau de l'hôtellerie à Prague s'aligne peu à peu sur les normes européennes. L'économie se fera sur le budget nourriture où, là, les prix suivent le pouvoir d'achat local. Les transports sont également bon marché.

➢ Comment se déplacer ?

Prague est une capitale de taille moyenne. On peut aisément la découvrir à pied. Le tramway et le métro, modernes et propres, permettent de gagner du temps pour les sites un peu plus éloignés.

➢ Y a-t-il des problèmes de sécurité ?

Pas plus que dans n'importe quelle capitale européenne, mais faites attention aux pickpockets, attirés par l'affluence touristique. Ne prenez d'autres taxis que ceux affichant les tarifs et équipés d'un compteur. Garez votre voiture dans un parking surveillé.

➢ Quel est le meilleur moyen pour y aller ?

L'avion pour ceux qui sont pressés, d'autant plus que plusieurs compagnies *low-cost* desservent l'aéroport de Prague. Le train et le bus mettent un peu plus de 15h depuis Paris ou Bruxelles. En voiture, comptez environ 1 000 km de route. Si les autoroutes allemandes sont gratuites et rapides, n'oubliez pas de vous y acquitter de la **taxe autoroutière en vigueur en 2019.** De plus, il faudra acheter une vignette pour utiliser celles qui mènent à Prague, sans compter le prix du parking.

➢ Quel est le temps de vol ?

Compter 1h45 de vol depuis Paris ou Bruxelles, un peu moins depuis Genève.

➢ Y a-t-il un décalage horaire ?

Il n'y a aucune différence d'heure entre Prague et l'Europe occidentale, à toutes les époques de l'année. Seule différence, à 1 000 km à l'est, le soleil se lève et se couche un peu plus tôt.

➢ Peut-on y aller avec des enfants ?

Sans problème s'ils ne rechignent pas aux visites culturelles innombrables. Ils vous seront reconnaissants de faire un tour en embarcation à pédales sur la Vltava ou de visiter le zoo.

➢ Quel est le taux de change ?

L'unité monétaire tchèque est la ***koruna (couronne) tchèque.***
À la fin 2018, on observait un taux de change d'environ 25 Kc pour 1 €.

➢ La langue est-elle un obstacle ?

Autant vous dire que le tchèque n'est pas une langue facile à lire ni à comprendre, et que le français est peu utilisé. À Prague, l'anglais et l'allemand sont très répandus.

➢ Comment payer sur place ?

Si la monnaie locale est la couronne, entourée de pays de la zone euro, la République tchèque a très vite vu la monnaie commune devenir la 2e devise en circulation ; en tout cas, les commerçants l'acceptent facilement. Mais la perspective d'adopter la monnaie unique s'éloigne chaque année davantage. La carte de paiement est très souvent acceptée.

➢ Partir un week-end, n'est-ce pas trop court ?

Un week-end risque de faire un peu court. L'idéal sera d'y rester 4 ou 5 jours, histoire de bien s'imprégner de l'atmosphère unique de la capitale tchèque.

➢ Prague est-elle une destination gastronomique ?

La cuisine traditionnelle tchèque est roborative, variée, peu chère mais pas très légère. À Prague, le choix est plus étendu, avec notamment pas mal de restos italiens (authentiques ou non) et, désormais, des restos végétariens.

COMMENT Y ALLER ?

EN AVION

Les compagnies régulières

▲ AIR FRANCE

Rens et résas au ☎ 36-54 (0,35 €/mn – tlj 6h30-22h), sur • airfrance.fr •, dans les agences Air France et dans ttes les agences de voyages. Fermées dim.

➢ Via sa filiale Hop!, Air France dessert Prague avec en sem 3 vols/j. directs en partage de codes avec Czech Airlines au départ de l'aéroport Roissy-Charles-de-Gaulle, terminal 2B. Durée de vol : env 1h45. Également 1 vol/j. depuis Lyon.

Air France propose à tous des tarifs attractifs toute l'année. Pour consulter les meilleures offres du moment, allez directement sur la page « Nos meilleurs tarifs » sur *• airfrance.fr •* *Flying Blue,* le programme de fidélité gratuit d'Air France-KLM, permet de gagner des *miles* en voyageant sur les vols Air France, KLM, Hop! et les compagnies membres de *Skyteam,* mais aussi auprès des nombreux partenaires non aériens *Flying Blue...* Les *miles* peuvent ensuite être échangés contre des billets d'avion ou des services (surclassement, bagage supplémentaire, accès salon...) ainsi qu'auprès des partenaires. Pour en savoir plus, rendez-vous sur *• flyingblue.com •*

▲ BRUSSELS AIRLINES

• brusselsairlines.com • Membre du groupe Star Alliance.

➢ Prague est desservie 2 fois/j. par Brussels Airlines au départ de Brussels-Airport.

▲ ČSA

➢ Fait partie du groupe Skyteam et avec Air France propose des vols en partage de code au départ de ***Paris CDG*** à destination de Prague.

La compagnie tchèque propose un service d'enregistrement en ligne depuis son site internet, au départ de Paris-CDG et de Prague.

➢ Liaisons directes également vers Prague à partir de Nice, Strasbourg (3/sem) et Brussels Airport.

– En France, • fr.csa.cz • ; en Belgique, • be.csa.cz • ; en Suisse, • ch.csa.cz •

> Conservez dans votre bagage cabine vos médicaments, vos divers chargeurs et appareils ainsi que vos objets de valeur (clés et bijoux). Et on ne sait jamais, ajoutez-y de quoi vous changer si vos bagages n'arrivaient pas à bon port avec vous.

Les compagnies *low-cost*

Plus vous réservez vos billets à l'avance, plus vous aurez des tarifs avantageux. Attention, les pénalités en cas de changement peuvent être importantes. Certaines compagnies facturent les bagages en soute (vérifier le poids autorisé) et la réservation des sièges. En cabine également, le nombre de bagages est strictement limité (attention, même le plus petit sac à main est compté comme un bagage à part entière). À bord, tous les services sont payants (boissons, journaux). Attention également, au moment de la résa par Internet, à décocher certaines options qui sont automatiquement présélectionnées (assurances, etc.). Au final, même si les prix de base sont attractifs, il convient de prendre en compte les frais annexes pour calculer le plus justement son budget.

▲ **EASYJET**
● *easyjet.com* ●
➢ Vols de Paris-CDG et Bâle-Mulhouse vers Prague.

▲ **RYANAIR**
● *ryanair.com* ●
➢ La compagnie irlandaise rallie Prague à partir de Charleroi (Bruxelles-Sud).

▲ **SWISS**
● *swiss-airlines* ●
➢ Vols vers Prague au départ de Genève et Zurich.

▲ **VOLOTEA**
● *volotea.com* ●
➢ Vols vers Prague depuis Bordeaux, Marseille, Nantes et Toulouse.

▲ **VUELING**
● *vueling.com* ●
➢ Vols directs de Brussels Airport vers Prague.

LES ORGANISMES DE VOYAGES

En France

▲ **AMSLAV TOURISME**
– Paris : 60, rue de Richelieu, 75002. ☎ 01-44-88-20-40. ● amslav.com ● Ⓜ Bourse ou Pyramides. Lun-ven 9h-18h ; sam 10h-12h, 14h-17h.
Tour-opérateur et créateur de voyages, Amslav Tourisme est spécialiste de l'Europe centrale et orientale, dont la République tchèque, et la Slovaquie, l'Autriche, l'Allemagne, les pays baltes, la Croatie et la Bulgarie. L'équipe, composée de personnel expérimenté connaissant parfaitement le terrain pour y avoir vécu ou pour y être né, réunit son expérience et son savoir-faire pour proposer une gamme variée de produits : week-ends, voyages à la carte, séjours libres ou organisés, autotours, circuits culturels, circuits combinés dans plusieurs pays d'Europe centrale et orientale.

▲ **COMPTOIR DES VOYAGES**
● *comptoir.fr* ●
– Paris : 2-18, rue Saint-Victor, 75005. ☎ 01-53-10-30-15. Ⓜ Maubert-Mutualité. Lun-ven 9h30-18h30, sam 10h-18h30.
– Bordeaux : 26, cours du Chapeau-Rouge, 33800. ☎ 05-35-54-31-40. Lun-sam 9h30-18h30.
– Lille : 76, rue Nationale, 59160. ☎ 03-28-34-68-20. Ⓜ Rihour. Lun-sam 9h30-18h30.
– Lyon : 10, quai Tilsitt, 69002. ☎ 04-72-44-13-40. Ⓜ Bellecour. Lun-sam 9h30-18h30.
– Marseille : 12, rue Breteuil, 13001. ☎ 04-84-25-21-80. Ⓜ Estrangin. Lun-sam 9h30-18h30.
– Toulouse : 43, rue Peyrolières, 31000. ☎ 05-62-30-15-00. Ⓜ Esquirol. Lun-sam 9h30-18h30.
– Bordeaux : 26, cours du Chapeau-Rouge, 33800. ☎ 05-35-54-31-40. Lun-sam 9h30-18h30.
– Lille : 76, rue Nationale, 59160. ☎ 03-28-34-68-20. Ⓜ Rihour. Lun-sam 9h30-18h30.
Comptoir des Voyages s'impose comme une référence incontournable dans le voyage sur mesure, avec 80 destinations couvrant les 5 continents. Ses voyages s'adressent à tous ceux qui souhaitent vivre un pays de façon simple en s'y sentant accueillis. Les conseillers privilégient des hébergements typiques, des moyens de transport locaux et des expériences authentiques pour favoriser l'immersion dans la vie locale. Comptoir vous offre aussi la possibilité de rencontrer des francophones habitant dans le monde entier, des *greeters*, qui vous donneront, le temps d'un café, les clés de leur ville ou de leur pays. Comptoir des Voyages propose aussi une large gamme de services : échanges par visioconférence, devis web et carnet de voyage personnalisés, assistance téléphonique tous les jours 24h/24 pendant votre voyage.

▲ **VOYAGEURS EN RUSSIE ET EN EUROPE CENTRALE**
Rens : ☎ 01-42-86-17-60. ● voyageursdumonde.com ●
– Paris : La Cité des Voyageurs, 55, rue Sainte-Anne, 75002. ☎ 01-42-86-16-00.

Ⓜ *Opéra ou Pyramides. Lun-sam 9h30-19h.* Avec une librairie spécialisée sur les voyages.
– Également des agences à Bordeaux, Grenoble, Lille, Lyon, Marseille, Montpellier, Nantes, Nice, Rennes, Rouen, Strasbourg, Toulouse, Bruxelles et Genève.
Parce que chaque voyageur est différent, que chacun a ses propres rêves et ses idées pour les réaliser, Voyageurs du Monde conçoit, depuis plus de 30 ans, des projets sur mesure. Les séjours proposés sur 120 destinations sont élaborés par leurs 180 conseillers voyageurs. Spécialistes par pays et même par région, ils vous aideront à personnaliser les voyages présentés à travers une trentaine de brochures d'un nouveau type et sur le site internet où vous pourrez également découvrir les hébergements exclusifs et consulter votre espace personnalisé. Au cours de votre séjour, vous bénéficiez des services personnalisés Voyageurs du Monde, dont la possibilité de modifier à tout moment votre voyage, l'assistance d'un concierge local, la mise en place de rencontres et de visites privées et l'accès à votre carnet de voyage via une application iPhone et Android.
Voyageurs du Monde est membre de l'association ATR (Agir pour un tourisme responsable) et a obtenu sa certification Tourisme responsable AFAQ AFNOR.

> Voir aussi au sein du guide les agences locales que nous avons sélectionnées.

Comment aller à Roissy et à Orly ?

Toutes les infos sur notre site *• routard.com •* à l'adresse suivante : *• bit.ly/aeroports-routard •*

En Belgique

▲ CONNECTIONS

Rens et résas : ☎ 070-233-313. • connections.be • Fort d'une expérience de plus de 20 ans dans le domaine du voyage, Connections dispose d'un réseau de 32 *travel shops,* dont une à Brussels Airport. Connections propose des vols dans le monde entier à des tarifs avantageux et des voyages destinés à des voyageurs désireux de découvrir la planète de façon autonome. Connections propose une gamme complète de produits : vols, hébergements, locations de voitures, autotours, vacances sportives, excursions.

▲ TAXISTOP

Pour ttes les adresses Taxistop : ☎ 070-222-292. • taxistop.be •
– Bruxelles : rue Théresienne, 7a, 1000.
– Gand : Maria Hendrikaplein, 65, 9000.
– Ottignies : bd Martin, 27, 1340.
Taxistop propose un système de covoiturage, ainsi que d'autres services comme l'échange de maisons ou le gardiennage.

▲ VOYAGEURS DU MONDE

• voyageursdumonde.com •
– Bruxelles : chaussée de Charleroi, 23, 1060. ☎ 02-543-95-50.
Le spécialiste du voyage en individuel sur mesure.
Voir texte « En France ».

En Suisse

▲ STA TRAVEL

☎ 058-450-49-49. • statravel.ch •
– Fribourg : rue de Lausanne, 24, 1701. ☎ 058-450-49-80.
– Genève : rue Pierre-Fatio, 19, 1204. ☎ 058-450-48-00.
– Genève : rue Vignier, 3, 1205. ☎ 058-450-48-30.
– Lausanne : rue de Bourg, 26, 1003. ☎ 058-450-48-70.
– Lausanne : à l'université, Anthropole, 1015. ☎ 058-450-49-20.
Agences spécialisées notamment dans les voyages pour jeunes et étudiants. 150 bureaux STA et plus de 700 agents du même groupe répartis dans le monde entier sont là pour donner un coup de main *(Travel Help).*
STA propose des tarifs avantageux : vols secs *(Skybreaker),* hôtels, écoles de langues, *work & travel,* circuits d'aventure, voitures de location, etc. Délivre la carte internationale d'étudiant et la carte *Jeune.*

Au Québec

▲ TOURS CHANTECLERC

• tourschanteclerc.com •
Tours Chanteclerc est un tour-

opérateur qui publie différentes brochures de voyages : Europe, Amérique du Nord, Amérique du Sud, Asie et Pacifique sud, Afrique et Bassin méditerranéen, en circuits ou en séjours. Il s'adresse aux voyageurs indépendants qui réservent un billet d'avion, un hébergement (dans toute l'Europe), des excursions ou une location de voiture. Également spécialiste de Paris, le tour-opérateur offre une vaste sélection d'hôtels et d'appartements dans la capitale française.

EN TRAIN

Au départ de Paris ou de Bruxelles

➢ Les liaisons vers Prague en train à partir de Paris présentent l'inconvénient de comporter plusieurs changements dans les gares allemandes et la durée du trajet, selon les correspondances, varie de 14h à 18h, ce qui est bien long pour à peine 1 100 km. Dans ce cas, l'avion ou le bus sont préférables d'autant plus que les tarifs *low-cost* de ceux-ci sont nettement plus avantageux.

InterRail

Avec les ***pass InterRail,*** les résidents européens peuvent voyager dans 30 pays d'Europe, dont la République tchèque. Plusieurs formules et autant de tarifs, en fonction de la destination et de l'âge.

À noter que le *pass InterRail* n'est pas valable dans votre pays de résidence (cependant l'*InterRail Global Pass* offre une réduction de 50 % de votre point de départ jusqu'au point frontière en France). • *interrailnet.eu* •

– Pour les grands voyageurs, l'***InterRail Global Pass*** est valable dans l'ensemble des 30 pays européens concernés, intéressant si vous comptez parcourir plusieurs pays au cours du même périple. Il se présente sous 7 formes au choix :

– 4 formules flexibles : utilisable 5 j. sur une période de validité de 15 j. ou bien 7, 10, ou 15 j. sur une période de validité de 1 mois (269-472 € selon âge et formule).

– 3 formules « continues » : *pass* 15 j., 22 j. et 1 mois (421-637 € selon âge et formule). Tarifs 2018.

Ces formules existent aussi en version 1re classe !

Les voyageurs de plus de 60 ans bénéficient d'une réduction sur le tarif de l'*InterRail Global Pass* en 1re et 2de classes (tarif senior). Également des tarifs enfants 4-11 ans et 12-27 ans.

– Si vous ne parcourez que la République tchèque, le ***One Country Pass*** vous suffira. D'une période de validité de 1 mois et utilisable, selon les formules, 3, 4, 6 ou 8 j. en discontinu ; tarif selon pays et formule. Là encore, ces formules se déclinent en version 1re classe (mais ce n'est pas le même prix, bien sûr).

Pour voyager dans 2 pays, vous pouvez combiner 2 *One Country Pass.* Au-delà, il est préférable de prendre l'*InterRail Global Pass.*

– *InterRail* offre également la possibilité d'obtenir des réductions ou avantages à travers toute l'Europe avec ses partenaires bonus (musées, chemins de fer privés, hôtels, etc.).

Tous ces prix ne sont qu'indicatifs. Pour plus de renseignements, adressez-vous à la gare ou boutique SNCF la plus proche de chez vous.

▲ TRAINLINE

Une nouvelle façon simple et rapide d'acheter vos billets de train sur le web, mobile et tablette. Réservez vos billets pour voyager en France et dans plus de 20 pays européens. Consultez les tarifs et les horaires dans une interface claire et sans publicités. Trainline compare les prix de plusieurs transporteurs européens pour vous garantir le meilleur tarif.

Réservations et paiements sur • *trainline.fr* • et sur mobile avec l'application Trainline pour iPhone et Android.

Et pour répondre à vos questions : • *guichet@trainline.fr* •

EN VOITURE

Aller à Prague en voiture

➢ De Paris, prendre l'autoroute de l'Est jusqu'à Metz-Forbach (frontière allemande), puis les autoroutes allemandes (gratuites), en passant par Heidelberg, Heilbronn, Nürnberg (y faire un arrêt), Waidhaus-Rozvadov (frontière de la République tchèque), puis Plzeň et enfin Prague. Soit au total environ 1 080 km. ***Pour circuler en Allemagne, n'oubliez pas de vous acquitter de la taxe autoroutière en vigueur en 2019.*** Achat sur ● *tolltickets.com* ●
De Bruxelles, le trajet passe par Cologne, Francfort et Nürnberg.
Si vous ne restez qu'à Prague, la voiture ne vous sera d'aucune utilité ; en plus le parking est cher.

– ***Pour les automobilistes,*** se procurer à l'un des postes-frontières (ouverts 24h/24) la ***vignette autoroutière,*** payable en espèces, obligatoire sur autoroute et sur certaines routes à 4 voies. On la trouve aussi dans les stations-services, les bureaux de poste, et le paiement peut se faire en euros. Elle est en 2 parties : il faut coller la 1re à l'intérieur du pare-brise et garder l'autre pour un contrôle éventuel.
– Vignette valable 14 mois (tarifs 2018) : 1 530 Kc (60 €) ; pour 1 mois : 460 Kc (18 €) ; pour 10 j. : 320 Kc (12,50 €). À ne surtout pas oublier, car l'amende est corsée ! Toutes infos sur ● *czechtourism.com* ●

EN BUS

Les compagnies en France

Le réseau de bus longue distance s'étant intensifié ces dernières années, le plus pratique est de consulter le comparateur de billets d'autocars ● *comparabus.com* ● qui regroupe les compagnies présentes en France : *Ouibus, Eurolines/Isilines, Flixbus.* À vous de voir en temps réel les liaisons existantes. Un lien vers les compagnies permet d'acheter ses billets en direct.

▲ **EUROLINES**
☎ 0892-89-90-91 (0,35 €/mn + prix appel) tlj 8h-21h, dim 10h-18h. ● eurolines.fr ● Numéro d'urgence : ☎ 01-49-72-51-57. Agences à Paris et dans tte la France.
Vous trouverez également les services d'Eurolines sur ● routard.com ● Eurolines propose 10 % de réduc pour les jeunes (12-25 ans) et les seniors. 2 bagages gratuits/pers en Europe.
– Gare routière internationale à Paris : 28, av. du Général-de-Gaulle, 93541 Bagnolet Cedex. Ⓜ Gallieni.
1re *low-cost* par bus en Europe, Eurolines permet de voyager vers plus de 600 destinations en Europe avec des départs quotidiens depuis 90 villes françaises. Eurolines propose également des hébergements à petits prix sur les destinations desservies.
– *Pass Eurolines :* pour un prix fixe valable 15 ou 30 j., vous voyagez autant que vous le désirez sur le réseau entre 51 villes européennes. Également un mini-*pass* pour visiter 2 capitales européennes (7 combinés possibles).

▲ **FLIXBUS**
Billets en vente sur ● flixbus.fr ● ☎ 01-76-36-04-12.
Liaisons directes vers Prague au départ de Paris (en connexion avec une quarantaine de villes de France), Bruxelles et Zurich.

▲ **POP VOYAGES**
Rens et résas : ☎ 0899-18-95-79 (1,35 € l'appel + 0,34 €/mn). ● popvoyages.com ● Lun-ven 10h-12h, 14h-19h.
Spécialiste des voyages en autocar à destination de toutes les grandes cités européennes. Week-ends, séjours et circuits en bus toute l'année, grands festivals et événements européens. Formules pour tout public, individuel ou groupe, au départ de toutes les grandes villes de France.

▲ **STUDENT AGENCY**
● *studentagencybus.com* ●
Réservations seulement via Internet. Une agence tchèque à prix modiques qui assure des liaisons en bus de bon confort vers Prague (et retour) depuis Paris (départs rue du Faubourg-Saint-Martin), Lyon, Dijon, Reims, Metz et Strasbourg. Également depuis Bruxelles (départ gare du Nord), Genève, Berne et Lausanne. Réductions pour les moins de 26 ans et les seniors de plus de 60 ans.

En Belgique

▲ **EUROLINES-EUROPABUS**
– Bruxelles : Coach Station CCN, gare du Nord, 1000. ☎ *02-274-13-50.* ● *be.eurolines.eu* ●
➢ Départs quotidiens depuis 8 villes en Belgique.

PRAGUE UTILE

ABC de Prague

- ***Statut :*** capitale et l'une des 14 régions de la République tchèque.
- ***Superficie :*** 496 km².
- ***Population :*** 1 280 500 hab. en 2017 (avec agglo : 1 470 000).
- ***PIB :*** 19 750 €/hab. ; 25,8 % du PIB tchèque pour seulement 12 % de la population.
- ***Taux de chômage :*** 2,5 %.
- ***Monnaie :*** la couronne tchèque (Kc).
- ***Langues :*** tchèque (officielle), slovaque et allemand.
- ***Président de la République :*** Miloš Zeman (élu en 2013 et réélu en 2018).
- ***Premier ministre :*** Andrej Babiš depuis décembre 2017.
- ***Maire de Prague :*** Zdeněk Hřib (parti Pirate) depuis octobre 2018.

AVANT LE DÉPART

Formalités

– Pour les Français, les Belges, les ressortissants de l'UE et les Suisses, la ***carte d'identité*** (non périmée et encore valable 3 mois après la fin du séjour) ou le passeport valide suffisent ; pour les Canadiens, le ***passeport*** doit être encore valide 6 mois après l'entrée dans le pays.
Les ***mineurs*** doivent être munis de leur propre pièce d'identité (carte d'identité ou passeport). Pour l'autorisation de sortie de territoire lorsque les enfants ne sont pas accompagnés par un de leurs parents, chaque pays a mis en place sa propre régulation. Ainsi, pour les ***mineurs français,*** une loi entrée en vigueur en janvier 2017 a ***rétabli l'autorisation de sortie du territoire.*** Pour voyager à l'étranger, ils doivent être munis d'une pièce d'identité (carte d'identité ou passeport), d'un formulaire signé par l'un des parents titulaire de l'autorité parentale et de la photocopie de la pièce d'identité du parent signataire. Renseignements auprès des services de votre commune et sur • *service-public.fr* •
Le pays fait partie de l'espace Schengen, les contrôles douaniers sont donc abolis pour les ressortissants de l'UE, mais les contrôles d'identité restent possibles.

> Pensez à scanner passeport, visa, carte de paiement, billet d'avion et vouchers d'hôtel. Ensuite, adressez-les-vous par mail, en pièces jointes. En cas de perte ou de vol, rien de plus facile pour les récupérer dans un cybercafé. Les démarches administratives en seront bien plus rapides. Merci tonton Routard !

Adresses et infos utiles

ℹ ***Centre national tchèque de tourisme*** *(centre culturel tchèque, section tourisme)* ***:*** *18, rue Bonaparte, 75006 Paris. Rens : ☎ 01-53-73-00-32.*

• czechtourism.com • Ⓜ Mabillon ou Saint-Germain-des-Prés. Accueil lun-ven 12h-18h (sauf j. fériés). Brochures à télécharger.

Consulat tchèque : 18, rue Bonaparte, 75006 Paris. ☎ 01-44-32-02-00. Lun-mer et ven 9h30-12h30.

■ **Ambassade tchèque :** 15, av. Charles-Floquet, 75007 Paris Cedex 07. ☎ 01-40-65-13-00. • mzv.cz/paris • Ⓜ Dupleix. Sur rdv seulement.

Contact des consulats de la République tchèque dans les pays francophones et au Canada

– **En Belgique :** ☎ 02-641-89-30. • mzv.cz/brussels •
– **En Suisse :** ☎ 031-350-40-70. • mzv.cz/bern •
– **Au Canada :** ☎ (613) 562-38-75. • mzv.cz/ottawa •

Assurances voyage

■ ***Assurance Routard par AVI International :*** 40, rue Washington, 75008 Paris. ☎ 01-44-63-51-00. Ⓜ George-V. • avi-international.com • Enrichie année après année par les retours des lecteurs, *Routard Assurance* est devenue une assurance voyage incontournable. Tout est compris : frais médicaux, assistance rapatriement, bagages, responsabilité civile… Vous avez besoin d'un médecin, d'un conseil médical ou d'une prise en charge dans un hôpital ? Appelez simplement le plateau *AVI Assistance* disponible 24h/24, leur réseau est l'un des plus complets actuellement. Vous avez eu des frais de santé en voyage ? Envoyez les factures à votre retour, *AVI* vous rembourse sous une semaine. Avant votre départ, n'hésitez pas à les appeler pour des conseils personnalisés. Ce que l'on a aimé : pas d'avance à faire, ils s'occupent de tout. Un seul réflexe avant de partir : téléchargez l'appli mobile pour garder le contact avec l'assistance 24h/24 et disposer de l'un des meilleurs réseaux médicaux à travers le monde.

■ ***AVA, assurance voyage et assistance :*** 25, rue de Maubeuge, 75009 Paris. ☎ 01-53-20-44-20. • ava.fr • Ⓜ Cadet. Un autre courtier fiable pour ceux qui souhaitent s'assurer en cas de décès-invalidité-accident lors d'un voyage à l'étranger, mais surtout pour bénéficier d'une assistance rapatriement, perte de bagages et annulation. Attention, franchises pour leurs contrats d'assurance voyage.

■ ***Pixel Assur :*** 18, rue des Plantes, BP 35, 78600 Maisons-Laffitte. ☎ 01-39-62-28-63. • pixel-assur.com • RER A : Maisons-Laffitte. Assurance de matériel photo et vidéo tous risques (casse, vol, immersion) dans le monde entier. Devis basé sur le prix d'achat de votre matériel. Avantage : garantie à l'année.

Carte internationale d'étudiant (carte ISIC)

Elle prouve le statut d'étudiant dans le monde entier et permet de bénéficier de tous les avantages, services et réductions dans les domaines du transport, de l'hébergement, de la culture, des loisirs, du shopping…
La carte ISIC permet aussi d'accéder à des avantages exclusifs (billets d'avion spécial étudiants, hôtels et auberges de jeunesse, assurances, cartes SIM internationales, location de voiture…).

Renseignements et inscriptions

– ***En France :*** • isic.fr • 13 € pour 1 année scolaire.
– ***En Belgique :*** • isic.be •
– ***En Suisse :*** • isic.ch •
– ***Au Canada :*** • isiccanada.com •

Carte d'adhésion internationale aux auberges de jeunesse (carte FUAJ)

Cette carte vous ouvre les portes des 4 000 auberges de jeunesse du réseau *HI-Hostelling* International en France et dans le monde. Vous pouvez ainsi parcourir 90 pays à des prix avantageux et bénéficier de tarifs préférentiels avec les partenaires des auberges de jeunesse *HI*. Enfin, vous intégrez une communauté mondiale de voyageurs partageant les mêmes valeurs : plaisir de la rencontre, respect des différences et échange dans un esprit convivial. Il n'y a pas de limite d'âge pour séjourner en auberge de jeunesse. Il faut simplement être adhérent.

Renseignements et inscriptions

– ***En France :*** • *hifrance.org* •
– ***En Belgique :*** • *lesaubergesdejeunesse.be* •
– ***En Suisse :*** • *youthhostel.ch* •
– ***Au Canada :*** • *hihostels.ca* •
Si vous prévoyez un séjour itinérant, vous pouvez réserver plusieurs auberges en une seule fois en France et dans le monde : • *hihostels.com* •

ARGENT, BANQUES, CHANGE

Si vous comptez effectuer des retraits d'argent aux distributeurs, il est **très vivement conseillé** d'avertir votre banque avant votre départ (pays visités et dates). En effet, **votre carte peut être bloquée dès le 1er retrait** pour suspicion de fraude. C'est de plus en plus fréquent. Bonjour les tracasseries pour faire rentrer les choses dans l'ordre, et on se retrouve vite dans l'embarras !

La monnaie tchèque

L'unité monétaire tchèque est la ***koruna (couronne) tchèque*** (CZK, mais que nous abrégeons Kc dans le guide).
À la fin 2018, on observait un taux de change d'environ 25 Kc pour 1 € dans les meilleurs bureaux de change ; c'est celui que nous adoptons dans ce guide. Attention, si vous effectuez des retraits par carte de paiement, le taux de change peut descendre à 22 ou 23 Kc, voire moins. Le passage prévu à l'euro, qui n'a cessé d'être repoussé, n'a plus le soutien des Tchèques (70 % y sont opposés) et le gouvernement a mis cette perspective entre parenthèses.
À titre indicatif (fin 2018) : 1 CHF = 22,60 Kc ; 1 $Ca = 17,40 Kc et 100 Kc valaient un peu moins de 4 €.

Le change

Pour un court séjour, type gros week-end, on conseille de partir avec de l'argent liquide car le taux de change est moins bon aux distributeurs que dans les bureaux de change que nous vous indiquons dans ce guide (voir « Adresses utiles »). Certains offices ou agences de tourisme proposent aussi ce service, mais bien vérifier le taux proposé. ***Soyez patient, il y a souvent la queue dans les meilleurs bureaux de change !***
Attention :
– outre les taux, les commissions prélevées par les établissements varient de 0 à 10 % ;

– ne vous jetez pas sur un bureau affichant « 0 % commission » ou un très bon taux de change sans avoir confirmé que cela ne concerne pas une somme minimum très élevée, et qu'en dessous de celle-ci ce sera très moyen à franchement mauvais... C'est une ***arnaque*** assez commune ;
Une loi a été votée fin 2018, permettant aux clients des bureaux de change de se rétracter dans les 3h suivant une transaction jusqu'à un montant de 1 000 € au maximum.
– faites aussi attention aux bureaux qui indiquent en 1er le taux de « reprise » des couronnes, forcément plus élevé en couronnes que celui qu'on vous donne à l'achat...
Pour ne pas avoir de mauvaise surprise, consultez les taux en ligne, par exemple sur • *themoneyconverter.com* • *xe.com/fr/currencyconverter* • et demandez au changeur combien il vous donnera pour 50 ou 100 €.

Cartes de paiement

Rappel : la République tchèque ne fait pas partie de la zone euro, vous l'avez compris. Les retraits aux distributeurs automatiques sont donc frappés d'une commission. En cas de ***retrait en couronnes tchèques,*** la commission de votre banque n'apparaît pas forcément dans votre relevé de compte (petite commission fixe et pourcentage variable intégrés dans la transaction). En cas de ***retrait en euros, déconseillé*** (même en version « taux de change garanti »), la banque locale prend sa commission et y va souvent de bon cœur (par exemple, 7 % avec *Unicredit !)*. En résumé : privilégiez les retraits en monnaie locale, un peu moins taxés en commission. Et pour en minimiser l'impact, ***privilégiez les retraits de grosses sommes*** plutôt que de multiplier les petits retraits.

Avant de partir, notez donc bien le numéro d'opposition propre à votre banque (il figure souvent au dos des tickets de retrait, sur votre contrat, ou à côté des distributeurs de billets), ainsi que le numéro à 16 chiffres de votre carte. Bien entendu, conservez ces informations en lieu sûr et séparément de votre carte.

À Prague, la grande majorité des commerces acceptent les cartes de paiement (*Visa, MasterCard* principalement) ; les paiements peuvent s'effectuer généralement « sans contact » pour les sommes inférieures à environ 20 €. En province, certaines pensions, campings et petits restaurants n'acceptent encore que le liquide. Votre banque vous prélèvera un faible pourcentage sur chaque paiement. Par ailleurs, l'assistance médicale se limite aux 90 premiers jours du voyage et l'assistance véhicule aux cartes haut de gamme (renseignez-vous auprès de votre banque). Et surtout, n'oubliez pas aussi de **VÉRIFIER LA DATE D'EXPIRATION DE VOTRE CARTE DE PAIEMENT !**
En cas de perte, de vol, ou de fraude, quelle que soit la carte que vous possédez, chaque banque gère elle-même le processus d'opposition et le numéro de téléphone correspondant.

– ***Carte bleue Visa :*** *numéro d'urgence (Europ Assistance), ☎ (00-33) 1-41-85-85-85 (24h/24).* • *visa.fr* •
– ***Carte MasterCard :*** *numéro d'urgence, ☎ (00-33) 1-45-16-65-65.* • *mastercardfrance.com* •
– ***Carte American Express :*** *numéro d'urgence, ☎ (00-33) 1-47-77-72-00.* • *americanexpress.fr* •
– Il existe un ***serveur interbancaire d'opposition*** qui, en cas de perte ou de vol, vous met en contact avec le centre d'opposition de votre banque. *En France : ☎ 0892-705-705 (prix d'un appel + 0,35/mn) ; depuis l'étranger : ☎ (00-33)-442-605-303.*

Petite mesure de précaution : si vous retirez de l'argent dans un distributeur, utilisez de préférence les distributeurs attenants à une agence bancaire. En cas de pépin avec votre carte (carte avalée, erreurs de code secret...), vous aurez un interlocuteur dans l'agence, pendant les heures ouvrables.

Besoin urgent d'argent liquide

Vous pouvez être dépanné en quelques minutes grâce au système ***Western Union Money Transfer*** présent dans les bureaux de poste et certains bureaux de change *(Interchange, ICE).* L'argent vous est transféré en moins de 1h. La commission, assez élevée, est payée par l'expéditeur. Possibilité d'effectuer un transfert auprès d'un des bureaux *Western Union* ou, plus rapide, en ligne, 24h/24 par carte de paiement (*Visa* ou *MasterCard*).
Même principe avec d'autres organismes de transfert d'argent liquide comme ***MoneyGram, PayTop*** ou ***Azimo.*** Transfert en ligne sécurisé, en moins de 1h.
Dans tous les cas, se munir d'une pièce d'identité. Toutefois, en cas de perte/vol de papiers, certains organismes permettent de convenir d'une question/réponse type pour pouvoir récupérer votre argent. Chacun de ces organismes possède aussi des applications disponibles sur téléphone portable. Consulter les sites internet pour connaître les pays concernés, les conditions tarifaires (frais, commission) et trouver le correspondant local le plus proche :
• *westernunion.com* • *moneygram.fr* • *paytop.com* • *azimo.com/fr* •
– Autre solution, envoyer de l'argent par ***la Poste*** : le bénéficiaire, muni de sa pièce d'identité, peut retirer les fonds dans n'importe quel bureau du réseau local. Le transfert s'effectue avec un mandat ordinaire international (jusqu'à 3 500 €) et la transaction prend 4-5 jours en Europe (8-10 jours vers l'international). Plus cher, mais plus rapide, le mandat express international permet d'envoyer de l'argent (montant variable selon la destination – 34 pays au total) sous 2 jours maximum, 24h lorsque la démarche est faite en ligne. *Infos :* • *labanquepostale.fr* •

ACHATS

– ***Marionnettes :*** à Prague, on en trouve partout, à tous les prix, en bois, en plâtre, en terre cuite ou en céramique. Apparu au XVIIe s, le théâtre de marionnettes tchèque fut très important au XIXe s et a connu un certain renouveau après les années 1960. Les marionnettes les plus fameuses représentent des sorcières, des golems (êtres d'argile de la mythologie juive) ou simplement des personnages en costume traditionnel. Parmi les plus populaires, citons le bouffon Kašpárek reconnaissable à son habit rouge. Le pont Charles est le lieu favori des vendeurs artisans. Les prix n'y sont pas plus élevés que dans les boutiques.
– ***Jouets en bois :*** pas mal de boutiques se sont spécialisées dans ce genre d'articles de qualité mais assez chers, notamment rue Nerudova.
– ***Porcelaine :*** la réputation de la porcelaine tchèque remonte au XIXe s. On distingue 2 types principaux : la porcelaine rose de Chodov, peinte et soulignée d'or, et la porcelaine dite « oignon bleu », d'inspiration asiatique, déclinant des motifs floraux et de grenades (jadis confondues avec des oignons !).
– ***Cristal de Bohême :*** certaines pièces sont d'une qualité exceptionnelle, d'autres nettement moins remarquables. Il s'agit de ne pas confondre verre et cristal – dont le pouvoir de réflexion, dû au plomb entrant dans sa composition, est bien supérieur. Les fabriques *Moser* et *Egermann* sont les plus réputées. Mais si elles proposent des pièces contemporaines, l'essentiel de leur production reste traditionnel, pour ne pas dire un peu kitsch, avec leurs liserés dorés ou gravures rétros.

– ***Grenat :*** la Bohême est la seule région européenne à posséder des gisements de cette pierre semi-précieuse, de couleur brun-rouge (avec de multiples variations), qui ornait les couronnes des rois de Bohême. Leur travail donne lieu à des œuvres de toutes tailles et de tous prix, que l'on trouve dans toutes les bijouteries de la capitale. Seules les pièces inférieures à 6 mm de diamètre sont en général tchèques.
– ***Fer forgé :*** les forgerons tchèques sont habiles et leurs produits abordables (bougeoirs en forme d'arbres). On trouve aussi de jolies créations en ***osier.***
– ***Œufs de Noël :*** et non de Pâques... À la période de Noël, les Tchèques peignent des œufs qu'ils accrochent aux arbres. On en trouve dans les magasins.
– ***Cosmétiques à la bière :*** si, si, vous avez bien lu ! *Beer-fanatics,* les Tchèques lui trouvent toutes les vertus, même celle de revitaliser la peau grâce à sa forte teneur en vitamine B... Levure et extrait de houblon sont aussi utilisés.

BUDGET

La République tchèque n'est ni un pays cher ni un pays bon marché. Globalement, les restaurants sont très abordables, alors que l'hébergement peut se révéler coûteux – particulièrement à Prague où les tarifs n'ont rien à envier à ceux des capitales occidentales. Le camping, les *hostels* et AJ restent très abordables, mais la qualité n'est souvent pas extraordinaire.
Nos échelles de prix s'appliquent à Prague et couvrent à la fois la haute (de mi-mars à octobre) et la basse saison (de novembre à mi-mars), mais pas les fêtes de fin d'année et parfois Pâques, période à laquelle les prix explosent. Sachez en outre que les tarifs augmentent assez rapidement, tirés par la (relative) bonne croissance économique du pays.

Hébergement

Les prix sont souvent donnés en euros. Le petit déjeuner est souvent inclus dans le prix de la chambre.
– ***Bon marché :*** dans les AJ (ou *hostel*), écoles transformées en dortoirs et chambres d'étudiants en cité U, on trouve encore pas mal de lits dans la fourchette basse (350 à 600 Kc par personne, soit 14 à 24 €). Attention, en haute saison, certains coûtent jusqu'à 1 000 Kc par personne (40 €). Pour une chambre double pour 2 personnes, compter entre 700 et 1 500 Kc (28 et 60 €) selon la saison dans les mêmes AJ ou dans les petits hôtels ou pensions familiales, parfois situés hors du centre historique. À ce prix, la salle de bains privée n'est pas garantie.
– ***Prix modérés :*** de 1 500 à 2 500 Kc (60 à 100 €) pour 2. Petits hôtels ou pensions souvent situés hors du centre historique. C'est dans cette gamme de prix que se situent généralement les appartements ou les chambres chez l'habitant. Plus on s'éloigne du centre, plus les prix baissent.
– ***Prix moyens :*** de 2 500 à 3 500 Kc (100 à 140 €) pour 2. Hôtels corrects à bons, parfois de caractère.
– ***Chic :*** de 3 500 à 4 500 Kc (140 à 180 €) pour 2. Tout confort mais, même dans cette catégorie, la déco peut se révéler parfaitement ringarde ou triste à mourir.
– ***Très chic :*** au-delà de 4 500 Kc (180 €) pour 2. Il s'agit principalement d'adresses de charme ou de grandes chaînes à la déco fonctionnelle ou plus personnalisée. Cette catégorie d'hôtels est la plus susceptible d'offrir d'intéressantes promos sur Internet.

Restauration

Dans les restaurants typiques fréquentés par les Pragois, on se nourrira d'un plat copieux genre *goulasch-knedlíky (guláš)* pour 150 à 200 Kc (6 à 8 €).

Certains proposent au déjeuner des plats du jour pour 100 à 150 Kc (4 à 6 €), voire un menu *(polední menu).* Pour une bonne table, comptez plutôt 450 à 850 Kc (18 à 34 €), voire davantage pour les établissements de luxe.
En résumé :
- ***Bon marché :*** moins de 150 Kc (6 €).
- ***Prix modérés :*** de 150 à 300 Kc (6 à 12 €).
- ***Prix moyens :*** de 300 à 500 Kc (12 à 20 €).
- ***Chic :*** plus de 500 Kc (20 €).

Visites

L'accès à la plupart des monuments et sites est payant, églises incluses. À Prague, prévoyez un budget conséquent, même pour les billets forfaitaires permettant de visiter plusieurs sites avec le même ticket.
Les prix sont très variables en fonction du lieu et du type de visite. Compter de 50 Kc (2 €) pour un petit musée à 530 Kc (21 €) pour visiter le quartier juif. Les étudiants avec carte internationale *Isic* (parfois la carte nationale – avec photo – suffit) et les enfants bénéficient d'un tarif réduit (en général de 50 %). Idem pour les seniors à partir de 65 ans. Il n'est pas rare non plus qu'il existe un tarif famille intéressant, en plus du tarif groupe.

CLIMAT

La République tchèque possède un climat continental tempéré avec 4 saisons bien différenciées.
- ***Printemps :*** dès la fin avril, les températures redeviennent clémentes même s'il peut encore neiger ici ou là. Les très belles journées ensoleillées ne sont pas rares.

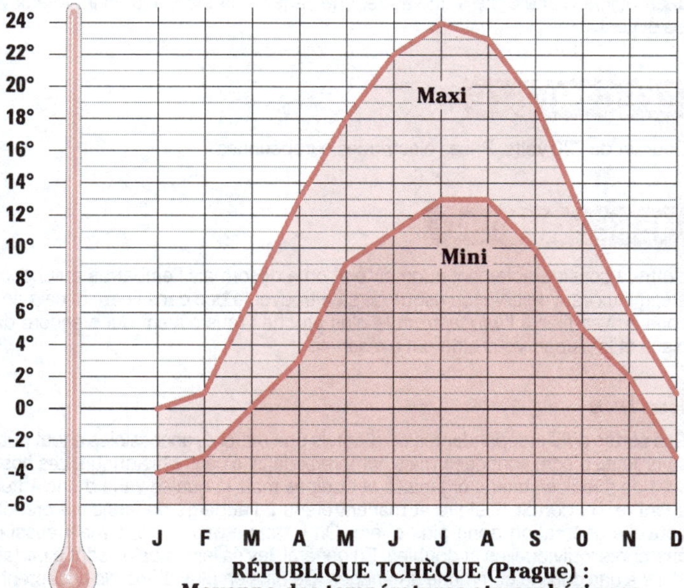

RÉPUBLIQUE TCHÈQUE (Prague) :
Moyenne des températures atmosphériques

– ***Été :*** juillet et août sont les mois les plus chauds, avec des températures dépassant régulièrement les 30 °C. Juillet est le mois le plus pluvieux de l'année (80 mm). Les précipitations tombent surtout sous forme de grosses averses (orages).
– ***Automne :*** préférer le mois d'octobre (température moyenne 12 °C) à celui de novembre (6 °C).
– ***Hiver :*** l'hiver, entamé dès novembre et jusqu'en avril, est froid, sec, avec un ciel souvent couvert.

DANGERS ET ENQUIQUINEMENTS

Prague est une ville aussi sûre que n'importe quelle capitale européenne en proie à l'affluence touristique et aux désagréments qui en résultent (quelques vols à la tire et des pickpockets). Évitez les « bousculades » organisées à l'entrée d'une rame de métro ou lors d'un attroupement autour d'un spectacle de rue. Fermez bien vos poches de sacs, ne gardez sur vous que des photocopies de vos documents. Les pickpockets sévissent souvent sur la ligne de tramway 22.
Un poste de police est spécialisé dans l'accueil des touristes étrangers victimes d'un délit, et des interprètes y sont disponibles, en principe, 24h/24. *Jungmannovo nám. 9 (zoom centre D3). ☎ 974-851-750. Ⓜ Můstek.*
Pour garer sa voiture, il vaut mieux utiliser les parkings publics surveillés. D'abord parce que votre véhicule et son contenu sont en sécurité, ensuite parce que la majorité des places de parking dans la rue sont réservées aux habitants (voir rubrique « Transports intérieurs »).
Prague est envahie le week-end par des groupes de jeunes (souvent britanniques) qui débarquent des vols *low-cost,* attirés par la bière pas chère et les filles qu'ils croient faciles. Certains ne prennent même pas d'hébergement et déambulent d'une boîte à une autre, une canette de bière à la main. Mieux vaut les éviter !

ÉLECTRICITÉ

Courant de 220 volts. Prises électriques européennes.

HÉBERGEMENT

L'offre a considérablement augmenté et on a désormais l'embarras du choix. En été, mieux vaut réserver au risque de se retrouver le bec dans l'eau. Si cela devait vous arriver, filez à l'*Infocentrum* le plus proche : tous savent qui a encore de la place et la plupart vous aideront à réserver.

Hostels

Ces sortes d'AJ indépendantes ou d'hôtels bon marché, accessibles à tout public, sans limite d'âge, sont désormais nombreux dans le centre historique. Les *hostels* sont de mieux en mieux organisés et équipés mais la qualité varie d'une adresse à l'autre, du dortoir basique et mal entretenu à l'auberge de jeunesse branchée nouvelle génération donc plus chère. On y trouve des dortoirs mais aussi des chambres individuelles et doubles. En général, les salles de bains sont à partager, et il y a une cuisine commune aménagée. De plus en plus d'*hostels* acceptent les cartes de paiement.

Auberges de jeunesse

La branche tchèque affiliée aux auberges de jeunesse internationales est gérée par le *KMC* de Prague. Vous pouvez ainsi réserver vos places dans les AJ de cette ville directement de France et dans n'importe quelle AJ du pays. Site internet en anglais : • *czechhostels.com* •

Pensions et hôtels

Les hôtels sont classés en 5 catégories (de 1 à 5 étoiles). Ils sont à présent aux normes européennes, c'est-à-dire correctement équipés et bien tenus, même si, pour certains, l'aspect de leur façade laisse présager parfois du contraire. Possibilité de réserver directement par téléphone ou par Internet. Les prix sont souvent donnés directement en euros. En basse saison, on peut trouver une chambre relativement facilement sans réservation. Le petit déjeuner est généralement inclus.

Campings

On en trouve aux abords de Prague.
Les emplacements pour dresser la tente y sont rarement délimités : il s'agit le plus souvent d'un vaste espace herbeux pas ou peu ombragé. Beaucoup de « campings » disposent de petits bungalows (variant de la cahute sommaire avec sanitaires partagés au chalet tout équipé) et certains proposent aussi des chambres à prix très raisonnables. Les douches chaudes sont souvent payantes. La plupart des campings sont ouverts d'avril à octobre. • *camp.cz/en* •

Chambres chez l'habitant

Si elles sont pratiquement inexistantes dans le centre historique de Prague, on en trouve quelques-unes en banlieue. Les prix sont vraiment intéressants par rapport à l'hôtellerie et permettent un contact avec les habitants, presque toujours aux petits soins pour leurs hôtes. Les intérieurs font parfois voyager dans le temps…

Location d'appartements

La formule, inaugurée à Prague dès les années 1990, est sans doute la plus intéressante si l'on envisage de rester plusieurs jours sur place et/ou que l'on voyage en famille. Partout, désormais, on trouve des apparts rénovés, souvent dans des édifices anciens qui leur confèrent bien du charme. Ils sont souvent spacieux, voire très spacieux, pour un prix identique à celui d'un hôtel. Tous ont une cuisine et, parfois même, une machine à laver !

HEURES D'OUVERTURE

Les magasins sont ouverts en semaine de 9h à 18h et le samedi de 9h à 13h. Beaucoup restent accessibles les dimanches et jours fériés en centre-ville. Sauf exception, les musées sont, pour la plupart, fermés le lundi.

JOURS FÉRIÉS

1er janvier, Vendredi saint et lundi de Pâques, 1er mai, 8 mai (fête de la Libération de 1945), 5 et 6 juillet (fêtes de saint Cyrille et saint Méthode, et commémoration de la mort de Jan Hus), 28 septembre (Venceslas, saint patron de la Bohême), 28 octobre (fondation de la République), 17 novembre (commémoration de la « révolution de Velours »), 24, 25 et 26 décembre.

LANGUE

Aujourd'hui, l'anglais est bien pratiqué à Prague, surtout auprès de la jeune génération. L'allemand reste une langue de référence, tout comme le russe, revenu en force du fait d'une importante clientèle russe. Quant au français, à de rares exceptions près, il est aussi répandu que le javanais.

À propos du tchèque

C'est une langue slave sans aucun rapport avec les langues latines ou anglo-saxonnes. En raison de sa complexité, le tchèque est considéré comme difficile à apprendre.

Toutes les lettres se prononcent. Les mots se déclinent et s'accordent, les consonnes s'accumulent, alors qu'au même moment, de drôles d'accents démultiplient les possibilités de prononciation. Ainsi, Prague se dit *Praha, Praze, Prahou, Prahy,* selon sa place dans la phrase.

Un autre exemple, peut-être ? Voici le classique des classiques : « Enfonce ton doigt dans la gorge » se dit « *Strč prst skrz krk* ».

Outre la prononciation, la logique tchèque peut également être un écueil à l'apprentissage. Ainsi, « oui » s'écrit « *ano* » mais peut se dire « *no* », source éventuelle de malentendus ! Pour dire « Il est 10h45 », on signale à son interlocuteur qu'on a fait les 3 quarts du chemin qui nous mène à 11h. « Il est 10h35 » peut donc se dire : « Dans 10 mn, on aura fait les 3 quarts du chemin qui nous mène à 11h. » Bref, quand on arrive à aligner 2 mots en tchèque, on fait 2 fautes.

Tous les mots sans exception sont accentués sur la 1re syllabe. Pour mieux prononcer, ne pas oublier les quelques règles suivantes : les voyelles sont courtes ou longues et précédées d'un coup de glotte :
á = a long (aa) ; í et ý = i long (ii) ; ú ou ů = ou long ; ě = ié ; ď ou ť = die ou tie ; c = ts ; č = tch ; s = s long (ss) ; š = ch ; ř = rch ; j = iè ; ž = j.

Et puis il y a la lettre « ch », qui se prononce par un léger raclement du palais !

DES MOTS FRANÇAIS VENUS DU TCHÈQUE

Le plus connu de ces mots est « robot », dérivé de robota qui signifie en tchèque « travail pénible, corvée ». Il fut employé pour la 1re fois par l'écrivain Karel Čapek. Le terme « calèche » vient de l'allemand Kalesche, *lui-même dérivé du tchèque* kolesa. *« Obus » dérive également de* Haubitze *(obusier) qui est en allemand une altération du tchèque* houfnice. *« Pistolet » viendrait aussi du tchèque.*

Conversation générale

Oui	*Ano*
Non	*Ne*
Bonjour	*Dobrý den* ou *Ahoj* (salut)
Bonsoir	*Dobrý večer*
Bonne nuit	*Dobrou noc*
Au revoir	*Na shledanou*
S'il vous plaît ou je vous en prie	*Prosím*
Merci	*Děkuji*
De rien	*Není zač*
Pardon !	*Promiňte !* (ou *pardon !*)

Combien ?	*Kolik ?*
Parlez-vous le français ?	*Mluvíte francouzsky ?*
Je ne comprends pas	*Nerozumím*
Où se trouve la rue Siroka ?	*Kde je ulice Široká ?*

Inscriptions courantes

Entrée	*Vchod*
Sortie	*Východ*
À gauche	*Vlevo*
À droite	*Vpravo*
Entrée interdite	*Vstup zakázán*
Caisse	*Pokladna*
Défense de fumer	*Kouření zakázáno*
Occupé	*Obsazeno*
Ouvert	*Otevřeno*
Réservé	*Rezervovaný*
Fermé	*Zavřeno*

Chiffres

Un	*Jeden*
Deux	*Dva*
Trois	*Tři*
Quatre	*Čtyři*
Cinq	*Pět*
Six	*Šest*
Sept	*Sedm*
Huit	*Osm*
Neuf	*Devět*
Dix	*Deset*
Vingt	*Dvacet*
Cent	*Sto*
Deux cents	*Dvě stě*
Trois cents	*Tři sta*
Quatre cents	*Čtyři sta*
Cinq cents	*Pět set*
Mille	*Tisíc*
Dix mille	*Deset tisíc*

Calendrier

Lundi	*Pondělí*
Mardi	*Úterý*
Mercredi	*Středa*
Jeudi	*Čtvrtek*
Vendredi	*Pátek*
Samedi	*Sobota*

Dimanche	*Neděle*
Aujourd'hui	*Dnes*
Demain	*Zítra*
Hier	*Včera*
Janvier	*Leden*
Février	*Únor*
Mars	*Březen*
Avril	*Duben*
Mai	*Květen*
Juin	*Červen*
Juillet	*Červenec*
Août	*Srpen*
Septembre	*Září*
Octobre	*Říjen*
Novembre	*Listopad*
Décembre	*Prosinec*

Toponymie

Place	*Náměstí*
Rue	*Ulice*
Avenue	*Třída*
Quai	*Nábřeží*
Jardin, parc	*Zahrada, park*
Église	*Kostel*
Pont	*Most*
Château	*Zámek*
Château fort	*Hrad*
Virage	*Zatáčka*
Déviation	*Objížďka*
Poste de police	*Policie*
Gare	*Nádraží*

Au restaurant

Restaurant	*Restaurace*
Petit déjeuner	*Snídaně*
Déjeuner	*Oběd*
Dîner	*Večeře*
Café noir	*Černá káva*
Lait	*Mléko*
Café au lait	*Káva s mlékem*
Chocolat	*Čokoláda*
Thé	*Čaj*
Bière	*Pivo*
Beurre	*Máslo*
Pain	*Chléb*

Fromage	*Sýr*
Apportez-moi de l'eau minérale	*Přineste mi minerálku*
Une bouteille	*Láhev*
Un verre	*Sklenička*
À votre santé	*Na zdraví*
La carte, s'il vous plaît	*Jídelní lístek, prosím*
L'addition, s'il vous plaît	*Zaplatím, prosím*
Canard	*Kachna*
Gibier	*Zvěřina*
Légumes	*Zelenina*
Œufs	*Vejce*
Petit pain	*Pečivo*
Poissons	*Ryby*
Poulet	*Kuře*
Riz	*Rýže*
Sel	*Sůl*
Sucre	*Cukr*
Viande de bœuf	*Hovězí*
Viande de veau	*Telecí*
Viande fumée	*Uzené*
Volaille	*Drůbež*

À l'hôtel

Une chambre à 1 lit	*Jednolůžkový pokoj*
Une chambre à 2 lits	*Dvoulůžkový pokoj*
Avec salle de bains	*S koupelnou*
La clé	*Klíč*
Pour 1 jour	*Na jeden den*
Pour 2 jours	*Na dva dny*
Quel numéro de chambre ?	*Jaké je číslo mého pokoje ?*
Service compris	*Včetně spropitného*
Réveillez-moi à 7h	*Vzbuďte mě v sedm hodin*
Appelez un taxi	*Objednejte mi taxi*
Je désire téléphoner	*Chtěl bych si zatelefonovat*

En déplacement

Gare ferroviaire	*Vlakové nádraží*
Gare routière	*Autobusové nádraží*
Horaire	*Jízdní řád*
Billet, réservation	*Lístek, místenka*
Arrêt	*Zastávka*
Départ	*Odjezd*
Arrivée	*Příjezd*
Consigne	*Úschovna*
Bagages	*Zavazadla/kufry*

Correspondance	*Přestup*
Couchette	*Lehátko*
Quai	*Nástupiště*
Parking	*Parkoviště*
Station-service	*Benzínová pumpa*

LIVRES DE ROUTE

Formats poche

– ***Praga Magica,*** d'Angelo Ripellino ; Pocket, Terre Humaine nº 10019. Un récit culturel et anthropologique décalé et d'une érudition vertigineuse. Histoire, art, littérature et anecdotes pragoises se mêlent dans ce voyage initiatique, aux passages secrets aussi nombreux que ceux de la ville elle-même.

– ***Milena,*** de Margarete Buber-Neumann ; « Points » nº 73. C'est au camp de concentration de Ravensbrück que Margarete Buber-Neumann fit la rencontre de celle qui se présenta d'emblée comme « Milena de Prague » et à laquelle elle consacre cette biographie bouleversante. Sans ce livre, l'histoire n'aurait retenu de sa vie qu'une relation profonde et fugace avec un écrivain alors peu connu : Kafka. Lire également le recueil de textes de Milena Jesenská (elle était journaliste) : *Vivre,* Éditions Lieu commun.

– ***Le Songe de l'astronome,*** de Thierry Bourcy et François-Henri Soulié ; collection « 10/18 ». En 1601, l'empereur Rodolphe II de Habsbourg organise une fête somptueuse au château à l'occasion de la publication par l'astronome et alchimiste Tycho Brahé du résultat de ses recherches sur sa conception du cosmos. De nombreux invités de prestige sont présents, mais lorsque l'astronome danois est découvert empoisonné dans le cabinet de curiosités du souverain, tout le monde se retrouve enfermé sous la garde d'un capitaine chargé de l'enquête. Un huis clos sanglant et spectaculaire sur fond d'inquisition à la Renaissance.

– ***La Nuit sous le pont de pierre,*** de Léo Perutz ; Livre de Poche. Un recueil de nouvelles, apparemment sans lien aucun, mais qui forment au final un tout cohérent comme un roman composé de récits qui s'emboîtent. L'auteur nous transporte à Prague, au début du XVIIe s, à la cour de l'excentrique empereur Rodolphe II et dans les ruelles du quartier juif, dominées par la mythique figure du rabbin Löw (le créateur du Golem). Dans ces différents décors d'une même réalité, il met en scène les amours imaginaires de l'empereur et de la belle Esther, épouse du financier juif Mordechai Meisl, qui ne peuvent se réaliser qu'en rêve, mais qui n'en ont pas moins des conséquences fatales pour Prague.

– ***Le Procès,*** de Franz Kafka ; Livre de Poche nº 5015. Dans une grande ville (Prague ?), l'employé Joseph K. est informé qu'il est accusé de quelque chose. Personne, ni K. ni le lecteur, ne saura jamais de quoi, ni par qui. Tout est dans le mécanisme aveugle, emblématique pour Kafka de notre monde contemporain, qui broie l'individu sous le poids de l'appareil judiciaire ou bureaucratique. Bien sûr, on pourra lire aussi *Le Château,* autre œuvre emblématique de Kafka, bien qu'inachevée, décrivant là encore l'absurdité de la bureaucratie à travers le symbole d'un château inaccessible.

– ***Le Livre du rire et de l'oubli,*** de Milan Kundera ; « Folio » nº 1831. Un détail révélateur revient dans la plupart des livres de cet exilé tchèque : son pays s'appelle toujours Bohême ! La mémoire est l'un des thèmes principaux de ce livre. Étonnant chassé-croisé de tranches de vie et de regards portés sur une société bouleversée par les chars de 1968.

– ***Une trop bruyante solitude,*** de Bohumil Hrabal ; « Pavillons Poche », Laffont. Cet amoureux des petites choses de la vie (son pseudonyme signifie « celui qui a ramassé » ou « qui a balayé ») a écrit là son œuvre principale, celle « pour laquelle il est venu au monde » selon ses propres dires. Son personnage, Hanta, presse du papier depuis 35 ans au fond d'une cave pragoise... où il sauve des chefs-d'œuvre destinés au pilon. Pour ceux qui voudraient lire d'autres de ses œuvres, citons : *Tendre Barbare, Moi qui ai servi le roi d'Angleterre* ou encore *Trains étroitement surveillés.*
– ***HHhH,*** de Laurent Binet ; Livre de Poche nº 5734. Prix Goncourt du 1er roman en 2010. Ce titre énigmatique est l'acronyme de *Himmlers Hirn heisst Heydrich* (« le cerveau d'Himmler s'appelle Heydrich »). Réflexion sur les rapports entre réalité et fiction, ce roman attachant raconte l'histoire de la mission héroïque lancée par Londres en 1942 pour éliminer, à Prague, l'homme réputé le plus dangereux du IIIe Reich : le chef de la Gestapo, des services secrets, et l'un des planificateurs de la solution finale, d'ailleurs surnommé « le boucher de Prague ».
– ***Prague fatale,*** de Philip Kerr ; Livre de Poche Policier nº 33659. Un épisode de la saga des aventures de Bernie Gunther, le flic berlinois, invité à Prague par Reinhard Heydrich pour sa nomination au poste de *Reichsprotektor* de Bohême-Moravie en 1942.
– ***Le Brave Soldat Švejk,*** de Jaroslav Hašek ; « Folio » nº 676. Il n'y a pas vraiment d'histoire dans ce roman qui se présente plutôt comme une chronique de la Première Guerre mondiale vue par les yeux du soldat. La satire de l'armée, de la bureaucratie et de la mesquinerie dépasse ici son objet premier pour devenir universelle. Le roman fut d'ailleurs un temps interdit dans certains pays de l'Est. Aujourd'hui, on continue de le traduire, c'est vous dire son intérêt. Notez que cet anar de base sert aujourd'hui d'enseigne à une franchise du groupe *Daos Club,* qui vend des plats « typiquement tchèques »...
– ***Le Golem,*** de Gustave Meyrink ; Garnier-Flammarion. 1915, pendant que la Première Guerre mondiale déchire l'Europe, un auteur inconnu publie son 1er roman, qui connaît un succès foudroyant. Avec le Golem, cette créature d'argile façonnée jadis par le rabbi Löw et qui revient hanter la ville tous les 33 ans, le livre ressuscite la Prague du tournant du siècle avec son ghetto, rasé quelques années avant la guerre par des autorités soucieuses d'« assainissement ». Dans ses rues tortueuses, se commettent des crimes perpétrés par des êtres fantastiques dévorés par la passion et la haine, tandis que les couples dansent dans des cabarets sordides... Brrr !

Autres formats

– ***Histoire de Prague,*** de Bernard Michel ; Fayard. Plus de 10 siècles d'un destin unique contés par l'un des plus éminents spécialistes de l'Europe centrale. Au-delà des légendes, l'histoire d'une ville magique et de la manière dont ses habitants l'ont vue et l'ont rêvée. Un indispensable.
– ***Le Roman de Prague,*** d'Henri Bentégeat ; éditions du Rocher. Des récits historiques faciles à lire consacrés à quelques personnages importants liés à Prague, comme Charles IV, le Golem et Mozart.
– ***L'Empereur des alchimistes, Rodophe II de Habsbourg,*** de Jacqueline Dauxois ; JC Lattès. À Prague, au XVIe s, cet empereur et grand collectionneur attire artistes et savants, mais aussi astrologues, alchimistes, magiciens et charlatans. Ce livre nous restitue en détail l'ambiance étrange et exaltée qui régnait à Prague à l'époque de Rodolphe, personnage le plus flamboyant de la mythologie de cette ville.
Et une excellente B.D. pour finir :
– ***Jonas Fink,*** de Vittorio Giardino ; Casterman. En 2 albums au dessin très *ligne claire* (*Ennemi du peuple* et *Le Libraire de Prague*), le parcours de Jonas depuis les années 1950 jusqu'en 1990 sur fond des années sombres du communisme puis du Printemps de Prague.

POURBOIRE

Dans les restaurants, il est de coutume de laisser un pourboire. C'est particulièrement vrai à Prague, où la pratique s'est développée parallèlement à l'explosion du tourisme. Combien donner ? Dans un resto lambda, les Tchèques ont tendance à arrondir à la dizaine ou la vingtaine de couronnes supérieure, en fonction du montant de la note et de la qualité du service. Dans les établissements chic, c'est au moins 5 % et plutôt 10 %. Mais jamais 15 ou 20 %, comme il arrive de voir parfois ajoutés d'autorité sur la note ! Sachez-le, le service est toujours compris : les prix sur la note doivent correspondre à ceux du menu – même si la faiblesse des salaires pousse les serveurs à une certaine attente au niveau du pourboire...
Habituellement le serveur ou la serveuse apporte l'addition et s'en va. Lorsqu'il ou elle revient, on lui communique oralement le montant qu'on désire réellement payer. Il est aussi possible de régler le montant de l'addition et de laisser un pourboire sur la table ou de l'ajouter au montant réglé par carte de paiement.
On arrondit naturellement la somme de la note de taxi.

PRAGUE GRATUIT

Voici la liste des lieux gratuits à Prague :
- église Saint-Jacques-Majeur (fermée le lundi) ;
- église Saint-Nicolas dans la vieille ville ;
- église Saint-Gilles ;
- église Saint-Thomas ;
- église Saints-Cyrille-et-Méthode ;
- église Notre-Dame-de-la-Victoire ;
- palais Valdštejn (sauf expos temporaires) ;
- enceinte du château et, dans celle-ci : l'entrée dans la nef de la cathédrale Saint-Guy (mais pas sa partie historique) et les jardins royaux ;
- cimetière de Vyšehrad (mausolée Slavin) ;
- musée de l'Armée.

SANTÉ

Les tiques

Elles constituent un réel problème de santé publique dans toute l'Europe centrale et on peut se faire piquer à Prague sur la colline de Petřín. Elles peuvent transmettre au moins 2 maladies graves et parfois mortelles :
- l'encéphalite à tiques, dite « d'Europe centrale » : la seule prévention repose sur un vaccin *(Ticovac®)* à faire plus de 1 mois avant le départ. Ce vaccin peut être fait par tous les médecins et est délivré par tous les pharmaciens, mais bien peu le savent. Cette vaccination, peu utile pour les séjours urbains, est impérative pour les séjours ruraux, et d'autant plus si ces séjours sont prolongés ;
- la maladie de Lyme : également répandue dans les zones forestières européennes, cette maladie ne bénéficie pas encore d'une vaccination.

La meilleure prévention consiste à éviter de s'allonger sur l'herbe et de porter en balade, dans les parcs, des chaussures fermées et d'examiner attentivement toute la surface de la peau au retour de promenade.

Carte européenne d'assurance maladie

Pour un séjour temporaire en République tchèque, pensez à vous procurer la ***carte européenne d'assurance maladie*** en appelant votre centre de Sécurité sociale ou en vous connectant au site internet de votre centre, qui vous l'enverra sous

15 jours. Cette carte fonctionne dans tous les pays membres de l'UE, ainsi qu'en Islande, au Lichtenstein, en Norvège et en Suisse. C'est une carte plastifiée bleue, au même format que la carte Vitale. Elle est valable 2 ans, gratuite et personnelle (y compris pour les enfants). Elle n'est pas valable pour les soins délivrés dans les établissements privés.

SITES INTERNET

- ***routard.com*** • Rejoignez la plus grande communauté francophone de voyageurs ! Échangez avec les routarnautes : forums, photos, avis d'hôtels. Retrouvez aussi toutes les informations actualisées pour choisir et préparer vos voyages : plus de 200 fiches pays, une centaine de dossiers pratiques et un magazine en ligne pour découvrir tous les secrets de votre destination. Enfin, comparez les offres pour organiser et réserver votre voyage au meilleur prix. Routard.com, le voyage à portée de clics !
- ***czechtourism.com/fr*** • Le portail officiel de l'office de tourisme tchèque. Nombreux liens utiles.
- ***prague.eu*** • Site d'informations touristiques de la ville.
- ***ticketpro.cz/en*** • Réservation de spectacles, achat de billets en ligne.
- ***jizdnirady.idnes.cz*** • Informations pratiques et horaires des trains et des bus en République tchèque.
- ***pragueeguide.com*** • En anglais. Une présentation très ludique. Bourré d'infos pratiques. À conseiller aux noctambules pour sa rubrique « Cafés et bars » très fournie.
- ***a-tout-prague.com/fr*** • Un site franco-tchèque avec des rubriques sur l'actu, la gastronomie, l'immobilier et les spectacles à Prague et dans tout le pays.
- ***radio.cz/fr*** • En français. Toute l'actualité au jour le jour : un site de référence pour appréhender la réalité tchèque.
- ***hrad.cz*** • Site de la présidence tchèque (en anglais). Vous saurez tout sur l'actualité du président de la République et le château de Prague. Plan en couleur, historiques, photos, ainsi que le calendrier des manifestations culturelles ; bref, c'est comme si vous y étiez.

TABAC

Le tabac ***est interdit à la vente aux moins de 18 ans.*** L'interdiction absolue de fumer vaut pour les espaces fermés et accessibles au public, dans les transports en commun comme sous les quais et abris couverts ainsi que dans les salles d'attente des arrivées de trains et de bus, aux arrêts de trams ou de bus et dans les salles d'attente. Et, en principe, depuis 2017, dans les restos, les clubs et les bars.

TÉLÉPHONE ET TÉLÉCOMMUNICATIONS

Les numéros de téléphone comportent 9 chiffres. L'indicatif de la ville, placé au début, est inclus directement dans le numéro.

– ***France → République tchèque*** *(0,44 €/mn en tarif normal lun-ven 8h-19h ; 0,35 €/mn en tarif réduit)* : ☎ 00-420 et le numéro de téléphone.

– ***République tchèque → France :*** ☎ 00-33, puis le numéro de votre correspondant sans le 0 initial.

– ***Pour les appels interurbains : téléphones publics*** encore nombreux dans tout le pays, qui fonctionnent avec des pièces (parfois aléatoire) et des cartes dédiées. Ces dernières sont devenues très difficiles à trouver, elles ont été remplacées par les cartes prépayées *(Smartcall, Bestcall)*, plus avantageuses et en vente à la poste

ainsi que dans presque tous les kiosques à journaux. Compter de 150 à 300 Kc (6 à 12 €).
En composant le ☎ 1188, vous aurez toutes les informations à propos des numéros de téléphone internationaux et tchèques (les opérateurs parlent notamment l'anglais, l'allemand et le français).
– ***Téléphones portables :*** les Tchèques sont très bien équipés en téléphonie mobile. Les numéros ne commencent pas par 0 (comme en France) mais par 6 ou 7. Le réseau GSM fonctionne sur les fréquences de 900 MHz et 1 800 MHz. Si vous prenez votre téléphone portable avec vous, assurez-vous qu'il fonctionne sur ces fréquences.

Le téléphone portable en voyage

Depuis 2017, un voyageur européen titulaire d'un forfait dans son pays d'origine peut utiliser son téléphone mobile ***au tarif national*** dans les 28 pays de l'Union européenne, sans craindre de voir flamber sa facture. Des plafonds sont néanmoins fixés par les opérateurs pour éviter les excès... Cet accord avantageux signé entre l'UE et ses opérateurs télécoms concerne aussi la consommation de ***données internet 3G ou 4G,*** dont le volume utilisable sans surcoût dépend du prix du forfait national (se renseigner). Par ailleurs, si le voyageur réside plusieurs mois en dehors de son pays, des frais peuvent lui être prélevés...
Dans ces pays donc, plus besoin d'acheter une carte SIM locale pour diminuer ses frais.

La connexion internet en voyage

Dans l'UE, en particulier en République tchèque, de plus en plus d'hôtels, de restos, de bars, et mêmes certains espaces publics disposent du wifi gratuit. Mieux que la connexion 3G et 4G qui peut entraîner des frais en usage intensif, le wifi permet aussi de profiter d'un débit souvent supérieur.
Une fois connecté au wifi, vous avez accès à tous les services de la ***téléphonie par Internet. Whatsapp, Messenger*** (la messagerie de *Facebook*), ***Viber, Skype,*** permettent d'appeler, d'envoyer des messages, des photos et des vidéos aux 4 coins de la planète, sans frais. Il suffit de télécharger – gratuitement – l'une de ces applis sur son smartphone. Elle détecte automatiquement dans votre liste de contacts ceux qui utilisent la même appli.

Attention piratage !

Les wifi publics sont devenus de véritables passoires ! Il est très facile, même pour un débutant, de s'introduire sur un réseau. La seule parade véritablement fiable est de ne fréquenter que des sites « certifiés ». Ils commencent par « https:// » et affichent souvent un petit cadenas à côté de l'adresse. Dans ce cas, vos transmissions sont cryptées et donc sécurisées. Les sites les plus sensibles et populaires, comme les banques, ont tous une connexion certifiée.
Enfin, si vous utilisez un ordinateur en libre-service, évitez, dans la mesure du possible, d'entrer votre mot de passe ou toute information sensible ! Une quantité phénoménale de ces postes est infectée par des « enregistreurs de frappes », qui peuvent transmettre vos données à un destinataire mal intentionné. Et si malgré tout, vous utilisez ces postes, pensez à bien vous déconnecter et à ne pas cliquer sur l'option « enregistrer mon mot de passe ».

Urgence : en cas de perte ou de vol de votre téléphone portable

Suspendre aussitôt sa ligne permet d'éviter de douloureuses surprises au retour du voyage ! Voici les numéros des 4 opérateurs français, accessibles depuis la France et l'étranger :

- **Free :** *depuis la France, ☎ 3244 ; depuis l'étranger, ☎ + 33-1-78-56-95-60.*
- **Orange :** *depuis la France, ☎ 0800-100-740 ; depuis l'étranger, ☎ + 33-969-39-39-00.*
- **SFR :** *depuis la France, ☎ 1023 ; depuis l'étranger, + 33-6-1000-1023.*
- **Bouygues Télécom :** *depuis la France comme depuis l'étranger, ☎ + 33-800-29-1000.*

Vous pouvez aussi demander la suspension de votre ligne depuis le site internet de votre opérateur.

TOILETTES

Chers routards, buvez sans crainte, les w-c apparaissent dès que vous en avez besoin, pas la peine de se priver d'une bonne bière en pensant aux conséquences. Dans le centre de Prague, ils sont devenus quasi tous payants, même dans les bars si vous ne consommez pas, car il faut bien entretenir ces lieux d'aisance ! Compter de 5 à 20 Kc.

TRANSPORTS INTÉRIEURS

- Les ***transports en commun urbains*** sont nombreux et généralement fréquents. Le coût du billet est de 24 ou 32 Kc et il existe diverses possibilités d'abonnement quotidien ou hebdomadaire (voir la partie « Transports » à Prague). Vérifiez bien que le ticket de transport, que vous avez obligatoirement composté, est en conformité avec le trajet envisagé. Les contrôleurs ont l'amende facile. Attention, pour les gros bagages, il vous faudra acheter un ticket supplémentaire (en général, 16 Kc). Pour les vélos, on ne les embarque pas n'importe comment ni à n'importe quelle heure (infos sur ● *dpp.cz/en* ●).
- ***Location de vélos :*** c'est la nouvelle mode. Plusieurs agences louent des vélos pour parcourir le centre. Et même visiter certains châteaux de Bohême. Soyez très prudent à vélo : les conducteurs tchèques ne sont pas habitués aux 2-roues.

Conduite automobile

- Conduite à droite.
- Le ***réseau routier*** est assez dense. Il s'améliore d'année en année depuis que le pays a adhéré à l'Union européenne.
- La ***vitesse*** est limitée à 90 km/h sur route, à 50 km/h dans les agglomérations et à 110 ou 130 km/h sur autoroute. Attention aux radars fréquents.
- Si vous venez avec votre propre véhicule, ***n'oubliez pas d'acheter la vignette autoroutière, obligatoire, et de la coller sur votre pare-brise.*** Payable en euros (pas de CB), elle est vendue à la frontière dans certaines stations-services et bureaux de poste (voir dans le chapitre « Comment y aller ? », la rubrique « En voiture »). Amende de 5 000 Kc (200 €) en cas d'oubli !
- Côté ***carburants,*** on trouve du gazole *(nafta),* essence avec ou sans plomb et même du GPL. Les prix sont libres et aussi chers qu'en France.
- Il est interdit de boire si l'on conduit, même de la bière. ***Tolérance zéro*** : 0,0 g/l ! Des contrôles ont lieu à la sortie de certaines boîtes. Grosse amende à payer immédiatement.
- Pour vous garer, surtout à Prague, n'utilisez pas les ***parkings*** réservés aux résidents. Vous risqueriez de vous retrouver (au mieux) avec un sabot ou (au pire) à la fourrière. Attention aussi à la limite de temps : vous pouvez hériter d'un sabot pour oubli de ticket de parking ou tout simplement dépassement d'horaire !

– ***Cartes routières :*** la compagnie *Kartografie Praha* publie des atlas routiers au 1/100 000, 1/150 000 et 1/200 000. ● *kartografie.cz* ● C'est ce qu'il y a de plus précis.

Location de voitures

■ ***BSP Auto :*** *☎ 01-43-46-20-74 (tlj).* ● *bsp-auto.com* ● Les prix proposés sont attractifs et comprennent le kilométrage illimité et les assurances. *BSP Auto* vous propose exclusivement les grandes compagnies de location sur place, assurant un très bon niveau de services. Les plus : vous ne payez votre location que 5 jours avant le départ. Remise spéciale de 5 % aux lecteurs de ce guide avec le code « ROUT19 ».

■ ***Hertz :*** *à l'aéroport Václav Havel (Ruzyně). ☎ 220-102-424. À l'hôtel* Diplomat, *Europská 15, Prague 6. ☎ 224-394-174.* ● *hertz.cz* ● *Tlj 8h-16h.*

■ ***Avis :*** *Klimentská 46, Prague 1. ☎ 221-851-225 ou 226.* ● *avis.cz* ● *Lun-ven 7h30-18h, sam-dim 8h-12h.*

■ ***Budget :*** *central de résas, Ringhofferova 1/115, Prague 5. ☎ 235-325-713.* ● *budget.cz* ● *Lun-ven 8h-16h30. À l'aéroport Václav Havel (Ruzyně) : ☎ 220-560-443, tlj 8h-22h. Dans le centre de Prague, à la gare centrale : Wilsonova 300/8, Prague 1, ☎ 222-319-595, tlj 8h-20h.*

■ ***Europcar :*** *à l'aéroport Václav Havel (Ruzyně), Aviatická, parking C. ☎ 235-364-531.* ● *europcar.cz* ● *Tlj 8h-22h. Dans le centre : Elišky Krásnohorské 9, Prague 1, ☎ 232-000-600. Tlj 8h-20h.*

■ ***Sixt :*** *☎ 222-324-995.* ● *sixt.cz* ● *À l'aéroport Václav Havel (Ruzyně). ☎ 220-115-346. Lun-ven 8h-22h, w-e 8h-20h.*

Trains et bus

Les Chemins de fer tchèques offrent des réductions à partir de 2 personnes voyageant ensemble. Si vous achetez un billet aller-retour pour une destination intérieure, il sera moins cher si vous revenez le jour suivant.

Pour consulter les horaires (et tarifs), il existe 1 site très bien fait qui regroupe les trains et les bus : ● *jizdnirady.idnes.cz* ● (avec versions en anglais et en allemand). On peut également télécharger l'application *Pubtran* qui renseigne sur les transports en commun pour tout le pays.

Le réseau ferroviaire couvre l'ensemble du pays et se modernise d'année en année. Les chemins de fer tchèques se sont dotés de nouveaux trains de type « Pendolino », qui relient Prague à Ostrava, Bratislava et Vienne à la vitesse de 180 km/h. Mais pour ceux qui voyagent de/vers Prague, le train a l'avantage de vous déposer en plein centre-ville et d'éviter les embouteillages... De même, le bus est une option plus sage pour rallier les châteaux à partir des villes. Il est inutile de penser à frauder, les contrôleurs passent sans arrêt. Une dernière info : toutes les gares ferroviaires sont équipées de consignes. Les prix varient de 10 à 30 Kc par bagage.

URGENCES

■ ***Assistance auto (UAMK) :*** *☎ 1230.*

■ ***ABA, dépannage de véhicule :*** *☎ 1240.*

PRAGUE (PRAHA)

• Pour se repérer, voir le plan général, les zooms du centre et de Malá Strana, et le plan des transports en commun sur le plan détachable en fin de guide.

« Ville d'or », « couronne du monde », « rêve en pierre », « livre muet où la pierre parle »... Ainsi Prague fut-elle surnommée du Moyen Âge à la Renaissance, jusqu'au XIXe s. La cité aux 100 clochers (et encore, on ne compte pas les tours poivrières, tourelles et autres échauguettes) est aujourd'hui l'une des plus belles villes du monde et l'une des merveilles d'Europe, avec Paris, Venise et Rome.

Prague a échappé aux destructions des 2 dernières guerres, ainsi qu'aux saignées urbaines subies par d'autres capitales européennes. Du coup, elle peut aujourd'hui se découvrir aisément à pied, ou à l'aide occasionnelle des transports publics très bien conçus. Ainsi, c'est dans la sérénité et le nez en l'air, gestion de foule mise à part, que le visiteur aura tout le loisir de découvrir les styles architecturaux qui ont façonné le visage de la ville : roman, gothique, Renaissance, baroque, Art nouveau et cubisme, le tout émaillé de folies hybrides de toutes les époques. En outre, l'absence de néons agressifs dans le centre met encore plus en valeur balcons fous, porches délirants, nobles fenêtres, jardins secrets et ruelles pittoresques.

Prague est une cité faite pour les romantiques et les amoureux. La nuit, l'éclairage parcimonieux des vieux réverbères favorise tous les élans sentimentaux, suscite les mots les plus doux, provoque les émotions esthétiques les plus fortes... Prague, un paradis pour les flâneurs, qu'aimèrent passionnément Mozart, Goethe, Chateaubriand, Rilke, Camus, Claudel, Apollinaire, Nerval, Morand et les surréalistes Éluard et Breton. Une cité qui ne manquera pas de vous compter sur sa longue liste d'admirateurs inconditionnels...

Revers de la médaille, elle est devenue, depuis 25 ans, LA VILLE À VISITER en priorité au centre de l'Europe. Elle est donc littéralement envahie pendant les longs week-ends de printemps, les 2 mois d'été et lors des fêtes de fin d'année, avec toutes les nuisances que ce tourisme massif charrie inévitablement.

De plus, tout le monde se rend au même endroit au même moment. Les Pragois, comme les Vénitiens ou les Barcelonais, finissent par se lasser de cette invasion, et vous aurez parfois l'impression de les trouver peu accueillants, voire hostiles.

Dans une cité toujours jeune touristiquement parlant, il n'est pas étonnant que de petites contrariétés et abus apparaissent ici et là : compteur de taxi pris de la danse de Saint-Guy, change aux taux rédigés comme ceux d'un crédit *revolving*, service au lance-pierre mais abusivement facturé malgré tout. Nous vous donnerons des petits trucs pour gérer tranquillement ces inconvénients.

ADRESSES ET INFOS UTILES

Arrivée à l'aéroport

✈ ***Aéroport de Prague-Václav Havel à Ruzyně :*** *☎ 220-111-111 ou 888. • prg.aero/en • À 15 km au nord-ouest.* Les vols de/vers la zone Schengen arrivent et partent du terminal 2, les autres du terminal 1. Les services abondent, dont 2 ***centres d'infos touristiques*** *(Visitor Centres)* : le principal au terminal 1 *(tlj 8h-20h)* et un plus petit au terminal 2 *(tlj 8h-22h)* ; nombreux bureaux de change et distributeurs (lire ci-après), résas d'hébergement, achats de titres de transport vers la ville, supermarché, poste et boutique *Vodafone* *(tlj 9h-21h)* pour s'équiper d'un numéro de portable local si nécessaire (voir la rubrique « Téléphone et télécommunications » dans « Prague utile »).

Change

– ***Distributeurs d'argent (ATM) :*** nombreux, vous en trouverez dès les bagages et dans le hall des arrivées des terminaux 1 et 2. Le taux est meilleur que celui des changeurs mais évitez les distributeurs de couleur orange.

– ***Bureaux de change :*** attention, les taux appliqués sont au moins 15 % inférieurs à ceux des changeurs du centre-ville (et même 20 à 30 % pour racheter des euros !).

En résumé : changez le strict minimum en liquide à l'aéroport, le temps d'arriver en ville ; ou réglez votre transport en carte de paiement ; ou faites un gros retrait par carte, histoire de ne payer la commission bancaire qu'une seule fois.

Pour aller au centre-ville ou en revenir

Bonne nouvelle : les transports en commun sont très peu chers. Mais lequel prendre ? Tout dépend de la situation de votre hébergement. Si celui-ci se trouve à proximité de la gare centrale *(plan E3)*, l'***Airport Express,*** bien qu'un peu plus cher, a le mérite d'être direct. Cela étant, la ***combinaison bus/métro,*** encore moins onéreuse, est elle aussi fiable et très pratique pour qui loge à proximité d'une station de métro (à moins d'être très chargé en bagages). Le mieux est de se renseigner aux *Visitor Centres* ou ou aux guichets *Metro Tram Bus (Public Transport Information)* des terminaux 1 et 2, qui vous conseilleront sur le meilleur moyen de gagner votre point de chute. Ils vendent les billets, avec réduction par rapport au prix payé au chauffeur. Ça évite aussi de devoir trouver de la monnaie pour les distributeurs (jaunes). Si vous ne logez pas dans le centre, profitez-en pour acheter directement un forfait journalier *(1-3 j., 110-310 Kc, bagages normaux inclus)* ; voir la rubrique « Transports », plus loin, pour les détails. Attention, les bagages de plus de 70 x 45 x 25 cm sont théoriquement payants *(16 Kc/bagage),* mais à moins que vous ne transportiez un éléphant, les contrôles sont rares.

➢ ***Bus publics :*** à prendre au terminal 2 (porte E) et au terminal 1 (entre les portes E et F). *Prix : 32 Kc pour un ticket valable 1h30, avec possibilité de transfert – à ne composter qu'à la 1re utilisation. ☎ 296-19-18-17. • dpp.cz/en •*

– ***Bus nº 119 :*** il rejoint en 17 mn la ligne A (verte) du métro à la station *Nádraží Veleslavín (plan détachable : transports en commun).* C'est le plus pratique, car le plus fréquent (ttes les 3-20 mn lun-ven, 7-20 mn le w-e). Il circule 4h23-23h42 (5h13-0h32 au retour). Compter env 45 mn de trajet de l'aéroport jusqu'au centre-ville.

– **Bus nº 100 :** très pratique lui aussi, il rejoint en 16 mn son terminus, la station *Zličín (plan détachable : transports en commun),* où commence la ligne B (jaune) du métro. Il y a un peu plus de stations pour rejoindre le centre qu'avec la ligne A, mais on atteint la *náměstí Republiky (plan et zoom centre E3)* sans avoir à changer. Il circule 5h41 (5h36 w-e)-23h36, ttes les 12-20 mn (5h20-23h40 au retour). Trajet : env 45 mn également.

➢ **Bus Airport Express (AE) :** il ne part que du terminal 1 (entre les portes E et F), mais on peut se faire aussi déposer au terminal 2 au retour. Ces bus relient directement l'aéroport à la gare centrale *(Hlavní nádraží ; plan E3),* en 35 mn env, tout dépend du trafic. Départs ttes les 10-30 mn, 5h30-21h (5h30-22h dans le sens inverse). À l'arrivée, ils vous déposeront côté ouest de *Wilsonova* (grande avenue), d'où un ascenseur vous permettra de descendre vers *Opletalova* et de gagner le centre à pied. Au retour, ils se prennent devant la gare. Billet réduit à env 45 Kc si vous l'achetez aux centres d'info de l'aéroport. Sinon, auprès du chauffeur, prix normal : 60 Kc.

➢ **Taxis :** les taxis pragois ont mauvaise réputation. Ceux de l'aéroport sont chers (600-700 Kc pour le centre historique), leurs chauffeurs parlent rarement l'anglais, sont souvent désagréables et peu fiables. Ils ont tous des compteurs et sont tous censés accepter les cartes de paiement mais parfois, à l'arrivée, on vous demandera du liquide (euros acceptés)... ou on vous facturera un mystérieux supplément. Les taxis officiels *Taxi Praha,* aux voitures blanches, sont parmi les moins mauvais (bien lire, plus loin, notre rubrique « Taxis » dans la partie « Transports »). Les compagnies offrent souvent une remise sur le prix du retour (- 15 %) si vous faites l'aller-retour avec eux. Conclusion : on peut choisir *Uber* (même si certains chauffeurs novices ne connaissent pas bien la ville...) ou s'adresser à *Prague Airport Shuttle,* qui propose un service de navettes porte-à-porte raisonnablement fiable, aux tarifs variant en fonction du nombre de personnes (290-700 Kc, 1-7 pers). Il arrive néanmoins que les résas soient oubliées... et que l'attente soit un peu plus longue qu'indiqué au départ.

Taxi Praha : ☎ *220-414-414.* • *taxi14007.cz* •

Prague Airport Shuttle : ☎ *222-554-211 ou 800-870-888 (seulement depuis Prague ; appel gratuit).* • *prague-airport-shuttle.cz/fr* •

➢ Notez enfin qu'il existe des **bus directs** depuis l'aéroport vers *Karlovy Vary* (15-20 bus/j.), *Brno* (idem) et *Jihlava* (5/j.). Départ du parking C (terminal 1). ☎ *222-222-221.* • *studentagency.eu* •

Les gares et les lignes

Gare principale *(Hlavní nádraží ; plan E3)* **:** *Wilsonova ul., Prague 2.* ☎ *224-615-249.* • *cd.cz/en* • Ⓜ *Hlavní Nádraží (ligne C).* Les services pratiques sont tous au niveau - 2. On y trouve un office de tourisme *(Tourist Point, tlj 8h-22h),* la boutique de la compagnie ferroviaire nationale *České Dráhy (ČD)* et une consigne à bagages *(Úschovna zavazadel).* Bureaux de change et distributeurs d'argent.

➢ Point de départ des lignes internationales :

– **Pour Berlin** *(Allemagne)* **:** 5h de trajet, une dizaine de trains/j.

– **Pour Munich** *(Allemagne)* **:** 6h de trajet pour les trains directs, quelques trains avec changements à Nuremberg, ou Salzbourg (Autriche).

– **Pour Nuremberg** *(Allemagne)* **:** 3h30 de trajet, une dizaine de trains/j.

– **Pour Cracovie et Varsovie** *(Pologne)* **:** 1 train direct/j. (sinon, via Katowice) pour Cracovie et 4 trains directs/j. pour Varsovie. Durée : respectivement 6h30 et 8h.

– **Pour Vienne** *(Autriche)* **:** une dizaine de trains/j. Durée : env 4h. Arrivée à Wien Hauptbahnhof.

– **Pour Zurich** *(Suisse)* **:** 1 train de nuit direct/j. ou 2 trains/j. via Linz (Autriche)... plus rapides ! Durée : env 11h (via Linz)-14h (train direct).

– **Pour Budapest** *(Hongrie)* **:** 6-8 trains/j. Durée : env 6h30.

➢ Certaines lignes nationales : plusieurs fois/j. Plzeň, Ostrava, Hradec Králové, Tábor, Brno, České Budějovice, Karlštejn.

Gare Holešovice (plan E1) **:** *Vrbenského ul., Prague 7. ☎ 224-615-865. Ⓜ Nádraží Holešovice (ligne C). Guichets 9h-17h, fermé w-e.* Consigne à bagages. C'est une gare internationale et nationale. Trains pour Budapest, Berlin, Bucarest, Bratislava et la Pologne (Varsovie via Katowice). Trains à l'intérieur du pays pour Brno (durée 3h) et Karlovy Vary (durée env 3h)...

Gare Masarykovo nádraží (plan E3) **:** *Hybernská ul., Prague 1. Ⓜ Náměstí Republiky (ligne B).*
➢ Gare régionale desservant les villes en direction de Kolín, Chomutov, Lovosice, Pardubice, Děčín, Kladno... à raison de 4-10 trajets/j.

Gare Smíchov : *Nádražní ul., Prague 5. Ⓜ Smíchovské Nádraží (ligne B).*
➢ Généralement pour les villes situées à l'ouest ou au sud-ouest (Beroun, Karlštejn, Plzeň).

PRAGUE

Orientation

– Prague est composée de ***22 arrondissements administratifs.*** Les 10 anciens arrondissements sont toujours utilisés par la poste et les transports.
– Les ***rues sont généralement bien identifiées*** : à chaque début ou fin de rue, leur nom est indiqué sur une plaque émaillée rouge.
– La ***numérotation*** est similaire au système le plus répandu, d'un côté les numéros pairs, de l'autre les numéros impairs. La numérotation commence du côté le plus proche de la rivière. En revanche, on peut trouver face aux nos 66 et 68 les nos 33 et 35.
– Sur les places (*náměstí,* souvent abrégé *nám.*), le nom est indiqué de la même manière que pour les rues. La numérotation, quant à elle, se suit sans tenir compte du pair ou de l'impair. On trouvera par exemple le 63 puis le 64 puis le 65.
– Mais le plus déroutant est le fait que ***chaque immeuble porte 2 numéros sur 2 plaques de couleurs différentes.*** La plaque rouge porte celui destiné au cadastre et aux impôts. La plaque bleue porte le numéro postal de l'immeuble, destiné au courrier. Exemple : une adresse libellée Národní, 961/25 signifie que l'immeuble se trouve bien au no 25 de la rue Národní (c'est la plaque bleue), mais pour le fisc et le cadastre elle porte le no 961. C'est souvent source de confusion.
– On utilise l'abréviation *ul.* pour *ulice,* qui signifie « rue ».
Il ne vous reste plus maintenant qu'à lire une adresse ; elle a souvent la structure suivante : le nom de la rue ou de la place et le numéro, le nom du quartier, l'arrondissement.

Informations et services touristiques

Offices de tourisme de Prague (PIS) : *☎ 221-714-714, en anglais ou en allemand (lun-jeu 8h-17h, ven 8h-16h). • prague.eu •* Plusieurs antennes délivrent des services comparables : infos générales, plans de la ville et des transports, livrets thématiques, réservation d'hôtels et de places de spectacle, vente de la *Prague Card* (voir plus bas).
– ***Dans la vieille ville*** *(PIS ; zoom centre D3,* ***1*****) :** *Staroměstské nám. 1, dans l'hôtel de ville de la vieille ville, juste à gauche de l'horloge. Ne pas confondre avec l'office de tourisme régional au no 5 de la grande place (voir plus loin le Czech Tourism). Tlj 9h-19h. C'est le seul bureau qui possède un* ***service de guides francophones*** *: tlj 9h-19h (17h w-e). Résa impérative au moins 3h avt la visite (si possible 1-2 j.), sur place ou par mail (• guides@prague.eu •), mais pas de tél... Compter env 2 000 Kc pour une visite de 3h pour 2 pers.* Vous pouvez discuter vous-même du programme avec votre guide.
– ***Na Můstku,*** *près du théâtre Rytířské*

(divadlo Rytířské ; zoom centre D3, ***2****) : Rytířská 12. Tlj 9h-19h.*

– **Václavské náměstí** (place Venceslas ; plan E3, **3**) *: à l'angle de Štěpánská. Tlj 10h-18h. Fermé début janv-fin mars.*

■ **Prague Card :** *• praguecard.com • Elle est en vente dans les bureaux des offices de tourisme, à la gare routière de Florenc, à la gare centrale, dans certaines stations de métro et divers musées et échoppes touristiques. On peut l'acheter en ligne et la retirer à l'aéroport ou ailleurs. Valable 2, 3 ou 4 j. Pour 2 j. : 58 €/adulte, 43 €/enfant (6-15 ans) ou étudiant (jusqu'à 26 ans). Pour 3 j. : 68 et 50 € respectivement. Pour 4 j. : 78 et 57 €.* En plus des transports en commun gratuits, dont l'*Airport Express,* le funiculaire de Petřín et les ferries, cette carte nominative inclut une visite guidée en bus et donne accès gratuitement à 50 musées et monuments historiques, dont les châteaux de Prague (en partie) et de Troja, l'hôtel de ville de la vieille ville, le palais Kinský, le Musée juif, le cimetière et certaines synagogues de Josefov ou encore les jardins de la colline de Petřín (entre autres). La carte offre également diverses réductions sur d'autres sites, parmi lesquels les musées Mucha et Franz-Kafka (-20 %), ainsi que sur certains restaurants. Attention, toutefois, car certains musées sont tellement denses que vous n'aurez pas forcément le courage d'en faire beaucoup dans la journée ! D'autre part, cette carte n'est pas forcément rentable si vous êtes senior, étant donné la gratuité dans les transports en commun (voir la rubrique du même nom un peu plus loin dans « Transports ») et les tarifs avantageux qui vous sont accordés dans les musées.

🛈 ***Czech Tourism*** *(centre d'info des régions tchèques ; zoom centre D3,* ***5****) : Staroměstské nám. 5. ☎ 224-861-476. • czechtourism.com • Lun-ven 9h-18h, w-e 10h-17h.* Profusion de documentation gratuite sur tout le pays (plans de villes, sites culturels et campings classés par régions, etc.) disponible en anglais et parfois en français. Pratique si vous préparez un périple dans le pays, ce qu'on ne peut que vous conseiller !

Agences touristiques, visites guidées

■ ***Avantgarde Prague*** *(zoom centre D2,* ***7****) : Jáchymova 3. ☎ 226-235-080. 📱 774-311-468. • avantgarde-prague.fr • Au 1er étage. Lun-ven 9h-18h, w-e 14h30-17h30.* Gérée par Patrick Beslon, un Français installé à Prague, et Jan, son associé tchèque, cette agence francophone est spécialisée dans les visites guidées (à pied) de Prague et de ses alentours (en minibus). Leur devise : convivialité et qualité. Leurs guides francophones, dynamiques et passionnés, sont pour certains étudiants en histoire de l'art. Le « Petit Tour de Prague » de 3h30 offre une bonne approche de la vieille ville et du quartier de Malá Strana *(mar, jeu, sam à 14h ; rdv devant la Maison municipale – zoom centre E3 ; prix : env 600 Kc/pers, réduc).* Le « Grand Tour de Prague » dure 6h et inclut la vieille ville, Josefov, Malá Strana et le quartier du château. *Prix : 1 350 Kc/pers, incluant une croisière de 45 mn sur la Vltava, un trajet en tramway et un déj dans une brasserie typique. Départ tlj à 10h devant la tour poudrière et la Maison municipale (paiement en espèces – euros ou koruna – au guide, mais résa en ligne préférable en hte saison).* Vend aussi les prestations classiques d'une agence (*Prague Card,* spectacles, etc.).

■ ***Čedok*** *(zoom centre D3,* ***9****) : Na Příkopě 18 (mais accès par Nekázanka à l'angle). ☎ 224-197-699 ou 800-112-112 (tlj 8h-21h). • cedok.cz • Tlj sauf w-e et j. fériés 9h-18h.* Čedok, l'ancienne agence de tourisme officielle du pays qui possède de nombreuses antennes en province, vend les billets de bus, train et avion, entre autres services touristiques. Très utile pour les infos générales, notamment pour les horaires et lieux de départ des transports, et pour l'achat de titres de transport. Service de change (liquide seulement). Propose également des hébergements de toute sorte (voir « Où dormir ? »).

Compagnies aériennes

■ ***Air France :*** *☎ 225-439-797 (call center). • airfrance.cz • À l'aéroport de Prague-Václav Havel : ☎ 220-113-738 (tlj 5h-19h30).*

PRAGUE

■ **ČSA** *(Compagnie nationale tchèque ; plan E3)* **:** ☎ *239-007-007 pour les infos, les résas et la vente de billets (call center 24h/24).* • *csa.cz* •

Infos sur la ville

• *radio.cz* • Le site web de *Radio Prague* avec une version française très complète et très riche, notamment dans les domaines de l'actualité et du tourisme. Nombreux reportages audio et en version texte illustrée sur des sujets variés.

– ***The Prague Post* :** • *praguepost.com* • Ce site anglophone explore Prague, la République tchèque et le reste du monde du point de vue tchèque.

Poste

✉ ***Poste*** *(zoom centre E3)* **:** *Jindřišská 14. Tlj 2h-minuit.* Poste restante. Allez-y au moins pour admirer ses superbes fresques murales du XIXe s sous la verrière. Elles portent au centre, en tchèque, un slogan universaliste : « Nous rassemblons toutes les nations du monde. »

– Pour trouver le bureau de poste le plus pratique pour vous : • *postaonline.cz/en/vyhledat-pobocku* •

Représentations diplomatiques

■ ***Ambassade et consulat de France*** *(zoom Malá Strana C3,* ***6****)* **:** *Velkopřevorské nám. 2, Malá Strana.* ☎ *251-171-715 (ambassade) ou 251-171-711 (consulat).* • *france.cz* • *Lun-ven 9h-12h30.*

■ ***Ambassade de Belgique*** *(zoom Malá Strana C2,* ***17****)* **:** *Valdštejnská 6, Malá Strana.* ☎ *257-533-524/5.* • *czechrepublic.diplomatie.belgium.be/fr* • *Lun-ven 9h-12h, 14h-16h (15h ven). En cas d'extrême urgence :* 📱 *602-308-434.*

■ ***Ambassade de Suisse*** *(plan A2,* ***15****)* **:** *Pevnostní 7 (entrée par ul. Dělostřelecká).* ☎ *220-400-611.* • *eda.admin.ch/prag* • *Uniquement sur rdv.*

■ ***Ambassade du Canada*** *(plan C1,* ***16****)* **:** *Ve Struhách 95/2.* ☎ *272-101-800.* • *canadainternational.gc.ca/czech-tcheque* • *Lun-ven 8h-12h30, 13h-16h30 (14h ven).*

Banques et change

– ***Distributeurs d'argent (Bankomat) :*** c'est le moyen le plus simple et le plus sûr de retirer de l'argent – à condition de limiter le nombre d'opérations pour éviter les commissions assez élevées. Bien lire nos conseils dans « Argent, banques, change » (paragraphe « Cartes de paiement ») de « Prague utile ».

– ***Banques et bureaux de change :*** banques et bureaux de change sont innombrables dans le centre. Les meilleurs bureaux de change, cités plus bas, se trouvent sur *Jindřišská* et *Nekázanka (zoom centre E3)*. Attendez-vous à faire la queue... En dépannage, certaines supérettes changent de l'argent le soir, à un moins bon taux, bien sûr.

■ ***EXchange*** *(zoom centre D3,* ***10****)* **:** *Franze Kafky 2 et Kaprova 13.* ☎ *800-225-588. Tlj 9h-20h.*

■ ***Praha Exchange*** *(zoom centre E3,* ***21****)* **:** *Jindřišská 12.* ☎ *224-267-443. Tlj 9h-21h.*

■ ***Směnárna Exchange*** *(zoom centre E3,* ***22****)* **:** *Jindřišská 19 et Nekázanka 10.* ☎ *224-216-830. Tlj 9h-19h (w-e 10h-18h).* Plus discrets que leur voisin ci-dessus, donc moins de monde et le taux est bon également...

Urgences

■ ***Ambulances :*** ☎ *155.*

■ ***Urgences nº européen :*** ☎ *112.*

■ ***Police :*** ☎ *156 (municipale) ou 158 (nationale).*

■ **Pompiers :** ☎ 150.
■ **Objets trouvés :** *Karolíny Světlé 5. ☎ 224-235-085. Lun et mer 8h-17h30, mar et jeu 8h-16h, ven 8h-14h (pause 12h-12h30).*
■ **Pharmacies ouvertes 24h/24 :** *dans le centre, Palackého 5 (plan D3, **18**), ou Belgická 37 (plan E4, **18**).*
■ **Médecins d'urgence** *(plan D3-4, **18**) :* *Městská poliklinika Praha (Centre de santé municipal de Prague), Spálená 12, Prague 1. ☎ 222-924-268 ou 295. En sem 19h-6h ; w-e et j. fériés, service 24h/24.*
■ **Urgences dentaires** *(plan D3-4, **18**) :* *mêmes coordonnées et horaires que ci-dessus.*
Všeobecná fakultní nemocnice v Praze *(CHU général de Prague ; plan D4) :* *U Nemocnice 2, Prague 2. ☎ 224-967-777. • vfn.cz • Urgences pédiatriques 16h-7h ; w-e et j. fériés, service 24h/24.*
Nemocnice Na Homolce : *Roentgenova 2, Prague 5 (env 3 km à l'ouest du centre). ☎ 257-271-111. • homolka.cz •* On y parle l'anglais et l'allemand.

Francophonie

■ **Institut français** *(plan D4, **11**) :* *Štěpánská 35. ☎ 221-401-011. • ifp.cz • Ⓜ Muzeum (ligne C) ou Můstek (lignes A et B). Tlj sauf dim : lun-ven 8h30-20h, sam 10h-14h.* ***Médiathèque*** *: mar-mer 10h30-19h, jeu-sam 10h30-17h ; fermé dim, lun, sam tt l'été et début juil puis fin juil-début sept.* ***Librairie,*** *au rdc : lun-ven 9h-13h, 14h-18h (16h ven) ; fermé 2 sem en été.* ***Galerie photos*** *: lun-ven 9h-19h, sam 9h-14h.* ***Cinéma*** *: généralement mar-jeu à 19h ; entrée : 110 Kc ; réduc. Programme exhaustif sur la « saison française » disponible à l'entrée (concerts, théâtre, danse, expositions, cinéma...).* Inauguré en 1920 et fermé sous le communisme, l'institut Ernest-Denis, l'un des instituts étrangers les plus actifs de Prague, est très animé pendant l'année scolaire (cours de langue française). Sa splendide bibliothèque-médiathèque (accès payant) est très complète : nombreux ouvrages en français sur l'histoire et la culture tchèques et grands quotidiens français. On y trouve aussi une librairie francophone, une galerie de photos en libre accès, consacrée à de jeunes artistes ou à de grosses pointures tchèques et françaises (Josef Koudelka, Robert Doisneau...), une salle de cinéma projetant des films français et internationaux (plus un festival en novembre) et abritant quelquefois des conférences et le *Café 35* pour un petit déj ou un déjeuner en compagnie des étudiants.
– ***Presse et livres francophones :*** en dehors de l'Institut français, on trouvera des journaux dans beaucoup de kiosques du centre-ville, notamment sur *Václavské náměstí* et *Na Příkopě*. Pour les livres (ouvrages touristiques, romans), voir la rubrique « Librairies ».

Concerts, spectacles (réservation, achat de billets)

■ **Bohemia Ticket** *(zoom centre D3, **9**) :* *nombreuses adresses dont Na Příkopě 18 (au Čedok), Prague 1. ☎ 224-197-699. • bohemiaticket.cz • Lun-ven 9h-18h.*
■ **Ticketmaster** *(plan D-E3, **256**) :* *Václavské nám. 38. ☎ 234-704-204. • ticketmaster.cz • Tlj 9h-14h, 14h30-20h.*
■ **Prague Ticket Office** *(zoom centre D3, **19**) :* *chez Via Musica, Staroměstské nám. 14. ☎ 224-826-440. • pragueticketoffice.com • Dans le passage qui mène à Notre-Dame-de-Týn. Tlj 10h-20h (18h nov-mars).* C'est aussi un grand magasin de musique (classique, opéra, jazz...).

Librairies

■ **Kanzelsberger** *(plan E3, **23**) :* *Václavské nám. (pl. Venceslas) 42. ☎ 224-217-335. Tlj 8h (9h dim)-20h.* Grande librairie avec un choix très étendu : cartes, beaux livres, guides, livres d'art, etc.

■ ***Kiwi*** (plan D3, **24**) **:** *Jungmannova 23. ☎ 224-948-455. Tlj sauf dim 9h-18h30 (sam 10h-14h).* Librairie de voyage spécialisée dans les cartes routières et les guides.

■ ***Academia*** (zoom centre D3, **25**) **:** *Václavské nám. 34. ☎ 221-403-840. Lun-ven 8h30-20h, sam 9h30-19h, dim 9h30-18h.* Nombreux beaux livres sur Prague dans toutes les langues, cartes...

Cinémas

En dehors des films français de l'***Institut français*** et de leur festival en novembre (voir plus haut), on trouvera presque exclusivement des films américains. La programmation est détaillée dans les journaux en anglais comme *The Prague Post.* Dans le centre :

– ***Cinema City* :** *Slovanský Dům, Na Příkopě 22. ☎ 255-742-021. • cinemacity.cz • Ⓜ Náměstí Republiky (ligne B).* Une dizaine de salles dans ce complexe très moderne. On y projette souvent des films sous-titrés en anglais.

– ***Kino Lucerna* :** *Vodičkova 36. ☎ 224-216-972. • kinolucerna.cz • Ⓜ Můstek (lignes A et B). Accessible également depuis Václavské nám.* L'un des plus anciens cinémas d'Europe est niché dans ce célèbre passage Art déco du même nom, qui abrite aussi une création de David Černý (détails dans la partie « À voir ») et le *Lucerna Music Bar.*

TRANSPORTS

Transports en commun

– Les transports en commun sont ponctuels, bon marché, propres, sûrs et couvrent efficacement toute la ville. Ils sont tous gérés par la même compagnie.

– ***Pour vous déplacer facilement, n'hésitez pas à utiliser une application comme Google Maps*** qui vous donnera immédiatement les différents moyens de transport à proximité (tram, bus, métro, taxis *Uber*...), avec les horaires et les points de passage, plus la durée du trajet. Très pratique !

– ***Informations sur les transports* :** ***Travel Information Centre,*** *☎ 234-704-560 (tlj 8h-18h30) ou 296-191-817 (tlj 7h-21h). • pid.cz • dpp.cz •*

– ***Achat des titres de transport* :** *dans les stations de métro (guichets et distributeurs automatiques) et la plupart des kiosques à journaux et bureaux de tabac (souvent fermés dim). Pour les cartes spéciales (gratuité seniors, entre autres), s'adresser au bureau principal* ***Lítačka*** *: Jungmannova 29. ☎ 246-030-970. Lun-ven 10h-16h (18h lun et mer).*

– Pour circuler dans Prague intra-muros, il existe 2 options **(tarifs 2018).** Le ***billet à 24 Kc*** est valable 30 mn après validation, dans le tram ou le métro. Il autorise les transferts pendant cette durée bien que cela ne soit pas précisé. Le ***billet à 32 Kc*** est valable 1h30. Il autorise lui aussi les transferts pendant cette durée, y compris pour les bus nos 100 et 119 vers l'aéroport. Dans les 2 cas, les 6-15 ans et les 60-70 ans bénéficient de 50 % de réduction. ***Les moins de 6 ans*** (pièce d'identité requise) ***et les plus de 70 ans voyagent gratuitement*** sur présentation d'une carte spéciale délivrée par les services des transports en commun. Sous certaines conditions, on peut même obtenir la gratuité à partir de 65 ans (s'adresser aux bureaux d'information de l'aéroport, de la gare, du métro ou au bureau *Lítačka* cité juste au-dessus).

– Le week-end et les jours fériés, un enfant de 6 à 15 ans accompagnant un adulte voyage gratuitement. Et, inversement, un adulte voyage gratuitement, dans le centre, s'il est avec un enfant de moins de 3 ans (sauf *Airport Express*) !
– ***Billets forfaitaires :*** 110 Kc pour 24h ; réduc ; sinon, 310 Kc pour 3 j. (mais pas de réduc). Formules intéressantes si vous êtes fâché avec la marche à pied et, surtout, si vous ne logez pas dans le centre historique.
– ***Attention,*** pour les gros bagages (plus de 70 x 45 x 25 cm) et pour les poussettes repliées, vous devez acheter un billet supplémentaire à 16 Kc. S'il y a un bébé dans la poussette, en revanche, c'est gratuit !
– ***Important :*** le billet et les forfaits ne se compostent qu'à la 1re utilisation, mais n'oubliez surtout pas de le faire (dans le sens de la flèche !) car ***les contrôles sont réguliers,*** surtout dans le métro. Si cela vous arrive, assurez-vous que vous avez affaire à un vrai contrôleur, reconnaissable à son badge et à son caractère... intraitable ! Même pour une simple étourderie, amende assurée (800 Kc). Paiement sous 15 j. sous peine de majoration (1 500 Kc), à régler immédiatement ou au rez-de-chaussée du *Doplatková pokladna* *(Na Bojišti 5, Prague 2 – guichets 10 ou 11 ; lun-mar 10h-17h30, mer-ven 8h-15h ;* Ⓜ *Pavlova, ligne C).* Dans tous les cas, pour justifier des réductions ou gratuités, ayez toujours sur vous un document officiel (carte d'identité, passeport).

Métro

• Plan des transports en commun sur le plan détachable.

Circule tlj 5h-minuit (1h ven-sam), ttes les 2-10 mn. Rapide, pratique et assez simple à utiliser, il compte juste 3 lignes (A, B et C). Voir au dos du plan. Attention, quand vous avez un changement de ligne à effectuer, il faut parfois sortir du métro pour trouver l'autre bouche de métro donnant accès à l'autre ligne. Vous suivez ?

Funiculaire de Petřín

Circule tlj 9h-23h30, été comme hiver. Ttes les 10 mn en été et 15 mn en hiver. Très pratique, surtout à la montée, mais il y a foule en été...

Tramways et bus

Vous trouverez des plans du réseau à l'office de tourisme, aux réceptions des hôtels et dans certaines boutiques. Ou procurez-vous la brochure *Getting around Prague in 10 languages.*
– ***Conseil :*** ayez toujours un billet de réserve, car il n'est pas possible d'en acheter à bord des trams ni des bus du centre-ville. Or il est parfois impossible de trouver un point de vente ouvert à proximité des stations et les guichets automatiques sont parfois récalcitrants et ne prennent pas les billets.
Les tramways circulent de 5h à 0h30 environ, les bus dès 4h30. Très nombreux et pratiques, les trams (25 lignes) quadrillent la ville (ttes les 4-30 mn) et vous conduiront facilement d'un point à un autre. Parmi les plus utiles, les nos 22 et 23 relient la vieille ville au château via Malá Strana. Cerise sur le gâteau, le no 22 permet d'apercevoir pas mal de sites et bâtiments d'importance.
– À noter : trams et bus sont prioritaires sur les piétons et les vélos, et les chauffeurs ne transigent pas avec la règle !
– De fin mars à mi-nov, les w-e et j. fériés (12h-17h), le ***tram no 41,*** un tramway « nostalgie » du début du XXe s, relie le musée des Transports en commun à la Foire de Prague via le centre-ville.
– ***Trams et bus de nuit :*** le réseau est encore plus complet de nuit que de jour (avec 33 lignes !). Les 9 trams de nuit (nos 91 à 99) circulent ttes les 30 mn depuis le point focal de la station Lazarská ; les bus de nuit (nos 901 à 960), ttes les 20 mn-1h selon le jour et la ligne (plus fréquents ven-sam).

Quitter Prague en bus

Plusieurs gares routières se partagent les destinations intérieures ou

PRAGUE

internationales. Pour planifier une excursion vers les châteaux ou la suite de votre voyage, le mieux est d'aller prendre les renseignements concernant les horaires et la gare de départ directement au terminal de bus principal, celui de **Florenc** *(plan F2)*. Le site internet suivant vous aidera à organiser vos déplacements : ● *idos.cz* ●

Terminal de bus Praha-Florenc *(Ústřední autobusové nádraží Florenc ; plan F2)* **:** *Křižíkova 5.* ☎ *900-144-444 (14 Kc/mn).* ● *florenc.cz* ● Ⓜ *Florenc (lignes B et C). Centre d'info (6h-21h) au guichet n° 8 et bankomats (distributeurs de billets) à gauche des guichets des compagnies de bus. Consignes et douches propres.* Destinations nationales et certaines internationales assurées par *ČSAD,* la compagnie de bus tchèque. Facile de s'y retrouver. Les horaires (liaisons nationales et internationales) sont affichés sur un grand panneau : départs *(odjezdy),* arrivées *(příjezdy)* et numéro de quai. Une borne interactive (en tchèque ou en anglais) permet également de les consulter. Café et boulangerie, bien pratique en cas d'arrivée à l'aube.

➢ ***Destinations nationales :*** bus pour Tábor (10 bus/j., env 1h30), Jihlava (plus de 20 départs/j., env 1h45), České Budějovice (4 départs/j., env 1h20), Český Krumlov (2 départs/j., env 3h), Plzeň (plus de 15 bus/j., env 1h15 ou 1h30), Mariánské Lázně, Karlovy Vary (env 20 départs/j., env 2h15), Třeboň, Telč...

– ***Pour Brno,*** prendre le bus *Czech National Express (Český národní expres).* Billets en vente au guichet n° 6 (lun-ven 5h30-20h, sam 7h-19h, dim 9h-19h30).

Les autres terminaux de bus concernent essentiellement les destinations à l'intérieur de la République tchèque.

Holešovice : Ⓜ *Nádraží Holešovice (ligne C).*

Smíchov : Ⓜ *Smíchovské Nádraží (ligne B).* Pour les villes de l'Ouest et du Sud-Ouest en général.

Želivského : Ⓜ *Želivského (ligne A).*

Roztyly : Ⓜ *Roztyly (ligne C).*

Palmovka : Ⓜ *Palmovka (ligne B).*

Hradčanská : Ⓜ *Hradčanská (ligne A).*

Anděl : Ⓜ *Anděl (ligne B), sortie Na Knížecí.* Pour certaines villes du Sud.

Černý Most : Ⓜ *Černý Most (ligne B).*

■ ***Eurolines :*** *Křižíkova 6.* 📱 *731-222-111.* ● *eurolines.cz* ● *Tlj 6h30-22h30 (21h sam).* Dans la gare routière de Florenc, guichets n°s 11 à 14. Liaisons internationales avec le reste de l'Europe, en plus de 15 destinations dans le pays et vers Bratislava et Košice (Slovaquie). Le lieu d'embarquement peut être la gare de Černý Most (voir plus haut).

■ ***Student Agency :*** *Wilsonova 300/8 (à la gare centrale) et Revolučni 767/25 (plan D-E2).* ☎ *222-222-221 ou 542-42-42-42 (24h/24).* ● *studentagency.eu* ● Compagnie tchèque assurant des liaisons européennes, notamment avec Paris, Lyon, Strasbourg, Reims et Metz.

Consignes à bagages

■ **Consigne** *(plan E3)* **:** *Wilsonova. Dans le hall de la gare principale (Hlavní nádraží).*

– ***Casiers automatiques :*** *tlj 3h10 (du mat)-0h50. Compter 60 Kc/j., max 3 j.*

– ***Comptoir :*** *tlj en sem 3h (du mat)-minuit, w-e 6h-minuit (pause 11h-12h).* Pour les bagages de grande taille.

Taxis

Même si la situation s'est nettement améliorée, prendre un taxi à Prague nécessite d'observer quelques précautions. Prenez plutôt un taxi en maraude qu'un taxi en attente et évitez d'en prendre un aux gares ferroviaires et sur les lieux archi-touristiques, comme sur la place Venceslas (et spécialement à l'angle de Pařížská et Karlova) : arnaque quasi assurée, encore plus fréquente le soir et la nuit. En fait, le mieux est de ***téléphoner systématiquement*** pour réserver un taxi. Vous pouvez aussi recourir aux sociétés de VTC bien connues, type *Uber*, moins chères. Privilégier les compagnies qui ont un ***taximètre (compteur)***, et des prix homologués. Ensuite, il faut s'assurer que le taximètre est mis en route. Pour la ***compagnie AAA***, il est inutile de surveiller le compteur, mais avec les autres compagnies cela peut être nécessaire, car il arrive parfois que le chauffeur booste le compteur pour allonger la note de la course. Cela nous est arrivé, résultat : un prix quadruplé !

Maintenant que vous êtes prévenu, voici quelques conseils supplémentaires :

– ***Les « Fair Taxis » :*** on les trouve aux stations portant le label (un panneau orange « Fair Place » avec un pouce levé) créé par les autorités de la ville pour réglementer et assainir le marché. Ces *Fair Taxis* se sont engagés à respecter un certain nombre de points. Cela dit, il n'y en a pas tant et certaines bornes de taxis se sont déjà vu retirer leur label...

– Les ***tarifs*** des courses dans Prague (susceptibles d'augmenter) sont affichés sur la vitre ou la carrosserie des véhicules : prise en charge de base 40 Kc, à partir de 28 Kc/km, attente 6 Kc/mn. En dehors de Prague, le prix est à négocier.

– On recommande les compagnies suivantes, qui parlent l'anglais : ***AAA*** *(☎ 222-333-222)* et ***City Taxi*** *(☎ 257-257-257).*

– En cas de doute, demandez le prix maximum de la course avant de monter et contrôlez l'itinéraire sur une carte. Si problème, notez le nom du chauffeur et son immatriculation, et exigez (avant de payer...) un reçu où figurent également les références du taxi, le type de course effectuée et son prix. Le chauffeur doit vous remettre une facturette imprimée (seul recours en cas de litige). S'il dit qu'il n'en a pas, pas de doute, il est malhonnête. Au pire, prenez une photo du compteur abusif... s'il l'a mis en route. Et du véhicule avec sa plaque.

– En cas de problème, s'adresser à l'hôtel de ville *(Mariánské nám.)* ou écrire à • *taxi@cityofprague.cz* • Vous ne récupérerez probablement rien, mais de nombreux chauffeurs malhonnêtes perdent leur licence chaque année.

– On vous signale aussi ***Dr!nk SOS***, un concept pratique si vous êtes motorisé et que vous avez fait le plein de bière ! *📱 604-707-070. • drinksos.cz • Pour une distance jusqu'à 30 km : 30 Kc/km pour votre voiture + 30 Kc pour la voiture qui est venue vous chercher (2 chauffeurs). À négocier pour un trajet plus long.* Un chauffeur vous ramène au bercail, vous et votre véhicule.

Vélo

Pourquoi ne pas utiliser la petite reine pour circuler dans Prague ? Cela dit, gare aux voitures, aux voies de tram, aux pavés dans la vieille ville et aux côtes raides de Malá Strana autour du château ! Mais la plupart des loueurs proposent désormais des vélos électriques (plus chers, évidemment). Les hôtels de jeunes et les auberges de jeunesse vous fourniront les adresses de loueurs les plus proches.

Location de vélos et tours guidés

■ ***Praha Bike*** *(zoom centre D2,* ***12****) : Dlouhá 24, Prague 1. 📱 732-388-880. • prahabike.cz • À 100 m de la pl. de la Vieille-Ville. Tlj 9h-20h (hors saison 10h-17h). En hiver, résas par tél ou par Internet. À partir de 590 Kc les 24h de loc ou à partir de 640 Kc la balade guidée de 2h30. CB refusées.* Location de vélos, mais aussi organisation de randonnées à bicyclette dans Prague. Infos sur place. Cadenas et casque fournis. Emplacement pour votre sac.

■ ***City Bike*** *(zoom centre D-E3,* ***13****) : Králodvorská 5, Prague 1. 📱 776-180-284. • citybike-prague.com • Avr-oct, tlj 9h-19h. C'est au fond du couloir. À partir de 590 Kc la balade guidée (2h-2h30) et 680 Kc les 24h de loc.* Location de vélos de qualité, classiques ou électriques.

■ ***Electric Bike Tours*** *(zoom Malá Strana B3,* ***14****) : Vlašská 15, Prague 1. 📱 604-474-546. • ilikeebike.com • Dans le quartier de Malá Strana (château), juste à droite du KGB Museum. Tlj 9h-19h. Compter 590 Kc pour* *une ½ journée et 890 Kc pour 10h de loc ; les tours sont plus chers (1 250-1 470 Kc pour 3-5h de balade).* Bicyclettes électriques. Ils fournissent carte, antivol et casque, plus porte-bébé le cas échéant.

Voiture

Il est carrément déraisonnable de vouloir circuler dans le centre de Prague en auto. Ici, on marche ! La circulation est relativement fluide pour une capitale, mais il faut savoir que le stationnement dans Prague 1 est entièrement réservé aux habitants de cet arrondissement, à quelques exceptions près (très chères) que nous indiquons plus loin. Sans autorisation, direction la fourrière... Comment faire alors ?

- Pour ne pas risquer de commettre d'impair, repérez d'abord les ***couleurs des zones*** : le bleu indique un parking réservé aux résidents ; l'orange est accessible à tous mais limité à 3h (voire moins) ; le violet est une zone mixte résidents-visiteurs où l'on peut rester au maximum 24h ; et le vert indique les P+R, des parkings périphériques spécialement conçus pour permettre de rejoindre le centre facilement par les transports en commun.
- Le mieux est de ***se garer dans ces P+R*** et de gagner le centre par le métro. Il en existe une vingtaine dans la ville, au coût très bas (20 Kc/j.). Vous en trouverez l'emplacement sur le site : • *dpp.cz/en/p-r-facilities* • Un onglet indique le nombre de places libres en temps réel. Inconvénient : on est autorisé à y stationner uniquement de 4h à 1h du matin. Si on laisse la voiture au-delà, on s'expose à une « amende » de 100 Kc/nuit, plus le tarif journalier... ce qui finalement reste une bonne affaire ! Attention, les gardiens des parkings exigeront de voir votre billet ou *pass* de transports en commun.
- Le parking, hors P+R, est généralement payant lun-ven 8h-20h. Les tarifs se répartissent en 3 zones, du centre historique à la périphérie (20-60 Kc/h).
- Outre les horodateurs, on peut payer depuis début 2018 (selon les secteurs géographiques) en téléchargeant une application dédiée : • *ke-utc.appspot.com* •
- Pour tout ce qui touche au parking à Prague, vous pouvez aussi consulter : • *parkujvklidu.cz/prague-parking* •
- À savoir, sous peine d'amende : les feux de croisement sont obligatoires, même en ville et durant la journée.

Parkings

P ***Parkings surveillés dans le centre (Prague 1) :*** *parking de la gare Wilson (Wilsonovo nádraží), Wilsonova 372/6, Prague 1 ; rue V Celnici 10 (Millenium Plaza), Prague 1 ; sur Těšnov (près de l'*Hotel Opera*) ; rue Bolzanova (près de la gare principale, Hlavní nádraží) ; Parkoviste U Bulhara, Prague 1 (entre la gare Masarykovo et la gare principale) ; et sur Na Florenci 25/1324 (dans l'aire de la gare Masarykovo), Prague 8.*

P ***Autres parkings :*** *sur Karlovo nám. 292/14, Prague 2 (on peut y stationner plus longtemps) ; près du grand marché de Pankrác, Sdruženi 1/1664, Prague 4 ; à la gare Holešovice nádraží, V Zavetri 4/1036, Prague 7.*

P **Parkings en sous-sol :** *nám. Republiky, Prague 1, sous le grand magasin* Kotva *et sous le grand magasin* Palladium. *Également : Alšovo nábřeží 2, Prague 1. Compter en moyenne 50 Kc pour 1h.*

■ ***Dépannage :*** ☎ *1230 ou 1240 (nos d'urgence).*

Prague en voiture rétro

■ ***3 Veteráni :*** *Tobrucká 9.* 📱 *702-000-044.* • *3veterani.cz* • *Selon les prestations, compter env 1 700-8 000 Kc/voiture pour 40 mn-5h.* Cette agence propose des balades en voitures décapotables inspirées des modèles des années 1930 : follement smart ! Devant le succès, d'autres opérateurs se sont mis à proposer le même service, dont • *pragueoldcar.com* • *(à partir de 1 700 Kc pour 40 mn).*

Quitter Prague en voiture

Vers l'ouest

➢ ***Direction Chomutov*** *(aéroport international de Prague)* **:** route 7.

➢ ***Direction Plzeň :*** E 50/route 5. Distance : 94 km.
➢ ***Direction Karlovy Vary, Bayreuth*** *(Allemagne)* **:** E 48. Distance : 133 km pour Karlovy Vary, 164 km pour Mariánské Lázně et 235 km pour Bayreuth.

Vers le nord

➢ ***Direction Teplice, Dresden*** *(Dresde, Allemagne)* **:** E 55/route 8. Distance : 90 km pour Teplice, et 166 km pour Dresde.

Vers l'est

➢ ***Direction Mladá Boleslav, Wrocław*** *(Pologne)* **:** E 65.
➢ ***Direction Hradec Králové, Wrocław :*** E 67. Distance : 114 km pour Hradec Králové, et 263 km pour Wrocław.
➢ ***Direction Kolín, Kutná Hora :*** route 12. Distance : 66 km pour Kutná Hora.

Vers le sud

➢ ***Direction Brno, Wien (Vienne), Bratislava*** *(Slovaquie)* **:** E 50/E 55/E 65. Distance : 202 km pour Brno, 290 km pour Vienne (Wien), et 319 km pour Bratislava.
➢ ***Direction Tábor, České Budějovice, Český Krumlov :*** E 55. Distance : 140 km pour České Budějovice et 162 km pour Český Krumlov.
➢ ***Direction Olomouc :*** E 50/E 55/E 65. Même direction que Brno puis Ostrava. Distance : 275 km.

Transport fluvial, croisières

Des vedettes parcourent la Vltava depuis le centre-ville et la remontent pour certaines jusqu'à *Vyšehrad*. Il y a plusieurs types de balades fluviales et divers styles de bateaux. La durée des croisières va de 40 mn à 3h, selon les compagnies.

Embarcadère pour des petites croisières *(zoom centre C3)* **:** *à Přístav Judita, juste avt de traverser le pont Charles, côté vieille ville. • prazskebenatky.cz • Billet combiné : musée du pont Charles + balade en bateau sur la rivière env 340 Kc.* Les bateaux-mouches de style rétro attendent en contrebas, sous les arches du pont (elles datent de 1159). Départs 10h30-20h en été (19h en mai-juin et 17h hors saison), ttes les 15-20 mn env, avec des audioguides disponibles en français. Durée : 50 mn.

Prague Steamboat Company (PPS) : *Rašínovo nábřeží, port central. ☎ 224-930-017. • praguesteamboats.com • Ⓜ Karlovo náměstí (ligne B). Depuis le 1er embarcadère de Rašínovo nábřeží (plan C4,* ***8****), situé entre les ponts Palackého et Jiráskův, excursions de 55 mn (260 Kc ; réduc), ttes les heures, w-e seulement 11h-17h fin mars et oct, tlj avr-sept 11h-18h (juin-août 10h-19h). Depuis le 2d embarcadère (plan D2,* ***20****), plus petit, situé au nord de la vieille ville (quai Dvořákovo nábřeží, près du pont tchèque ; Čechův most), excursions de 2h (500 Kc ; réduc), tlj à 15h et 16h30 de mi-mars à début nov. Également différentes options de déj et dîner-croisière, certaines disponibles tte l'année (1 000-2 000 Kc ; durée 2-3h).* Il faut au moins 10 à 20 passagers pour que le départ ait lieu. L'été, il y a foule ! À la belle saison, des croisières mènent même jusqu'au zoo de Prague.

Prague Boats *(plan D2,* ***20****)* **:** *Dvořákovo nábřeží (quai nº 5), au pied du pont Čechův. 📱 724-202-505. • prague-boats.cz • De mi-mars à début nov seulement. Balades de 50 mn, ttes les 30 mn-1h 10h-21h (325 Kc ; réduc). Également des* ***balades de 2h,*** *tlj à 15h et 16h30 (500 Kc ; réduc). Possibilité de déj et dîner-croisière (2-3h ; 1 000-2 000 Kc).*

■ ***Location de barques et embarcations à pédales :*** *la plupart se louent sur l'île Slovanský (Slovanský ostrov ; plan C4). On en trouve aussi au pied du pont Legií, côté Nové Město, et au pied du pont Charles côté Klub Lávka (voir « Où boire un verre ? Quartier de Staré Město »).* Vous serez surpris par le nombre d'embarcations à pédales (en forme de canard, de voiture...) qui circulent sur la rivière en saison. Cela peut paraître un peu dérisoire a priori, mais c'est une perspective intéressante sur le cœur historique de la ville, vu de l'eau.

Calèches

On les prend sur la place de la Vieille-Ville, en circuit touristique ou comme alternative au taxi, c'est au choix. Assez cher.

OÙ DORMIR ?

Nul doute que, pour quelques années encore, le meilleur moyen de bien se loger à prix raisonnables restera la location d'un appartement. Si vous restez quelques nuits à Prague en amoureux, vous préférerez sans doute dormir dans le vieux centre, mais sachez que les tarifs y sont assez élevés et l'ambiance très touristique. Les prix varient très sensiblement selon la saison, la période et la loi de l'offre et de la demande ; nous avons préféré indiquer des fourchettes de prix très larges, de préférence à vérifier sur les sites internet. Pour des prix beaucoup plus raisonnables et pour vivre au milieu des Pragois (qui ont déserté la vieille ville), l'idéal est de sortir du centre.
Le quartier de *Vinohrady,* par exemple, est très agréable à vivre et vous y trouverez tous les petits commerces de proximité qui ont disparu de la vieille ville. Sympa avec des enfants, car doté d'espaces verts, il a aussi le mérite d'être assez proche, à pied, de la vieille ville et d'être très bien relié au centre en transports en commun.
Autre aspect non négligeable : les bons endroits « Où manger ? Où boire un verre ? » n'y manquent pas (et à prix, eux aussi, beaucoup plus doux). Idem pour *Holešovice* et *Žižkov,* eux aussi très bien desservis et à quelques minutes à peine du cœur historique en tram.
Notez que certains hébergements indiquent directement leurs prix en euros.

Réservation de logements

■ ***Konvex91*** *(plan F3)* **:** *Víta Nejedlého 3, Prague 3. ☎ 296-326-081 ou 222-210-473. • konvex.cz • (site en français). Ouv tte l'année selon les arrivées des clients. Compter env 600-1 000 Kc/j. par pers selon saison, lieu de résidence, durée du séjour et nombre de pers.* Cette agence est gérée avec sérieux et compétence, et l'expérience de plus de 2 décennies d'existence justifie notre recommandation. Michal parle parfaitement le français et privilégie le contact humain. Choix entre des chambres chez l'habitant en plein centre-ville et des locations d'appartements à Prague 1, 2 et 3, ces 2 derniers arrondissements étant conseillés dans le contexte urbain et touristique actuel. Pour les motorisés, certains appartements disposent de parkings souterrains ou de solutions de stationnement abordables. Si besoin, l'équipe vous trouvera un guide francophone, s'occupera de la location d'une voiture ou gérera des hébergements de groupes avec ou sans programme.

■ ***RENTeGO* :** *Palackého 15. ☎ 224-323-736. • rentego.fr • Au moment de la résa en ligne, taper le code : « ROUTARD-X05 ». Ts les détails sur le site. Compter 65-270 €/nuit selon taille, confort et catégorie (draps et serviettes inclus, ainsi que les frais de ménage). Paiement sécurisé en ligne. Réduc de 5 % sur le tarif des chambres sur présentation de ce guide.* Cette équipe franco-tchèque propose, pour de courts séjours *(min 2 nuits)*, des appartements modernes et tout mignons en plein cœur de Prague, tous à moins de 10 mn à pied du pont Charles. Cela peut revenir à la moitié d'une chambre d'hôtel et, en plus, ils sont très bien situés. Pas besoin de passer à l'agence pour prendre les clés. Si vous réservez suffisamment à temps, vous recevrez une clé et un code qui vous permettront de prendre votre location avec toutes les explications nécessaires.

■ **Čedok** (zoom centre D3, **9**) **:** *Na Příkopě 18. ☎ 224-197-699. • cedok.com • Voir plus haut « Adresses et infos utiles ».* Une agence de tourisme qui propose plusieurs formules d'hébergement : hôtels, pensions, dortoirs, location d'appartements. L'été, pas mal de place dans des dortoirs. Pour avoir un hébergement, il faut se déplacer à l'agence où l'on traitera votre demande (1er arrivé, 1er servi).

■ ***AVE :*** *rens et résas au ☎ 251-091-111 (lun-ven 8h-18h) ou sur le site • avehotels.cz/fr •* Cette agence déjà ancienne (la plus importante de la ville) propose un éventail très large de logements, du dortoir à l'hôtel 5 étoiles. L'idéal est de leur soumettre vos souhaits – vous trouverez sûrement chaussure à votre pied. Prix dégressifs en fonction de la durée du séjour.

PRAGUE

Campings

Situés à l'ouest ou au nord de Prague. Pour plus d'infos : *• camp.cz •* (en anglais et en allemand).

– Attention ! Des vols nous ont été signalés dans les campings. Prenez les précautions d'usage.

Voici les plus proches du centre :

⛺ ☗ ***Camp Dana Troja :*** *Trojská 129,* ***Praha-Troja.*** *☎ 283-850-482. 📱 603-364-825. • campdana.cz • Ⓣ lignes 6, 7, 8, 12, 17, 112 et Zoo. À 4,5 km au nord du centre, sur la rue menant au zoo (suivre le fléchage). Compter 590-710 Kc pour 2 avec tente et voiture. Doubles 1 000-1 200 Kc selon taille.* Vous ne trouverez pas mieux pour planter la tente. Le terrain, légèrement en pente, se trouve en contrebas d'une pension, dans un quartier résidentiel situé un peu au nord du centre (près d'un arrêt de tram y menant). Les emplacements, herbeux, sont séparés par de hautes haies, les sanitaires sont impeccables et l'accueil amical. Machines à laver et séchoirs. Il y a aussi quelques chambres, toutes simples mais propres, avec salle de bains et partageant un frigo.

⛺ ***Camping Oase Praha :*** *Libeň 47, 25241* ***Dolní Břežani.*** *☎ 241-932-044. • campingoaseprague.com • À 15 km au sud-ouest du centre de Prague. Arrêt de bus en face du camping. Accès par l'autoroute R1 au sud de Prague, direction Brno, sortie n° 4 direction Dolní-Břežany ou bien sortie n° 3 vers Hodkovice-Zlatníky. Ouv de mi-avr au 15 sept. Selon saison, confort et espace, compter 340-550 Kc/nuit pour 2 pers et une tente. Mobile homes (4 pers) 1 550-3 750 Kc/nuit selon confort et saison.* Grand camping ombragé et bien équipé, sur un terrain de 2,5 ha. On y trouve un restaurant (cuisine plus correcte que la moyenne des campings) et une piscine ouverte aux enfants et aux grands. Sanitaires propres (laverie). Jeux, minigolf, billard, trampolines, location de vélos... Un des meilleurs campings des environs de Prague.

⛺ ***Triocamp Dolní Chabry :*** *Ústecká ul. 184, à* ***Dolní Chabry.*** *☎ 283-850-793. • triocamp.com • À 10 km au nord de Prague. Prendre la route 608 en direction de Teplice ; sortir à Zdiby et revenir sur ses pas pour tourner à droite dès l'indication « Triocamp ». Sinon, Ⓣ lignes 5, 12, 14 ou 17 jusqu'à Ke Stírce, puis bus n° 162 jusqu'à Medenecká (30 mn de trajet). Selon saison, env 470-650 Kc pour 2 pers avec tente et voiture. Bungalows 2 pers 500-950 Kc ; doubles 1 150-1 350 Kc.* Gros avantage : il est ouvert toute l'année. Loin du centre de Prague, il vaut mieux avoir une voiture... mais quel plaisir de planter sa tente sous un cerisier ! Accueil gentil. Sur place, petit snack-bar où l'on sert les petits déj.

Hôtels « routards », auberges de jeunesse, logements pour étudiants

De bon marché à prix modérés (jusqu'à 1 000 Kc / 40 € en dortoir et 2 500 Kc / 100 € en chambre double)

Quartier de Staré Město *(la vieille ville)*

■ ***Hostel Downtown*** *(zoom centre D3,* ***91****) : Národní třída 19. ☎ 224-240-570. • hostel-downtown.cz • Prix variables selon saison. Lits en dortoir env 350-1 000 Kc/pers avec w-c sur palier ; chambres privées 2-6 pers avec douche/w-c ou seulement w-c 1 500-6 000 Kc pour 2. Remise de 10 % avec une carte d'AJ internationale.* Une excellente adresse d'auberge de jeunesse, très bien située, au sud de la vieille ville, dans un grand immeuble moderne restauré. Dortoirs mixtes ou pour les filles seulement. Belles chambres privées avec douche/w-c à l'intérieur ou bien sur le palier (à partager). Décoration soignée, clarté et propreté partout, accueil efficace, nombreux services : cuisine à disposition entièrement modernisée et équipée, laverie... Sert aussi le petit déj (en supplément, mais à volonté !). Organise des *pub crawls,* tournées des bars de la ville... Ce n'est pas le meilleur marché mais c'est une bonne adresse.

■ ***Týn Hostel*** *(zoom centre D2,* ***72****) : Týnská 19, Prague 1. ☎ 224-808-301. • hostelpraguetyn.com • Ⓜ Staroměstská (ligne A) ou Náměstí Republiky (ligne B). Entrée au fond de la cour. Tte l'année. En dortoir 4-8 lits, compter env 11-34 €/nuit et par pers selon saison ; doubles 20-41 €/nuit et par pers selon saison.* Au cœur de la vieille ville, un immeuble de style Mitteleuropa restauré, dont un des appartements abrite cet hôtel pour étudiants et jeunes voyageurs. Ensemble propre, bien entretenu. Sanitaires à l'étage. Placard avec cadenas que l'on vous prête (à demander à la réception). Cuisine bien équipée à disposition. Petit déj inclus très léger, en revanche, le prendre plutôt au resto *Vegeterianska dhaba,* situé dans l'agréable cour intérieure *(tlj jusqu'à 20h ; 18h dim).* Bon accueil.

Quartier de Nové Město *(entre la vieille ville, la Vltava et la gare ferroviaire)*

■ ***Miss Sophie's*** *(plan D4,* ***40****) :* cette excellente adresse dispose de dortoirs étonnants et de qualité. Voir la rubrique « Hôtels » plus loin.

■ ***Art Hole Hostel*** *(plan E2,* ***39****) : Soukenická 34. ☎ 222-314-028. • artholehostel.com • Nuitée en dortoir 4-16 lits 250-700 Kc/pers, petit déj inclus.* Un poil excentré mais au calme, cet *hostel* très coloré, voire *arty,* est logé dans de vieux appartements bien retapés. 6 dortoirs avec des lits superposés en métal, des casiers et des sanitaires bien tenus. 2 cuisines dont une bien équipée, où trône Marylin, même si elle ne faisait probablement pas la cuisine. Dîner végétarien chaque soir en saison (pas cher). C'est petit, mais cool et très sympa. En tout cas très apprécié de nos lecteurs. Excellent accueil.

■ ***Hostel Advantage*** *(plan E4,* ***77****) : Sokolská 11. ☎ 224-914-062. • advantagehostel.cz • Ⓜ I.P. Pavlova (ligne C). À env 5 mn du métro. Tte l'année. Nuitée en dortoir 4-9 lits env 300-800 Kc/pers ; doubles 1 000-2 000 Kc/nuit avec ou sans sdb et selon saison. Petit déj inclus. CB + 3 %.* Une auberge de jeunesse de qualité, très bien tenue, bref, fidèle au nom qu'elle s'est choisi bien qu'elle soit un poil excentrée. L'hébergement s'organise de multiples manières dans des dortoirs (mixtes ou non) de 4 à 9 lits et des chambres privées. Celles-ci sont simples, propres, colorées. Sanitaires impeccables sur le palier ou partagés dans certaines quadruples. Cuisine et consigne à bagages. Accueil jeune et pro, très prévenant, ce qui ne gâche vraiment rien.

■ ***Cosmopole Hostel*** *(plan D4,* ***31****) : Spálená 3. 📱 735-534-534. • cosmopoleprague.com • Ⓜ Karlovo náměstí ou Národní třída (ligne B). Nuitée en dortoir 4-12 lits 300-550 Kc/pers selon* *saison ; double env 1 250 Kc.* Proche de l'hôtel de ville et à quelques pas de la vieille ville, cette auberge de jeunesse cosmopolite abrite de nombreux dortoirs et des chambres privées sur 5 étages. Au 5e, justement, les espaces communs, avec cuisine, salle du petit déj (très correct), salon avec billard et baby-foot, plus une terrasse avec vue. Les dortoirs sont simples mais propres et fonctionnels, avec double vitrage (on entend quand même un peu le tram sur l'avenue...). Ceux de 4 lits font un peu couloirs. Cela dit, bon rapport qualité-prix global. Côté services, consigne à bagages, visite guidée gratuite, remises dans certains bars et restos, etc. Café-glacier au rez-de-chaussée.

McSleep Hostel *(plan E2,* ***45****) : Petrská 24. 731-141-216. • mcsleephostel.com • Ⓜ Florenc (lignes B et C). Nuitée en dortoir env 15-25 €/pers selon saison.* Dans un immeuble sans charme, une auberge de jeunesse éclatante et nouvelle génération, plus chère mais très zen, avec de belles pièces, du parquet et de la luminosité. Dortoirs de 4 à 8 lits (lits superposés, gros poufs, serviette fournie) dont 2 réservés aux filles avec une coiffeuse pour se refaire une beauté avant de sortir. Salon TV agréable avec moquette et belle cuisine commune en bois blanc. Le ménage est fait chaque jour. Bref, du bon dodo, pas du *fast sleep*.

Ahoy New Town Hostel *(plan D4,* ***34****) : Řeznická 17. 773-091-722. • ahoynewtown.com • Réception 24h/24. En saison, nuitée en dortoir 4-8 lits 10-20 €/pers ; doubles 20-40 €.* Un bon petit *hostel* à l'ambiance à la fois underground et très cool. On le sent dès l'entrée avec son *Mojo Café* paré de vinyles aux murs et sa bonne musique d'ambiance. Seulement 4 dortoirs mixtes, un autre pour les filles et une quinzaine de chambres privées (dont 2 avec balcon au 4e étage) d'un bon rapport qualité-prix. Cuisine à dispo. Insonorisation moyenne et parfois quelques écarts dans l'entretien mais l'accueil, vraiment sympa, compense un peu tout ça.

Ananas Hostel *(zoom centre D3,* ***41****) : Václavské nám. 1. 775-112-405. • hostelananas.com • Ⓜ Můstek (lignes A et B). Accès par un joli passage rétro. Nuitée en dortoir env 350-550 Kc ; doubles 1 600-1 900 Kc. Navette (payante) sur résa avec l'aéroport et les gares ferroviaires.* Une auberge de jeunesse très bien desservie depuis l'aéroport, très centrale (sur la grande place Venceslas) et aux portes de la vieille ville, où l'on peut tout faire à pied. Elle est dotée d'une réception au look contemporain et à l'accueil qui fait dans l'efficacité. Le blanc domine dans les dortoirs de 4 à 10 lits superposés, en bois blanc ou en métal, avec casiers en dessous, prises de courant et loupiotes. Un dortoir de 10 lits est réservé aux filles. Également des doubles privées. Toutes avec double vitrage. Coffres individuels à la réception. Tous les services habituels des AJ : laverie, consigne, cuisine, salon, sorties affichées à la réception, etc. Une adresse pratique.

AZ Hostel *(zoom centre E3,* ***37****) : Jindřišská 5. ☎ 224-241-664. • az-prague-accommodation.com • Ⓜ Můstek (lignes A et B). Entrer dans l'ex-passage Práce (« Travail »). Réception au 1er étage. Nuitée en dortoir 4-8 lits, compter 270-490 Kc/pers selon saison ; doubles sans sdb env 900-1 200 Kc/nuit pour 2 pers selon confort et saison. Petit déj en sus. Ascenseur (rare dans cette catégorie).* À 2 pas de la place Venceslas, un *hostel* fonctionnel un peu vieillot mais quand même correct pour le tarif. 125 lits sur 4 étages. Armoire, tables, chaises, séparations entre les lits, le mobilier est vraiment spartiate, il faut bien le dire. Préférer les chambres aux étages supérieurs, plus calmes. La nº 405 donne sur les clochers de Notre-Dame-de-Týn, au loin. Douches nickel. Salle commune tristounette. Réception placide.

Quartiers de Malá Strana
et Hradčany *(le château)*

Hostel Mango *(zoom Malá Strana C3,* ***99****) : Mišeňská 68/8. 608-051-457. • hostelmango.cz • Nuitée env 160-670 Kc/pers en dortoir 6-14 lits selon confort et saison ; doubles (sans ou avec douche/w-c) 500-1 800 Kc. Petit déj en sus sur résa la veille.* Très bien située, à 100 m du pont Charles, l'une des meilleures

PRAGUE

auberges de jeunesse indépendantes de Malá Strana. La réception est logée sous les voûtes peintes datant du XVIe s. L'immeuble ancien, restauré avec soin, bénéficie de tout le confort. Dortoirs fonctionnels et propres, avec toutes les commodités (sanitaires collectifs, casiers métalliques, cuisine en sous-sol, laverie). Vue sur la rue ou bien sur la cour (plus calme) à l'intérieur du bâtiment. Excellent rapport qualité-prix.

Hostel Santini *(zoom Malá Strana B2-3,* ***36****)* **:** *Nerudova 14. ☎ 257-316-191. • hostelsantiniprague.com • Nuitée 10-34 €/pers en dortoir 4-12 lits selon confort et saison ; doubles 20-41 €. Petit déj (léger) inclus.* Face à la belle ambassade de Roumanie et à 2 superbes atlantes, dans un palais du XVIIe s rénové, où l'on est accueilli par les ombres chinoises de voyageurs sacs au dos, si ça vous rappelle quelque chose... Un *hostel* appartenant au même groupe que le *Prague Square,* l'*Old Prague* et le *Týn Hostel,* mais en plus confortable. Pas un endroit pour faire la fête, plutôt un lieu calme, avec 13 dortoirs mixtes dotés de salle de bains attenante (sauf ceux de 4-5 lits). Casiers et petite clim. Cuisine accessible au bar du rez-de-chaussée. Piano à la réception pour les amateurs...

Quartiers de Žižkov et Vinohrady *(à l'est de la ville)*

Post Hostel *(plan F4,* ***46****)* **:** *Moravská 9. 702-158-270. • posthostelprague.com • Au 3e étage (ascenseur). Nuitée en dortoir 4-8 lits env 10-40 €/pers selon saison ; doubles 25-120 €. Petit déj-buffet inclus.* Un poil excentré et en effet, juste à côté d'une poste, cette auberge possède de beaux atouts. D'abord un emplacement au calme dans un quartier résidentiel. Ensuite, un grand bâtiment récemment rénové et une vaste réception contemporaine, très gaie, avec baby-foot, TV, jeux, Playstation pour les accros et café à dispo. Une vingtaine de dortoirs récents et bien tenus avec lits superposés, casiers, prises de courant et loupiotes. Seulement 4 chambres privées. 2 cuisines. Très bon accueil.

Hostel One *(plan F-G3,* ***47****)* **:** *Cimburkova 8. ☎ 222-221-423. • hostelone.com/prague • Nuitée en dortoir 3-10 lits env 450-990 Kc/pers selon saison ; doubles 700-2 500 Kc.* C'est l'auberge de jeunesse nouvelle génération, soignée, jolie, agréable, mais plus chère qu'ailleurs. Entrée par une réception décorée à la manière de Mucha. Dortoirs et chambres privées bien agencées, certaines sous les toits avec poutres apparentes. Cuisine, salle TV, ordis, bar, ambiance jeune et animée, soirées et dîners gratuits, etc. Jardin. Bon accueil.

Hostel Elf *(plan F3,* ***83****)* **:** *Hutsitská 11. ☎ 222-540-963. • hostelelf.com • Ⓜ Florenc (lignes B et C) puis bus no 133 ou 5 mn à pied. Réception 24h/24. Prix variables selon j. de la sem ou w-e, selon saison et confort. Lits en dortoir (4-12 pers) avec sanitaires à l'étage 330-680 Kc/pers ; doubles sans ou avec sdb 1 200-1 850 Kc. Petit déj inclus. CB refusées.* Situé dans la partie basse de la colline de Žižkov, dans un quartier roulant près de la gare routière (d'où son nom peut-être ?), autant le savoir. Une vraie auberge espagnole, enfin, celle du film ! Après une volée de marches et de graffitis, on accède à une terrasse extérieure avec des mini-totems, où chaque visiteur a gravé le nom de son pays d'origine. Les chambres sont simples, mais assez confortables. Manque quand même quelques douches en cas d'affluence... Petit déj copieux. Atmosphère globalement agréable. De mai à octobre, barbecue gratuit 3 fois par semaine. Cuisine commune bien équipée, laverie. Bon rapport centralité-prix.

Quartier de Holešovice

Sir Toby's *(plan F1,* ***42****)* **:** *Dělnická 24. ☎ 210-011-600 ou 610. • sirtobys.com • Ⓜ Vltavská (ligne C) puis Ⓣ lignes 1, 3, 5 ou 25 (Dělnická). Très bien desservi. Nuitée en dortoir 5-10 lits 12-23 €/pers ; doubles 59-94 €.* Fait partie de la chaîne *Bohemian Hostels,* créée en 1999 par Mathias, un ancien étudiant en théologie, passionné de... cirque ! Dans le quartier pionnier de l'architecture Art nouveau, un *hostel* qui se distingue des autres par son style et son caractère. Chambres à la déco surannée de saloon : joli plancher en bois croisé, lits

PRAGUE

en fer forgé, photos d'illustres inconnus d'un autre siècle... Loin de l'usine à étudiants, un *hostel* de charme s'il en est, mâtiné d'une atmosphère très « cursus en histoire de l'art » ! En sous-sol, il y a même un véritable pub, avec *happy hours,* concerts rock et jazz réguliers. Plein de petits plus : dégustation de vin, dîner offert et, à la belle saison, grillades sur la terrasse extérieure. Accueil anglophone et cordial.

Plus Prague Hostel *(hors plan par F1,* ***33****) : Přívozní 1. ☎ 220-510-046. • humancompany.com • À 10 mn de la vieille ville en tram de la station Hradčanská : Ⓣ lignes 12 et 24 (ligne A) ; arrêt Ortenovo náměstí. Nuitée en dortoir 4-8 lits, compter env 6-25 €/pers selon saison (draps inclus) ; petit déj 5 €/pers. Inclus dans le prix, l'accès au sauna et à la petite piscine couverte en sous-sol au plafond étrangement bas (tlj 7h-22h).* Ce n'est pas la partie la plus riante du quartier, mais ce n'est pas non plus désagréable. Dans un immeuble à la façade impersonnelle, environ 600 lits répartis sur 5 niveaux. Il s'agit d'une chaîne d'*hostels* implantée dans plusieurs grandes villes d'Europe. L'atmosphère manque peut-être un peu d'intimité, mais au moins c'est spacieux et aéré. Chambres et dortoirs simples, propres et colorés. Tous disposent de leurs sanitaires privés ; en revanche, il n'y a qu'une seule douche, même dans les dortoirs de 8 lits. Pas de cuisine à disposition, ni même de frigos, mais des micro-ondes et un bar-resto sur place. Également une laverie et une grande cour intérieure, avec barbecue à prix modique aux beaux jours.

PRAGUE

Pensions et chambres en appartements

De prix modérés à prix moyens (1 500-3 500 Kc / 60-140 €)

Quartier de Staré Město *(la vieille ville)*

King George's House *(Dům U Krále Jiřího ; zoom centre D3,* ***55****) : Liliová 10. ☎ 261-264-369. • pragap.com • Doubles 2 150-3 100 Kc selon saison.* Voici une jolie demeure historique du XIVe s, très bien placée au cœur de la vieille ville. Derrière une façade vert pastel, la maison abrite des chambres sans charme particulier, mais fort correctes, bien que la déco et le mobilier soient bien plus modestes que le nom de l'hôtel ne le suggère (bref, ce n'est pas le palais du roi George !). Les plus agréables sont les chambres mansardées *(attic double rooms),* avec de grosses poutres apparentes. Abrite également le café *U Krále Jiřího* (voir « Où boire un verre ? »). Bon accueil.

U Medvídků Hotel *(zoom centre D3,* ***56****) : Na Perštýně 7. ☎ 224-211-916. • umedvidku.cz • En plein centre, à proximité de Betlémské nám. Doubles 2 500-4 000 Kc selon saison, avec petit déj.* Une très vieille brasserie de 1466, l'une des plus anciennes de Prague (voir « Où boire un verre ? »), occupe le rez-de-chaussée de l'immeuble. Situées dans les étages, les quelque 40 chambres spacieuses sont confortables et bien aménagées, sans luxe ostentatoire ; le lieu reste tout à fait correct pour le prix et l'emplacement. Les 3 chambres les plus chères, dites « historiques », ont de superbes plafonds aux poutres peintes. Clim seulement à l'étage supérieur. Préférer les chambres donnant sur la rue et celles situées dans les étages élevés (plus calmes). Adresse prisée par les groupes.

Pension Tara *(zoom centre D3,* ***35****) : Havelská 15. ☎ 224-228-083. • pensiontara.net • Entrée sous les arcades. Réception 9h-20h ; après cette heure, s'adresser au Golden Age en face. Doubles env 1 000-2 050 Kc selon saison et étage ; apparts familiaux 6-7 pers. Petit déj env 200 Kc.* Située sur la « voie royale » menant de la place Venceslas au pont Charles. Dans un vieil immeuble rénové (classé Monument historique), cette pension sur 3 étages abrite une dizaine de chambres inégales et parfois (très) petites. Celles du dernier étage (sans ascenseur) sont plus calmes et plus claires. Refaites au goût du jour, elles sont plutôt bien équipées, certaines avec poutres à l'ancienne. Si c'est plein, la **Pension Corto** (☎ 775-414-035 ; • pension@corto.cz •), qui partage la même réception, propose 5 chambres récemment rénovées à des tarifs un peu plus élevés *(doubles env 1 150-3 000 Kc, petit déj inclus)*. Également 2 appartements.

Quartier de Nové Město *(entre la vieille ville, la Vltava et la gare ferroviaire)*

Pension Březina (plan E4, **53**) : *Legerova 39, Prague 2. ☎ 224-266-779. • brezina.cz • Ⓜ I.P. Pavlova (ligne C). Réception 7h-23h. Doubles avec sdb 1 000-2 500 Kc selon saison. Petit déj non inclus.* Dans un immeuble bourgeois bien restauré, non loin de la place Venceslas, 25 chambres réparties sur 3 étages (avec ascenseur). 2 catégories (*standard* et *luxury*), toutes avec TV et clim, la seule vraie différence c'est que la plus chère dispose aussi d'un frigo et d'un sèche-cheveux... Simple mais propre. Si possible, éviter les chambres qui donnent sur l'avenue, très passante. Bon rapport qualité-prix compte tenu de la proximité du métro. Bon accueil.

Pension Platan (plan E2, **32**) : *Revoluční 24. ☎ 777-320-777. • platantour.cz • Résa impérative. Selon saison, doubles avec sdb 950-2 450 Kc, petit déj compris (basique, servi dans la chambre) ; studios et apparts jusqu'à 3 pers 1 200-3 550 Kc, 250 Kc de plus si 4 pers. Réduc long séjour et offres dernière minute.* Situées au dernier étage d'un immeuble avec ascenseur, les chambres n'ont pas de charme particulier, mais restent convenables et disposent d'un frigo et d'ustensiles de cuisine communs dans le couloir. Les appartements *Art déco* et *Eleven* (certains dans un autre édifice, à l'arrière de la cour) de 2 ou 3 pièces et le studio Saint-Clément au 5e mais sans ascenseur disposent d'une kitchenette. Bien placé au niveau prix, même si on aimerait un peu plus de présence : système de récupération des clés par boîte aux lettres à code.

Quartier de Malá Strana

Hunger Wall Residence (plan C3-4, **50**) : *Plaská 8. ☎ 257-404-040. • hunger-wall.prague-rentals.com • Doubles env 95-145 € selon confort et saison. Petit déj en plus.* Dans un bel immeuble début XXe s restauré, avec une petite touche Art nouveau. Une vingtaine d'appartements, dont 2 sous les toits. Salon-cuisine et chambre séparée, machine à laver. Si vous n'avez pas envie de faire la cuisine, le café du rez-de-chaussée est animé et de qualité. Le mur de pierre du patio explique le nom de l'adresse, qui est une référence historique à Charles IV (il fit édifier un mur par des pauvres pour qu'ils puissent se nourrir décemment). Une excellente adresse, vivante et élégante. Très bon accueil.

Quartiers de Karlín et Vinohrady
(à l'est de la ville)

Pension Domov Mládeže (plan G4, **30**) : *Dykova 20. Central de résas : ☎ 222-511-777. • dhotels.cz • Ⓜ Jiřího z Poděbrad (ligne A). Résa par tél conseillée. Selon saison et confort, doubles sans ou avec sdb 800-1 900 Kc pour 2 pers. Parking clos (payant mais pas cher).* Située à l'est du centre, dans le quartier résidentiel et verdoyant de Vinohrady. Cette villa de 3 étages, entourée d'un jardin, a été transformée en hébergement économique. Une plaquette en anglais explique l'histoire de l'édifice pendant l'occupation allemande. Propre, sans prétention, bien tenue, la demeure abrite une trentaine de chambres, avec sanitaires communs (corrects) ou privés. Petit déj servi sur place, inclus dans le prix.

David's Apartments (plan F2, **61**) : *Křižíkova 9. ☎ 224-810-767. ☎ 777-237-321. • davids.cz • Ⓜ Florenc (lignes B et C). Apparemment excentré, mais n'est qu'à 1 petit km de Náměstí Republiky et à 2 pas du métro. Selon saison, doubles avec sdb à partager 990-1 990 Kc ; studios env 990-2 590 Kc pour 2 pers. Réduc à partir de 4 nuits.* Bureau-réception au rez-de-chaussée, hébergements au-dessus ou dans le quartier. Ça permet de faire son choix sur pièce selon les disponibilités, même après réservation. Kitchenettes bien équipées et 1 ou 2 salles de bains (petite baignoire-douche) selon taille, dans les studios. Si vous avez des envies de shopping, le centre commercial *Palladium* est juste en face.

PRAGUE

Balbín Hotel *(plan E4,* ***78****) : Balbínova 26. ☎ 222-254-112. • balbin.cz • En plein quartier semi-résidentiel de Vinohrady (15 mn à pied du centre historique). Réception au 4e étage (ascenseur). Double env 75 € (légèrement négociable). Petit déj inclus.* À 400 m de la place Venceslas, dans un immeuble de style historiciste, au charme suranné et bourgeois du XIXe s. Intérieur cossu et patiné par le temps, avec des chambres bien aménagées en soupente. Il peut y faire très chaud l'été et l'ascenseur ne s'arrête pas à tous les paliers. Un peu cher pour le niveau de prestation mais correct dans l'ensemble. Très bon accueil en anglais.

Hôtels

De prix modérés à très chic (de 1 500 Kc à plus de 4 500 Kc / de 60 € à plus de 180 €)

Quartier de Staré Město *(la vieille ville)*

Residence Bene *(zoom centre D2,* ***38****) : Dlouhá 48. ☎ 222-313-171. • goldencity.cz • Doubles env 39-109 € selon confort et saison. Petit déj inclus.* Très bien située, c'est une résidence hôtelière sans charme, il faut bien le dire, mais vraiment pas chère. Chambres sans aucune déco, très simples mais propres, avec frigo, micro-ondes et TV. Si on veut loger en plein centre sans se ruiner, *va bene così.* Sinon, changer de catégorie de prix. Nombreux restos et cafés autour. Bon accueil.

Old Prague Hotel *(zoom centre D3,* ***51****) : Skořepka 5. ☎ 224-211-801. • oldpraguehotel.cz • Doubles 50-120 € selon confort et saison. Petit déj (moyen) inclus. Promos sur le site.* Un hôtel de 1895 rénové et bien tenu au cœur du secteur historique, au sud de la vieille ville. La façade fait penser à une boutique chic, mais ça l'est moins à l'intérieur. Atmosphère bourgeoise et tapis rouge courant sur les escaliers, certes, mais chambres décorées de manière conventionnelle. Toutes ont la clim. Avis aux amoureux désargentés, les moins chères, dites *basic,* ont 2 lits individuels placés en L et impossibles à rapprocher ! Celles du rez-de-chaussée donnent sur une petite cour, les autres, à l'étage, sur une rue peu fréquentée. Cela dit, l'isolation est moyenne... Service de transfert depuis et vers l'aéroport. Bon accueil.

Design Metropol Hotel *(zoom centre D3,* ***90****) : Národní 33. ☎ 246-022-100. • metropolhotel.cz • Doubles env 80-160 € selon confort et saison. Promos sur le site. Parking public payant à proximité (env 29 € la 1re nuit puis dégressif).* C'est un hôtel design à prix sages, bien placé à la limite sud du centre historique. Mobilier en Plexiglas et en plastique coloré, café-resto en terrasse, espaces clairs et bien agencés, avec des chambres confortables (avec clim) dans le même style branché et moderne. Très bonne literie et excellente propreté. Demander une chambre dans les étages élevés, elles sont plus claires, ou côté cour, plus calmes. Terrasse sur le toit. Bon rapport qualité-prix.

Hotel Betlem Club *(zoom centre D3,* ***65****) : Betlémské nám. 9. ☎ 222-221-574 ou 575. • betlemclub.cz • Selon type et saison, doubles 2 050-3 900 Kc, petit déj inclus.* Un hôtel dans une maison gothique du XIIIe s, autrefois maison de tolérance, puis de pompes funèbres (aucun rapport). Aujourd'hui, il offre une vingtaine de chambres sur une adorable place bien tranquille. Le petit couloir qui mène aux chambres est couvert d'armes blanches d'une autre époque (épées, sabres...). Les chambres, de taille modeste, qui donnent sur la place ou la ruelle voisine, sont lambrissées mais chaleureuses. En revanche, évitez, si vous êtes 2, les 4 *attic rooms,* moins chères mais vraiment petites. Bon accueil.

Hotel Melantrich *(zoom centre D3,* ***63****) : Melantrichova 5. ☎ 224-235-551 (réception) ou 271-090-832 (résas). • hotelmelantrich.cz • Doubles 1 500-4 000 Kc selon saison, petit déj-buffet compris. Réduc pour séjour de 3 j. min. réservé par Internet. Promos*

PRAGUE

régulières sur le site. Là encore, un petit hôtel à la décoration d'une grande banalité mais très bien situé, à 2 pas de la place de la Vieille-Ville. Réception au 1er étage, par l'escalier de droite (l'ascenseur n'y mène pas). Entrée peu engageante, mais chambres classiques, sobres, confortables et bien tenues. En demander une côté cour plutôt que côté rue, très animée. Bon confort général et établissement bien tenu. Plutôt pour la basse saison, vu les prix. Bon accueil.

Hotel Cloister Inn *(zoom centre D3,* ***82****) : Konviktská 14. ☎ 224-211-020. • hotel-cloister.com • Doubles env 60-200 €, petit déj compris. Remise de 10 % en cas de résa en ligne min 48h avt l'arrivée.* L'extérieur froid, long et sans relief évoque bien le style communiste des années 1970 (la police secrète y fut installée de 1950 à 1989). Les grilles aux fenêtres du rez-de-chaussée n'ajoutent rien au charme ! Ne vous arrêtez pas à ça car, heureusement, l'intérieur est bien plus chaleureux. C'est même étonnant de voir un tel contraste ! Chambres colorées et spacieuses, dotées de tout le confort (clim, douche/w-c) et bien insonorisées. Mobilier fonctionnel et clair. Bien équipé : coffre, sèche-cheveux... Bon accueil.

Hotel Josef *(zoom centre D2,* ***85****) : Rybná 20. ☎ 221-700-111. • hoteljo sef.com • En plein quartier historique. Ⓜ Můstek. Doubles env 130-250 € selon taille et saison. Promos sur le site.* Poursuivant sa quête de créativité architecturale, Prague se devait d'avoir quelques établissements hautement design. C'est le cas de cet hôtel, conçu par Eva Jiřičná, dont la façade grise et plate est rythmée par des stores métalliques. Le hall, blanc de blanc, clinique comme il se doit, met dans l'ambiance. Les chambres, lumineuses, sont rehaussées de touches orange : ici un dessus-de-lit, là un fauteuil... Verre, aluminium et plastique en abondance contribuent à créer une atmosphère ultramoderne sans complexe. Petit déj impeccable. Service pro et souriant.

Quartier de Josefov *(quartier juif de la vieille ville)*

Maximilian Hotel *(zoom centre D2,* ***92****) : Haštalská 14. ☎ 225-303-111. • maximilianhotel.com • Doubles env 130-300 € selon confort et saison, petit déj inclus. Prix variables à suivre sur Internet.* Petit frère un peu moins cher de l'hôtel *Josef,* également de style design, ou comment faire de l'hébergement pour magazine de mode « tendance » en récupérant une vieille structure Mitteleuropa. Très bien placé, proche du quartier juif, cet immeuble ancien abrite des chambres modernisées et de caractère (mobilier en bois sombre, touches de couleurs vives), avec tout le confort (clim). Patio et espace boissons en libre-service. Également un spa au rez-de-chaussée avec des massages asiatiques. Excellent accueil (parfois francophone).

Haštal *(zoom centre D2,* ***84****) : Haštalská 16. ☎ 222-314-335. • hotelhas talprague.com • À 5 mn de la pl. de la Vieille-Ville. Doubles 90-150 € selon confort et saison, petit déj inclus. Réduc si résa par Internet.* Non loin du couvent Sainte-Agnès, voici un bel immeuble classique donnant sur une adorable placette pavée. C'est une véritable affaire familiale : en 1912, le grand-père de l'actuel propriétaire (voir sa photo à la réception) transforma cette ancienne brasserie en hôtel. Fréquenté par de nombreux artistes (dont Mucha), il servit de Q.G. aux forces russes en 1968 ! Un certain chic parisien dans le hall et le salon. Chambres bien équipées (avec clim) mais plus conventionnelles. Cela dit, la nº 22 (supérieure) possède un superbe balcon en fer forgé. En revanche, l'isolation sonore est moyenne et la salle du petit déj est bien petite. Le *Banker's Bar* sert également des cocktails. Possibilité de transfert depuis et vers l'aéroport.

Quartier de Nové Město *(entre la vieille ville, la Vltava et la gare ferroviaire)*

Hotel Salvator *(plan E2,* ***49****) : Truhlářská 10. ☎ 222-312-234. • salvator. cz • Selon saison, doubles sans ou avec sdb env 50-200 €, petit déj-buffet inclus.* Les chambres dans la bâtisse principale se trouvent dans une rue calme et centrale. De belle taille, elles sont agréables, joliment décorées et disposées autour d'un grand patio intérieur fleuri. On se croirait presque en Amérique latine ! Certaines chambres, cependant, se trouvent dans des

PRAGUE

annexes un peu moins agréables (une situation plus bruyante). Propose également des apparts à proximité. Resto hispanique (et méditerranéen) au rez-de-chaussée *(La Boca)*.

Miss Sophie's *(plan D4,* ***40****) : Melounová 2 et 3. ☎ 210-011-200. • sophieshostel.com • miss-sophies.com • Ⓜ I.P. Pavlova (ligne C). Réception 24h/24. Selon saison et dispo (prix dernière minute également), dortoirs 15-26 €, doubles 72-130 € et appartements 100-164 €. Petit déj en supplément.* Dans une ruelle au calme, les dortoirs, chambres et appartements de cette maison tip-top ont été aménagés par des designers locaux. Le résultat est surprenant autant dans la déco que l'ameublement, confortable et fonctionnel, sans éléments inutiles. Dans les dortoirs, des lits en acier brossé, petits mais confortables et bien dessinés, draps d'épais coton, oreiller douillet et douche à l'italienne. Doubles encore plus séduisantes avec leur design personnalisé. Enfin, les appartements spacieux avec kitchenette entièrement équipée (un vrai grand four !), au sol carrelé ou parqueté, sont vraiment superbes. Clim dans les doubles et les appartements. Cuisine commune. Également un spa (jacuzzi, sauna). Accueil parfait.

Hotel Purpur *(plan D4,* ***34****) : Řeznická 15. 731-118-113. • purpurhotel.com • Doubles 2 500-6 000 Kc, petit déj inclus. Apparts jusqu'à 4 pers.* Dans une rue calme, un petit hôtel contemporain récemment rénové. Une quarantaine de chambres, studios et appartements avec douche à l'italienne, coffre et même kitchenette pour se faire la popote. Supplément pour celles qui ont un balcon. Rien d'extravagant dans la déco, mais le rapport qualité-prix est bon et l'accueil très sympa.

Motel One *(plan E2,* ***44****) : Na Poříčí 30. ☎ 222-334-500. • motel-one.com/fr • Résa impérative en saison. Doubles env 65,50-110,50 € (+ 10-20 € en cas d'événement), petit déj 9,50 €. Parking payant.* À 5 mn à pied de la place de la République, cet hôtel de chaîne allemand joue la carte du design et du *low-cost*. Passé le lobby branchouille et son bar, naviguant entre lustres néobaroques et tons gris et turquoise, sans oublier les jolies marionnettes, on découvre des chambres pas géantes, mais douillettes. Quelques petits défauts néanmoins : celles côté rue sont bien sûr plus bruyantes, il manque des voilages aux fenêtres pour plus d'intimité et le petit déj est assez basique. Cela dit, le rapport qualité-prix reste vraiment intéressant. Clientèle éclectique ayant flairé la bonne affaire.

Hotel Museum *(plan E4,* ***76****) : Mezibranská 15. ☎ 296-325-186. • hotelmuseum.cz • Doubles 60-99 € selon saison. Petit déj 8 €. Parking payant à 600 m (20-25 €/j.).* Très bien situé, près du Musée national (Národní muzeum) et de la place Venceslas, c'est un petit hôtel classique, moderne, fonctionnel, dans un vieux bâtiment remarquablement restauré. 12 chambres impeccables (douche/w-c et clim), à la déco sobre et sans prétention, mais avec une bonne literie. Elles donnent à l'arrière sur un jardinet au calme.

Hotel Clement *(plan E2,* ***87****) : Klimentská 30. ☎ 222-314-350. • hotelclement.cz • Selon saison et type, doubles env 80-180 €, petit déj-buffet inclus. Prix spéciaux si résa à l'avance sur leur site.* Non loin de la rivière Vltava. La façade sévère et le hall rappelant celui d'un immeuble de bureaux, hésitant entre le moderne et le compassé, présagent une affaire qui pourrait être terne. Ce n'est pas le cas. Chambres de taille modeste, plutôt classiques et agréables. Équipement complet. Moyennant un supplément, celles du dernier étage *(executive floor)* ont un balcon. En demander une dans les étages élevés et côté sud (plus lumineux et calme). Petit déj de bonne qualité à prendre sur la terrasse intérieure. Accueil charmant.

Boat Hotel Matylda *(plan C4,* ***95****) : Masarykovo nábřeží. ☎ 222-511-826. • botelmatylda.cz • Doubles 69-129 € selon confort et saison ; suites 79-189 €. Resto tlj 11h-23h30.* Plutôt que de dormir sous le pont, dormez près du pont, sur la rivière, dans cette charmante péniche transformée en hôtel flottant de 24 chambres. C'est insolite et original. Les cabines sont toutes très confortables, climatisées, avec une fenêtre donnant sur la Vltava (hublots pour les *executive*, baie vitrée pour les *standard*). La déco intérieure est soignée et chaleureuse (boiseries le plus souvent). La nº 23 avec balcon est la plus grande (plus chère). Le bateau abritant les chambres s'appelle *Clotylda*, amarré à côté de *Matylda* où se trouve le restaurant. Rassurez-vous, en haute saison, la rivière est bien calme et le bateau ne bouge pas (ou si peu).

Moods Boutique Hotel *(plan E2,* ***87****) : Klimentská 28. ☎ 222-330-100. • hotelmoods.com • Doubles env 80-200 € selon confort et demande, petit déj inclus. Réduc (et parfois un cadeau de bienvenue offert) en réservant directement sur leur site.* Ce boutique-hôtel de conception design est une réussite sur le fond comme dans la forme. Installé dans un vieil immeuble de style Mitteleuropa, il surprend dès la réception aux murs tapissés de mousse : on change d'époque et de style. Il abrite des chambres impeccables, claires, décorées par des designers inventifs, le tout étant épuré, accueillant, bien étudié. Excellents lits suédois (certains font 2 m de large), couchage, couette, tout est parfait. Bon petit déj servi jusqu'à 11h. Bar. Massages thaïs (payants).

987 Prague Hotel *(plan E3,* ***89****) : Senovážné nám. 15. ☎ 255-737-200. • 987praguehotel.com • Doubles env 80-180 € selon confort et saison, petit déj inclus.* Un vieil immeuble de 6 étages avec une façade réhabilitée et un intérieur design dans le style de cette chaîne européenne, nommée *987*. Après Barcelone et Londres, voici Prague emportée par la mode des « design hôtels ». Prix raisonnables pour la qualité, avec 80 chambres très bien aménagées et sobrement décorées. Alliance réussie du design et du confort. Spa indépendant juste en face.

Quartiers de Malá Strana et Hradčany *(le château)*

Hotel U Kříže *(zoom Malá Strana C3,* ***96****) : Ujezd 20. ☎ 257-312-451. • ukrize.cz • Doubles 71-159 €, petit déj inclus. Prix cassés en basse saison (dès 49 € !).* Proche des sites et monuments de Malá Strana, ce petit hôtel 3 étoiles, établi au-dessus de 2 restaurants, abrite des chambres correctes et plutôt confortables (clim), quoique pas très folichonnes. La faible différence entre les catégories *standard* et *superior* (taille exceptée) ne justifie pas forcément le supplément de prix. Certaines donnent sur la rue, d'autres, plus sombres mais plus calmes, sur l'arrière. Cela dit, les prix restent souvent intéressants dans un quartier de plus en plus cher et recherché.

Lokal Inn *(zoom Malá Strana C3,* ***99****) : Mišeňská 12, Prague 1. ☎ 257-014-800. • lokalinn.cz • Doubles env 120-180 € selon confort et période de l'année.* Une vénérable demeure du XVIᵉ s restaurée, dans un emplacement idéal, près du pont Charles, au pied de la colline du château. Elle abrite un hôtel et un restaurant, ainsi qu'une brasserie installée dans une salle aux murs voûtés. Des chambres confortables, qui donnent sur la rue pavée (calme la nuit). En demander une dans les étages élevés. Le resto sert une cuisine tchèque classique (voir « Où manger ? »). Excellente bière maison.

Dům U Velké Boty *(House at the Big Boot ; zoom Malá Strana B3,* ***94****) : Vlašská 30/333, Prague 1. ☎ 257-533-234. • dumuvelkeboty.cz • Penser à réserver. Doubles 2 000-3 350 Kc. CB refusées.* Sur une placette calme et charmante, en face du splendide palais Lobkowicz (ambassade d'Allemagne). Voici un immeuble de 1669, couvert de plantes grimpantes et de fleurs, placé sous le signe de la Grande Botte (c'est son nom). Il abrite une pension de charme. Intérieur aménagé avec beaucoup de caractère et de goût. Vieux meubles, objets anciens, plein de détails qui témoignent de la personnalité des propriétaires. Douches dans la chambre ou à partager (pour les *family rooms*). Accueil anglophone et personnalisé de Jakub Rippl ou de son père.

The Palace Road Hotel *(zoom Malá Strana B3,* ***97****) : Nerudova 7. 📱 721-820-623. • pragueshotel.net • Doubles env 70-170 € selon saison.* En face de l'ambassade d'Italie, une très belle maison du Moyen Âge, au cœur du quartier du château, avec une façade élégante et étroite, ornée de moulures baroques. L'hôtel ne compte qu'une poignée de chambres de charme, toutes décorées dans l'esprit de Prague, certaines avec des meubles d'antiquaire. Elles donnent sur la rue ou sur l'arrière. La suite (la plus belle) est d'un étonnant rapport qualité-prix, comme l'ensemble de cette maison.

Hotel Neruda *(zoom Malá Strana B2-3,* ***48****) : Nerudova 44. ☎ 257-535-557. • designhotelneruda.com • Doubles env 80-250 € selon taille et saison, petit déj compris. Promos sur le site.* À 2 pas du château, dans la rue la plus animée (et la plus touristique) du quartier, c'est une vénérable bâtisse du XIVe s transformée en petit hôtel de charme. Ce n'est pas vraiment du design contemporain... mais un mariage réussi de l'ancien et du moderne. On peut choisir les chambres *standard* ou de catégorie supérieure, toutes très bien équipées (TV écran plat, clim, coffre-fort...), de style sobre et moderne. Les plus belles et les plus chères sont les *designed superior rooms.* Un sauna et un jacuzzi sont à la disposition des clients (pas donnés, à vrai dire). Abrite aussi un bon petit café dans une cour intérieure très agréable, où l'on prend l'excellent petit déjeuner.

Sax Vintage Design Hotel *(zoom Malá Strana B3,* ***59****) : Jánský vršek 328/3. 📱 775-859-694. • hotelsax.cz • Doubles 55-200 € selon confort et saison, petit déj-buffet inclus. Offres spéciales sur le site.* Le contraste est saisissant entre la façade classique de cet immeuble et l'intérieur moderne et design. Explosion de couleurs pop, de papiers peints à motifs, luminaires, meubles et bibelots ressurgis des années 1950 à 1970. Arrangées dans le même esprit sur 4 étages autour d'un atrium, les 24 chambres disposent de tout le confort du nouveau millénaire : TV satellite LCD, lecteur DVD, clim, minibar, coffre-fort, etc. Pour vous remettre de vos pérégrinations urbaines, spa à disposition et même une petite terrasse pour admirer le quartier et les environs ! En revanche, petit déj un peu redondant et service pas toujours très chaleureux.

Domus Henrici *(zoom Malá Strana B2-3,* ***86****) : Loretánská 11, Prague 1. ☎ 220-511-369. • domushenrici.cz • Résa impérative. Doubles env 100-160 € selon confort et saison, petit déj inclus. Offres spéciales sur leur site.* Un lieu exceptionnel. 8 chambres seulement (mais toutes très grandes et confortables) dans cette belle maison du XIVe s, chargée d'histoire, et idéalement située au-dessus du château, au cœur du quartier de Notre-Dame-de-Lorette. Tout est arrangé et meublé avec le plus grand soin. À l'arrière, vue superbe sur la colline de Petřín et le monastère de Strahov. Peu d'hôtels de luxe offrent un tel charme et un tel caractère à des prix encore raisonnables.

Bishop's House *(Hotel Biskupský Dům ; zoom Malá Strana C3,* ***67****) : Dražického nám. 62, Malá Strana. ☎ 257-532-320. • hotelbishopshouse.cz • Ⓜ Malostranská (ligne A). Ⓣ lignes 12, 15, 20, 22, 23 et 97. Doubles env 100-200 €, petit déj inclus, complet et très varié.* Idéalement situé, légèrement à l'écart de la foule, dans la partie basse du quartier, à côté de la Vltava et de la petite tour du pont Charles. Un hôtel de charme au confort feutré, installé dans une ancienne demeure d'évêque. 26 grandes chambres rénovées, élégantes, parfaitement équipées. Celles qui sont mansardées, sous le toit, ont plus de charme. Les nos 201, 202 et 203 (les *deluxe*) offrent la vue sur la placette pavée. Une très belle adresse.

The Charles *(zoom Malá Strana C3,* ***64****) : Josefská 1. ☎ 211-151-300. • hotel-charles.cz • Résa par Internet pour obtenir les meilleurs prix. Selon taille et saison, doubles env 65-200 €.* À quelques coudées du pont Charles, dans la partie encore basse de la colline du château, cet édifice historique passerait presque inaperçu si l'on ne remarquait pas sa jolie porte en bois clouté. C'est un gage d'intimité pour cet hôtel de charme qui ne compte que 25 chambres. Celles-ci sont décorées avec goût et bien équipées : parquet, meubles aux motifs Art nouveau incrustés, poutres peintes au plafond (sauf mansardes), excellente literie, draps brodés, et tout le confort. Quelques défauts néanmoins : l'insonorisation, moyenne, et le petit déj... moyen aussi. Bon accueil, souvent francophone.

Dům U Tří Čápů *(Hotel Three Storks ; zoom Malá Strana C2,* ***43****) :*

PRAGUE

Valdštejnské nám. 8. ☎ 257-210-779. • hotelthreestorks.cz • Doubles 100-240 € selon confort et saison. Parking (18 €/j.) mais il n'est pas recommandé de venir en voiture jusqu'ici... Un hôtel de charme sur une place historique, dominée par la silhouette du château et du palais Wallenstein (Sénat) voisin. Ici, le confort a pris possession des vieux murs de pierre claire. Réceptions et salons au plafond voûté, et un intérieur lumineux que l'on retrouve aussi dans les chambres. Teintes sable et beige, parquets clairs, fauteuils contemporains vivement colorés, plafonds peints pour certaines et, dans chacune, une petite peau de bête pour la touche nid douillet. Certaines *standard* ne sont pas bien grandes, mais les *deluxe* se révèlent vraiment spacieuses (et chères !). La plus belle est la nº 34 (vue sur la place). Ambiance paisible et sereine. Lunch à prix avantageux le midi.

U Tří Pštrosů *(Aux Trois Autruches ; zoom Malá Strana C3,* ***68****) : Dražického nám. 12. 📱 777-876-667. • utripstrosu.cz • Ⓜ Malostranská (ligne A). Ⓣ lignes 12, 20 ou 22. Très bien situé, dans le quartier de Malá Strana, au pied du pont Charles. Résa le plus tôt possible. Doubles env 90-200 € selon taille, vue et saison. Promos sur le site, remise en cas de résa en ligne.* Ce superbe édifice Renaissance (1597) doit son nom à une ancienne boutique de plumes d'autruche. On dit que le roi Charles IV est venu à l'auberge du rez-de-chaussée. Une petite vingtaine de chambres de caractère, dotées du plus grand confort, même si elles sont parfois petites et que l'insonorisation ne vaut pas tripette. Les plus chères ont vue sur le pont. Voici une adresse appréciée des amoureux ou des jeunes mariés en voyage de noces (même pragois !). Resto réputé au rez-de-chaussée.

Aria Hotel *(zoom Malá Strana B3,* ***52****) : Tržiště 9, Malá Strana. ☎ 225-334-111. • ariahotel.net • Ⓜ Malostranská (ligne A). Doubles et petite suite env 200-330 €, petit déj compris. Terrasse ouv 11h30-23h et piano-bar mar-sam dès 19h. Centre de fitness.* Comme son nom le suggère, la musique est le fil conducteur de cet établissement de luxe insolite. Chacun des 4 étages est consacré à un style (jazz, opéra, classique et contemporain) et, plus fort encore, chaque chambre à un musicien (Beethoven, Mozart, Billie Holiday...). Elvis s'est même glissé dans la liste ! Ameublement de style italien et design, chaque matière est pensée et les chambres personnalisées. Équipement parfait et original : un ordi dans la chambre délivre la bio de l'artiste attitré et donne accès à toutes les musiques des autres chambres. Salon rouge, avec cheminée et bibliothèque pour mélomanes.

Hotel U Raka *(zoom Malá Strana A2,* ***66****) : Černínská 10, Hradčany. ☎ 220-511-100. • hoteluraka.cz • Ⓣ ligne°22. Résa impérative. Doubles 145-270 € selon catégorie, petit déj inclus. Parking 15 €/j. Promos intéressantes sur le site.* Au-delà de la colline du château, on pourrait presque se croire dans un village, loin de la capitale. Cette fermette (datcha), déjà mentionnée en 1739, fut abandonnée, puis récupérée en 1987 par Alexandr Paul, un photographe. Elle a été transformée en petit hôtel de charme, avec seulement 6 chambres. Les plus confortables jouissent d'une cheminée et d'un jardin d'hiver privé. Quelques tables dans un jardin, des fleurs et des briques à profusion, des boiseries rustiques dans les chambres, et même un lit à baldaquin pour la suite : aucun détail n'est oublié pour créer une atmosphère rustique-chic et romantique. Minuscule restaurant mais de qualité (et excellent chocolat maison pour le goûter !). La salle de la cuisine est à elle seule un petit musée.

Quartiers de Žižkov et Vinohrady
(à l'est de la ville)

Hotel Anna *(plan F4,* ***79****) : Budečská 17. ☎ 222-513-111. • hotelanna.cz • Doubles 60-120 € selon confort et saison, petit déj inclus. Réduc sur le site pour résa en ligne. Clim en sus.* Un petit hôtel de charme dans le quartier bourgeois de Vinohrady, à 10 mn à pied du Musée national et à 15 mn de la vieille ville. La belle façade de style Mitteleuropa date de 1892, tandis que l'intérieur se pare d'un style Art nouveau, sobre et classe. On a aussi l'impression de pénétrer dans une maison de charme du vieux

New York : accueil aimable, salle de lecture avec lampes basses et fauteuils de cuir noir, escalier et moquette feutrée. Chambres très bien tenues et bien insonorisées, avec déco classique sans recherche particulière. Excellent rapport qualité-prix.

☗ ***Hotel Ariston*** *(plan F3,* ***62****) : Seifertova 65. ☎ 222-782-517. • hotelaristonpatioprague.cz • À 10 mn du centre en tram nos 5, 9 ou 26, dans le quartier de Žižkov, après le stade. Doubles 65-120 € selon saison, petit déj inclus. Réduc à partir de 3 et 5 nuits.* Hôtel 3 étoiles construit en 1888, dont l'intérieur évoque plutôt un établissement de chaîne de bon confort. Chambres spacieuses équipées comme il faut : frigo, bouilloire, coffre, sèche-cheveux, etc. Dommage, pas de clim. Attention, celles qui donnent sur la rue sont vraiment bruyantes alors demandez à loger côté cour. Resto, grande salle de conférences.

☗ ***Hotel Luník*** *(plan E4,* ***54****) : Londýnská 50. ☎ 224-253-974. • hotellunik.cz • Dans le quartier de Vinohrady, pas très loin du centre, accès par le bus no 119. Doubles env 75-140 € selon confort et saison, petit déj inclus. Garage payant. Réduc pour tte résa par Internet.* Dans un quartier résidentiel et vert, au bord d'une petite rue donnant sur une grande artère. Immeuble austère de 1924. Une fois à l'intérieur, on est surpris par la qualité de l'aménagement. Chambres impeccables, bien équipées et de bonne tenue (mais certaines salles de bains sont vraiment petites). Bon rapport qualité-prix pour sa situation. Excellent accueil.

☗ ***Hotel Bílý Lev*** *(The White Lion ; plan G3,* ***57****) : Cimburkova 20. ☎ 222-780-430. • hotelwhitelion.cz • Dans le quartier de Žižkov. Pour y aller : de Václavské nám., (T) no 9 (3e arrêt) ; de Republiky nám., (T) nos 26 ou 5 (3e arrêt). Doubles env 50-115 € selon saison, petit déj compris. Réduc si résa en ligne (mais non remboursable).* Non loin du centre, un petit hôtel à taille humaine, au calme, avec des chambres de taille modeste mais tout confort : téléphone, TV, sanitaires complets, coffre-fort et ventilo. Elles donnent sur la rue pavée en pente ou sur l'arrière (cour intérieure). En demander une en hauteur (plus calme, plus claire). Certaines chambres sont assez petites, les visiter avant de se décider.

Quartier de Holešovice *(nord)*

☗ ***Mama Shelter*** *(plan E1,* ***70****) : Veletržní 20. ☎ 225-117-861. 📱 605-213-420. • mamashelter.com • (M) Vltavská (ligne C). 238 chambres au total. Doubles env 79-189 € selon saison. Petit déj-buffet 14 €.* La célèbre chaîne d'hôtels sympa et branchée créée par la famille Trigano vient de débarquer à Prague. Comme dans les autres capitales européennes, les chambres sont à la fois fun et confortables, un peu comme si on dormait dans la bulle d'un auteur de bande dessinée, avec le confort en plus. Taille variable selon le tarif choisi, la plus grande étant le penthouse de 69 m². Les petits plus : la webradio et les films gratuits. Resto, bar, conciergerie et boutique au diapason de la coolitude chic des lieux. Et n'oubliez pas que Guy Savoy est au piano (de cuisine).

PRAGUE

OÙ MANGER ?

Si le logement à Prague est onéreux, y manger sans trop délier les cordons de la bourse est en revanche plutôt facile : on trouve des plats certes sans finesse mais copieux à partir d'environ 150 Kc (6 €). Pour 750 Kc (30 €), vous aurez droit à un repas plutôt raffiné dans un lieu à la mode.

S'il ne faut pas s'attendre à des révolutions de palais, la cuisine tchèque, depuis quelques années, s'est un peu allégée (à Prague tout au moins) et a fait des efforts de présentation sans renier pour autant ses racines rustiques. Parallèlement, les horizons du dîneur pragois se sont élargis aux saveurs du monde et à la fusion des styles : restos de cuisine méditerranéenne, italienne, espagnole, grecque, mais aussi indienne, japonaise ou thaïe.
Comme pour l'hébergement, si vous souhaitez dîner dans des restaurants à prix modiques, encore fréquentés par des Pragois, et palper l'atmosphère d'une vraie vie de quartier, il vous faudra vous éloigner du centre touristique.

EN GUISE DE HORS-D'ŒUVRE

– Dans certains restos, on paie le couvert. Le montant de celui-ci est fixe et doit être indiqué en fin de carte. Cela inclut souvent une corbeille de pain, voire une coupelle de fromage frais. Mais parfois aussi, des petits suppléments servis d'emblée sont facturés en plus. Si vous n'en voulez pas, n'y touchez pas et dites-le au serveur. ***On ne sert pas de carafe d'eau*** et l'eau en bouteille est souvent plus chère que la bière.
– ***Le service :*** nombre de restos touristiques ont la fâcheuse manie d'entretenir une ambiguïté entre les notions de ***service*** et de ***pourboire.*** Théoriquement, le service est inclus, même si certains n'hésitent pas à faire figurer sur la note *service is not included* (service non compris). D'autres précisent plus justement *tip not included* (pourboire non compris). Dans la réalité, tous les serveurs ou presque espèrent un ***pourboire*** : leurs salaires sont généralement juste au niveau du SMIC local et le *tip* fait toute la différence pour eux. Dans les restaurants bon marché à prix moyens, les Pragois ont tendance à ne rien laisser, ou à arrondir la note de 10-20 Kc. Mais dans les meilleurs établissements, une norme est peu à peu en train de s'imposer : là, on laisse au moins 5 % et plutôt 10 %. Évidemment, on aimerait aussi que le service soit toujours souriant, ce qui n'est pas toujours le cas... Si vous payez par carte, on vous proposera peut-être d'ajouter le pourboire avant de taper votre code ; c'est inhabituel pour nous, mais pratique.
– Si le service a longtemps oscillé entre porte de prison et indifférence totale, les temps changent et les nouvelles générations accueillent plus souvent le visiteur avec le sourire, dans l'espoir, justement, de décrocher un bon pourboire. Bien sûr, il y a encore pas mal de lieux enkystés dans les habitudes d'une autre époque, où les serveurs donnent l'impression de vouloir vous décourager de rester...
– On rappelle que la plupart des *hospoda* sont aussi des endroits où l'on peut prendre un verre, tandis que dans les *kavárna,* on ne mange pas.
– Depuis 2017, une loi interdit de fumer dans tous les lieux publics, y compris les restaurants, ce qui n'est d'ailleurs pas toujours appliqué à la lettre...
– Dernière précision : la cuisine s'arrête généralement 30 mn à 1h avant l'heure de fermeture. Par sécurité, retrancher encore une petite heure en hiver, quand serveurs et cuistots sont pressés de rentrer chez eux.

Quartier de Staré Město

(la vieille ville)

De bon marché à prix modérés (moins de 150 à 300 Kc / moins de 6 à 12 €)

|●| ***Lahůdky Zlatý Krìž*** *(zoom centre D3,* ***131****)* **:** *Jungmannova 34.* ☎ *222-519-451. Lun-ven 6h30-19h, sam 9h15h. Fermé dim. Canapés env 30-40 Kc pièce.* On ne peut plus locale (pour ne pas dire nostalgique), cette boutique-traiteur emblématique de la période communiste vend ses petits canapés à tout le quartier. Rien d'extraordinaire côté qualité, mais on se nourrit pour 3 fois rien tout en observant les modestes Pragois faire de même. Attention, on mange ses canapés... debout !

|●| ***Dhaba Beas*** *(zoom centre D2-3,* ***120****)* **:** *Týnská 19.* 📱 *608-035-727. Tlj*

11h (12h sam)-20h (18h dim). Prix au poids : env 23 Kc les 100 g. C'est une chaîne locale de restos végétariens indiens en self-service. On en trouve dans chaque quartier ou presque. Bon choix de *subji, dhal,* riz, salades, légumes farcis, *samosas, pakoras* et desserts. Sain et pas cher, tendance épicé.

lol ***Lokál*** *(zoom centre D2,* ***149****) : Dlouhá 33.* 📱 *734-283-874. Lun-sam 11h-1h, dim 12h-minuit. Plats env 120-270 Kc.* Il y a une dizaine de *Lokál* dans Prague. C'est bon, pas cher, et rustique comme dans l'temps... Grande cantine « revival » années 1980 jusque dans les détails (couverts en fer-blanc) et dans les toilettes (papier peint d'époque !). On s'installe dans la 1re salle, près des grosses cuves à bière en aluminium, ou à l'arrière dans une longue salle, où les employés du quartier se retrouvent au coude à coude dans un impitoyable brouhaha. Cuisine tchèque et d'ailleurs (goulasch, pâtes, gnocchis, *Schnitzel*...), simple, à base de bons produits régionaux comme son nom l'indique. Bonne bière maison. En revanche, il vaut mieux se faire connaître pour être servi !

lol ***Mincovna*** *(zoom centre D3,* ***128****) : Staroměstské nám. 7, en face du palais Kinský.* 📱 *727-955-669. Tlj 11h-23h. Plats du j. (midi) 120-165 Kc, plus cher le soir (plats 200-500 Kc).* Certainement le seul vrai resto de la place de la Vieille-Ville et même le meilleur rapport prix-qualité-situation de Staré Město le midi, loin des mangeoires pour touristes. 2 salles aux murs épais, hautes de plafond et plutôt sonores, avec une déco moderne et sobre. Mais l'essentiel est dans l'assiette : classiques tchèques revisités avec un savoir-faire indéniable, plus quelques plats austro-hongrois (pot-au-feu). Cave à vin respectable, une bonne occasion pour découvrir les crus locaux ou pourquoi pas essayer leur bière mi-brune mi-blonde, excellente et pas plus chère qu'ailleurs. Service plutôt chaleureux mais parfois débordé. Il est prudent de réserver.

lol ***Maitrea*** *(zoom centre D3,* ***121****) : Týnská ul. 6.* ☎ *221-711-631. Menu déj env 145 Kc. Plats 200-240 Kc.* Petit havre de paix situé juste derrière la place de la Vieille-Ville. Décor zen aménagé dans le respect des principes du feng shui, avec beaucoup de bois, du beige, de l'orange, des luminaires façon jupe plissée et une salle en sous-sol avec une fontaine, un bouddha, plus un coin salon. Cuisine du monde végétarienne : houmous, guacamole, salades, burgers, currys, *quesadillas* et *burritos.* Menu du midi avantageux. Même maison que *Lehká Hlava* (voir plus loin).

lol ***Havelská Koruna*** *(zoom centre D3,* ***140****) : Havelská 23.* ☎ *224-239-331. Tlj 10h-20h (22h en été). Plats env 50-100 Kc. Viandes et garnitures sont facturées séparément ! Ne pas perdre son ticket de règlement sous peine d'une « amende » ! CB refusées.* Derrière une jolie façade ancienne, une sorte de grande cantine très bon marché en self-service, typiquement tchèque, proposant une cuisine sans prétention mais faite maison et sans (mauvaise) surprise. À l'arrivée, on reçoit un ticket sur lequel la liste des plats est indiquée. On choisit, on paie et on prend place dans un box ou à de grandes tables évoquant une auberge *(hospoda)* traditionnelle, revue par Ikea, entre des petits tableaux du vieux Prague. Cour intérieure.

lol ***Lehká Hlava*** *(Clear Head ; zoom centre C3,* ***169****) : Boršov 2.* ☎ *222-220-665. Résa quasi obligatoire. Lun-ven 11h30-22h, w-e à partir de 12h. Tapas 95-115 Kc, plats 225-295 Kc. Menu déj env 135 Kc.* Une excellente adresse qui se maintient toujours. Mélange étonnant et audacieux de styles : une maison vieille de 500 ans, une déco design et sophistiquée, pour une cuisine végétarienne (et vegan) créative qui mêle les saveurs du monde. *Quesadillas,* boulgour, risotto, curry, limonade maison, cocktails au guarana... Charmant, insolite, glamour, diététique et économique ! Tout ce qu'il faut pour sortir de là avec l'estomac et donc la tête au clair... *Clear head !* Même maison que *Maitrea* (voir plus haut).

Prix moyens (300-500 Kc / 12-20 €)

lol ***U Pinkasů*** *(zoom centre D3,* ***125****) : Jungmannovo nám. 15/16.* ☎ *221-111-151. Plats env 100-300 Kc.* Au pied de l'église Notre-Dame-des-Neiges, dans une ruelle en impasse, la demeure

PRAGUE

de 1843 abrite une petite institution locale. L'été, on s'installe devant, en terrasse, pour éponger une bonne *Pilsner* à coup de saucisse fumée ou grillée – à moins de préférer le *Biergarten* dans la cour arrière – coincé au pied même de l'église ! S'il pleut, s'il fait froid, on file au bar, où chuinte la pompe à bière, ou on se rabat sur la salle de resto, où est servie une copieuse cuisine tchèque, à défaut d'être raffinée... Et puis il y a le *Sklep* (la « cave »), où l'on écluse jusqu'à 2h pendant les longues soirées d'hiver. Bon, côté service, c'est lent et pas terrible...

Století *(zoom centre C3,* ***129****) : Karolíny Světlé 21. ☎ 222-220-008. Tlj 11h30-22h30. Plats 255-560 Kc. Carte en français. Accepte les CB, mais sans joie.* Face à une jolie tour romane, ce petit bistrot, à la déco soignée et chaleureuse alternant couleurs chaudes et discrètes fresques antiques, combine qualité de la cuisine et service pro. Les plats traditionnels y sont revus avec une certaine inventivité. Un conseil : ne passez pas à côté des desserts. Ah, les profiteroles au coulis chaud de fruits des bois !

Mlejnice *(zoom centre D3,* ***126****) : Kožná 14. ☎ 224-228-635. Caché dans une étroite ruelle partant de Železná ul. Tlj 11h-23h. Plats env 115-495 Kc.* Vieux licols, vieilles bassines, seaux en bois et roues de charrette plantent le décor : on est ici dans l'ambiance d'une taverne tchèque. La cuisine est à l'avenant, plutôt bien tournée. Une grosse faim ? Misez sur le demi-kilo de pommes de terre accommodées de 8 façons différentes ou sur l'entrecôte de 400 g. Plutôt végétarien ? Il y a 6 options de salades costaudes, fort abordables au regard de la localisation – la place de la Vieille-Ville est à 80 m ! En revanche, les résas sont peu respectées, c'est plutôt le 1er arrivé le 1er servi, enfin, en principe...

Chic (plus de 500 Kc / 20 €)

V Zátiší *(zoom centre D3,* ***152****) : Liliová 1. ☎ 222-221-155. Tlj 12h-15h, 17h30-23h. Résa obligatoire. Menus 990-1 390 Kc. Ajouter 490-590 Kc pour les vins.* Réputé, cet établissement (climatisé) a su marier une fine cuisine d'inspiration française et internationale avec un décor feutré de style contemporain. Le propriétaire, indien, a suivi les cours d'une école hôtelière en France ! On trouve d'ailleurs quelques plats indiens à la carte (et un brunch le dimanche). Autres arguments notables : une délicieuse focaccia et des desserts très réussis. Carte de vins tchèques. Service exemplaire, affable et discret à la fois. Prix justifiés.

Quartier de Josefov – Staré Město (quartier juif dans la vieille ville)

De bon marché à prix modérés (moins de 150 à 300 Kc / moins de 6 à 12 €)

Naše Maso *(zoom centre D2,* ***122****) : Dlouhá 39. ☎ 222-311-378. Tlj 9h-22h. Sandwichs env 60-145 Kc.* Une petite boucherie pour manger sur le pouce qui ne désemplit pas ! Plein de saucisses et de viandes en vitrine, que l'on retrouve rôties dans les sandwichs, façon wrap ou burger. Également du tartare. C'est bon et pas trop cher.

Bistro Sisters *(zoom centre D2,* ***122****) : Dlouhá 39. ☎ 775-991-975. Lun-ven 8h-19h, sam 9h-18h.* Fondé par 2 jeunes sœurs accueillantes, ce sympathique local est spécialisé dans les canapés *(chlebíčky)*. Il y en a à tout, ou presque : fromage, jambon, saumon, pommes de terre et œufs... C'est simple, frais, bon et bon marché. Seul souci : aux heures de pointe, il est presque impossible de trouver à s'asseoir : il n'y a que 4 petites tables et 2 minibanquettes.

U Parlamentu *(zoom centre D3,* ***130****) : Valentinská 8. ☎ 721-415-747. Tlj 10h-22h30. Plat du j. env 100 Kc, sinon compter 125-400 Kc.* Voilà un joli bistrot d'aujourd'hui, avec du bois sombre, les trombines des habitués sur les murs et une terrasse sur rue en été. Les

« parlementaires » du quartier viennent y commander le plat du jour le midi, et reviennent le soir pour reprendre une bonne louche de cuisine tchèque, dans une ambiance où l'excellente bière coule à flots. Tous les classiques sont là (pâté de tête, jarret, goulasch, lapin), avec une mention spéciale au canard rôti. C'est simple, c'est bon et l'accueil est plutôt sympathique. Un point de repère dans le quartier.

Krčma *(zoom centre D2, **159**) : Kostečná 4. 725-157-262. Tlj. Plats 165-340 Kc.* Son nom signifie « taverne » et son style est assurément rustique, façon salle en sous-sol, déco médiévale et grosses tables en rondins. La cuisine, tchèque, est classique et copieuse, à prix sages, et la bière est bonne. Le jarret de porc est à recommander. En revanche, pas sûr que l'on vous montre le petit menu du midi, souvent réservé aux locaux...

U Rudolfina *(zoom centre D3, **154**) : Křižovnická 10. ☎ 222-328-758. Tlj 11h (12h w-e)-23h. Plats env 125-240 Kc.* À l'extérieur, la carte est en anglais mais, une fois à l'intérieur (ou plutôt en sous-sol), ce sont les serveurs qui vous la traduiront. Gravitant dans une ambiance de pub, avec tables en bois noir, cette brasserie brute de décoffrage mitonne une cuisine tchèque authentique, simple, roborative et peu coûteuse. Demander le plat du jour : jarret de porc, poulet, canard... Service parfois rustique lui aussi. Sinon, c'est un bon endroit pour écluser une bière accompagnée de quelques snacks.

Quartier de Nové Město (entre la vieille ville, la Vltava et la gare ferroviaire)

De bon marché à prix modérés (moins de 150 à 300 Kc / moins de 6 à 12 €)

Dhaba Beas *(plan D3 et E2, **120**) : Vladislavova 24 et Na Poříčí 26 (dans le centre Divadlo Archa). 777-551-256. Tlj 11h-21h, w-e 12h-20h* [...] *env 23 Kc les 100 g.* Cl[...] restos végétariens indie[...] cher. Celui de Vladislav[...] la fascinante *Tête de* [...] Černý !

Ferdinanda *(plan E3, **133**) : à l'angle d'Opletalova et Politických vězňů. ☎ 222-244-302. Tlj 11h-22h. Plats env 150-250 Kc.* Attention, ce bar-resto sur 2 niveaux est souvent plein... Il faut dire que sa cuisine et ses prix ont de quoi séduire les habitués, nombreux ici, et à fortiori le visiteur de passage. Par exemple, l'excellent *masc* est servi avec un demi de bière inclus. Sinon : porc au miel et chutney d'abricots, poulet aux prunes et aux amandes (ou fromage et ananas !), etc. Bref, du tchèque rustique, tout comme l'accueil parfois... Annexe à Malá Strana (voir plus loin).

Estrella *(plan D4, **124**) : Opatovická 17. 777-431-344. Résa nécessaire. Tlj 11h30-15h30, 18h-22h30. Plats env 200-250 Kc.* Après la viande, la verdure. Caché dans une ruelle qui s'anime le soir avec les bars voisins, ce mignon petit resto joue la carte végétarienne. Intérieur cosy à l'ancienne. Peu de tables, alors on réserve ou on s'installe au comptoir si l'on est seul. Dans l'assiette, de la cuisine végétarienne du monde avec une touche asiatique (*ramen* et curry) ou européenne (risotto, etc.). C'est frais et bien tourné. À accompagner d'une bière microbrassée. Service féminin tout en sourires.

Sicily Café *(plan E3, **144**) : Senovážné nám. 2. 773-968-250. Tlj 8h30 (10h w-e)-22h (21h dim). Plats env 150-200 Kc.* Derrière la tour *Jindřišská,* c'est le resto végétarien et vegan à la mode dans le quartier, presque un Q.G. Grande salle aérée avec des sacs de café en guise de tableaux sur les murs. Chaque jour, des propositions différentes et créatives : soupes du jour, plats bio et des salades de bonne facture dans tous les sens du terme. Fait également les petits déj. Service impeccable, ce qui est assez rare.

Špejle *(plan E3, **145**) : Jindřišská 16. 606-773-553. Tlj 11h-23h. Compter env 200-300 Kc selon votre appétit.* On a failli vous le mettre dans « Où boire un e ? » et puis on s'est dit qu'on pou-ait parfaitement se faire un repas avec ces délicieuses tapas à la tchèque. Dans ce bar animé et contemporain, on se sert en petits canapés affriolants et régulièrement renouvelés et à la fin, comme en Espagne, on compte les cure-dents. Les boissons, en revanche, doivent être commandées auprès des serveurs. Très bien aussi pour un apéro, évidemment !

Chic (plus de 500 Kc / 20 €)

|●| *Kantýna* *(plan E3,* ***151****) : Politických vězňů 5. ☐ 734-172-398. Ⓜ Můstek (lignes A et B). Tlj 10h (11h30 w-e)-23h. Pas de résas. Repas complet env 500-600 Kc.* Un de nos coups de cœur ! Installé dans une ancienne banque, où trône désormais une boucherie à l'entrée, ce resto aussi calme qu'un hall de gare amusera et régalera tous les *masochistes* (amateurs de viande locaux, car, ici, *maso* veut dire « viande »). On fait la queue (de vache ou de cochon) et, sa fiche à la main, on se fait servir de superbes tranches de viande, cuite à la perfection sous de grosses lampes chauffantes, dans les différentes cuisines ouvertes. Oh la belle rouge, oh la belle blanche ! Le jeu consiste aussi à envoyer un membre de la famille ou un copain garder quelques places, car s'asseoir est le sport le plus difficile ici... avec le risque de se retrouver debout, son plateau dans les mains. Heureusement, tout le monde partage facilement les tables dans une ambiance bon enfant d'épicuriens épanouis. La viande, fondante à souhait, accompagnée de bons légumes, est un pur délice ! Et en dessert, l'unique spécialité est le *bun,* soit un beignet farci de crème fouettée, de confiture de prunes ou de graines de coquelicot. Avant de partir, on n'oublie pas de passer à la caisse, sinon c'est un casse... Génial.

|●| *Universal* *(plan D4,* ***143****) : V. Jirchářích 6. ☎ 224-934-416. Ⓜ Národní třída (ligne B). Tlj 11h30-23h. Résa indispensable le soir. Lunchs en sem 130-150 Kc. Plats 185-375 Kc.* Bistrot moderne et jeune, à la déco inspirée par le cinéma où l'on retrouve même Louis de Funès, un des acteurs français les plus populaires en République tchèque. La carte d'inspiration française propose de grosses salades, des pâtes, du saumon cuisiné de différentes façons, du canard à l'orange... bref, un peu comme à la maison. Carte de vins tchèques.

|●| *Café Imperial* *(plan E2,* ***156****) : Na Poříčí 15. ☎ 246-011-440. Tlj 7h-22h30. Plats 180-230 Kc le midi et 250-400 Kc le soir. Tenue correcte requise.* Magnifique resto au rez-de-chaussée d'un hôtel mythique et légendaire de Prague : l'*Imperial,* un superbe édifice Art déco rénové, datant de 1914. La salle du resto, dans les tons blanc et jaune, a conservé toute sa splendeur : murs recouverts de mosaïques, colonnes incrustées d'arabesques orientales, de personnages ou d'animaux, grands panneaux de céramique... Plats traditionnels sans surprise mais de bonne facture : confit de canard, lapin à la moutarde, joue de bœuf et jarret d'agneau braisés, etc. Et puis d'excellentes pâtisseries, comme l'inévitable *Sachertorte.* On peut aussi y prendre le petit déj, un café ou un verre. Service diligent. La maison a ouvert *Next Door,* une annexe chic juste à côté, mais on est plus dans le contemporain que dans la nostalgie.

|●| *Bílá kráva* *(U Bílé krávy ; plan E4,* ***123****) : Rubésova 10. ☎ 224-239-570. Lun-ven 11h30-23h (cuisine jusqu'à 21h seulement) ; fermé sam midi et dim. Plats 265-650 Kc et plus encore...* Bienvenue dans le temple de la vache charolaise, dont le patron est tombé amoureux. Elles sont élevées par le propriétaire dans une ferme tchèque et donnent l'une des viandes les plus tendres de Prague. Les steaks, araignées, onglets et autres délicieux faux-filets sont servis à des prix raisonnables compte tenu de la qualité. On mange dans des petites salles rustiques : chaises en bois et paille, poutres, nappes à carreaux. Vins de Bohême et de Moravie, moins chers que ceux de Bourgogne. Desserts moins rustiques, comme la glace au nitrogène, préparée devant vous ! Service rapide et efficace.

Quartier de Vyšehrad et alentour

De prix modérés à prix moyens (150-500 Kc / 6-20 €)

|●| ***U Kroka*** *(plan D5, **139**) : Vratislavova 28. ☐ 775-905-022. Tlj 11h-22h. Résa très conseillée. Plats env 110-130 Kc le midi et 230-430 Kc le soir.* Au nord du quartier, à 2 pas des quais surpeuplés de Náplavka, ce néobistrot dans le coup ne désemplit pas. Jolie terrasse et salle avec une arche de brique et des cadres modernes sur les murs. Tous les classiques tchèques revisités (en particulier ceux de Bohême), et de très belle manière, plus des salades, plats végétariens, confit de canard, steak *sirloin,* etc. Très bonne cuisine à base de produits frais et locaux. Excellent accueil. Si c'est plein, on peut manger au comptoir. Bonne ambiance, qui plus est.

|●| ☂ ***Cafe Terapie*** *(plan D5, **171**) : Na Hrobci 3. ☎ 224-916-098. Tlj 8h30 (10h dim)-22h. Plats env 120-300 Kc. CB refusées.* Juste au-dessus de Náplavka, un café-resto-vinothèque avec une terrasse remplie d'habitués, dont la thérapie consiste à se détendre d'une bonne journée de travail. À la carte, des paninis économiques, des salades, du tartare, du houmous, des pâtes mais aussi de bonnes viandes comme la *tagliata di manzo,* du bœuf très tendre servi avec roquette et *grana padano.* À faire descendre avec un vin italien de préférence... d'autant que la maison ne propose pas de vin tchèque. Sympa aussi pour un verre.

Quartiers de Malá Strana et Hradčany (le château)

Attention, plus on monte vers le château plus les prix grimpent eux aussi, et ce n'est pas toujours au diapason de la qualité ! Pensez à vous restaurer avant de grimper là-haut...

Prix modérés (150-300 Kc / 6-12 €)

|●| ***Ferdinanda*** *(zoom Malá Strana C3, **142**) : Karmelitská 18. ☎ 257-534-015. Tlj 11h-23h (17h dim). Plats env 120 Kc le midi et 150-300 Kc le soir.* La carte est la même que son jumeau de Nové Město (voir plus haut), soit une cuisine tchèque traditionnelle bien mijotée et à prix très raisonnables. La différence, c'est surtout le décor puisqu'ici on doit descendre, comme souvent, dans les caves. Pas de terrasse, donc, mais une pause fraîcheur dans un quartier éminemment touristique pour un déjeuner solide et pas cher le midi.

|●| ***Kolkovna Olympia*** *(zoom Malá Strana C3, **136**) : Vítězná 7. ☎ 251-511-080. Tlj 11h-minuit, fermé dim soir. Plat du j. env 110-130 Kc (lun-ven 11h-15h), sinon compter 120-330 Kc.* Cette belle et vaste brasserie tchèque ne manque pas d'allure avec ses plafonds à moulures, ses longues banquettes et ses quelques photos noir et blanc destinées à appuyer la note rétro. Dans l'assiette, c'est classique, copieux, souvent préparé à l'avance – du sous-vide, quoi, au moins c'est clair. Essayez donc les saucisses de gibier fumées ou le cochon de lait. On peut aussi juste picorer avec sa bière côté bar. Service parfois un peu froid.

|●| ☂ ***Cafe Lokál*** *(zoom Malá Strana C3, **99**) : Míšeňská 12. ☎ 257-212-014. Tlj 11h30-minuit (1h w-e). Plats env 120-330 Kc.* C'est le resto de l'hôtel *Lokál Inn* (voir « Où dormir ? ») et une succursale de la chaîne locale. Ambiance de taverne surpeuplée avec des salles au rez-de-chaussée et des caves au sous-sol, comme il se doit. Le service est survolté et un peu désinvolte mais c'est la règle ici. Néanmoins, c'est un bon plan dans le quartier pour manger tchèque et pas trop cher, d'autant plus que, dans l'esprit *slow food,* les produits sélectionnés proviennent de circuits courts. À la carte : *talián* (saucisse maison), fromage frit sauce tartare, tartare maison avec du pain frit (!), goulasch, porc rôti. Clientèle aussi bien locale que touristique. Terrasse dans la ruelle vite prise d'assaut.

Prix moyens (300-500 Kc / 12-20 €)

|●| ***Tři Století*** *(zoom Malá Strana C3, **99**) : Mišeňská 4. ☎ 257-217-940. Tlj 11h-minuit. Plats 230-300 Kc. Carte en français sur iPad.* En retrait de Nerudova, souvent très encombrée par la foule, cette vieille auberge (elle a 300 ans, d'où son nom de « Trois Siècles ») est une bonne alternative pour s'attabler. La façade élégante du XVIIIe s cache un intérieur moderne, calme et reposant, agencé autour de petits bassins à poissons. Plats tchèques et européens classiques (goulasch, canard au miel, porc à l'ail et au chou, pâtes et salades). Vin au verre. Et service aux petits oignons...

|●| ***Kuchyň*** *(zoom Mala Strana B2, **147**) : Hradčanské nám. 186/1, dans le Palais Salm, face à l'entrée du château,. ☎ 736-152-891. Tlj 10h-23h30. Plats env 250 Kč.*
Kuchyň, ça veut tout simplement dire « la cuisine ». Et on s'y sent bien, dans cette belle cuisine, installée dans un palais du XVIe s (même les couverts sont d'époque !). Ici pas de menu, on choisit ce qui nous fait envie parmi une dizaine d'appétissantes marmites (chaque jour différentes), inspirées de vieilles recettes tchèques. À accompagner bien sûr d'une bonne bière ! Aux beaux jours, la terrasse offre une magnifique vue sur la ville et le château. Excellent rapport qualité-prix pour le quartier.

|●| ***Cafe Konírna*** *(zoom Malá Strana C3, **161**) : Maltézské nám. 10. ☎ 257-534-121. Tlj 11h-minuit. Plats 160-450 Kc.* Sur une des plus belles places du quartier, voici un restaurant composé d'une brasserie (terrasse d'été) et d'une auberge plus rustique à l'intérieur. Bien sûr, le coin est très touristique, et ça se ressent dans les prix et parfois dans la cuisine (certains plats sont annoncés « sous vide », au moins c'est clair). Cuisine tchèque : soupe au chou de Moravie, tripes aux herbes, canard au chou, rôti de porc à l'ail (la spécialité), assortiment de viandes grillées sur potence *(690 Kc pour 2 pers)...*

|●| ***Host*** *(zoom Malá Strana B3, **137**) : Loretánská 15. 📱 728-695-793. Tlj 11h30-22h (21h dim). Menu midi tlj 145 Kc ; plats 350-460 Kc.* Planqué sur le flanc d'un étroit escalier dévalant de Loretánská vers Úvoz, ce minuscule resto au cadre moderne – un rien surréaliste – offre une fort belle vue sur la ville à travers ses baies vitrées. Le personnel est accueillant et le menu du midi d'un très bon rapport qualité-prix. À la carte, vous aurez le choix entre les plats tchèques typiques et d'autres aux notes davantage méditerranéennes. La limonade au gingembre maison est très bonne.

Chic (plus de 500 Kc / 20 €)

|●| ***Terasa – U Zlaté Studně*** *(Golden Well Hotel ; zoom Malá Strana C2, **170**) : U Zlaté Studně 4. ☎ 257-533-322. Non loin du jardin du palais Wallenstein, sous la colline du château, dans une ruelle discrète qui devient une impasse ; demander l'hôtel* Golden Well. *Tlj midi et soir. Résa indispensable. Le midi, formules 2 ou 3 plats 790-990 Kc ; plats 800-1 400 Kc.* Attention, on vient ici pour la dernière terrasse, la plus haute de l'hôtel, celle qui offre un panorama fantastique sur la ville ! Pensez à le préciser à la réservation car elle n'est pas immense... À vrai dire, on vient même surtout pour cette raison. La cuisine n'est pas la plus époustouflante de la ville, il faut bien le dire, mais elle reste de bonne qualité et à prix très raisonnables par rapport à d'autres restos de luxe et autres étoilés (surtout le midi). Allez, encore un petit effort de créativité et on enlèvera ce bémol. Mais quelle vue !

|●| ***Cafe Kampa Park*** *(zoom Malá Strana C3, **163**) : Na Kampě 8b. ☎ 296-826-102. Tlj 11h30-1h (cuisine jusqu'à 22h45). Résa indispensable (bien préciser en terrasse côté rivière !). Plats 300-600 Kc au déj et 800-1 000 Kc le soir ; menu dégustation 5 plats env 1 950 Kc + 950 Kc pour les vins.* Ce resto un peu caché au bord de la Vltava, presque sous le pont Charles, est un des lieux prestigieux, pour ne pas dire bling-bling, de Prague. On n'en doute pas un instant à voir le défilé des

convives célèbres qui l'ont fréquenté : Clinton, Phil Collins, Michael Douglas, Juliette Binoche, Gene Hackman, Havel et une bonne partie du show-biz tchèque. Plusieurs salles, tables aux nappes bien tirées, personnel hyper pro et, aux fourneaux, un chef qui a appris ce que le mot cuisine signifie. Opter, dans la mesure du possible, pour la salle donnant sur la Vltava et le pont. Terrasse chauffée le soir.

Quartiers de Žižkov, Vinohrady et Vršovice

(à l'est de la ville)

De bon marché à prix modérés (de 150 à 300 Kc / de 6 à 12 €)

I●I 🍷 *Hostinec U Vodoucha* *(plan G3-4,* ***168****) : Jagellonská 21. 📱 736-623-294. Tlj 11h-minuit (23h dim). Résa conseillée le soir. Plats 100-200 Kc. CB refusées.* Des tables en bois, des murs ornés de feuillages séchés et de photos de brasseries... On se sent vraiment dans une adresse de quartier, au pays des Tchèques, et non dans une Prague de pacotille. Avis aux amateurs de bière : le patron s'applique à faire découvrir la production des petites brasseries tchèques et renouvelle son offre chaque semaine. Côté cuisine, on y sert de généreux plats de viande (et même des burgers, on n'arrête pas le progrès !), sans grande finesse, mais à prix doux. Salle bruyante.

I●I *Restaurace Lavička* *(plan G3,* ***135****) : Seifertova 77. ☎ 222-221-350. Tlj 11h-23h. Plats 150-250 Kc (300-350 Kc pour certaines viandes).* On a bien aimé le cadre et bien sûr aussi la cuisine. La belle salle style bistrot se termine par une verrière, qui donne sur une terrasse extérieure et une pelouse dans une sorte de jardin calme. Celui-ci est vert en été, et blanc de neige en hiver, c'est charmant ! La cuisine internationale est simple, fraîche et bien préparée, que ce soit les salades, les plats végétariens, les viandes ou les quelques plats tchèques. Délicieux goulaschs et raviolis au mascarpone. La carte est courte mais c'est frais. Bière au sirop de gingembre. En général, service de qualité.

I●I *Pivnice U Sadu* *(plan F-G3-4,* ***153****) : Škroupovo nám. 5. ☎ 222-727-072. Ⓜ Jiřího z Poděbrad (ligne A). Tlj 8h-4h (cuisine jusqu'à 2h). Plats env 95-195 Kc.* Au pied de la tour de la Télévision et à proximité de l'étonnante église du Sacré-Cœur, ce pub de quartier est le seul point animé sur une place à l'allure austère. À l'intérieur, murs et plafonds disparaissent derrière une profusion d'objets en tout genre. Dehors, terrasse en bois façon fête de la bière. C'est d'ailleurs pour cela que l'on vient ici avant tout : pour le grand choix de mousses. Dans l'assiette, rien de gastronomique, mais des portions généreuses et du choix : salades, pâtes, spécialités tchèques... N'empêche que les carnivores seront les plus gâtés. Service en dents de scie.

I●I *Plevel* *(plan F5,* ***134****) : Krymská 2. ☎ 273-160-041. Ⓜ Jiřího z Poděbrad. Tlj 8h30 (10h w-e)-22h (21h dim). Plats env 180-220 Kc ; menus 295-335 Kc.* Pour les aventureux qui veulent découvrir le quartier jeune et alternatif de Vršovice et qui veulent se mettre au vert, voici un petit resto qui affiche son végétarianisme dès le papier peint, joliment fleuri. Dans l'assiette, du très bon vegan qui ravira ceux qui en ont un peu soupé du régime jarret de porc. Fait aussi les petits déj et le brunch. Bonne musique de fond, alternative comme il se doit par ici.

Quartier de Holešovice

Bon marché (moins de 150 Kc / 6 €)

I●I *Bistro 8* *(plan E1,* ***146****) : Veverkova 8. 📱 730-511-973. Lun-ven 8h-22h, w-e 10h-17h.* Dans le quartier de la galerie nationale d'Art moderne et des jeunes créateurs, un *coffee shop* jeune et sympa, avec une terrasse et 2 petites salles bobo dans le coup. On y vient à toute heure pour avaler un petit déj (servi toute la journée), une soupe, une quiche, une tartine, un sandwich ou un gâteau. À accompagner d'un café, d'un thé ou d'un smoothie. Tout est bon et pas trop cher.

OÙ PRENDRE UN PETIT DÉJ ? OÙ BOIRE UN CAFÉ OU UN THÉ ?

Voir aussi, dans la rubrique « Où manger ? », l'impérissable ***Café Imperial*** *(plan E2,* ***156****)* et le ***Bistro 8*** *(plan E1,* ***146****)*, ce dernier servant le petit déj toute la journée. Dans la rubrique « Où boire un verre ? », penser aussi au ***Café Slavia*** *(plan C3,* ***219****)*, véritable institution locale.

Tricafé *(zoom centre C3,* ***223****) : Anenská 3. ☎ 222-210-326. Accès possible par un passage couvert depuis Karlova. Tlj 8h30-20h, sam 10h-20h, dim 10h-18h.* Sur une petite place pavée et tranquille, près du pont Charles, du petit musée Kepler et du vieux palais Pachtuv, où Mozart composa naguère. L'emplacement, le décor intérieur sobre, chaleureux et lumineux, la belle qualité des cafés proposés, contribuent à faire de ce café calme et coquet un de nos endroits préférés dans ce quartier. Bons gâteaux, sandwichs, tartes...

Café Ebel *(zoom centre D3,* ***212****) : Řetězová 9. 603-441-434. Tlj 8h (8h30 w-e)-20h. Menu midi env 180 Kc ; plats 70-130 Kc.* Charmante petite boutique avec un grand choix de cafés de qualité, importés du monde entier (Colombie, Brésil, Éthiopie, Indonésie...). On peut en boire, et aussi en acheter. Une délicieuse étape pour les amateurs de bon café, dans une déco de bric et de broc. On peut également y prendre le petit déj, avaler une soupe, grignoter des gâteaux, des bagels ou des sandwichs.

Cukrkávalimonadá *(zoom Malá Strana C3,* ***141****) : Lázeňská 7, en face de l'église Notre-Dame-sous-la-Chaîne. ☎ 257-225-396. Tlj 9h-19h. Petit déj env 200-250 Kc, sandwichs, gâteaux et petits plats 120-280 Kc. CB refusées.* Bar à fruits et à vins, café, pâtisserie et resto le midi, le « Sucre-Café-Limonade » fait tout ou presque. Élégante décoration à la fois scandinave et glamour décadent (bois sur fond noir et motifs « hipstériques »). Bien à toute heure de la journée pour un petit déj, un café, un déjeuner vite fait, bien fait (sandwichs, salades, pâtes, steaks), une limonade à la fleur de sureau, un sorbet ou encore un chocolat chaud. Toujours dans le coup.

IF Café *(plan E4,* ***230****) : Tyvolo nám. 2. Pas de tél. Ⓜ I.P. Pavlova (ligne C). Tlj 8h-20h. Petit déj et petits plats du midi env 125-200 Kc.* À la limite de Nové Město et de Vinohrady, face à un square et son petit marché (en semaine uniquement), voici une bonne occasion de s'immerger enfin dans un secteur populaire... tout en profitant du raffinement d'un excellent salon de thé ! Délicieuses pâtisseries, très colorées, à accompagner d'un onctueux cappuccino. Quelques petits plats salés également. Terrasse.

Grand Café Orient *(zoom centre D3,* ***239****) : Ovocný trh 19. ☎ 224-224-240. Au 1er étage de la maison À la Vierge noire de Dieu (lire rue Celetná dans « À voir »). Tlj 9h (10h w-e)-22h.* Voici le seul café cubiste au monde ! Réalisé en 1912 par Josef Gočár, l'architecte de la maison, ce célèbre café a fermé ses portes dans les années 1920, mais a été reconstitué à l'identique en 2005. Piano, buffet-bar, lustres, fenêtres, porte-manteaux et même la carte : tout, ou presque, y est cubiste... même l'accueil et le service, souvent anguleux, on vous prévient ! Comme à Vienne, le café y est servi sur un petit plateau avec un verre d'eau... Côté petit déj et restauration, c'est très moyen.

Café Louvre *(zoom centre D3,* ***233****) : Národní třída 22. ☎ 224-930-949. Ⓜ Národní třída (ligne B). Au 2e étage de l'immeuble qui abrite le Reduta Jazz Club et le Rock Café (voir « Où sortir ? »). Tlj 8h (9h w-e)-23h30 ; dernière commande à 22h. Service non compris.* Adresse culte de Prague, ouverte depuis 1902. En leur temps, Kafka et Albert Einstein ainsi que Čapek y avaient leur rond de serviette. Aujourd'hui, le décor de bonbonnière et la petite terrasse sur cour intérieure sont parfaits pour prendre le petit déj, une bonne pâtisserie, un très bon café ou un excellent chocolat. Également une salle de billard au fond à droite (payant). À l'étage inférieur, expos de photos au café-galerie, meublé contemporain.

☕ ***Café Savoy*** *(zoom Malá Strana C3, **205**)* **:** *Vitězná 5.* 📱 *731-136-144. Tlj 8h (9h w-e)-22h30.* Encore un beau et vieux café, une institution locale depuis 1893 et la Ire République... Très beaux plafonds néo-Renaissance dans les tons mordorés. Bien pour un petit déj chic, un café accompagné d'un bon gâteau à l'heure du goûter, le tout issu de la propre boulangerie de la maison. Fait aussi resto, bien sûr, et vinothèque. Serveurs en tenue, speeds comme dans une brasserie parisienne. Brunch le week-end.

☕ ***Cafe Dobrá Čajovna*** *(zoom centre D3, **203**)* **:** *Václavské nám. 14.* ☎ *222-517-271.* Ⓜ *Můstek (lignes A et B). Tlj 10h (14h w-e)-21h30. Salle et terrasse.* Voici une maison d'où les amateurs de thé reviendront comblés. De la vrombissante place Venceslas, passez dans ce lieu relaxant pour déguster à petites gorgées, assis ou allongé, les innombrables thés proposés. Les serveurs s'occuperont de vous avec calme, et la musique tibétaine se chargera du reste. Dans la boutique attenante, choix de thés et d'ustensiles pour concocter votre breuvage. Agréable terrasse dans une cour intérieure typique.

☕ ***Malý Buddha*** *(zoom Malá Strana A3, **138**)* **:** *Úvoz 46.* ☎ *220-513-894. Mar-dim 12h-22h30 ; fermé lun.* Insolite adresse tenue par un Vietnamien expatrié à Prague. La longue cave voûtée s'assombrit au fur et à mesure que l'on y pénètre pour atteindre l'alcôve du fond où l'on peut s'asseoir, près d'un autel bouddhique, comme dans un temple. Thé servi sans cérémonie mais dans de belles théières et surtout pas en sachet. Autres boissons et jus, certains exotiques. Quant aux *healing wines* (vins médicinaux), convenons que le terme est un peu abusif pour certains alcools orientaux très classiques. Fait aussi resto, mais gare aux suppléments.

OÙ LÉCHER UNE GLACE ?

Angelato *(zoom centre D3, **232**)* **:** *Rytířská 27.* ☎ *224-235-123. Tlj 11h-22h.* Il y a souvent la queue en saison pour goûter à ces délicieuses glaces maison, fabriquées naturellement (bio, quoi !) dans le sud de la Bohême. Chocolat du Pérou, vanille de Madagascar, pistaches de Sicile ou encore noisettes du Piémont entrent dans leur composition. Également des sorbets aux fruits, sans oublier la glace du mois (selon les saisons, à la rhubarbe, à la citrouille, voire au parmesan !). Slurp !

Parlor *(plan F2, **234**)* **:** *Křižíkova 37.* 📱 *724-518-080. Tlj 9h-20h (22h w-e).* Juste en face de la très underground *Kasárna Karlín,* un glacier tout aussi informel, tenu par des jeunes débutants. Grande salle pleine de plantes vertes. Rien d'extraordinaire, mais d'amusantes boules de glaces artisanales coincées entre 2 cookies, le concept maison. Attention de ne pas vous en mettre partout ! Bien pour une pause dans le quartier.

OÙ BOIRE UN VERRE ?

Cafés, bars et tavernes ne manquent pas à Prague. On y brasse la bière depuis le XIe s, et certaines tavernes abreuvent les Pragois depuis les XIVe et

XVe s. La plupart d'entre elles proposent une petite restauration sympathique, genre soupe, saucisse fumée ou goulasch. Comme il n'y a pas de distinction nette entre les bars et les restos, certaines adresses figurent dans notre rubrique « Où manger ? », alors qu'elles auraient pu apparaître dans « Où boire un verre ? », et réciproquement.
La bière est toujours délicieuse, allant de la plus douce à la plus amère, de la filtrée à la non-filtrée. Bien sûr, elle n'est pas facturée au même tarif dans les tavernes populaires et les terrasses touristiques. Mais globalement, elle n'est vraiment pas chère. Allez, *na zdraví* (« à votre santé ! ») !
Vous trouverez souvent dans ces établissements une connexion wifi gratuite.

Quartier de Staré Město
(la vieille ville)

Sur la flamboyante *Staroměstské náměstí,* les terrasses des cafés sont bien sûr attirantes mais, attention, elles sont très onéreuses. Méfiez-vous aussi des stands de nourriture qui vendent leur « jambon de Prague » au poids... Bonjour l'addition !

Klub Lávka *(zoom centre C3,* ***221****) : Novotného Lávka 1. 773-990-009. Tlj 10h-minuit.* Terrasse ombragée, admirablement située, donnant directement sur l'eau face au pont Charles (photo obligatoire) et avec un invité de marque : Bedřich Smetana, dont la statue songeuse orne la belle terrasse circulaire... En fin d'après-midi, quand la lumière se réchauffe et que la température s'adoucit, ça devient magique. On y prend un verre en fin de journée... quand on y trouve une table. Sinon, il y a aussi quelques bancs gratuits. Également un théâtre, une scène sur l'eau du côté du pont Charles et une boîte. Cela dit, il y a parfois des soirées privées et le service est rarement à la hauteur du lieu...

Týnská literární kavárna *(zoom centre D3,* ***207****) : Týnská 6. ☎ 224-827-807. Tlj 10h (12h w-e)-23h.* On le remarque à peine, et c'est tant mieux ! Pousser la porte de bois en ogive qui débouche plus sur un cloître qu'un café, version laïque cela dit. Ce café littéraire, un vrai de vrai, inspire autant écrivains qu'étudiants, venus ici refaire le monde, gratouiller une guitare, pousser la chansonnette ou lire le journal. 3 salles voûtées et des tables basses, plus une cour intérieure, prise d'assaut aux beaux jours. Dans l'une des salles, on a gratté les murs pour retrouver une inscription hébraïque qui remonte peut-être aux origines de cette maison romane. Service longuet mais agréable, assuré par des étudiants.

U Zlatého tygra *(Au Tigre d'Or ; zoom centre D3,* ***200****) : Husova 228/17. ☎ 222-221-111. Tlj 15h-23h.* Repérable à son enseigne, un tigre doré, et à ses vitraux opaques, cette taverne mythique a traversé toutes les vicissitudes de l'histoire pragoise. À une époque, Václav Havel y venait refaire le monde. Grand amateur de houblon et de palabres devant l'Éternel, l'écrivain Bohumil Hrabal, dont on voit le portrait en compagnie de Havel et Bill Clinton, s'attablait régulièrement à une table du fond pour boire une mousse, voire beaucoup plus ! Ambiance plutôt bohème et animée, où règne une belle fraternité entre générations. Il est souvent difficile d'y trouver une place...

U Krále Jiřího *(zoom centre D3,* ***217****) : Liliová 10. ☎ 224-248-797. Tlj 16h-23h. Musique live dans la cave (surtout du blues) mar, mer, ven et sam dès 21h.* Au cœur de la vieille ville, dans cette salle au rez-de-chaussée de l'hôtel *King George's House,* des jeunes et des gens du quartier jouent aux cartes et écoutent du rock en engloutissant une bonne *Pilsner* ou de l'absinthe. Un café de fin du monde où l'on vient passer du temps en oubliant que la vie continue...

Absintherie *(bar & magasin ; zoom centre D3,* ***215****) : Jilská 7. ☎ 224-251-999. Tlj 12h-minuit. Verres à partir de 110 Kc... et jusqu'à 1 000 Kc pour la plus rare !* Gare à l'absinthe ! Les poètes maudits Rimbaud et Verlaine en faisaient l'éloge. Van Gogh et Oscar Wilde en buvaient plus que de raison... Cette boisson surnommée la « fée verte » était alors considérée comme romantique et littéraire. Elle est très forte en alcool (de 45 à 75° !) et se boit servie dans un verre dans lequel on verse de l'eau froide à travers une cuillère perforée portant un morceau de sucre. Dégustation sur place de... 120 variantes de ce distillat pur de plantes herbacées aux effets mystérieux, dans une salle qui se présente comme un magasin-musée rétro fort élégant. *Une 2e adresse : Kafka nám. 14/8 (zoom centre D3,* ***227****).*

🍸 ***Hostinec u Rotundy*** *(zoom centre C3,* ***208****) : Karolíny Světlé 17. ☎ 224-227-227. Tlj 10h (11h w-e)-23h.* Un bar populaire resté dans son jus, avec les habitués assis (ou alors en photos) derrière de grosses tables en bois ou en train de mater la télé. Grosses chopes de *Staropramen* qui circulent et s'entrechoquent. Le serveur coche un trait à chaque commande. Pour faire descendre, saucisse, hareng, etc. Du tchèque, du vrai, du brut.

🍸 ***U Kunštátů*** *(zoom centre D3,* ***226****) : Řetězová 3. 📱 601-353-776. Tlj 14h-23h. Dégustation de 6 petits verres de bières pour env 350 Kc ou, tlj à 18h30, 11 sortes de bières avec quelques tapas pour 800 Kc.* Presque cachée, cette grande cour intérieure est un endroit idéal pour déguster de nouvelles bières issues de microbrasseries tchèques, vraiment délicieuses. Cerise sur le verre de bière, on peut demander à visiter la magnifique cave du XIIe s qui fit partie du palais du roi Jiří Poděbrad (XVe s), bâti à 5 m sous le niveau actuel de la rue. Plus récemment, un ancien maire de la ville organisait ici des fêtes somptueuses du temps de son mandat. Les étranges luminaires du bar (qui valent une fortune) en sont un vestige...

🍸 ***Café Gaspar Kašper*** *(zoom centre D3,* ***202****) : Celetná 17. ☎ 222-326-843. Au 1er étage de la cour intérieure. Tlj 9h (14h w-e)-23h30.* La marionnette du malicieux bouffon Kašpar est peinte sur le mur de l'escalier menant à l'étage. En fait, c'est un peu le foyer d'un théâtre. Le décor mêle avec originalité arts médiéval et contemporain. Avec ses poutres peintes, le plafond style Renaissance est vraiment amusant. Lorsque les après-midi sont frais ou pluvieux, très sympa d'y prendre un chocolat ou un verre dans une ambiance décontractée. Vendent aussi des places pour leur spectacle de marionnettes.

🍸 ***U Medvídků*** *(zoom centre D3,* ***56****) : Na Perštýně 7. ☎ 224-211-916. À droite de l'hôtel du même nom. Tlj 11h30-23h (22h dim). Plats 115-270 Kc.* Dans un vieil immeuble du XVe s, une institution étatique devenue très touristique, avec une grande salle animée (parfois bruyante) où l'on sert d'ailleurs une cuisine sans grand relief. On vous l'indique non pas pour leur *Budweiser* (de qualité médiocre), mais pour la minibrasserie *(pivovar)* du 1er étage qui propose de bonnes bières au miel, à la châtaigne, etc.

🍸 ***Duende*** *(zoom centre C3,* ***248****) : Karolíny Světlé 30. 📱 774-486-077. Tlj 13h (15h sam, 17h dim)-1h, 2h ou 3h selon affluence...* Un petit bar chaleureux, décoré comme une brocante de L'Isle-sur-la-Sorgue. Murs dans leur jus et objets de bric et de broc partout sur les murs. Bonne bière, bonne musique et clientèle très cool, quoi demander de plus si ce n'est de faire des rencontres sympas ?

🍸 ☂ ***Kavárna Obecní dům*** *(Café de la Maison municipale ; zoom centre E3,* ***213****) : Republiky nám. 5. ☎ 222-002-763. Ⓜ Náměstí Republiky (ligne B). Tlj 7h30-23h.* Superbe édifice Art nouveau avec des cloisons en acajou, bancs en cuir, fontaine de marbre, lustres aux pailles tombantes, une adresse de style et de caractère. Pianiste tous les jours de 16h à 20h. En été, jolie terrasse devant la façade. Ne confondez pas avec son chic voisin, l'*Art Nouveau Francouzská Restaurant,* dont le décor est certes magnifique, mais les tarifs et les pratiques commerciales rédhibitoires...

🍸 ***Café Slavia*** *(plan C3,* ***219****) : Smetanovo nábřeží 2, à l'angle avec Národní. ☎ 224-218-493. Juste en face du Théâtre national. Tlj 8h (9h w-e)-minuit.* Ce café de style fonctionnaliste, rehaussé de touches Art déco, a reçu la visite de nombreux artistes, connus ou inconnus, comme le prouvent les photos aux murs. Dans les années 1950, c'était le rendez-vous des intellectuels non communistes. Dramaturge, le jeune Václav Havel y fréquenta le poète Jiří Kolář. Vous pourrez boire un café ou un chocolat dans un décor brillant et de caractère, avec vue sur la rivière et au son du piano. En revanche, côté resto, c'est plutôt décevant.

Cafe-Cafe (zoom centre D3, **231**) : *Rytířská 10, Prague 1. 774-331-122. Tlj 10h (9h30 ven et w-e)-23h (22h dim).* Grand café avec des murs de brique et des baies vitrées donnant sur la rue. Les murs sont anciens, mais la déco intérieure a été refaite dans l'esprit urbain chic tout en restant sobre. Très agréable d'y boire un verre en terrasse et de grignoter. Alléchantes pâtisseries. Musique jazzy.

Quartier de Josefov – Staré Město (quartier juif dans la vieille ville)

V Kolkovně (zoom centre D2, **249**) : *V Kolkovně 8. ☎ 224-819-701. Tlj 11h-minuit.* Stores verts à l'extérieur en face de la synagogue espagnole et de l'originale statue de Kafka. Propriété d'une célèbre marque de bière tchèque, ce restaurant est la copie d'une ancienne brasserie pragoise (comptoir en cuivre, tabourets hauts). On y vient plutôt pour boire une bière sur la belle terrasse. Pour le reste, c'est cher, et la cuisine comme le service ne sont pas vraiment à la hauteur.

Katr (zoom centre D2, **206**) : *Vězeňská 9. ☎ 222-315-148. Tlj 11h (12h w-e)-23h.* On vient plutôt pour boire un verre sur la belle terrasse, non loin de la synagogue espagnole, si elle n'est pas prise d'assaut aux heures des repas. À l'intérieur, belle salle branchée avec des lampes en forme de chauffe-plats, où l'on sert une cuisine au diapason, c'est-à-dire chère et sous vide, qui ne nous a pas convaincus.

Café Rudolfinum (zoom centre C-D2, **204**) : *Alšovo nábřeží 12. 703-181-182. Ⓜ Staroměstská (ligne A). Face au musée des Arts décoratifs. Entrée du côté de la rivière. Tlj 11h-23h, fermé lun.* À l'intérieur du superbe Rudolfinum (salle de concerts), qui abrite aujourd'hui la maison des Artistes, et autrefois le parlement de Prague. Dans le genre désuet, ce café classique au mobilier Empire ravira les nostalgiques et les intellectuels. Assez peu fréquenté, c'est un lieu privilégié et tranquille pour disserter sur les mérites respectifs de Mozart et de Dvořák.

Quartier de Nové Město (entre la vieille ville, la Vltava et la gare ferroviaire)

Les quais de Náplavka (plan C5, **216**) : *Náplavka, entre les ponts Palackého et železniční.* Il faut venir y faire un tour le samedi matin pour son *farmers market* et y revenir au coucher du soleil pour écluser des chopes. On vient entre copains s'asseoir au bord de la Vltava pour papoter en vidant une bouteille. Ou bien on consomme dans les bars-restos installés sur les péniches et les bateaux à quai, parfois un peu trop présents d'ailleurs. On a une petite préférence pour, côté sud, la péniche ***(A)Void Floating Gallery,*** moins attrape-hipsters que les autres. Après le pont rouillé, il y a encore ***Kayak Beach Bar*** avec son terrain de beach-volley flottant... Un monde fou les soirs d'été, en fin de semaine.

Jelínkova (plan D3, **120**) : *Charvátova 1. ☎ 224-948-486. Lun-ven 11h-22h, sam 10h-18h ; fermé dim.* Choc temporel et choc culturel. À 2 pas de la fascinante *Tête de Kafka* en métamorphose permanente, signée David Černý, cette banale taverne de quartier fonctionne toujours sur le même principe depuis le XIXe s. On partage une table, à condition d'éviter celles réservées aux habitués (gare !), et on écluse en bonne compagnie l'une des meilleures bières de la ville tout en se solidifiant l'estomac à coups de *talián* (saucisse) ou de *pivní sýr* (fromage à la bière). Tout cela sous l'œil sévère et attentif de Marcela, la tenancière. Pourvu que ça dure !

Kavárna Velryba (plan D4, **214**) : *Opatovická 24. ☎ 224-931-444. Tlj 11h (12h w-e)-23h. Service jusqu'à 22h, mais difficile de trouver une table après 20h. Résa conseillée.* Restaurant, bar à vins, bar littéraire, galerie d'art, salon de thé : plusieurs styles dans un même lieu. L'enseigne en forme d'arête de poisson annonce *La Baleine,* un bar à la déco minimaliste. Seuls les murs ont été peints à la manière de Vasarely. Une salle plus intimiste à l'arrière, avec tables basses et fauteuils. On y lit les magazines et journaux mis à la disposition des clients. Tranquille, fréquenté par la jeunesse du quartier. Au sous-sol, une galerie d'art entre des murs en brique rouge.

Pivovarský dům (plan D4, **225**) : *Ječná 14, Prague 1. ☎ 296-216-666. Tlj 11h-23h30. Plats 175-325 Kc en 2 versions de poids.* Si vous passez par là, ce resto-brasserie produit sa propre mousse, d'excellente qualité. Cuves de fermentation, boiseries sombres, banquettes, photos en noir et blanc. Propose une dégustation de 8 petits verres aromatisés : café, banane, cerise, etc. Sympa. En revanche, évitez d'y manger.

U Fleků (plan D4, **201**) : *Křemencova 11. ☎ 224-934-019. Tlj 10h-23h. Spectacle de cabaret chaque 1er ven du mois à 20h ou sur résa pour les groupes.* Voici la plus ancienne taverne de la ville (1499). Façade ornée d'une jolie horloge, grandes salles médiévales en enfilade décorées de fresques, de plafonds à caissons et de vieux panneaux de bois. En l'honneur de ses 500 ans d'existence, un musée de la Bière y a été créé *(10h-16h ; entrée 100 Kc).* On y organise aussi une visite de la brasserie *(sur résa ; mêmes horaires et tarif que le musée).* Une institution pragoise, archi touristique et toujours bondée, aux pratiques commerciales survitaminées, et à l'accueil peu amène, vous êtes prévenu ! La bière (bonne brune maison à 13°), plus chère qu'ailleurs, y coule quotidiennement par dizaines d'hectolitres au son de l'accordéon. Attention aux liqueurs que l'on vous pousse à boire pendant le show, elles sont facturées plutôt cher ! Et puis, évitez d'y manger. Disons que l'endroit est assez kitsch et vaut le coup d'œil, le temps d'une bière et d'un sourire pas dupe...

Como (plan E3, **222**) : *Václavské nám. 45 (pl. Venceslas). ☎ 222-247-240. Ⓜ Muzeum (lignes A et C) ou Můstek (lignes A et B). Tlj 6h30 (7h w-e)-1h.* Le *Como* est le bar de l'hôtel *Jalta,* un rescapé de l'ère communiste, typique avec sa façade austère et élégante, soutenue par de bien raides cariatides. C'est une des terrasses les plus prisées de cette grande place Venceslas, véritables Champs-Élysées locaux. Clientèle variée avec une majorité d'hommes d'affaires, de top models, de voyageurs de toutes nationalités... et de touristes. Bien pour voir et être vu, mais soyez prêt à payer votre expresso 2 fois plus cher qu'ailleurs.

Kasárna Karlín (plan F2, **228**) : *Prvního Pluku 2. 735-260-397. • kasarnakarlin.cz • En saison, tlj 13h (10h w-e)-minuit ; hors saison, mar-ven 15h-18h, w-e 19h-21h.* Cette ancienne caserne militaire est devenue un lieu alternatif. Dans la vaste cour intérieure, on trouve des bacs à sable et un beach-volley, des petites galeries investies par de jeunes artistes, un café et un écran pour les projections de films en plein air (en principe, jeudi et samedi au coucher du soleil). Également des petits concerts, performances et autres spectacles (suivre le programme sur le site). Si l'endroit vous branche, il y a même une petite auberge de jeunesse privée installée dans un ancien gymnase à droite de l'entrée principale (mais elle est assez basique ; gestion indépendante).

Quartiers de Malá Strana et Hradčany (le château)

Kavárna Mlýnská (zoom Malá Strana C3, **218**) : *Všehrdova 449/14. ☎ 257-313-222. Accès côté parc. Tlj 12h-minuit.* Au bord du canal avec sa jolie roue en bois, face au parc, la terrasse idéale pour la petite mousse de fin de journée. S'il y a une table de libre, bien sûr... Sinon, jolie salle bistrot avec un superbe comptoir d'objets hétéroclites figés dans la résine (et le temps), signé par le fameux David Černý. Excellente bière non filtrée, pas chère qui plus est, et service plutôt sympa.

Bella Vida (zoom Malá Strana C3, **240**) : *Malostranké nábřeží 3. ☎ 221-710-494. Tlj 8h30-19h.* Quelques tables sous les arbres en surplomb de la rivière, avec une vue superbe sur le pont Charles, et un intérieur du genre salon à l'ancienne, avec vieux fauteuils, canapés fleuris, lustres, poêle, bibliothèque. Bref, un endroit discret et élégant pour se poser, bouquiner, boire un café (pas donné quand même) ou une mousse. Petits plats faciles également.

John Lennon Pub (zoom Malá Strana C3, **209**) : *Hroznová 495/6,*

Prague 1. ☎ 257-214-266. Tlj jusqu'à 23h30-minuit. Emplacement idéal, entre le pont Charles et l'île de Kampa, juste à côté du très symbolique mur John Lennon. Ambiance pragoise, décoration sur le thème des Beatles, couloir jaune comme le *Yellow Submarine* de la célèbre chanson, cabine téléphonique rouge comme à Liverpool, murs voûtés, nombreuses photos et images qui rendent hommage au grand Lennon ! Musique exclusivement *Fab' Fours.* On peut y boire un verre et avaler un morceau mais ce n'est vraiment pas terrible.

🍸 ***Pivnice U Černého Vola*** *(zoom Malá Strana A3,* ***224****) : Loretánské nám. 1. ☎ 220-513-481. En face de l'église Notre-Dame-de-Lorette. Tlj 10h-22h.* Sur la façade baroque, l'une des plus jolies enseignes peintes de la place ! Voilà une de ces antiques brasseries pragoises, quasiment aveugle, qui a traversé les siècles et les guerres, tout en gardant son âme et sa rusticité. À l'ère du communisme, elle abritait de nombreuses réunions de dissidents... à 2 pas du ministère des Affaires étrangères. Carte courte et en tchèque seulement avec un personnel d'époque qui a oublié de sourire ; bonne bière *Kozel* néanmoins, pas chère du tout. Grosses tables en bois et armoiries peintes sur les murs. Bon, pas de terrasse et pas de vue !

🍸 ***Salon de thé de l'Hotel U Raka*** *(zoom Malá Strana A2,* ***66****) : Černínská 10, Hradčany. ☎ 220-511-100. Ouv ts les ap-m.* Au-delà de la colline du château, on est presque à la campagne... dans un quartier où la modernité n'a pas encore pénétré. Cette ancienne fermette rustico-chic convertie aujourd'hui en hôtel de charme est une étape romantique pour la fin de l'après-midi. Le salon est accessible à l'heure du thé. S'il fait beau, le minuscule jardin perché sur une petite terrasse s'avère tout simplement délicieux.

🍸 ⛱ ***Café de l'hôtel Nebozízek*** *(zoom Malá Strana B3,* ***229****) : Petřínské sady 411. ☎ 257-315-329.* Perché sur la colline de Petřín. Les plus courageux peuvent y monter à pied mais ça grimpe raide. Sinon, prendre son mal en patience pour monter dans le funiculaire et descendre à la station Nebozízek (l'arrêt intermédiaire). Grande terrasse moderne à flanc de colline, au sein d'un immense parc ombragé et verdoyant. Consommations plus chères qu'ailleurs, mais on jouit d'une vue imprenable sur la ville et sur la cathédrale Saint-Guy en particulier.

🍸 ⛱ ***Buvette du vignoble Saint-Venceslas*** *(zoom Malá Strana C2,* ***210****) : env 60 Kc le verre de vin.* À l'entrée du vignoble et du resto chic *Villa Richter,* une buvette avec terrasse et tonneaux pour une vue sans pareille sur les toits de Prague. Possibilité de boire un verre de vin ou une bière tout en se calant avec une saucisse, une brochette de patates sautées ou un *apfelstrudel.* Également une longue pergola en contrebas, qui sert aussi à manger.

Quartiers de Žižkov, Vinohrady et Vršovice
(à l'est de la ville)

🍸 ***Café Pavlač*** *(plan F3,* ***244****) : Víta Nejedlého 23. ☎ 222-721-731. Tlj 10h (11h w-e)-23h.* Sans doute le bar branché le plus accueillant et animé de ce quartier de Žižkov. Cocktails et verres de vin se savourent autour du bar original ou dans l'arrière-cour. Idéal pour un début de soirée, on peut aussi y manger (sandwichs, pâtes, salades) et faire des rencontres.

🍸 ***U Růžového sadu*** *(plan F4,* ***237****) : à l'angle de Slavíkova et de Mánesova. ☎ 222-725-154. Ⓜ Jiřího z Poděbrad (ligne A). Lun-jeu jusqu'à minuit, ven-sam 1h, dim 23h30. Plats env 100-200 Kc.* À l'époque du communisme, version censure, ce bar était un des seuls à ouvrir jusqu'à 1h. Autant dire qu'il était connu des habitants du quartier ! Aujourd'hui, ses atlantes supportent toujours le balcon au-dessus de l'entrée et il est toujours aussi fréquenté. Bar où la bière coule à flots au sous-sol. Fait aussi resto au rez-de-chaussée.

🍸 ***Beer Geek*** *(plan F-G4,* ***236****) : Vinohradská 62. 📱 776-827-068. Ⓜ Jiřího z Poděbrad (ligne A). Tlj 15h-23h30. Tasting set (5 petits verres de bière) env 250 Kc.* Comme son nom l'indique, ce bar contemporain en sous-sol est un repaire de « biéristes ». Au bar, 35 tireuses et l'embarras du choix. Le mieux, c'est de prendre la planche de dégustation et de goûter un peu au pif ou de demander conseil au barman. Petits snacks pour accompagner (sandwichs, ailes de poulet, etc.). Notez les urinoirs fabriqués à l'aide de futs coupés en 2 ! Rien ne se crée, rien ne se perd, enfin presque...

Vinohradský Pivovar *(plan G4,* ***241****)* **:** *Korunní 106. ☎ 222-760-080. Ⓜ Jiřího z Poděbrad (ligne A). Tlj 11h-minuit.* Encore une microbrasserie mais logée dans un macro-espace, dont un immense sous-sol. On peut mater les cuves ou les matchs de hockey sur les écrans, c'est selon sa passion. Là encore, une petite institution locale de la bière, avec un grand choix de mousses et une carte fort honorable de bons petits plats pour éponger (goulasch de cerf, médaillon de porc, canard au chou, poulet au cognac local...).

Les bars du parc Riegrovy sady *(plan F3,* ***245****)* **:** un agréable parc, d'où l'on jouit d'une jolie vue sur la vieille ville. Les gens du quartier y viennent se poser ou se promener aux beaux jours. On y trouve aussi un vaste *Biergarten* bondé aux beaux jours, surtout les jours de match de l'équipe nationale de hockey. Demander une *klobása,* soit une bière + une saucisse !

Les bars de Krymská *(plan F-G5)* **:** non loin du parc Grébovka, le quartier de Vršovice est un ancien quartier craignos réinvesti par les hipsters. Dans le même pâté de maisons, on trouve d'excellents petits restos comme *Sladkovsky* (façade verte ; bons petits plats) ou le vegan *Plevel* (voir « Où manger ? »), mais aussi des bars cultes comme le *Café v Lese* (concerts) et le *Bad Flash Bar,* sans oublier un bar à prosecco (au nº 10), un bar à cidre (au nº 26), etc. Et un cinéma de quartier, le *Kino Pilotů* (Donská 19), qui passe des films tchèques sous-titrés en anglais. Très sympa !

En dehors du centre (au nord de la ville)

Letná Biergarten (plan D2, **211**) **:** *Letenské sady 341, dans le parc de Letná. ☎ 233-378-200. Du centre, on peut traverser le pont Čechův puis monter les escaliers vers le grand métronome. Longer ensuite le parc vers la droite sur env 300 m. Autre accès par l'arrière du parc, côté Musée technique national. Ⓣ Sparta (ligne 25).* À la belle saison, le parc de Letná est un des lieux de promenade favoris des Pragois. Ce *Biergarten* plus que centenaire offre une vue magnifique sur la Vltava, les toits de la vieille ville et ceux de Žižkov avec sa tour de la Télévision ! On comprend pourquoi les tables en bois sont souvent prises d'assaut... Familles, jeunes en bande ou en couple, adeptes du pique-nique ou de la pétanque y viennent prendre l'air et se rafraîchir.

Hanavský Pavilon (plan D2, **238**) **:** *Letenské sady 173. ☎ 233-323-641. Ⓜ Hradčanská (ligne A). Ⓣ lignes 18 ou 22. Prendre la rue Gogolova et, une fois dans le parc, continuer dans cette direction jusqu'au pavillon. Tlj 10h-22h.* Dans le parc de la colline de Letná, en surplomb de la rivière Vltava, quelle surprise de découvrir ce splendide pavillon rococo-Art nouveau ! Il a été réalisé pour l'Exposition de 1891 et remonté en 1898 à son emplacement actuel. Le restaurant est cher et discutable, mais, sur la terrasse, vous pourrez profiter d'une vue imprenable sur la ville.

OÙ SORTIR ?

Si pas mal de bars et pubs ferment entre minuit et 1h en semaine, les boîtes et clubs prennent le relais jusqu'aux petites heures du jour, surtout le week-end. Il y en a pour tous les goûts, du club de jazz au bar destroy, de

la salle ripou à la boîte hype. Sortir reste abordable, et les oiseaux de nuit n'hésitent pas à changer de nid dans la même soirée. Pour ceux qui auraient soudain une petite faim de nuit, la *Pizzeria Giallo Rossa* *(zoom centre D3, **220** ; Jakubská 2 ; 604-898-989 ; pizzas env 160-190 Kc)* **ferme à 23h en semaine et 3h le week-end.**

Les clubs de jazz et les salles de concerts

♩ *Reduta Jazz Club* *(zoom centre D3, **250**) : Národní třída 20, Prague 1. ☎ 224-933-487. Résas des places sur le site • redutajazzclub.cz • Ⓜ Národní třída (ligne B). Ⓣ lignes 9 et 22, plus les trams de nuit n°s 97 et 98. Concerts tlj à 21h30 ou 22h-0h30. Entrée : env 400 Kc.* Le plus fameux club de jazz de Prague, créé en 1958 en pleine période communiste. Les photos noir et blanc rappellent qu'il a accueilli Louis Armstrong, Ray Charles, Winston Marsalis ou encore Dave Brubeck et que Bill Clinton y joua quelques notes en 1994. Aujourd'hui, elle accueille les pointures actuelles mais aussi des musiciens moins connus mais souvent de bonne qualité. Réserver ou arriver de bonne heure, car c'est vite plein. Petite salle au charme délicieux, assez intime, un écrin composé de sièges de velours rouge disposés en biais et en gradins sur 2 niveaux. Concerts tous les soirs, programme mensuel affiché à l'entrée et sur le site. Toutes les variétés de jazz : dixieland, new orleans, free, big band, etc.

♩ 🍸 *AghaRTA Jazz Centrum* *(zoom centre D3, **252**) : Železná 16. ☎ 222-211-275 (le soir seulement). Résas sur le site • agharta.cz • Ⓜ Můstek (lignes A et B). Tlj 19h-1h. Concerts 21h-minuit. Entrée : env 250-300 Kc.* Votre oreille frétille à un accord de jazz, vous frissonnez en entendant un solo de saxo ou un chorus de batterie ? Découvrez sans plus tarder l'*AghaRTA Jazz Centrum*. Bonne programmation de groupes tchèques et d'invités internationaux. Entre 2 sets, vous pourrez à votre aise choisir le CD de jazz dont vous rêviez, avec les conseils de l'équipe qui tient boutique dans le hall.

♩ *Malostranská Beseda Music Club* *(zoom Malá Strana C3, **253**) : Malostranské nám. 21. ☎ 257-409-112. • malostranska-beseda.cz • Ⓜ Malostranská (ligne A). Sous les arcades, au 1er étage. Tlj 20h30-2h. Concerts presque ts les soirs à 19h ou 21h. Entrée : env 150-350 Kc.* Lieu vraiment dynamique, mi-alternatif mi-branché, aménagé dans l'ancien hôtel de ville de Malá Strana. Café au rez-de-chaussée, concert et club-théâtre au 1er étage, vidéo-café au *Cocktail Bar* au 2e étage, et galerie au dernier étage. Rock, jazz, country ou folk, programmation variée, il y a souvent de bonnes surprises.

♩ *U Malého Glena – Jazz Blues Club* *(zoom Malá Strana B-C3, **254**) : Karmelitská 23. ☎ 257-531-717. • malyglen.cz • Ouv 19h30-1h ; musique live tlj 21h-minuit. Droit d'entrée : env 100-200 Kc selon groupes.* Encore une très bonne adresse qui abrite un bar, un resto et un club de jazz-blues. Au rez-de-chaussée, bar-pub animé pour grignoter un morceau (burgers, tex-mex) ou prendre un verre. Au sous-sol, dans une petite salle voûtée d'une quarantaine de places, c'est tous les soirs *live music*. Au programme, du jazz et du blues destinés aux puristes. Mieux vaut arriver de bonne heure, c'est vite plein.

♩ *Jazz Dock* *(plan C4, **258**) : Janáčkovo nábřeží 2. 774-058-838. • jazzdock.cz • En saison, lun-jeu 15h-4h, ven-sam 13h-4h, dim 13h-2h (ouvre 2h plus tard hors saison) ; musique live tlj à 21h ou 22h env (parfois à 17h dim). Droit d'entrée : env 150-370 Kc selon groupes (plus cher si pointure ; moins cher le dim ap-m).* Un club de jazz récent, situé sur les docks, comme son nom l'indique, donc au bord de l'eau. Cadre moderne flottant, avec bar lumineux. Programmation flottante également : modern jazz, dixieland, blues, soul, folk, funk, RnB, afro-caribéen...

♩ *Jazz Republic* *(zoom centre D3, **262**) : Jilská 1A. ☎ 221-183-552. • jazzrepublic.cz • Ouv tlj à 20h. Sets de 45 mn à 21h15 et 22h30. Entrée : env 150 Kc mais souvent gratuite (sauf le w-e ou alors à partir de 22h15 ; résa payante sur Internet ; boissons à prix* *raisonnables).* Grande salle style bistrot avec des affiches sur les murs et la scène au fond. Musiciens tchèques et internationaux. Au programme, jazz, blues, soul, RnB, fusion, voire du reggae, etc. Une bonne valeur également.

Les clubs où l'on danse

♪ 🕺 ***Lucerna Music Bar*** *(plan D3,* ***256****)* **:** *Vodičkova 36. ☎ 224-217-108. • musicbar.cz • Ⓜ Můstek (lignes A et B). Sur la droite, dans le célèbre passage qui rejoint Václavské nám. Ne pas confondre avec l'*Hospoda-Music Club. *Concerts à partir de 20h, DJ à partir de 22h30. Entrée : env 100 Kc (plus cher si pointure). Quelques concerts live mais surtout des soirées DJ et vidéo avec musique des années 1980 et 1990. Bar : lun-ven 9h30-19h et seulement aux heures de concert le w-e.* Tout près de la place Venceslas, donc très central. Vous ne pourrez pas manquer, dans le passage, la savoureuse statue équestre de David Černý (détails dans la rubrique « À voir », quartier de Nové Město). Dans les années 1960, ce lieu culte abrita ces nombreux concerts rock qui énervaient tant le régime. Aujourd'hui, c'est un club branché, fréquenté autant par les Tchèques que par les touristes. On danse en visionnant des clips sur grand écran (l'exercice n'est pas facile !) ou on se refait une mine devant les glaces qui squattent chaque colonne. Pas idéal pour la conversation vu le volume sonore, mais on n'est pas là pour ça. Soirées DJ le week-end. Un passage obligé, c'est le cas de le dire, si vous aimez ce genre d'ambiance.

♪ 🕺 ***Rock Café*** *(zoom centre D3,* ***250****)* **:** *Národní 20. 📱 775-207-205. • rock cafe.cz • Ⓜ Národní třída (ligne B). Tlj 19h-3h (4h ven-sam, 1h dim). En été, concert ou soirée DJ ts les soirs, sauf parfois dim-lun. Entrée : payante en cas de concert (env 250-600 Kc ; moins cher par Internet), parfois gratuite pour les soirées freezone.* Attention à ne pas le confondre avec le *Hard Rock Café* ! Voici un des clubs institutionnels de Prague, qui distille un rock progressif. Lieu multiculturel, il reste un passage obligé du circuit nocturne. Club divisé en 3 parties : le club *Open Mike* de rock classique ouvert nuit et jour, le magasin *Gung Ho* qui vend notamment des CD, et enfin la partie discothèque située au sous-sol. Clientèle de jeunes entre 20-30 ans, et plus.

♪ 🕺 ***James Dean Pub & Dance club*** *(zoom centre D2,* ***261****)* **:** *V Kolkovně 1, Prague 1. 📱 606-979-797. • jamesdean.cz • Résa conseillée le w-e. Bar-resto lun-ven 8h (w-e 9h)-4h. Cuisine jusqu'à 23h. Dance-club (boîte) 21h-6h. Cocktails 80-220 Kc. Vestiaire payant obligatoire !* Sol en damier noir et blanc, mobilier rouge et blanc en skaï inspiré des banquettes des Chevrolet Bel Air 1952, vieux juke-box... James Dean y est représenté sur une mosaïque de 30 000 pièces, tout comme Marylin évidemment (ces 2-là auraient dû se marier... quoique !). Le patron tchèque, un fou d'Amérique, a reconstitué l'ambiance flashy et rock'n'roll d'un *diner* des années 1950, jusque dans les toilettes. Les serveuses sont particulièrement glamour avec leurs tuniques roses, même s'il faut parfois vérifier l'addition... Bons cocktails (mais pas donnés) et honnêtes burgers. Après dîner, la jeunesse branchée descend dans la boîte au sous-sol : musique variée et pas assourdissante, be-bop, boogie-woogie, pop, rock, house, soul et pas trop de techno... Bonne ambiance dansante. Bon, sans doute en raison d'une fréquentation élevée, l'accueil et le service sont quand même le point noir de l'endroit.

♪ 🕺 ***Roxy*** *(zoom centre D2,* ***251****)* **:** *Dlouhá 33. 📱 608-060-745. Calendrier et tarifs sur • roxy.cz/program • Ⓜ Náměstí Republiky (ligne B). Tlj sauf dim 19h-4h (ven-sam 20h-6h). Concerts à partir de 23h. Entrée : env 100-300 Kc ; gratuit lun. CB refusées.* Historiquement « expérimental », cet ancien cinéma reconverti en salle de concerts reste un des clubs les plus connus de la ville et un lieu de passage pour nombre d'artistes de la scène alternative. De l'espace (pour 1 000 personnes) et une déco flashy électrique. Principalement des DJ spécialisés en électro, house et techno. Également des soirées *sound system* (avec parfois des pointures), hip-hop, rock, reggae ou encore du folklo-punk, c'est selon l'humeur. Consulter le programme sur place ou sur le site internet. Plein de petites salles loufoques (voir la « polaire ») ont rouvert en annexe de la principale, redonnant au club son aspect labyrinthique d'origine. Au-dessus du club, le bar *Roxy NoD,* où sont organisées des pièces de théâtre expérimental et des expos. Points négatifs : évitez les débuts de semaine, souvent déserts, mais faites gaffe à la foule aux concerts gratuits (et aux mains aux fesses pour les filles seules) et puis l'accueil et le service laissent souvent à désirer.

Chapeau Rouge *(zoom centre D3,* ***220****) : Jakubskà 2. ☎ 222-316-328. Programme sur • chapeaurouge.cz • Lun-jeu 12h-3h, ven 12h-4h, sam 16h-4h. Concerts au sous-sol à partir de 20h. Consommations moins chères au rdc.* Rien à voir avec le *Moulin* du même nom, mais c'est un des endroits très mode et incontournable des nuits pragoises. Il existait déjà sous ce nom en... 1919 ! Une salle en sous-sol fait office de club avec de très nombreux DJ aux « platines ». Et puis, il y a la cave secrète du *Chapeau* : une salle au 2e sous-sol qui ouvre généralement les vendredi et samedi soir à l'occasion de concerts. Les styles sont aussi variés que les origines des groupes (français, tchèques ou ukrainiens !), mais il s'y passe toujours quelque chose d'intéressant. En général, les routards anglo-saxons y débarquent à la fin de leur tournée des pubs *(pub crawl).* Bon, vérifiez tout de même qu'il y a bien de l'alcool dans votre cocktail, il arrive que le serveur « oublie »...

Radost Fx Club *(plan E4,* ***255****) : Bělehradská 120, Prague 2. ☎ 224-254-776. • radostfx.cz • Ⓜ I.P. Pavlova (ligne C) ou Muzeum (lignes A et C). Ⓣ lignes de nuit 4, 6, 10 et 11. Club jeu-sam 23h-5h. Prix plus élevés qu'ailleurs.* *Radost,* ça veut dire « bonheur ». Fait à la fois bar lounge, café, resto et disco-club dansant. C'est un lieu glamour et tendance, donc fréquenté par les jeunes branchés urbains et les expats d'outre-Atlantique. Des espaces bien aménagés, confortables, avec petits salons, 2 bars, balcons de fer forgé, écran vidéo, mezzanines, recoins, de profonds canapés, des filles et des garçons, un club quoi ! À côté, le *Fx Café,* resto végétarien qui possède l'énorme avantage de servir jusqu'à 3h.

Cross Club *(hors plan par F1,* ***259****) : Plynární 23. 📱 775-541-430. • crossclub.cz • Ⓜ Nádraží Holešovice (ligne C). Ⓣ Ortenovo Náměstí (lignes 5 ou 12). Tlj 18h-4h du mat (6h ven-sam). Entrée parfois payante.* Dans le quartier de Holešovice, un club alternatif particulièrement apprécié de la jeunesse pragoise (20-30 ans, pas plus). Dans une décoration destroy et futuriste très « fin du monde » (faite à partir de matériaux de récupération), c'est un véritable labyrinthe, dans lequel on se perd avec plaisir. Coin café-caverne, puis, au bout du couloir, on déboule sur une mezzanine aux rambardes folles, en terrasse. Passé la ribambelle d'escaliers, plusieurs caves voûtées en pierre, où l'on se trémousse sur du *dub,* du *psytrance,* du *glitch,* du *breakcore,* et les « classiques » hip-hop, *jungle,* house et électro. Concerts live et DJ.

Palác Akropolis *(plan F3,* ***260****) : Kubelíkova 27, à Žižkov. ☎ 296-330-911. • palacakropolis.cz • Ⓣ Lipanská (ligne 5). Tlj 10h (16h w-e)-minuit. Tickets (env 350-550 Kc) en vente sur place 10h (16h w-e)-21h.* Dans cet immeuble Art déco (1927), les fantômes de l'histoire sont encore là : immeuble bourgeois d'abord, puis théâtre, minable entrepôt après 1945 pendant la période communiste et jusqu'en 1991... Grandeur, décadence, et renaissance ! Finalement, en 1995, l'immeuble restauré repart pour une nouvelle vie grâce à un groupe de sponsors motivés. On y trouve à présent un des meilleurs clubs de Prague, avec un coin bar et une salle de concerts. Une occasion unique pour découvrir la scène tchèque (rock, alternative et autres...). Également des groupes internationaux. Fait aussi resto pour les couche-tard *(ouv le w-e jusqu'à 0h30).*

VIE CULTURELLE

C'est fou ce que la culture est vivante à Prague. Impossible de passer devant une église sans qu'on vous distribue une pub pour un concert. Outre la musique, le théâtre joue un rôle très important pour les Pragois et tient une place prépondérante dans la culture tchèque. N'oublions pas que Václav Havel était avant tout dramaturge et que les salles de Prague furent longtemps l'une des scènes privilégiées (justement) de la dissidence tchèque...

– On peut réserver et acheter ses billets à l'avance auprès des hôtels et des agences indiquées plus bas. On peut aussi les acheter directement sur place (commission moins importante). Pendant le Printemps de Prague, réductions étudiants pour les concerts.

– Infos générales sur la vie culturelle de la cité : la liste des concerts et adresses des bonnes boîtes se trouve dans le journal *The Prague Post* (en anglais, le mercredi), le *Prager Zeitung* (en allemand, le jeudi) et auprès de l'office de tourisme.

– Réservation et achat des billets à l'avance (concerts, opéra, théâtre...) : dans de nombreux hôtels ou dans les bureaux de *Avantgarde Prague* (voir, dans la partie « Adresses et infos utiles », « Informations et services touristiques. Agences touristiques, visites guidées »).

■ ***Bohemia Ticket :*** *Na Příkopě 16, Prague 1. ☎ 224-215-031. • bohemiaticket.cz • Lun-ven 10h-18h, sam 10h-17h.*

■ ***Ticketpro Rokoko :*** *Václavské nám. 38, Prague 1. • ticketpro.cz • Tlj 9h-14h, 14h30-20h.*

Théâtre

Voici les principales salles qui font la scène pragoise. La grande majorité des pièces sont en tchèque. Mais pour les opéras, une traduction anglaise simultanée s'affiche le plus souvent au-dessus de la scène.

Národní divadlo *(Théâtre national ; plan C3)* **:** *Národní třída 2. ☎ 224-901-448. • narodni-divadlo.cz • Tlj 9h (10h w-e)-18h. Résas et achat des billets aussi au 6, Theatre Kolowrat, Ovocný trh, tlj 10h-18h.* C'est le grand Théâtre national. De renommée mondiale, il présente de l'opéra, des ballets et des pièces de théâtre. Il fonctionne depuis la fin du XIXe s, mais brûla peu après son ouverture. On ouvrit alors une souscription à laquelle le peuple participa avec ferveur.

Laterna Magika *(plan D3)* **:** *Národní třída 4. ☎ 224-901-448. • laterna.cz • Situé à côté du Théâtre national. Programme affiché à l'entrée. Caisses lun-sam 10h-20h.* C'est la seule véritable horreur architecturale de la ville, controversée dès sa construction, et pourtant *Laterna Magika* a la réputation d'une programmation de qualité. Il utilise surtout des moyens techniques modernes : vidéo, lumières fluorescentes... Le principe rappelle l'esprit d'expérimentation des années 1960 : une scène traditionnelle, un écran vidéo et des personnages apparaissant tantôt sur l'un, tantôt sur l'autre. Cela dit, les spectacles, plutôt chers, ne plaisent pas à tous.

Divadlo Image *(zoom centre D3)* **:** *Betlémská 5. ☎ 222-314-448. • imagetheatre.cz • Billet : env 580 Kc ; réduc.* On l'appelle « lumière noire » ou « *black light théâtre* », car la mise en scène s'organise sur un fond noir. C'est une démarche originale qui consiste à mélanger de nombreux genres : musique, danse, mime, etc. Peu de texte, ce qui le rend accessible à ceux qui ne parlent pas le tchèque. Moins impersonnelles que celles de la *Laterna Magika,* les représentations sont souvent interactives, des comédiens se mêlant au public.

oo ***Divadlo Na Zábradlí*** *(zoom centre C3) :* *Anenské nám. 5.* ☎ *222-868-868.* • *nazabradli.cz* • L'un des plus importants théâtres de Prague. Très beau répertoire. Václav Havel y travailla 5 ans comme machiniste !

oo ***Théâtre national de marionnettes*** *(Národní Divadlo Marionet ; zoom centre D3) :* *Žatecká 1.* ☎ *224-819-322.* • *mozart.cz* • Ⓜ *Staroměstská (ligne A). Caisses 10h-20h. Env 590 Kc la place ; réduc.* Ce théâtre de marionnettes à fils ravira certes les petits (séance de *La Flûte enchantée* à 18h spécialement pour eux), mais surtout les grands, car les spectacles sont avant tout conçus pour eux. Une bonne occasion d'aller découvrir l'art de la marionnette tchèque à travers le spectacle unique de *Don Giovanni (Don Juan),* le célèbre opéra de Mozart en langue originale (italienne !). Cet opéra est joué à longueur d'année. C'est celui qui a le plus de succès. Depuis sa création, plus de 5 000 représentations ont eu lieu en Europe et dans le monde. Le bâtiment est aussi le siège de l'Union internationale des marionnettistes.

Opéra

Sachez qu'il n'existe aucune obligation vestimentaire pour assister à un concert à Prague. Évitez quand même le jeans (pas si rare !), histoire de respecter la tradition locale. Et puis, la qualité des représentations vaut bien un petit effort !

oo ***Stavovské divadlo*** *(théâtre des États ; zoom centre D3) :* *Železná 110, Prague 1.* ☎ *224-901-448.* • *narodni-divadlo.cz/cs/stavovske-divadlo* • *Place en orchestre env 1 300 Kc ; 600 Kc pour les représentations de 14h ; gros rabais possibles, jusqu'à 100 Kc la place tt en haut.* La première de *Don Giovanni,* ce célèbre opéra de Mozart, fut donnée en 1787 dans ce théâtre des États, élégant bâtiment de style XVIIIe s. On dit que la veille de cette première, le musicien n'avait pas encore fini de composer l'ouverture. Il aurait travaillé toute la nuit pour que l'œuvre soit finalisée et prête le jour J ! L'intérieur n'est pas très grand, mais la décoration de la salle est magnifique. La statue inquiétante du *Commandeur,* sur le trottoir à gauche du théâtre, rappelle l'événement.

oo ***Státni Opera Praha*** *(Opéra national de Prague ; plan E3) :* *Wilsonova 4.* ☎ *224-227-266.* • *narodni-divadlo.cz* • Ⓜ *Muzeum (lignes A et C). En saison, résa conseillée. Places d'opéra 230-1 290 Kc selon emplacement. Pour les ballets : 100-900 Kc. Séances l'ap-m à 14h et le soir. Paiement en espèces seulement. Box-office (guichet de vente des billets) : sur le côté gauche du monument. Près du Musée national (Národní muzeum).* Il faudrait absolument aller au moins une fois à l'Opéra de Prague, véritable institution d'un art que les Tchèques portent dans leur ADN. Les mises en scène et la programmation variée sont facilement accessibles pour les néophytes, sans qu'il s'agisse pour autant de productions au rabais. Depuis longtemps, on a compris que l'opéra était un art populaire majeur ouvert à tout le monde. Une belle occasion de se frotter à ces merveilles du répertoire.

Concerts classiques

Que vous veniez en été ou en hiver, vous aurez toujours le sentiment d'être là pendant un festival, tant la musique est présente partout. Comme à Vienne, la vie des Pragois est intimement liée à la musique classique.

Il n'y a pas une soirée sans musique classique aussi bien dans des lieux prestigieux que dans de petites églises de quartier. Bien sûr, le point culminant de cet engouement reste le ***Printemps de Prague,*** mondialement connu. Cela commence le 12 mai, jour anniversaire du décès de Smetana, avec sa célèbre composition *Ma patrie,* et s'achève à la fin du même mois par la 9e *Symphonie* de Beethoven.

Opéras, grands orchestres et musique

de chambre se répandent à travers la ville, dans les endroits les plus fascinants : principalement dans la ***Maison municipale*** (salle Smetana), au ***Rudolfinum,*** à l'***église Saint-François-d'Assise*** pour les concerts d'orgue, au ***couvent Sainte-Agnès-la-Bienheureuse.*** Les anciens et grands palais des princes de Bohême accueillent aussi des concerts : le ***palais Lobkowicz,*** tout comme le ***palais Clam-Gallas,*** le ***palais Martinic,*** le ***palais des Congrès.*** Concerts aussi pratiquement dans ***toutes les églises*** comme à ***Saint-Nicolas*** (Malá Strana), etc., et également dans le ***Klementinum.***

– Les ***résas*** et les ***achats de billets*** se font auprès des guichets que nous indiquons un peu plus haut, à savoir : ***Bohemia Ticket*** *(● bohemiaticket.cz ●)* et ***Prague Ticketpro*** *(● ticketpro.cz ●).* Possibilité aussi de réserver, de payer en ligne son billet et d'imprimer celui-ci. On peut aussi s'adresser à ***Avantgarde Prague*** (*zoom centre D2,* ***7*** ; voir « Adresses et infos utiles »).

– Les billets pour les concerts dans certaines églises sont souvent vendus sur place, à l'entrée, et le jour même.

♩ ***Rudolfinum*** *(zoom centre C-D2)* **:** *Jana Palacha nám. 1. ● ceskafilharmonie.cz ●* Principale salle de concerts pour le Printemps de Prague et siège de l'orchestre philharmonique de Prague. Style néo-Renaissance. Le pignon est surmonté des statues des compositeurs. Vraiment à privilégier : pour le même prix qu'un concert dans une église, vous aurez droit aux 100 meilleurs musiciens de la ville !

♩ ***Palais Liechtenstein*** *(plan B3)* **:** *Malostranské nám. 13. Face au parvis de l'église Saint-Nicolas. ☎ 234-244-136. ● hamu.cz ●* Ce conservatoire propose des concerts de musique de chambre. On peut également assister aux concerts d'examen d'entrée des étudiants, ouverts au public et gratuits. Autant dire que les prestations sont soignées !

PRAGUE

ACHATS

Botanicus *(zoom centre D3,* ***264****)* **:** *Ungelt, Týn 3/1049 Týnský dvůr. ☎ 234-767-446. ● botanicus.cz ● Tlj 10h-20h (18h30 hors saison).* Un magasin unique en son genre à Prague... même s'il y a désormais 2 boutiques face à face. On y vend toutes sortes de produits faits à base de plantes et d'herbes, provenant d'un jardin botanique situé dans la campagne de Bohême à 35 km de Prague *(possibilité de visite, se renseigner sur place).* Des huiles essentielles, des savons, des shampoings, des parfums, des lotions diététiques, des bougies...

Manufaktura *(zoom centre D3,* ***263****)* **:** *Karlova 26 et Celetná 12. 📱 601-310-605 ou 608. ● manufaktura.cz ● Tlj 10h-20h (21h ven-sam).* Une chaîne d'une dizaine d'adresses à Prague, qui vend de jolis produits typiquement tchèques, notamment les jouets en bois, sympas et pas très chers, mais aussi de la déco et des cosmétiques, dont certains à la bière...

Marionety Truhlář *(zoom Malá Strana C3,* ***267****)* **:** *U Lužického semináře 5. 📱 602-689-918. ● marionety.com ● Tlj 10h-20h (19h hors saison).* Une ravissante petite boutique au pied du pont Charles, à Kampa, repérable à ses automates à 1 € en façade. Loin des productions standardisées qui pullulent dans le centre, on y trouve les plus belles marionnettes fabriquées à Prague. Personnages du folklore tchèque ou italien, rois, reines, chevaliers, princes et princesses, bouffons, anges et démons... Prix correspondant à la qualité du travail.

Art Puzzles *(zoom Malá Strana C3,* ***269****)* **:** *Újezd 33. 📱 603-454-240. Tlj 10h-20h (18h hors saison).* Dans sa toute petite boutique, l'artiste slovaque Kata Kissoczy expose et vend ses puzzles artistiques. Ce sont de vraies petites œuvres, peintes avec beaucoup de finesse, des motifs typiquement slaves (les mains, notamment) et de nuances de couleurs. C'est à la fois un jeu et une œuvre d'art, que l'on peut accrocher sur un mur. Rien en dessous de 50 € (ou alors des petites pièces à 20 €), mais c'est vraiment original.

Antik Mucha *(zoom centre D3,* ***265****) : Liliová 12. 602-316-285. Lun-sam 10h-18h.* Cette maison est spécialisée dans les objets de la vie quotidienne de Bohême, de la fin du XIXe s à 1940. Art nouveau, Art déco, Belle Époque, il y en a pour tous les goûts ou presque. Ils sont vendus à prix honnêtes pour un antiquaire en plein centre. Le rez-de-chaussée est consacré aux pièces les plus bourgeoises, avec son lot de curiosités. Le sous-sol est consacré à l'Art nouveau rural, et les prix sont plus sages. Le patron, sympa, parle un peu le français.

Pragtique *(zoom centre D3 et zoom Malá Strana C3,* ***274****) : passage Platýz, Národní 37, et Mostecká 20. • pragtique.cz • Respectivement lun-sam 11h-18h et tlj 10h-20h.* Pour ceux qui recherchent un peu de modernité, voici 2 adresses pour (s')offrir un cadeau design s'inspirant de la culture tchèque et de l'architecture pragoise, réalisé par des designers locaux. Carnets, cartes postales, T-shirts, sacs, etc. Très créatif !

Rekomando Polí 5 *(plan D4,* ***266****) : Trojanova 9. ☎ 224-910-041. • polipet.cz • Lun-sam 10h-18h.* Passionné de culture alternative, Jozef Jindrák a réalisé ici un vieux rêve. Avis aux collectionneurs et amateurs de musique underground des années 1960 jusqu'à nos jours, on trouve ici des pépites : des CD et des vinyles de rock progressif tchèque, une compilation (très personnelle !) de reprises de Frank Zappa (cultissime dans le pays), etc. Café, disquaire, libraire, antiquaire, agence culturelle, *Rekomando*, c'est tout ça à la fois !

Granát Turnov *(zoom centre D2,* ***268****) : Dlouhá 28. ☎ 222-315-612. • granat.cz • Lun-sam 9h-19h, dim 10h-17h.* C'est une coopérative (plusieurs boutiques dans Prague) proposant des bijoux réalisés à partir des grenats extraits de sa propre mine par des artisans tchèques. Ce n'est pas le plus fun des magasins, puisque tous les bijoux sont présentés sous vitrines fermées, sous l'œil suspicieux des employés, mais ici vous êtes sûr de la qualité.

À VOIR

Que vous y restiez 1 jour ou 1 semaine, Prague vous donnera sans doute le tournis tant il y a de choses à découvrir. La ville n'est pas inscrite au Patrimoine culturel mondial par l'Unesco pour rien !

La Symphonie Du Nouveau Monde **vous accueillera dans la villa consacrée à Dvořák, à moins que vous ne lui préfériez Mozart. À chaque coin de rue (ou presque), il y a quelque chose à découvrir. Du pont Charles aux hauteurs de Vinohrady, du monastère de Strahov aux ruelles de Malá Strana, imprégnez-vous du gothique omniprésent, du baroque inénarrable, des légèretés Art nouveau, de l'avant-gardisme surprenant...**

Au château, ayez une pensée pour Kafka, au cimetière juif vous songerez au Golem. Le matin, vous pourrez admirer les clochers noyés dans le brouillard de l'hiver ou la brume de la chaleur estivale. Si c'est le cas, patience, à la mi-journée, les couleurs chatoyantes éclaboussent le cœur de la vieille ville. Après la restauration progressive de nombreux quartiers,

des trésors d'architecture ont été révélés au grand jour comme des pierres précieuses sorties de leur gangue, après des décennies d'encrassement. Pour appréhender la variété des styles architecturaux, reportez-vous plus loin à la rubrique « Patrimoine culturel » dans « Hommes, culture, environnement ».

VISITE DES MONUMENTS

En dehors des églises et de jours spéciaux (voir « Prague gratuit » dans « Prague utile »), l'accès aux monuments et aux musées est payant. Les prix, très variables, vont du presque symbolique à l'onéreux. Un supplément pour photographier est parfois demandé.

Ne vous laissez pas décourager par la foule, difficile, voire impossible, à éviter sur les sites majeurs. Essayez d'arriver avant l'ouverture tôt le matin, à l'heure où les groupes déjeunent ou un peu avant la fermeture...

Attention, toutes les billetteries ferment 30 mn avant l'horaire de fermeture indiqué.

CORRUPT TOUR

Une agence originale (● corrupttour.com ●) propose une visite des lieux de la corruption à Prague. Le but : dénoncer un système qui a longtemps été inhérent à la politique des bas salaires des fonctionnaires et de la police. On découvre des villas étonnamment luxueuses, un tunnel au coût astronomique et un funiculaire totalement inutile. Une initiative unique au monde, qui pourrait bien inspirer d'autres villes !

STARÉ MĚSTO *(la vieille ville ; zoom centre C-D2-3)*

Blottie dans un méandre de la Vltava, entre les rues Národní, Na Příkopě et Revoluční, la vieille ville offre au « piéton de Prague » 1 000 ans d'histoire de la Bohême, à travers 1 000 extraordinaires clins d'œil architecturaux réunis dans une harmonie parfaite et magique. Obligatoirement la découverte débute par *Staroměstské náměstí,* la grande place pavée de la Vieille-Ville, théâtre de tant d'événements, et scène privilégiée des turbulences de l'histoire. Elle se poursuit au hasard de l'inspiration du moment tout au long de passages, ruelles, arcades bordées de palais et d'églises... On a beau refaire 10 fois le même circuit, on découvre toujours, selon l'éclairage et l'humeur, des détails architecturaux insolites, des perspectives inédites.

La place de la Vieille-Ville, tout autour et vers l'est de la place

Staroměstské náměstí *(place de la Vieille-Ville ; zoom centre D3)* **:** cœur de la cité et théâtre des grands moments de l'histoire ; décapitation des 27 principaux responsables de l'insurrection contre les Habsbourg en 1621, discours de ***Klement Gottwald*** (au balcon du palais Kinský) annonçant la victoire des travailleurs le 21 février 1948 (le célèbre « coup de Prague ») et proclamation en 1990 par Václav Havel du retour à la démocratie. Ce fabuleux décor avec ses altières maisons aux styles hétéroclites, dominées par les tours de Notre-Dame-de-Týn et de l'hôtel de ville, est le plus parfait reflet de la diversité architecturale de la cité. L'été, la place se couvre de terrasses accueillantes (mais hors de prix), et s'égaie d'ensembles musicaux ou de solistes qui se produisent dans une joyeuse cacophonie.

Faisons un tour des plus belles façades avant de revenir vers l'hôtel de ville.

Les belles demeures de la Staroměstské náměstí

– À l'avant-plan de Notre-Dame-de-Týn, une élégante façade Renaissance est posée sur les anciennes arcades gothiques par lesquelles on accède à l'église (voir plus loin).

– Juste à gauche de Notre-Dame-de-Týn, la ***maison À la Cloche de Pierre.*** Sous une façade baroque, on a découvert il y a quelques décennies cette superbe maison gothique, avec sa cloche de coin. Élégantes fenêtres. C'est aujourd'hui un lieu d'expositions temporaires ainsi qu'une des salles de concerts les plus cotées du Printemps de Prague. Dans l'enfilade de *Týnská ulička* apparaît l'église Saint-Jacques-Majeur.

– Derrière la statue de Jan Hus qui occupe le centre, 3 façades du XIXe s, où se mêlent le baroque et le néobaroque. Puis, de l'autre côté de la Pařížská, l'église Saint-Nicolas (voir plus loin).

La statue de Jan Hus : au centre de la place, un groupe de bronze monumental de style Art nouveau représente Jan Hus, 1er réformateur religieux du pays et précurseur du protestantisme, entouré de son auditoire. Installé en 1915 pour le 500e anniversaire de la mort du prédicateur, cet ensemble est largement inspiré par *Les Bourgeois de Calais* de Rodin. Jan Hus apparaît ici grand et barbu, or il semble que l'histoire le décrive plutôt comme petit et glabre. Mais qu'importe puisqu'il est grand dans le cœur des Tchèques.

Une inscription sur le socle de ce monument : « Aimez-vous et que la vérité triomphe. » Noter que le drapeau du président arbore cette devise depuis 1918, date de la création de la République. L'un des personnages porte un calice, emblème des hussites.

Le palais Kinský *(Národní galerie, musée d'Art asiatique ; zoom centre D3)* **:** *Staroměstské nám. 12. ☎ 224-397-254. • ngprague.cz • Tlj 10h-18h ; fermé lun. Entrée : 220 Kc, ticket à 500 Kc valable 1 sem incluant la visite de la galerie nationale d'Art moderne (palais Veletržni), du couvent Sainte-Agnès et des palais Šternberský et Schwarzenberský ; réduc.*

Une jolie couronne et un ensemble de statues bien noircies ornent la façade de ce palais de style rococo de la 2de moitié du XVIIIe s. Il fut la propriété de Frantisek Kinský après 1768. Une de ses descendantes, ***Bertha von Suttner,*** comtesse Kinský, est née dans ces murs. Elle fut la 1re femme à recevoir le prix Nobel de la paix en 1906. Jusqu'en 1914, le palais abritait le lycée d'État allemand où Franz Kafka étudia entre 1893 et 1901.

C'est du balcon de ce monument prestigieux que Klement Gottwald a tenu, en février 1948, le discours entérinant le coup d'État communiste en Tchécoslovaquie. Il accueille aujourd'hui de belles ***expositions temporaires.***

L'hôtel de ville de la vieille ville (zoom centre D3) **:** *Staroměstská radnice.*

Érigée au XIVe s, cette belle tour carrée avec sa chapelle en encorbellement est un peu la carte postale de la vieille ville. Elle ne garde d'origine que sa façade sud, celle de l'horloge. L'hôtel de ville s'est agrandi plusieurs fois au fil du temps. La plus ancienne partie, située tout de suite à gauche de l'horloge, fut acquise en 1338, date à laquelle le roi de Bohême, Jean de Luxembourg, autorisa la Ville à avoir sa propre administration. Vous verrez peut-être de jeunes mariés sortir par son ravissant portail de style gothique flamboyant, comme le veut la tradition. Plus à gauche, fenêtre Renaissance admirable (sur la façade couleur brique), surmontée de l'inscription en latin *Praga caput regni,* soit « Prague, la tête du royaume ».

Côté place de l'hôtel de ville, au sol, 27 croix stylisées rappellent les 27 dirigeants de la révolte contre les Habsbourg décapités en 1621 car tenus pour responsables de la défenestration, au château en 1618, de 2 nobles catholiques et de leur secrétaire. Ils sont considérés comme des martyrs puisqu'ils œuvraient pour sauver le royaume de Bohême.

Au niveau des 27 croix, le vestige rouge d'un palais néogothique, détruit par les nazis dans la nuit du 7 au 8 mai 1945, la veille de la capitulation de l'Allemagne.

Pour symboliser la Résistance, la municipalité a décidé de conserver ce bout d'édifice où se cachèrent des responsables du soulèvement de Prague.
– Complètement à gauche de l'office de tourisme, attenante à la *Maison Au Coq* et juste après les arcades gothiques, la ***maison U Minuty*** *(maison À la Minute),* de style Renaissance italienne, est couverte de sgraffites. Autrefois pharmacie, cette maison vit également naître les sœurs de Franz Kafka. C'est aujourd'hui un restaurant.

L'intérieur de l'hôtel de ville
– ***Entrée :*** *par l'office de tourisme ; caisses à l'étage et aussi à droite de l'horloge. Tlj 9h (11h lun)-19h (17h en hiver). Dernière visite 30 mn avt fermeture.*
– ***Tarif :*** *billet unique à 250 Kc pour tt voir.*
– ***Visites guidées :*** *du vestibule, du souterrain, des salles historiques et de la chapelle gothique (d'où l'on voit les apôtres de l'horloge). Ttes les 30 mn 9h30-17h (16h en hiver), mais dans une langue différente à chaque fois. Seulement 2/j. en français, en principe, et un peu plus en anglais. Également une visite à 20h ven et sam. Durée : env 45 mn.*
– ***Visite de la tour*** *(beffroi)* ***:*** *tlj 9h (11h lun)-22h.* Permet de jouir d'une vue privilégiée sur la forêt désordonnée de toits et d'admirer le superbe plan médiéval de la ville. Rassurez-vous, il y a aussi un ascenseur !
– ***Le vestibule de l'entrée :*** *au rdc, passer devant les bureaux d'info et tourner à droite.* Entièrement décoré de 9 millions de pièces de mosaïques ! On reconnaît la légendaire Libuše, qui prophétisa la fondation et la grandeur de Prague, et une représentation du Congrès slave, qui, en 1848 et en 1908, a réuni à Prague tous les Slaves de la monarchie autrichienne. En face, la femme quelque peu imposante symbolise la Bohême, avec en arrière-plan le Théâtre national et le Muzeum. Les dates au-dessus du portail (1620-1621) renvoient à la défaite de la Montagne Blanche et à l'exécution des chefs tchèques, place de la Vieille-Ville.
– ***La chapelle :*** au-dessus de la porte, côté intérieur, noter le symbole de Venceslas IV avec les 2 oiseaux qui entourent la lettre E pour *Eujenia,* l'épouse de ce dernier. Les fresques des apôtres sont d'origine (XIVe s) mais ont été restaurées après la guerre. Il en va de même des fresques des 4 évangélistes du plafond. Elles contrastent avec les vitraux modernes en vis-à-vis. Dans la chapelle, un petit escalier permet d'observer, depuis l'intérieur, le défilé des statues des apôtres de l'horloge astronomique. Ils sortent par les 2 fenêtres à chaque heure.
– ***Les salles historiques :*** plusieurs salons, dont les salles du conseil municipal. L'une d'elles présente les portraits des anciens maires de Prague, tous plus sérieux les uns que les autres. La ***salle du Tribunal,*** avec ses plafonds à caissons peints, de style Renaissance, est la mieux préservée. Le thème de la justice revient sur le poêle baroque. On le retrouve en allégorie, dans la salle suivante, sur une porte du XVIIe s, magnifique exemple de marqueterie. Sur les murs, les armoiries de toutes les corporations : les bottiers (3 jambes), les tonneliers (tonneau et compas), les cordeliers... Dans les salles suivantes, plusieurs grandes toiles historiques du XIXe s.
L'une montre Jan Hus présentant ses propositions de réforme aux autorités catholiques devant le roi Sigismond. On sait ce qu'il en advint. Une autre représente le philosophe protestant ***Comenius*** lors de son exil à Amsterdam (moulin à l'arrière-plan !) dans les années 1650. On doit à ce pionnier de la pédagogie le 1er manuel illustré pour enfants, *Orbis sensualium Pictus.* Dans la 4e maison, restes de fresques médiévales (fragment à l'aigle, Vierge à l'Enfant Jésus...) et motifs géométriques.
– ***Les souterrains romans :*** on se retrouve là sous les 4 maisons qui constituent l'hôtel de ville. Il s'agit en fait des restes d'habitations du XIIe s. À l'époque, c'était ici le niveau de la rue. Suite aux inondations, on suréleva la ville d'un étage aux XIIIe et XIVe s, et les maisons devinrent des caves ou des entrepôts. À 5 m sous la place de la Vieille-Ville, on peut encore voir les petites meurtrières, aujourd'hui murées, et les ogives en berceau des anciennes portes de la ville romane.

Au fil de l'histoire, on aménagea des cachots temporaires, il en reste quelques oubliettes et des graffitis de prisonniers sur les murs (dont un daté de 1699). À noter que chaque maison avait son puits. Pendant la Seconde Guerre mondiale, les souterrains furent utilisés par les résistants tchèques.

🚶🚶🚶 ***L'horloge astronomique :*** *à nouveau opérationnelle, après restauration depuis l'automne 2018.* Accolée à un côté de la tour, c'est l'une des attractions touristiques les plus prisées de la ville. Réalisée en 1410 par Nicolas de Kadaň, horloger du roi, et l'astronome Jan Šindel, maître de l'université de Prague, son mécanisme fut perfectionné au XVIe s par le maître horloger Hanuš de Růže (voir encadré).

– Au-dessus de l'horloge astronomique, ***2 fenêtres où apparaissent les 12 apôtres*** (toutes les heures, de 9h à 23h). Ce sont des statues en bois sculptées en 1946-1947 après la destruction des anciennes par les nazis. Le sculpteur voulait donner à Judas les traits d'un collabo notoire ! Encore plus haut, un coq doré qui chante toutes les heures en agitant ses ailes.

– ***Le calendrier astronomique :*** c'est le cadran circulaire du bas de la tour. Il s'agit d'un calendrier avec, en son centre, le blason de Prague (3 tours et une porte), entouré des signes du zodiaque, eux-mêmes ceints par les 12 médaillons des mois de l'année illustrés de scènes paysannes. C'est une œuvre du XIXe s, peinte par Joseph Mánes en 1865, sur une plaque ronde en cuivre qui tourne toute l'année. Remarquer les bords de la circonférence du cadran. Ils sont couverts d'une ***multitude de syllabes*** en vieux tchèque. Elles aidaient le peuple à retenir les principales fêtes chrétiennes.

– ***Le cadran astronomique :*** au-dessus du calendrier. Il indique l'heure, le jour, le mois, la température et suit le mouvement du Soleil et de la Lune avec les approximations dues aux limites des connaissances de l'époque. En effet, sur ce cadran, la Terre est considérée comme le centre de la galaxie. L'axe des aiguilles marque la ville de Prague. Cette incroyable machinerie fonctionne avec le même mécanisme ***depuis plus de 500 ans.*** La surface noire du cadran symbolise la nuit tandis que la brune symbolise l'aurore et le crépuscule. Le jour correspond à la surface en bleu. De chaque côté de l'horloge, 2 personnages baroques. À gauche, la Cupidité, un avare agitant une bourse, tandis que le vaniteux se regarde dans un miroir. À droite, la Mort, squelettique, qui agite un sablier et tire la cloche de la tourelle pour indiquer que l'heure est venue. À ses côtés, un Turc, allégorie de la Volupté, est identifiable à son turban, et fait « non » de la tête, tout comme la Cupidité et la Vanité d'ailleurs. Il représente la peur car, pendant plusieurs siècles, l'Europe centrale redoutait l'invasion des Turcs. Une terreur qui n'eut jamais de véritable fondement car ils ne pénétrèrent jamais en Bohême.

– ***Les 3 temps du passé :*** le cadran astronomique mérite une explication plus approfondie sur la manière de calculer le temps autrefois. L'ancien temps tchèque dénombrait 24h après le coucher du soleil. Ce temps slave est inscrit en chiffres gothiques sur l'anneau noir, le plus large du cadran. L'ancien temps allemand, aujourd'hui temps civil, est compté en 2 fois 12h. Sur le cadran, ce sont les chiffres romains dorés du grand anneau. Enfin, le temps babylonien est indiqué dans la surface bleue, en chiffres noirs et arabes (soit 12h pour le jour).

LA VENGEANCE DE L'HORLOGER

On dit que Hanuš, l'horloger qui mit au point le mécanisme, eut les yeux brûlés pour l'empêcher de réaliser ailleurs un autre chef-d'œuvre. Drôle de reconnaissance ! Voyant la mort venir (si on peut dire), l'aveugle se fit accompagner par ses fils auprès de l'horloge et en détruisit rageusement le mécanisme. Ce qui expliquerait pourquoi le système fut longtemps en panne, avant qu'un autre artisan ne parvînt à le remettre en état.

🚶🚶 ***Kostel Panny Marie před Týnem*** *(église Notre-Dame-de-Týn ; zoom centre D3) : entrée par les arcades gothiques de la pl. de la Vieille-Ville, à la*

hauteur du n° 14. Tlj 10h-13h et 15h-17h, dim 10h30-12h. Fermé lun. Donation suggérée : 25 Kc. Concerts fréquents en été.
Ce superbe édifice gothique du XIVe s a conservé toute sa cohérence au fil du temps. Ses flèches, hautes de 80 m et datant des 2 siècles suivants, émergent derrière les demeures Renaissance de la place. La Vierge en or représentée sur le pignon rappelle que cette église était le centre du hussisme à Prague en 1458. Du portail sud (côté gauche), il ne subsiste que des vestiges – le tympan originel, réalisé par un des grands sculpteurs du XIVe s, ***Petr Parléř,*** est exposé à la basilique Saint-Georges. Jetez un œil au portail de la rue Týnská.
– ***À l'intérieur,*** les vitraux, blancs, diffusent une grande luminosité. Contrastant avec la sobriété de l'architecture, chaque pilier s'orne d'un petit autel baroque couvert de dorures. Chaire intéressante en pierre du XVe s et, en vis-à-vis, un baldaquin gothique de la même époque abritant un remarquable retable. Dans le bas-côté gauche : pierres tombales sculptées de chevaliers.
– À droite de l'autel baroque (face au chœur) se trouve la ***pierre tombale de Tycho Brahé,*** sculptée dans du marbre rose – et sa copie juste derrière. En armure de parade, la main droite posée sur un globe, la main gauche tenant une épée, l'astronome danois est l'inventeur du sextant et de la *mappemonde céleste* (une sphère), qui permet de déterminer la position de milliers d'étoiles. Il fut le savant le plus influent à la cour de l'empereur Rodolphe II à la fin du XVIe s (voir la rubrique « Personnages » dans « Hommes, culture, environnement »).

Ungelt *(cour de Týn ; zoom centre D3)* **:** *emprunter la ruelle sur la gauche de l'église Notre-Dame-de-Týn. Juste à l'arrière de l'église, prendre en face, sous le porche.* C'est l'une des plus vieilles cours de Prague, bordée de vieilles maisons. Ungelt (vieux mot allemand qui veut dire « désargenté ») était depuis le XIe s un gîte pour les plus miséreux et un lieu de stockage pour les marchands de passage. Les marchandises y étaient pesées et soumises à la taxe ; l'ensemble servait ainsi d'entrepôts et de douane. La rénovation complète de la cour en a fait un véritable décor de film de cape et d'épée, mélange de Renaissance, baroque et classique. Un havre de paix en plein cœur de Prague. Une des plus belles demeures de cette grande cour est la maison Grenovský, élégant édifice Renaissance avec loggia et décoration de sgraffites. Cette cour abrite de nos jours des commerces, restos et bars, un magasin de marionnettes, et surtout la boutique de produits naturels *Botanicus* (voir la rubrique « Achats »).

Kostel Svatého Jakuba Většího *(église Saint-Jacques-Majeur ; zoom centre D2-3)* **:** *Malá Štupartská, derrière la cour de Týn. Accessible également par la Týnská ulička. En saison, ouv théoriquement tlj sauf lun et dim mat : 9h30-12h, 14h-16h (horaires irréguliers). Si elle est fermée, regarder à travers la porte vitrée intérieure... GRATUIT.*
Entièrement baroque, bien que la forme de la nef réponde aux canons du gothique. En façade, 3 bas-reliefs de la fin du XVIIe s où s'agglutinent des saints. Intérieur gigantesque, c'est l'église la plus longue de Prague. La vaste nef est entièrement couverte de fresques baroques évoquant les scènes de la vie de la Vierge Marie. Noter l'absence de transept. Des trompe-l'œil astucieux au plafond accentuent encore cette profondeur. Chaire richement ouvragée. De part et d'autre du chœur, double balcon avec vases décoratifs et angelots, qui aèrent l'ensemble. Noter aussi, sur la droite, ce christ en position assise et non crucifié.
À remarquer surtout : le tableau du maître-autel, ***Le Martyre de saint Jacques,*** réalisé en 1739. Voir encore l'***admirable buffet d'orgue,*** et dans la nef de gauche, le plus beau tombeau baroque de la ville, celui, grandiloquent, d'un chancelier des chevaliers de l'ordre de Malte, en marbre rouge. ***Chaque pilier de la nef possède son autel baroque,*** décoré à foison : colonnes torses pour certains, sculptures monumentales, saints éplorés. Parfois des concerts d'orgue de bonne tenue. Les mélomanes affirment que l'acoustique est l'une des meilleures de la ville.
Avant de partir, jeter un œil en face à la ***maison du n° 7,*** avec son arche gothique, son portail Renaissance, sa façade rocaille et son oculus maçonnique. Quel éclectisme...

Kostel Svatého Mikuláše *(église Saint-Nicolas ; zoom centre D3)* **:** *à l'angle de Pařížská et de la pl. de la Vieille-Ville. Tlj 10h-16h. GRATUIT. Concert payant tlj à 17h et/ou 20h. Messe dim à 10h.*

Une des plus belles églises baroques. Façade monumentale du XVIIIe s, bien proportionnée, réalisée par l'un des maîtres du baroque tchèque, Dientzenhofer. Ironie de l'histoire : depuis 1920, le culte protestant hussite y est toujours célébré, dans ce qui fut pourtant un haut lieu de la Contre-Réforme ! À l'intérieur, proportions plutôt modestes, presque ramassées, de l'ensemble, qui donnent une envolée encore plus forte à la vaste coupole ornée de fresques et de statues baroques. Imposant lustre en cristal de Bohême de 1,5 t au style byzantin inspiré de la couronne des tsars et rappelant la période orthodoxe de l'édifice.

L'***église de rite hussite*** compte encore 300 000 pratiquants en République tchèque. Une intéressante série de panneaux traduits en anglais relate l'histoire du christianisme tchèque et de ce rite particulier, intimement lié à l'histoire du pays. Une de ses caractéristiques est de proposer le vin à la communion en plus de l'hostie (rite catholique classique) et de permettre aux femmes l'accès à la prêtrise.

La maison natale de Franz Kafka *(zoom centre D3)* **:** *Franze Kafky nám. 3, à l'angle de Maiselova.* Comme le rappellent une plaque et un portrait sculpté, c'est à cet endroit que Monsieur K vit le jour le 3 juillet 1883. Il ne reste rien de la maison natale, si ce n'est le portail, d'origine. Ceux qui veulent approfondir le sujet se rendront au musée Kafka à Malá Strana.

L'ŒUVRE DE KAFKA SAUVÉE DE JUSTESSE

Le célèbre écrivain publia bien peu d'ouvrages de son vivant. Dépressif, il souhaitait que ses manuscrits inachevés soient brûlés. La tuberculose l'emporta à 40 ans. Heureusement, Max Brod, son ami et légataire testamentaire, ne respecta pas ses dernières volontés. Son chef-d'œuvre, Le Procès, *fut publié en 1925, 1 an après sa mort.*

Sex Machines Muzeum *(zoom centre D3,* ***271****)* **:** *Melantrichova 18. ☎ 227-186-260. Tlj 10h-23h. Entrée : 250 Kc ; réduc. Interdit aux - de 18 ans.* Évidemment ce « musée » un peu spécial tombe comme un cheveu sur la soupe dans cette vieille ville, où il suffit de lever les yeux pour admirer des splendeurs architecturales. Ici, on les baissera donc, mais ceux qui s'intéressent au sujet s'amuseront de ces drôles de machines, pour ne pas dire ces drôles de machins, dont certains sont réellement anciens. Collection de vieux godemichés en bois, en cuir, en verre, plus un français, en ivoire, avec au bout la photo de l'être désiré... Voir le « siège d'amour » issu d'un bordel parisien (1890) et l'ancêtre du peep-show façon palanquin. Belle série de godemichés dits « modernes » des années 1940-1960 : le *Pulsoconn du Dr Macaura,* le godemiché à vapeur (au charbon !) du Dr Taylor « pour traiter l'hystérie féminine » et les nombreux vibrateurs électriques (dont un avec un faux doigt !). Également des chaises coprophages, des ceintures antimasturbation (une sonnette retentit en cas d'érection adolescente), une tunique française de 1700 avec ouverture sur le devant, des sièges et selles pour la masturbation féminine, etc. Au 2e, plus haut vers le ciel, une section sadomasochiste, une collection de poupées de bordels et des minithéâtres érotiques. Enfin, au rez-de-chaussée, des films pornos des années 1920 : plus ridicules que vraiment érotiques ! Une visite pas indispensable mais amusante, tout comme les commentaires de certains visiteurs...

La rue Celetná *(zoom centre D-E3)* **:** *elle va de la pl. de la Vieille-Ville (Staroměstské nám.) à la tour poudrière et à la Maison municipale.*

Rue piétonne la plus élégante du quartier, elle est bordée de très nobles demeures et palais. S'attarder sur les superbes porches et fenêtres baroques. Pousser les lourdes portes pour découvrir les rez-de-chaussée et cours gothiques ou romans.

– Au *nº 2*, la ***maison Sixt,*** à la façade richement décorée. La famille Kafka y vécut de 1888 à 1890.
– Au ***nº 3,*** la ***maison Aux Trois Rois,*** où Herman Kafka, le père de Franz, possédait, de 1892 à 1906, une mercerie. La chambre de Franz est au 2e étage. Ses années de lycée seront marquées par la rencontre avec Max Brod et l'obtention d'un doctorat en droit en 1906.
– Au ***nº 8, maison Au Soleil noir.*** L'enseigne est un drôle d'oxymore : un soleil noir qui évoque une clarté obscure.
– Au ***nº 12,*** autre palais baroque avec façade festonnée de guirlandes, feuilles et bustes divers. Dans le hall, voûtes romanes. Au nº 13, la faculté des lettres dans le palais Millesimo (beau porche baroque).
– Au ***nº 17, palais Manhartský,*** élégante cour intérieure (avec le café *Gaspar Kasper*).
– Au ***nº 22,*** une inscription dorée en français occupe le fronton : « Fabricants bijoutiers privilégiés de Sa Majesté ».
– Au ***nº 29,*** la ***maison À l'Ange d'Or,*** remarquable enseigne représentant un ange doré tenant une couronne de lauriers.
– Au ***nº 30,*** maison Art nouveau, avec son balcon en encorbellement.
– Au ***nº 34,*** l'une des œuvres maîtresses du cubisme tchèque, la ***maison À la Vierge noire de Dieu,*** investie par le *Grand Café Orient* (voir « Où prendre un petit déj ? Où boire un café ou un thé ? »). Cette splendide construction de 1912 innove de façon révolutionnaire tout en maintenant l'harmonie architecturale de la rue. Avant cela, il y avait une maison gothique dont la destruction pour bâtir du « moderne » fit beaucoup de tapage. L'architecte eut la bonne idée de conserver la Vierge noire incrustée au coin de l'ancien édifice.
– Au ***nº 36,*** palais avec porche orné de sculptures d'atlantes.

Prašná brána *(tour poudrière de la vieille ville ; zoom centre E3)* **:** *Na Příkopě. Ⓜ Náměstí Republiky (ligne B). Avr-sept, tlj 10h-22h (20h oct et mars). Nov-fév, tlj 10h-18h. Entrée : 100 Kc ; réduc.*
Grosse tour carrée et massive, noire comme la poudre, l'un des derniers vestiges des remparts de la vieille ville. Édifiée à la fin du XIVe s sur l'ordre de Venceslas avec pour modèle la tour du pont Charles (côté vieille ville). Au XVIIIe s, elle perdit son caractère défensif et abrita un dépôt de munitions, d'où son nom. Seule porte conservée après l'agrandissement de la ville, elle hérita à la fin du XIXe s de ce décor gothique très chargé, typique de la Bohême, et où apparaissent les souverains tchèques et des allégories aux ailes dorées.
Au-dessus de la voûte, le blason de Prague. À faire de préférence en matinée. La grimpette en colimaçon est ardue, mais tout en haut, possibilité de sortir sur la corniche et d'en faire le tour. Vue extraordinaire sur les toits et les tours de la ville. Sur les ardoises du toit, les amoureux (et les autres) ont signé leur passage. Dans la tour elle-même, captivante expo sur Jan Hus et le mouvement hussite.

Obecní dům *(Maison municipale ; zoom centre E3)* **:** *Republiky nám. 5. ☎ 222-002-101. • obecnidum.cz • Ⓜ Náměstí Republiky (ligne B). Centre d'info (10h-20h) situé à l'arrière du hall et minuscule guichet au pied de l'escalier à gauche. Visite guidée en anglais (brochure en français en prêt), durée 1h. Résa conseillée sur place, ou par Internet. Horaires irréguliers, appeler ou consulter le site. En général : tlj en hte saison, 3-5 j./sem le reste du temps ; 1-3 visites/j. Entrée : 290 Kc ; réduc (y compris avec la Prague Card). Photos : 55 Kc. Également de nombreux concerts.*
À la place de l'ancienne cour royale dont la tour poudrière voisine est un vestige. Sa construction dura de 1905 à 1912. Depuis sa restauration en 1997, c'est incontestablement l'un des plus beaux édifices de la ville. Critiquée à son achèvement, elle marie l'Art nouveau aux influences néobaroques ou néo-Renaissance, occidentales comme orientales. L'extérieur est superbe, tant par sa forme générale que par sa façade riche en décorations (statues, stucs, fers forgés, sculptures-lampadaires et mosaïques). L'entrée, avec sa magnifique marquise et son fronton, ne peut laisser indifférent tant les décorations sont riches par leur qualité comme par leur quantité.

La plupart des mosaïques, des décorations et des luminaires sont d'époque ou ont été refaits suivant les plans d'origine. À noter qu'elle était techniquement très bien équipée pour l'époque, avec climatisation, chauffage central et ascenseurs.
– Au ***rez-de-chaussée,*** sur la droite du hall d'entrée en marbre et mosaïque, le magnifique ***restaurant Francouzská*** a conservé sa forme originale ainsi que sa pendule et ses luminaires ; attention, ses tarifs sont élevés et ses pratiques prohibitives. Sur la gauche, l'élégant café *Kavárna Obecní dům* (voir « Où boire un verre ? »). L'escalier central qui descend au sous-sol est entièrement revêtu de faïences avec panneaux décoratifs.
– Au ***sous-sol,*** le ***bar américain*** est une réplique fidèle de la construction d'époque. Situé sous le resto français, le resto ***Plzeňská Terrace*** garde un style brasserie (caverneuse) dans un décor somptueux fortement restauré ; seuls le revêtement en faïence et les vitraux sont d'époque.
Les salles à l'étage ne sont accessibles que dans le cadre de la visite guidée. Seule exception, lors du grand bal annuel hivernal, où l'on croise les Pragois endimanchés qui viennent valser et danser le disco.

Au centre de l'édifice, l'escalier principal en marbre mène à un vaste vestibule en faux marbre. On ne pouvait tout de même pas mettre du vrai marbre partout, d'ailleurs on voit à peine la différence ! Il donne accès à la *salle Smetana.*
– ***La salle Smetana :*** immense (897 m^2), dédiée aux concerts, elle occupe plusieurs niveaux de la partie centrale du bâtiment. Style Art nouveau tendance Empire, particulièrement hétéroclite et un peu déroutant. Noter les motifs presque égyptiens des doubles balcons ainsi que les cariatides qui les soutiennent dans une position pas facile. C'est depuis le balcon que fut proclamée l'indépendance de la République tchécoslovaque le 28 octobre 1918. Au-dessus de la scène, de chaque côté, d'élégantes grilles très travaillées ornent les bouches de chauffage et de ventilation. De part et d'autre des balcons, fresques allégoriques (musique, danse, poésie et art dramatique). Les miroirs et les vitraux sont des originaux. Médaillon de Smetana au milieu du buffet d'orgue. En fait, tout est décoré et rien n'est laissé au hasard.
– La ***salle Palacký*** abrite une superbe fresque au plafond, *La Jeune Fille aux oiseaux en vol.*
– La ***salle du Maire,*** dans la partie centrale du 1er étage, entièrement dessinée par Mucha. Petite et toute ronde, elle témoigne merveilleusement de toute l'imagination de Mucha, qu'il s'agisse des luminaires, des lourds rideaux, mais aussi bien sûr des fresques évoquant l'histoire du pays et les grands personnages qui l'ont façonnée. Allégories à l'expressivité saisissante, en particulier *Vigilance (Ostražitost).* Qu'il est difficile de décrire tant de splendeurs !

L'hôtel Paříž *(zoom centre D-E3)* **:** U Obecního domu 1. Splendide architecture Art nouveau. Jeter un coup d'œil au restaurant *Sarah Bernhardt,* l'un des chefs-d'œuvre Art nouveau pragois. Belle mosaïque alternant bleus et ors, lignes végétales et étonnants lustres oblongs. Bon, dans l'assiette, c'est du classique sans relief. Et puis, bonjour les prix !
À côté, dans la rue ***U Prašné brány,*** admirer également 2 beaux immeubles d'habitation d'un style Art nouveau plus épuré, moins végétal (style dit Sécession).

Josefov, la ville juive *(zoom centre D2)*

La cité juive de Prague est aussi vieille que la ville elle-même. Mais elle n'a aujourd'hui plus rien à voir avec l'ancien ghetto. Autrefois dédale de ruelles sinueuses, elle est désormais accessible par la large et commerciale ***Pařížská*** (rue de Paris). Dans l'axe, on aperçoit, de l'autre côté de la rivière, le Métronome qui a remplacé le groupe statuaire monumental à la gloire de Staline.
Pour bien saisir l'importance de Josefov, si mêlé à l'histoire de la ville, il est bon de revenir loin en arrière. On apprend alors que tous les siècles ont durement frappé la

communauté juive. C'est à une visite à part entière que l'on vous convie, une sorte d'exploration, pour laquelle il faut au minimum une demi-journée. Au-delà de la partie ancienne, comme l'émouvant cimetière, on ne se lasse pas de lever sans cesse la tête (attention aux poteaux !) pour admirer notamment les superbes édifices Art nouveau du début du XXe s. C'est la plus grande concentration de cette architecture en Europe. Contesté à l'époque pour son aspect bourgeois, pompeux, écrasant, l'Art nouveau a aujourd'hui acquis ses lettres de noblesse parmi les grands styles architecturaux.

Un peu d'histoire

Au Moyen Âge

On trouve la trace des commerçants juifs de Prague dès le début du Moyen Âge, au pied du château, et ce jusqu'au XIIe s. Les juifs apparurent vraisemblablement dans ces régions sous le règne de ***saint Venceslas*** (921-929), mais leur installation définitive en Bohême date du roi Boleslav Ier (929-972). Ce souverain employait des juifs dans ses services diplomatiques. Il envoya à Cordoue 2 émissaires juifs. On sait aussi que les juifs de Hongrie et de l'Espagne musulmane fréquentaient le marché de Prague. N'ayant pas le droit de posséder des terres, ni de pratiquer un métier d'artisanat, les juifs de Bohême faisaient du commerce, vendaient surtout bijoux, étoffes rares, sel, armes et épices. La communauté était importante, tant sur le plan économique que culturel. Dans la littérature hébraïque du haut Moyen Âge, les pays slaves et en particulier les terres tchèques étaient appelés ***Eretz Kenaan*** (terre de Canaan). Pour nommer Prague, les juifs de cette époque utilisaient le terme *Geval,* le nom de la ville phénicienne de Byblos. Les juifs parlaient le tchèque (*leshon Kenaan,* ce qui veut dire « la langue de Canaan ») et utilisaient l'hébreu pour la liturgie.

Le début de l'esprit de ghetto : privilèges et pogroms

À la fin du XIe s, les 1ers pogroms éclatèrent sous l'influence de la 1re croisade. Suivirent les interdictions évoquées plus haut, limitant ainsi pour les juifs l'activité économique au prêt d'argent. La ségrégation s'installa inexorablement. La colonie s'établit alors aux abords de la place de la Vieille-Ville. La synagogue Vieille-Nouvelle est élevée au XIIIe s, elle restera jusqu'à aujourd'hui le vrai centre spirituel de la communauté du ghetto séparée par un mur des quartiers chrétiens alentour. Toute cette période, du XIIIe au XIVe s, vit la population juive bénéficier de privilèges juridiques et commerciaux en reconnaissance de sa gestion des finances du royaume. Le roi tchèque le mieux disposé à l'égard des juifs fut sans conteste ***Ottokar II Přemysl*** (1253-1278). Il publia dès 1255 plusieurs privilèges en leur faveur : les juifs pouvaient librement pratiquer leur culte et toute attaque contre un juif constituait une attaque contre la personne royale. Au XIIIe s, les juifs de Prague détenaient les mêmes privilèges que les marchands lombards et allemands. Tout acte de violence envers eux était alors considéré comme une atteinte aux biens du royaume. Les baptêmes forcés furent interdits, les injures réprimées, et le droit au culte garanti. Ce qui n'empêcha pas malgré tout de fréquentes persécutions religieuses. Cette situation tendue aboutit en 1389 à un terrible pogrom perpétré par la population pragoise qui fit 3 000 morts.

De la précarité à l'émancipation

C'est sous les Habsbourg, au XVIe s, que les efforts de la population pour chasser les juifs de la ville culminèrent. Une grande partie de la communauté quitta Prague. Certains restèrent, mais leur situation demeura précaire durant tout ce siècle de la Renaissance. Il fallut attendre l'intronisation de l'***empereur Rodolphe II*** (1576-1611), au XVIIe s, pour que les juifs recouvrent leurs droits. Cette période de grande tolérance fut l'***âge d'or de la communauté juive*** en Bohême. L'empereur Rodolphe II s'intéressait non seulement à l'alchimie et aux sciences occultes, mais aussi à la Kabbale. Avec l'astrologue ***Tycho Brahé,*** il rendit même visite au fameux ***rabbin Löw*** (créateur du Golem) dans sa maison, au n° 8 de la rue Široká.

PRAGUE

Le banquier de ce souverain était le célèbre ***Mordechaï Maïsel,*** un juif de cour, primat du ghetto, qui jouissait d'une fortune et d'une influence politique considérables. De nouvelles synagogues s'élevèrent (synagogue Haute, synagogue Maïsel) et le cimetière s'agrandit.
La communauté juive se distingua au XVIIe s par sa participation à la résistance au siège contre les Suédois, aide très appréciée par Ferdinand III, qui lui accorda en remerciement la possibilité d'élever la tour de son hôtel de ville. Un autre juif de cour, le banquier ***Jacob Bassevi (Bashevi),*** finança en grande partie les armées impériales durant cette guerre de Trente Ans. En reconnaissance, il fut le 1er juif à être anobli en 1622. Au début du XVIIIe s, les juifs de Prague formaient une population de 11 500 habitants, soit presque l'équivalent de celle d'Amsterdam.

Le XVIIIe s : tolérance dans l'intolérance...

Au XVIIIe s, la religion juive est mise sur pied d'égalité avec les autres, avec pour conséquence la fin de l'obligation de porter des signes distinctifs. Pourtant, le pouvoir cherche à limiter la croissance de la population juive par la loi de 1726, dite « *familiantský zákon* ». Elle stipule que seul le fils aîné dans chaque famille juive peut se marier... Le plus incroyable, c'est que cette loi restera en vigueur jusqu'en 1848 ! Autre calamité historique pour les juifs : l'expulsion de 1744-1748. L'***impératrice Marie-Thérèse*** crut à une rumeur selon laquelle les juifs auraient trahi les Habsbourg pendant l'occupation prussienne de Prague. Du coup, elle décida de les expulser pendant 4 ans. Les voici éparpillés dans des bourgades de la campagne de Bohême... Les administrations locales et les ambassadeurs étrangers intervinrent, et le décret d'expulsion fut aboli.
Le ghetto s'ouvrit alors, n'étant plus l'enclave impénétrable des siècles précédents. En revanche, les conditions de vie s'y dégradèrent, les habitations devinrent insalubres et, dès que l'obligation d'habiter le ghetto fut supprimée, les riches s'installèrent ailleurs. Les pauvres restèrent.

Une ville dans la ville

L'assainissement de la cité

La cité juive fut intégrée au reste de la ville en 1861 et prit le nom de ***Josefov*** en hommage à ***Joseph II*** qui réforma les lois les plus dures. À la fin du XIXe s, l'idée germa peu à peu de transformer radicalement ce quartier longtemps laissé à l'écart du développement immobilier et du progrès. On imposa un quartier moderne, traversé par la large artère de la nouvelle rue ***Pařížská.*** Les juifs soutinrent le principe, conscients de la nécessité de réhabiliter l'ancien ghetto, mais des voix s'élevèrent contre le côté brutal de la rénovation.
Pétris de la pensée haussmannienne, les urbanistes locaux ne rêvaient que de grandes avenues pour « nettoyer » ce quartier insalubre. Certains y virent un zèle comme une nouvelle preuve d'antisémitisme. Les travaux débutèrent en 1896 et l'on bâtit tout naturellement des édifices ***Art nouveau,*** style en vogue à l'époque. Des centaines de modestes maisons furent remplacées par de superbes immeubles bourgeois dont les façades s'ornèrent de balcons, bow-windows, encorbellements, tourelles, guirlandes, pignons travaillés... On conserva malgré tout le cœur du ghetto.

Le dernier ghetto

Malgré la transformation fondamentale du quartier, la Seconde Guerre mondiale fera bégayer l'histoire. Les nazis appliquèrent rigoureusement les ***lois raciales de Nuremberg*** de 1935 : restrictions et interdictions antijuives reprirent du service, carte d'identité « marquée », interdiction de voyager et de téléphoner, obligation de séjourner dans le secteur de Josefov. Bref, le retour au ghetto. Près de 70 000 juifs tchèques déportés, dont 40 000 dans le camp de *Terezín,* ne revinrent pas. Josefov se réveilla exsangue au sortir de la guerre, d'autant que, dès 1948, le communisme prit le relais du nazisme et ne rendit pas la vie plus facile aux juifs. Finalement, c'est depuis 1989 seulement que la communauté a retrouvé pleinement ses droits, mais les blessures ne sont pas toutes encore pansées, et cela se ressent.

De l'important quartier juif (on y recensa jusqu'à 40 000 habitants), il ne reste que 6 synagogues, l'ancien hôtel de ville et le cimetière. Il se concentre pourtant ici un pouvoir émotionnel intact. Il y règne une quiétude particulière, presque magique. Le trafic automobile et les bruits s'estompent dès qu'on s'en approche. Même si ce n'est pas toujours évident, vu le monde en été, il faut explorer ce petit bout de ville avec humilité et discrétion « car, ici, on passe devant des cendres encore fumantes », comme le dit un habitant.

POURQUOI DES PIERRES SUR LES TOMBES JUIVES ?

Selon la tradition, les juifs ne fleurissent pas la tombe de leurs défunts. En revanche, ils y déposent volontiers un caillou. D'abord, pour marquer leur passage, et parce qu'autrefois, dans le désert, ces amas de pierres protégeaient les sépultures des charognards.

La visite

Josefov a évidemment perdu sa cohérence d'antan, mais c'est la visite des synagogues et du cimetière qui jalonnera votre parcours. Tous les sites sont très proches les uns des autres, à l'exception de la synagogue de Jérusalem, à environ 15 mn à pied, que vous trouverez en vous reportant aux pages consacrées à Nové Město.

*Tlj **sauf sam et fêtes juives** (calendrier mobile, renseignez-vous) 9h-18h (16h30 nov-mars). Horaires différents pour la synagogue de Jérusalem (voir plus loin). Compter au moins 3h pour voir l'ensemble des sites.*

*– Pour ts les sites, sauf la synagogue de Jérusalem, rens et vente du **billet forfaitaire** au bureau du **Jewish Museum Information & Reservation Center** situé au 15, rue Maiselova (zoom centre D2). ☎ 222-749-464. • jewishmuseum.cz • Tlj sauf sam 9h-18h. **Notez qu'il y a souvent moins de queue ici qu'aux guichets du cimetière et des synagogues...** Propose aussi la loc d'un audioguide (env 300 Kc ; réduc) ou de télécharger sur son smartphone l'application de • jewish prague.com •*

– Pour la synagogue de Jérusalem, rens auprès de la communauté juive de Prague (Židovská obec v Praze), dans l'hôtel de ville juif (zoom centre D2), à l'angle de Maiselova et de Červená. ☎ 224-800-813. • synagogue.cz •

*– Excepté les synagogues Vieille-Nouvelle et de Jérusalem, les différents sites ne se visitent pas indépendamment, **il faut acheter un billet forfaitaire.** Le 1er (en vente dans ts les sites concernés) inclut le vieux cimetière, les synagogues Maïsel, espagnole, Vieille-Nouvelle, Pinkas et Klausen, la salle des Cérémonies et les expos temporaires de la galerie Robert-Guttmann. Prix : 530 Kc ; réduc. Le 2d inclut ts les monuments précités **sauf la synagogue Vieille-Nouvelle.** Prix : 350 Kc ; réduc. Signalons que le billet forfaitaire est gratuit avec la Prague Card, mais n'inclut pas non plus la synagogue Vieille-Nouvelle.*

Visites guidées

■ ***Precious Legacy Tours :*** *Kaprova 13. ☎ 222-321-954. • legacytours.net •* Agence proposant divers types de visites guidées en anglais comme le tour à pied du quartier juif de Prague *(3h, 880 Kc/pers),* mais aussi une visite du camp de Terezín *(env 5h, 1 600 Kc, min 3 pers),* des excursions en Bohême à Kolín (près de Kutná Hora), à Český Krumlov.

■ À son programme, l'agence ***Avantgarde Prague*** (voir plus haut « Adresses et infos utiles. Informations et services touristiques ») inclut également *(mer, ven et dim)* une passionnante visite guidée de 3h30 de Josefov en français au prix de 1 000 Kc par personne (entrées comprises) ; réduc. • *avantgarde-prague.fr* •

Les différents sites et lieux de mémoire

Staronová *(synagogue Vieille-Nouvelle ; zoom centre D2)* **:** *à l'angle de Maiselova et Červená. À visiter dès son ouverture pour éviter la foule. Kippas en papier pour les hommes lors de la visite. Avr-oct, tlj sauf sam et fêtes juives 9h-18h, nov-mars 9h-17h. Inclus seulement dans le 1er billet forfaitaire. Sinon, entrée à acheter dans la boutique en face de la synagogue : 220 Kc (270 Kc avec la synagogue de Jérusalem) ; réduc.*

Érigée en 1270, c'est la plus ancienne synagogue conservée en Europe. Appelée Nouvelle Synagogue au départ, car il y en avait une autre lors de son édification, elle fut supplantée par une nouvelle synagogue au XVIe s, et prit du coup le nom de Vieille-Nouvelle ! Édifice le plus grand du quartier à sa construction, la légende dit qu'elle fut bâtie avec des pierres du temple de Jérusalem et préservée des nombreux incendies par les ailes des anges. Selon une autre légende, le grenier de ce monument aurait servi de cachette au ***Golem,*** personnage d'argile créé par ***Rabbi Loew*** (ou Löw) qui aurait donné la vie à cette créature en plaçant un parchemin magique portant l'inscription du *Chem,* le nom de Dieu, dans un trou de son front. Ce qui est sûr, c'est que ***Rabbi Loew*** officia dans cette synagogue de même que ***Salomon Juda Leib Rapoport,*** célèbre dans la communauté. La légende dit que le Golem, redevenu terre glaise, serait toujours dans les combles de la synagogue... Sachez que jeter des écrits portant le nom de Dieu est totalement prohibé par la religion juive.

Tout en brique et d'une grande simplicité extérieure, elle se distingue surtout par son haut toit crénelé, typique du gothique flamboyant. Au-delà du porche et du vestibule en contrebas, on accède au cœur de l'édifice en passant sous un tympan gothique, sculpté d'un pied de vigne aux branches décoratives. Ses 12 racines évoquent les 12 tribus d'Israël, tout comme les 12 petites fenêtres de la salle de culte.

La ***salle de culte*** se compose d'une double nef séparée par 2 gros piliers aux chapiteaux sculptés qui terminent une voûte à nervures de style gothique cistercien. Entre les piliers, la chaire, entourée d'une élégante grille gothique flamboyante en série d'accolades, et la bannière symbolisant l'indépendance de la communauté juive concédée par Charles IV au XIVe s. On y voit une étoile à 6 branches et un chapeau, signe distinctif que portaient les juifs au Moyen Âge. À l'arrière, le tabernacle renfermant la Torah est encastré dans le mur.

Židovská radnice *(hôtel de ville juif ; zoom centre D2)* **:** *Maiselova 18, à l'angle de Červená et de la synagogue Vieille-Nouvelle. Ne se visite pas en tant que tel.*

C'est l'édifice qui témoigne de l'autonomie administrative de la communauté. Il a toujours eu un rôle symbolique important. On y prenait les décisions relatives au groupe et déterminait une ligne de conduite par rapport à l'extérieur. L'édifice fut élevé dans le style Renaissance italienne au XVIe s, sous Ferdinand Ier, mais brûla dans le grand incendie qui dévora une partie du quartier. Il fut donc remanié en style rococo au milieu du XVIIIe s.

Au-dessus du porche, l'étoile à 6 branches et le chapeau pointu juif. Au sommet de la tourelle (clocher-tourelle), à l'intérieur de l'étoile à 6 branches, un casque suédois. C'est ***Ferdinand III*** qui autorisa les juifs à élever cette tour et à la surmonter du casque, en remerciement de leur aide contre l'attaque suédoise. Elle est entourée d'une jolie grille de fer forgé.

À l'angle de *Červená,* face à la synagogue, noter l'horloge avec les chiffres en hébreu, dont les aiguilles tournent de droite à gauche, comme on lit l'hébreu. Celle en chiffres romains (au sommet de la tour) est plus tardive, mais elles sont toutes 2 reliées au même mécanisme. Un beau symbole. Pour rester dans le sujet, allez donc jeter un œil à la croquignolette boutique *Old Clocks (Maiselova 16 ; tlj 10h-19h),* qui vend des montres anciennes et des horloges, histoire de boucler la boucle.

La Haute synagogue (zoom centre D2) : *c'est l'édifice de la boutique qui vend les tickets pour la synagogue Vieille-Nouvelle, dans la rue Červená.* Cette synagogue ayant été édifiée au XVIe s, elle était très étroitement liée à l'hôtel de ville voisin puisqu'on y entrait par celui-ci, au niveau du 1er étage (d'où son nom). Totalement reconstruite au XVIIe s après un incendie et remaniée 2 siècles plus tard, elle présente un style totalement anodin, ce qui n'enlève rien à son importance spirituelle. Rendue au culte, on ne la visite pas.

La synagogue Pinkas (zoom centre D2) : *rue Široká, même entrée que le cimetière juif. Entrée seulement avec l'un des 2 billets forfaitaires (voir plus haut).* Cette maison du XVe s fut transformée en synagogue de style gothique tardif un siècle plus tard (1535), prenant le nom du rabbin à qui elle appartenait. Plusieurs inondations motivèrent des rénovations successives qui expliquent la sobriété de l'intérieur. Lors des derniers travaux, un bain rituel *(mikvé, visite lun-jeu ttes les 30 mn 11h-16h ; 50 Kc)* de la fin du XVIe s y a été découvert au sous-sol.

10 ans après la dernière guerre, on décida de transformer cette synagogue en mémorial, en souvenir des ***victimes de l'Holocauste*** originaires de Bohême-Moravie. Les murs sont couverts de près de ***80 000 noms*** (77 297 à l'origine), avec les dates de naissance et de déportation des personnes disparues, classées par communes et par ordre alphabétique. Terrible impact de cette litanie infinie. Au fond, la liste de tous les camps de concentration. Au moment de la guerre des Six Jours, en 1967, le gouvernement communiste avait fait blanchir l'ensemble qui n'a été restauré qu'à la fin du siècle dernier.

Au 1er étage, un petit musée expose des centaines de dessins réalisés par des enfants déportés à *Terezín.* La plupart n'en sont jamais revenus. En noir et blanc ou en couleurs, ils évoquent la vie dans le camp et la vie d'avant, leurs frayeurs et leurs espoirs. Terrible et poignant. Certainement un des moments les plus forts de la visite de Josefov.

Le cimetière juif (zoom centre D2) : *rue Široká (même entrée que la synagogue Pinkas). Entrée seulement avec l'un des 2 billets forfaitaires (voir plus haut). Notez qu'il y a souvent une longue file d'attente alors qu'on peut acheter son billet au bureau de Maiselova, 15, juste derrière...* C'est le plus ancien cimetière juif d'Europe. Il fut fondé au début du XVe s et ferma en 1787 sur ordre de Joseph II qui ne voulait plus qu'on enterrât les morts dans les quartiers d'habitation. Un chemin de visite permet de parcourir environ la moitié du cimetière. Si la visite perd évidemment en charme, cela permet de canaliser la foule considérable et de respecter la nature des lieux. Plus de ***12 000 stèles*** funéraires émergent de la terre dans un désordre inouï, au milieu d'arbres filtrant la lumière. Certaines stèles sont penchées et on y voit aussi des tombes gothiques du XVe s dans lesquelles sont coincés des petits papiers pliés (vœux des fidèles). Les buttes et mamelons parsemant le terrain révèlent la hauteur des 5 à 12 couches de sépultures qui s'empilèrent durant 3 siècles. En effet, la religion juive interdit de toucher les tombes. On se contentait donc de remettre de la terre sur les plus anciennes pour ensevelir d'autres dépouilles par-dessus.

Le matin, à l'ouverture du cimetière, malgré le monde, lorsque seuls quelques rais de lumière frappent cette forêt lapidaire et font surgir les pierres une à une de la pénombre, l'impression est forte. L'atmosphère particulière est accentuée par le

LA MÉMOIRE D'UN PEUPLE

Le vieux cimetière juif de Prague est riche d'une mémoire multiséculaire grâce aux inscriptions figurant sur les sépultures. Sur certaines apparaissent la profession du mort ainsi que des louanges à son sujet ou encore ses traits de caractère. Les 1res tombes frappent par leur simplicité. La plus ancienne, celle du savant Avigdor Kara, date de 1439. Celle du rabbin Jehuda Löw ben Bezalel, mathématicien et astronome, est une belle sépulture Renaissance surmontée d'une grosse pomme de pin.

cri des oiseaux qui ont élu domicile ici. De-ci, de-là, de petits cailloux sont posés sur les sépultures. Parmi les juifs célèbres enterrés ici : le rabbin David Oppenheim (1736), Mordechai Maïsel (1601), primat du ghetto et banquier de l'empereur Rodolphe II, Rabbi Loew (1609), l'inventeur du Golem, l'astronome et écrivain David Gans (1613)...

La synagogue Klausen (zoom centre D2) : *U Starého hřbitova, à droite de la sortie du cimetière. Entrée seulement avec l'un des 2 billets forfaitaires (voir plus haut).*
La plus grande synagogue du ghetto fut édifiée à la fin du XVIIe s en style baroque, juste sur le site de l'ancienne école où professait *Rabbi Loew.* L'intérieur est relativement banal, car il a été refait à de nombreuses reprises. Il présente aujourd'hui une décoration de voûte en stuc à motifs ornementaux. La synagogue a été transformée en ***musée*** sur les traditions et la vie dans le ghetto à travers l'histoire, ainsi que sur les coutumes religieuses juives. Les fêtes religieuses et les objets qui y sont liés sont abondamment présentés dans des vitrines : textes sacrés, chandeliers, schofars, livres de prières dont certains remontent au XVe s, objets liés au sabbat, torahs et kippas anciennes.
– Au ***1er étage*** (à droite de la caisse), mise en scène des objets de la vie quotidienne dans une famille juive. L'ensemble permet de mieux appréhender les coutumes liées aux étapes de la vie comme le baptême, le mariage, et de se faire une idée du cadre de vie avec la reconstitution d'un intérieur rustique du XVIIIe s, d'un salon bourgeois du XIXe s ou encore du matériel de cuisine pour la fête de *Pessah.* C'est là, dans ce lieu, qu'on aurait prêté aux autorités allemandes le terrible et sinistre projet d'ouvrir un « musée des Races disparues » (voir l'encadré plus loin).

L'ancienne salle des Cérémonies (Ceremonial Hall ; zoom centre D2) : *immédiatement à gauche de la sortie du cimetière, à l'étage, par l'escalier extérieur.* Cette construction de style néoroman du début du XXe s (1908) servait autrefois de pompes funèbres et de salle de purification rituelle des défunts. C'est aujourd'hui un espace d'exposition centré sur les coutumes funéraires et l'histoire des cimetières juifs, complétant judicieusement celui de la ***synagogue Klausen.*** Au fur et à mesure des petites salles, noter cette intéressante et éloquente série de 15 tableaux anonymes du XVIIIe s qui, au-delà des activités de la *confrérie du dernier devoir* – les pompes funèbres de l'époque –, témoignent des traditions attachées aux passages de vie à trépas. À voir aussi, plusieurs objets de culte en argent, cuivre, planche de purification, peignes, boîtes en argent et le panneau « Cemetery » sous la vitrine (à droite de la caisse) qui permet de déchiffrer les symboles sur les tombes correspondant aux lignages, noms et professions juifs : les mains levées pour les Cohen, l'aiguière pour les Lévites, le lion pour la tribu de Judas, le loup pour les Benjamin, le poisson pour les Ephraïm, l'ours pour les Dov, le lion pour les Loeb, le coq pour les Hahn, etc.

La synagogue Maïsel (zoom centre D2) : *Maiselova 10. Entrée seulement avec l'un des 2 billets forfaitaires (voir plus haut).*
Elle fut édifiée au XVIe s en style Renaissance par le grand primat, financier, rabbin, maire de Josefov, *Marc Mordechaï Maïsel,* sur autorisation de l'empereur ***Rodolphe II.*** La synagogue a été remaniée en style néogothique au XIXe s, avec une réussite toute relative. Sur la façade apparaissent les Tables de la Loi, les 5 livres de Moïse, fondement du judaïsme. L'histoire rapporte que le roi aurait assisté à l'enterrement de Maïsel, chose inouïe pour l'époque, mais que le souverain décida de confisquer tout ou partie de sa fortune en échange de l'adoucissement de certaines lois concernant les juifs à Prague. Le corps à peine refroidi, les grands argentiers royaux vinrent donc récupérer la somme, mais celle-ci fut considérée comme si faible qu'on traîna toute la communauté en justice. Le procès s'étala sur près de 2 siècles. Sachez que sous les nazis, la synagogue était destinée à servir de cadre pour un « musée des Races disparues » imaginé par Hitler...
La synagogue est aujourd'hui un musée qui retrace la vie des juifs de Bohême-Moravie, depuis leurs 1ers établissements au Xe s jusqu'au début de l'émancipation,

à la fin du XVIIIe s. Voir aussi le film en images de synthèse qui reconstitue la ville juive de l'époque. Le musée de la synagogue espagnole poursuit d'ailleurs chronologiquement cette exposition. On découvre ici de nombreux objets rituels en argent, manuscrits en hébreu, vêtements de cérémonie et de très beaux rideaux de synagogue. Sont également évoquées l'organisation administrative et financière de la communauté ainsi que les associations professionnelles. L'énorme clé surmontée d'un lion couronné portant une hache était l'emblème de la guilde des bouchers de Prague. La botte, quant à elle, appartenait... aux cordonniers.

La synagogue espagnole *(zoom centre D2)* **:** *Dušní 12. Entrée seulement avec l'un des 2 billets forfaitaires (voir plus haut).* Elle tire son nom de son style néo-mauresque et non d'une quelconque présence sépharade ou espagnole dans le ghetto. Édifiée en 1868 à la place de la plus ancienne synagogue de Prague, ce fut la 1re à accueillir un service en musique (voir les orgues de style mauresque installées en 1860). Dotée d'une généreuse coupole dorée, elle rappelle les édifices arabo-andalous. L'intérieur est couvert de stucs dorés qui évoquent plus particulièrement ceux de l'Alhambra de Grenade en plus rustique. De nombreux motifs orientaux recouvrent les murs, les portes, les piliers et même les balustrades. Des étoiles de David, célestes et orientalisantes, ornent les plafonds, les rambardes, et garnissent les vitraux.

La synagogue espagnole abrite aujourd'hui une intéressante exposition, répartie sur 2 étages de vitrines bien légendées, sur l'***histoire de la communauté juive de Bohême et de Moravie,*** depuis le XVIIIe s jusqu'après la Seconde Guerre mondiale. Cette expo fait donc suite à celle de la synagogue Maïsel (voir plus haut). Documents et livres du rez-de-chaussée témoignent de la richesse de la littérature et de la pensée juives, à cette époque pragoise marquée par l'émergence du mouvement Haskala. Inspiré par le Siècle des lumières, celui-ci visait à moderniser la communauté en l'ouvrant à l'étude des sciences, des langues et à la pratique de nouveaux métiers. Il représentait une émancipation par rapport aux courants traditionalistes. Moins conservateurs que leurs coreligionnaires de Galicie, les juifs tchèques s'inspireront de ces idées pour s'intégrer profondément à la société tchèque, comme l'illustrent les lettres d'anoblissement de ***Simon de Lämel*** (1811).

À l'étage, l'histoire de la communauté sous la République tchèque naissante (1918) est illustrée par des écrivains, poètes, scientifiques ou ministres, comme ***Adolf Stránský.*** Puis sont abordées les restrictions sous l'occupation allemande, autant de préludes à l'innommable, attestés par ces vitrines dédiées au ghetto de Terezín : plan, histoire, vie quotidienne dont celle des enfants (voir aussi la « synagogue Pinkas »), caisse de tefillin (boîtiers contenant des passages de la Bible) récupérés sur les déportés.

LE MUSÉE DÉPORTÉ

Sous haute surveillance, l'équipe du Musée central juif (1942-1945) est parvenue à rassembler une partie du patrimoine juif, simplement parce que les nazis voulaient créer un « musée des Races disparues », et ce après l'application de la solution finale. D'ailleurs, plus de la moitié des objets de la collection actuelle proviennent de confiscations par les nazis au sein de la communauté qu'ils anéantissaient...

Pour mémoire, on estime qu'au moins 2 tiers des 120 000 juifs vivant dans le *protectorat allemand de Bohême et Moravie* périrent. Faites le compte... La situation tendue de l'après-guerre, quand les communistes s'apercevront que les juifs ne joueront pas le rôle d'une 5e colonne au Moyen-Orient, est également illustrée. Enfin, une remarquable collection rassemble de l'argenterie du XVIIe au XXe s provenant des différentes synagogues : couronnes, baguettes de Torah d'un grand raffinement, boîtes à épices en forme de poissons, plaques argentées, coupes de toutes formes, bougeoirs, peignes.

– Juste à côté de la synagogue espagnole, une statue érigée en 2003 par ***Jaroslav Róna,*** en hommage à Franz Kafka. Aussi énigmatique que son œuvre, elle représente l'écrivain chevauchant un homme sans tête... une évocation du dédoublement de la personnalité. Au ***n° 7 d'Elišky Krásnohorské,*** jetez un œil aux atlantes, 4 belles statues masculines ornant une surprenante façade rose bonbon.

★★ ***Klášter Svaté Anežky České*** *(couvent Sainte-Agnès-la-Bienheureuse ; plan D2) : à env 50 m à droite de U Milosrdných 17, à l'angle d'Anežská.* ☐ *728-301-377.* • *ngprague.cz* • Ⓜ *Staroměstská (ligne A) ou Náměstí Republiky (ligne B). Tlj 10h-18h (dernière entrée 30 mn avt fermeture) ; fermé lun. Accès libre au couvent et à l'église (sauf concert), mais exposition permanente payante : 220 Kc ou ticket à 500 Kc valable 1 sem incluant la visite de la galerie nationale d'Art moderne et les palais Šternberský, Schwarzenberský et Veletržni ; réduc ; gratuit pour les - moins de 18 ans et les étudiants.*

Dans un quartier paisible, presque bucolique, à moins de 10 mn à pied de la place de la Vieille-Ville, ce couvent de clarisses est le 1er bâtiment gothique de Bohême édifié au XIIIe s, dans un beau style gothique primitif, sur la décision d'Agnès, sœur du roi Venceslas Ier. L'ensemble se compose de plusieurs édifices. Il faut dire qu'il y avait auparavant 2 couvents : un pour les hommes et un pour les femmes. Détruit durant les guerres hussites, il fut reconstruit en style Renaissance et baroque. Désaffecté et transformé en ateliers à la fin du XVIIIe s sur l'ordre de Joseph II, qui avait interdit tous les ordres monastiques, il a cependant conservé une grande partie de ses bâtiments d'origine. Restauration très réussie.
– Le ***rez-de-chaussée*** se visite librement, avec son ***cloître du XIIIe s*** et l'***église Saint-Sauveur*** fondée en 1261 à l'occasion du couronnement de Přemysl Ottokar II. Elle servit à l'origine de mausolée pour les souverains tchèques de la dynastie des Přemyslides.
– Au ***1er étage,*** une bonne dizaine de salles présentent (en anglais) une très belle ***collection d'art médiéval*** en Bohême et en Europe centrale, ainsi qu'une section des primitifs religieux. Très belles vierges en majesté des XII-XIIIe s, d'autres peintes ou non du XIVe s. Durant le règne de Charles IV, Prague était à la pointe du développement artistique. Les artistes tchèques furent parmi les 1ers à réaliser des portraits réalistes. On aura donc l'occasion de découvrir des œuvres de la fin du XIVe s, comme celle du ***maître cistercien de Třeboň,*** notamment l'ensemble de l'*Autel de la Résurrection du Christ,* baignant dans une atmosphère de mystère et de miracle.

➢ ***Balade architecturale dans le quartier de Josefov :*** par chance, on n'a pas construit n'importe quoi à la place de l'ancien ghetto. Le nez en l'air, il faut détailler les incroyables façades et frontons de la plupart des immeubles. Certains apparaissent aujourd'hui comme de véritables chefs-d'œuvre de l'Art nouveau, et surtout de l'art « historiciste » caractérisé par le mélange des styles. En été, le feuillage des arbres en masque parfois les détails.
– ***La rue Pařížská :*** son ouverture permit à l'Art nouveau de prendre une vraie dimension à Prague. Elle aligne, quasiment à chaque numéro, d'incroyables façades originales (néogothiques, néobaroques, historicistes...). De nos jours, le prix du mètre carré y bat tous les records. Les célébrités tchèques, top models et sportifs en vue y ont élu domicile.
– Allez, on lève le nez et on fait attention aux poteaux.
Au ***n° 1*** de la rue Pařížská, édifice néobaroque.
Au ***n° 7,*** en voici un néo-Renaissance.
Autre construction notable au ***n° 10,*** avec des avancées, des balcons, des pointes et un curieux clocheton mélangeant les genres. Au ***n° 14,*** élégantes cariatides et tourelle à échauguettes à l'angle.
À l'angle avec *Jáchymova,* surprenant immeuble à la décoration inouïe. Regardez bien vers le ciel, sur la toiture au-dessus du n°°3 de *Jáchymova,* et vous verrez une statue d'Hermès, le dieu des Voyageurs, des Commerçants et des Voleurs.
Au ***n° 15,*** à l'angle avec Široká, noter la statue de saint Georges terrassant le dragon.

« *Dans l'alignement de Pařížská,* quand on regarde au-delà de la Vltava, sur la rive opposée, on aperçoit un socle gigantesque posé au cœur du parc Letná, sur lequel était érigé, jusqu'au début des années 1960, un monument démesuré (24 m de haut) à la gloire de Staline (voir encadré). Après la chute du Mur et du communisme tchèque, on y ouvrit fort ironiquement une radio appelée *Radio Stalin* ainsi qu'un club de rock. C'était le plus grand monument dédié au dictateur en dehors de l'URSS. Sur le socle, à présent, on trouve un énorme ***Métronome,*** qui date de l'Expo de 1991 et se balance indéfiniment. Le Métronome en lui-même n'a guère d'intérêt (sans parler des graffitis et autres tags qui le défigurent encore plus) mais, en revanche, la vue sur la ville est superbe et le parc abrite un sympathique Letná Biergarten (voir « Où boire un verre ? ») !

UN MONUMENT TRAGI-COMIQUE

Le monument à Staline représentait le grand homme, suivi d'une cohorte de travailleurs. Les Tchèques, avec beaucoup d'humour, avaient surnommé cet ensemble monumental « La queue chez le boucher », Staline mettant la main à la poche pour payer son steak et le dernier dans la file regardant ailleurs, sachant qu'il y aurait pénurie une fois son tour venu... Décidé après le coup d'État de 1948, il ne fut achevé qu'en 1955. Staline était déjà mort depuis 2 ans. Son créateur se suicida peu avant son inauguration et la déstalinisation débuta 1 an après. Du coup, il fut détruit discrètement à l'explosif. Pour rigoler, regardez « Stalin Monument Prague » sur Internet, photos délirantes.

Au bout de *Pařížská,* le pont tchèque *(Čechův most),* incontestablement inspiré par le pont Alexandre-III de Paris.

– ***La rue Široká*** *(rue Large)* **:** sorte de rue faisant la transition entre les secrets du quartier juif et l'arrogance monumentale de la Pařížská, entre le baroque et le Sécession pur jus.

Face au nº 6, l'entrée de la synagogue Pinkas.

Au ***nº 8,*** restaurant *King Salomon* (cuisine juive), à l'emplacement supposé de la maison de *Rabbi Loew* en 1581 (le créateur du mythe du Golem). Au ***nº 9,*** splendide portail en laiton où 2 femmes peu vêtues, mais protégées par un hibou (ouf !), vous invitent à entrer. Elles datent de 1908, ces vénérables dames...

Au ***nº 10*** (angle avec Maiselova), joli clocheton et bas-relief tout le long du balcon.

Au ***nº 12,*** bel immeuble de couleur grise avec des atlantes en façade.

– Retournons ensuite sur la ***rue Kaprova*** par la rue *Žatecká,* pour quelques autres façades Art nouveau. À l'angle de *Žatecká* apparaît en bas relief une femme squelettique, tel un fantôme symbolique. Les rues *Maiselova* et *Kaprova* recèlent également leur lot de curiosités. Levez la tête et ouvrez l'œil, vous en serez récompensé.

– Sur ***Maiselova,*** au ***nº 8,*** près de la synagogue Maïsel, un immeuble couleur vert tendre néobaroque grand style, presque épuré. Au ***nº 19,*** un magnifique immeuble pistache décoré d'abeilles et de sauterelles ; au ***nº 21,*** lourde façade grise avec des lignes de motifs dorés (comme des guirlandes en pointillé). Noter, en médaillon, en alternance avec l'étoile de David, les profils en ombre chinoise dans des panneaux de chaque côté, sous les fenêtres.

– Un peu plus loin dans ***Břehová,*** la maison de l'industriel ***Tomáš Bat'a,*** qui quitta le pays en 1938 et ne revint qu'en 1989. Pour l'anecdote, il décida de garder le « t' » originel de Bat'a dans son pays mais le supprima à l'étranger pour des raisons marketing évidentes. De l'autre côté de la place, à droite de l'hôtel *Intercontinental,* un alignement de 3 maisons cubistes aux arêtes saillantes. De retour sur *Pařížská,* le resto *Pravda,* avec son incroyable déco néomédiévale qui n'a peur de rien : balcons en fer forgé, dorures, tourelles, avancées... on arrête là.

Uměleckoprůmyslové Muzeum *(U(p)m ou musée des Arts décoratifs ; zoom centre D2)* **:** *17 Listopadu 2. ☎ 251-093-111. • upm.cz • Ⓜ Staroměstská*

PRAGUE

(ligne A). Le musée, rénové, doit accueillir son exposition permanente fin 2019-début 2020. En attendant, seulement des expos temporaires. Cette « rue du 17-Novembre » rend hommage aux étudiants qui manifestèrent contre les nazis ce jour de 1939. Situé à l'origine dans le bâtiment même du Rudolfinum, le musée des Arts décoratifs fut ouvert au public en 1887. Mais, l'espace étant limité, la construction du long bâtiment actuel de style néo-Renaissance fut décidée. Il se trouve en bordure du vieux cimetière juif, que l'on peut d'ailleurs apercevoir en visitant l'expo en cours (salle du 1er étage au fond à droite). Jolie boutique remplie de beaux livres et de petits cadeaux dessinés par des designers tchèques.

*** Dům umělců** (Rudolfinum ou maison des Artistes ; zoom centre C-D2) : Jana Palacha nám. Rens et résas de places : ☎ 227-059-227. • rudolfinum.cz • Caisse lun-ven 10h-18h et les soirs de concert jusqu'à 1h avt le spectacle.* Édifiée dans un style néo-Renaissance de la fin du XIXe s, cette superbe salle de concerts (salle Dvořák) n'est pas ouverte à la visite, mais on peut y assister à des concerts pour pas cher. À l'extérieur, l'attique (bordure de la toiture) est dominé par 32 statues représentant des artistes, notamment des peintres et des compositeurs : *Bach, Haydn, Schubert, Auber, Mozart...* Sur la place, une statue de ***Dvořák.*** C'est aussi la clé de voûte du Printemps de Prague. Sous la Ire République, de 1918 à 1939, le Rudolfinum fut utilisé comme parlement. La fosse d'orchestre de la salle *Dvořák* est équipée d'orgues en forme de portail de temple antique. Ses colonnes supportent un tympan orné d'une sculpture de la déesse Athéna. Autant vous dire que ça vaut vraiment le coup, car l'orchestre philharmonique tchèque s'y produit régulièrement. On y trouve également un café (voir « Où boire un verre ? »).

LE NEZ DE WAGNER

Dans son dernier roman, Mendelssohn est sur le toit, *l'écrivain juif Jiří Weil imagine qu'Hitler, lors de son passage à Prague, exige qu'on retire « le juif qui trône sur le toit du Rudolfinum ». Par ignorance, un SS enlève Wagner... parce qu'il a le plus gros nez. Dur d'être aussi bête !*

Au sud et à l'ouest de la place de la Vieille-Ville

On reprend notre petit circuit à partir de Staroměstské náměstí pour aller vers Malé náměstí.

***Malé náměstí** (Petite Place ; zoom centre D3) : à 100 m de la pl. de la Vieille-Ville.* Remarquable puits en fer forgé du XVIe s, doté d'une belle grille Renaissance du milieu du XVIe s, chapeauté par un lion doré. Tout autour, jolies façades à détailler, notamment celle de la maison *VJ Rott (U Rotta),* avec des fresques figurant les anciens métiers (forgerons, menuisiers, faucheurs, etc., en costumes d'époque). La 1re grande quincaillerie de Prague s'installa ici au milieu du XIXe s.

UNE GRENOUILLE DANS LE BÉNITIER

La grenouille verte qui orne la façade du no 8 de la rue U Radnice rappelle l'histoire d'un sculpteur du XVe s, plaisantin notoire, qui, vêtu d'un costume vert, s'amusa un soir à mettre ses pieds derrière sa tête et à faire la grenouille dans la rue. Une dame qui passait par là fut prise de panique et rameuta tout le quartier !

Au sud de la ***place de la Vieille-Ville,*** on trouve dans les plus anciennes rues de Prague de fort ***belles demeures.*** Sur *Melantrichova,* maison *Teufl* (belle cour) et de nombreuses façades baroques. Prendre à gauche *Kožná ulička,* où s'élève la maison des *Deux Ours d'Or* : superbe portail Renaissance du XVIe s, considéré comme le plus beau de la ville, et cour intérieure à arcades.

Le Karolinum *(zoom centre D3) : à l'angle de Železná et de Ovocný trh, derrière l'église Saint-Gall. Ne se visite pas.* C'est encore aujourd'hui le rectorat de l'université Charles-IV, érigée en 1348 et la plus ancienne université d'Europe centrale toujours en fonction. Jan Hus en fut le recteur. L'unique vestige de l'époque gothique visible de l'extérieur (à part les voûtes) est cette chapelle en gothique flamboyant et à encorbellement de la fin du XIVe s, sise sur la *Ovocný trh.* Sur le parapet de cette chapelle ont été sculptés les emblèmes du Lion royal tchèque et un dragon ailé, emblème d'*Élisabeth de Poméranie* (une des épouses de Charles IV).

Stavovské divadlo *(théâtre des États ; zoom centre D3) : Železná 11. Le guichet de vente des billets (box-office) fait aussi bureau d'info : il se trouve en face de l'entrée du théâtre, à l'angle de la rue. Tlj 10h-18h.* Théâtre construit en 1781, juste à côté du Karolinum. Il appartint d'abord aux *Nostic,* riche famille bourgeoise, puis fut vendu aux États, d'où son nom. Alors que Vienne avait boudé cet opéra, *Les Noces de Figaro* y firent un triomphe, surtout quand Mozart lui-même les dirigea. C'est d'ailleurs après ce succès que *Don Giovanni* fut commandé à Mozart et donné ici pour la 1re fois, le 29 octobre 1787. Les élégants balcons latéraux furent ajoutés au XIXe s. On y joue encore des opéras de Mozart, mais principalement des pièces de théâtre.

Karlova *(voie royale ; zoom centre C-D3)* **:** c'est certainement la portion la plus célèbre de la voie royale, puisqu'elle se poursuit par le pont Charles lui-même. Cette rue est ainsi nommée car les futurs rois l'empruntaient pour se faire couronner dans la cathédrale Saint-Guy. Le convoi partait de l'ancien palais royal, situé à l'emplacement de la Maison municipale et de la tour poudrière, empruntait la rue Celetná, traversait la place de la Vieille-Ville sous les clameurs, gagnait la petite *Malé náměstí* puis suivait la sinueuse *Karlova* pour traverser le pont Charles. Côté Malá Strana, il suffisait de suivre Mostecká et de grimper *Nerudova* pour enfin pénétrer dans la cour du château et atteindre la cathédrale. Sur le plan décoratif, *Karlova* propose un festival d'enseignes, mascarons, frontons, masques et pignons intéressants et originaux. Elle démarre sur *Malé náměstí,* puis elle sinue un peu avant d'attaquer sa dernière ligne droite avant le pont Charles. Voici quelques points de repère pour vous inciter à lever les yeux.
- En venant de la place centrale de la Vieille-Ville, en direction du pont Charles.
- Au ***nº 20*** de la ***rue Husova*** (à l'angle de *Karlova*), l'imposant ***palais Clam-Gallas*** du XVIIIe s, remarquable pour ses 4 atlantes baroques qui semblent peiner à supporter l'édifice. Ce palais a reçu en 1787 la visite de Mozart, qui y donna un concert dans la salle principale. Un autre génie y passa aussi, Beethoven, 9 ans plus tard, en 1796. L'intérieur ne se visite pas, mais on y accède les soirs de concert. On emprunte alors ***le plus bel escalier baroque*** de Prague, décoré de fresques de Carlo Carlone sur le thème du triomphe d'Apollon.
- Au ***nº 14 Karlova,*** une sirène en pierre, enseigne païenne représentant la tentation et le désir qu'il fallait repousser.
- Au ***nº 8 Karlova,*** lever la tête, un funambule traverse la rue sur son fil.
- Au ***nº 4 Karlova,*** le masque de ***Johannes Kepler.*** Astronome allemand du XVIe s, il fut l'assistant de Tycho Brahé et découvrit les lois des mouvements des planètes. Un instructif petit musée proposant une rétrospective sur l'astronome est niché au fond du passage *(mar-dim 10h-18h ; entrée : 60 Kc).*
- Au ***nº 3 Karlova,*** sur une placette, on découvre la façade Renaissance de la ***maison Au Puits d'Or,*** possédant une intéressante décoration baroque en son centre, œuvre de *J. O. Mayer,* coutumier de ce style d'ornementation à Prague. Au centre, une Vierge à l'Enfant et, de part et d'autre, 4 saints dont, en bas, saint Venceslas et saint Roch (avec son chien qui lèche son bubon de peste), 2 personnages particulièrement importants dans l'histoire de Prague.
- Au ***nº 2 Karlova,*** presque à l'entrée du pont, sur la gauche en allant vers celui-ci, le ***palais Colloredo-Mansfeld,*** de style baroque (XVIIIe s). *Entrée : 60 Kc.* On peut

visiter une partie de l'intérieur, notamment la cour et quelques grandes pièces où le cinéaste Miloš Forman tourna dans les années 1980 des scènes d'*Amadeus.*

– ***À l'angle de Karlova et de Liliová,*** un serpent doré indique l'endroit où fut ouvert le 1er café de la ville par un Levantin. Venu de Vienne avec ses sacs de café, il se lança dans ce commerce encore inconnu au début du XVIIIe s.

👍👍 ***Mariánské náměstí*** *(place Mariánské ; zoom centre D3)* **:** on peut y voir l'une des entrées du *Klementinum,* mais surtout le nouvel hôtel de ville de la vieille ville, curieux mélange d'Art nouveau et de néobaroque. Élevée au début du XXe s, sa façade de balcons et corniches a été confiée aux plus grands sculpteurs du moment. Dans un coin, côté droit, la sculpture du célèbre Rabbi Löw dans un style Art nouveau, réalisée en 1910 par ***Ladislav Šaloun,*** également auteur du monument dédié à Jan Hus sur la place de la Vieille-Ville. L'ensemble montre Rabbi Löw digne et impassible (il vécut presque centenaire).

PRAGUE

👍👍 ***Klementinum*** *(zoom centre C-D3)* **:** *entrée par la vaste cour intérieure de la Mariánské nám.* ☎ *222-220-879.* • *klementinum.com* • *Tlj 10h-18h. Visite guidée de 50 mn obligatoire. Entrée : 300 Kc ; réduc. La chapelle des Miroirs accueille ts les soirs un concert de musique classique.*

Immense collège fondé au XVIe s, mais l'édifice actuel fut construit en 1653 par les jésuites sur l'emplacement d'un ancien couvent. Ceux-ci vinrent à Prague sur la demande de Ferdinand Ier pour installer la Contre-Réforme. Près de 600 d'entre eux y vivaient. Le Klementinum occupe tout un pâté de maisons. On ne devine pas ses dimensions, car il est entouré par des ruelles de chaque côté. C'est le 2e plus grand édifice de la ville après le château. Le Klementinum était si important en surface (7,5 ha) et en influence à cette époque pour les jésuites qu'ils l'avaient surnommé « *Isola Nostra* », « notre île ». On y trouvait un couvent, 2 églises, 2 chapelles, un théâtre et, évidemment, de nombreuses salles d'étude et des bibliothèques. C'est d'ailleurs aujourd'hui une grande bibliothèque universitaire et la bibliothèque d'État (6 millions d'ouvrages).

Le développement du Klementinum et de son université avait un objectif purement politico-religieux. Tous les enfants de nobles s'y rendaient. L'objectif était avant tout de regagner les âmes catholiques égarées et de concurrencer l'université Charles...

– ***La bibliothèque baroque :*** on vous montrera le mécanisme d'une horloge dotée de 3 pierres de 60 kg chacune avant d'accéder à la superbe bibliothèque du 1er étage. Elle date de 1727 et renferme 20 000 livres d'époque (pour l'anecdote, ils sont en cours de numérisation par Google). Les visiteurs n'y entrent pas, se contentant de l'admirer depuis le seuil *(photos interdites).* Une vraie merveille, toujours baignée d'une atmosphère très particulière. Les ouvrages à la reliure de couleur blanche sont un reliquat de la bibliothèque jésuite. Ils étaient classés selon 3 degrés de connaissance, et il y avait même un département « livres défendus » dont les rayonnages sont aujourd'hui vides. Des colonnes torsadées conduisent le regard jusqu'au plafond, décoré d'une fresque en trompe-l'œil symbolisant les arts et les sciences. Au passage, on remarque les portraits de jésuites et de personnages importants de l'époque dans les médaillons. Noter, à droite en hauteur, l'ignorant qui tente de détruire un livre. En 1777, lorsque les jésuites furent chassés, la bibliothèque devint publique. Une intéressante rangée de globes terrestres et célestes de toutes tailles, regroupés au centre de la pièce, appartient à la collection de la salle des Mathématiques, aujourd'hui fermée au public. Dans le vestibule, le fac-similé du précieux *Codex de Vyšehrad* du XIe s, ainsi que quelques sextants, eux aussi originaires de la salle des Mathématiques.

– ***La tour astronomique :*** ascension de 172 marches pour accéder au sommet de la tour construite au début du XVIIIe s (escalier en bois raide et étroit à la fin). Pas d'ascenseur. L'histoire du Klementinum est liée au développement des sciences, surtout de l'astronomie et de la physique. Au départ, les portraits de ***Galilée,*** de ***Tycho Brahé*** et de ***Kepler*** rappellent l'importance de cette tour dans la vie scientifique de la Bohême. La tour contient déjà les instruments de mesure astronomique et climatique. Elle fut désertée par les astronomes au début du XXe s. On découvre plusieurs salles organisées en petit musée.

– Dans la ***salle des méridiens,*** on pourra ainsi voir des sextants (une invention de Tycho Brahé), un ingénieux escabeau portable, de belles lunettes astronomiques et de curieux cadrans attachés aux murs. Dans une autre salle, divers instruments de mesure (baromètres, thermomètres, horloges) datant du XVIIIe s. Enfin, ***tout en haut de la tour,*** on arrive dans une pièce carrée fermée par 4 doubles portes. Du balcon extérieur, on découvre une vue magnifique sur la ville.
– ***La chapelle des Miroirs :*** *au rdc, sur cour. Ne se visite pas sauf pdt les concerts.* Superbe et totalement baroque, elle accueille donc tous les soirs des concerts de musique classique. Noter les miroirs sur les murs et le plafond qui forment des étoiles. C'est sur le petit orgue au-dessus de l'entrée que joua Mozart lors d'une visite.
– On aboutit sur la ***place des Croisés*** *(Křižovnické náměstí),* du nom de l'ordre religieux qui a récupéré son couvent après la révolution. On y trouve 2 églises et une statue.

Kostel Svatého Salvátora *(église Saint-Sauveur ; zoom centre C-D3,* ***272*****) :** *située exactement à l'angle de Karlova et de Křižovnické nám., juste à côté d'une des entrées du Klementinum dont elle était une partie intégrante.* Renaissance à l'origine, baroque plus tard ; de nombreux grands architectes interviendront pour ses multiples rénovations. En façade, il y a du monde au balcon et même debout sur la corniche. Peintures, stucs et sculptures diverses constituent la décoration intérieure. Concerts en saison.

Kostel Svatého Františka z Assisi *(église Saint-François-d'Assise ; zoom centre C3)* **:** *Křižovnické nám. Accessible lors de la messe de 7h et lors des concerts.*
Son histoire est liée à celle d'un ordre hospitalier tchèque fondé en 1233 par sainte Agnès de Bohême, l'ordre des chevaliers de la Croix de l'Étoile Rouge. Celui-ci s'est répandu en Pologne et en Hongrie, a connu son apogée au XVIe s avant de décliner. Une étoile rouge et une croix rouge figurent sur le blason de l'ordre, cela n'a pas empêché qu'ils soient mis à l'index par une autre étoile rouge, celles des communistes après 1949.
Malgré l'exiguïté du site, l'église devait faire concurrence à l'imposant Klementinum. Les membres de l'ordre demandèrent au Bourguignon ***Jean-Baptiste Mathey*** (qui réalisa le château de Troja) d'occuper le terrain. Résultat, tant à l'extérieur qu'à l'intérieur, il n'y a pas un 1 cm² de libre.
La façade est austère et lourdaude, assez dépouillée, avec au-dessus un énorme dôme de bronze disproportionné. L'intérieur, accessible seulement lors des concerts, se révèle on ne peut plus baroque. Voir la chaire de bois doré, les dessous de balcons surchargés, les tombeaux de verre dans l'une des chapelles latérales (pas visible depuis la porte) où les squelettes de nobles ont été reconstitués et habillés (un peu macabre, tout ça !). Mais le clou reste l'***immense coupole*** occupée par l'admirable fresque symbolisant *Le Jugement dernier.* Mozart joua ici. L'église est essentiellement utilisée pour des concerts d'orgue *(en principe, tlj en été à 20h ; entrée : env 500 Kc).* Il faut dire que le buffet d'orgues est le 2e plus ancien de la ville.

La vieille ville au sud de Karlova

Au sud de Karlova : vous aborderez un lacis de ruelles. Prendre *Husova* et bifurquer dans les petites rues quasiment en enfilade ***Anenská*** et ***Řetězová.*** Au ***n° 3*** se trouve une intéressante demeure : la maison des seigneurs de Kunštát *(dům pánů z Kunštátu a Poděbrad).* Rénovée, elle abrite un café accueillant. Dans sa courette, accès à une superbe cave romane du XIIe s, autrefois un rez-de-chaussée et un des plus marquants vestiges de cette époque à Prague. Voûtes basses, piliers énormes, atmosphère fraîche et humide. On compte encore une bonne quarantaine de maisons romanes rien que dans la vieille ville. C'est aussi une petite galerie d'art.

Anenské náměstí** (zoom centre C3)* **:** discrète place pavée, non loin des quais de la rivière Vltava et du musée Smetana. À gauche du café *Divadlo Na zábradlí* (n° 5 de la place) se tient le ***palais Pachta de Rájov. Construit en 1760 dans le style baroque pour le comte du même nom, un passionné de musique qui hébergea Mozart en l'enfermant dans une chambre afin qu'il compose de la musique rien que pour lui. Le musicien lui dédia ses *Danses allemandes.* On dit aussi que Mozart y rencontra Casanova. En outre, Beethoven et Wagner y logèrent. Aujourd'hui le palais abrite un hôtel de luxe *(Hotel Smetana)* qui donne sur les quais. Les plus vieux bâtiments sont à l'arrière tandis que les autres ont été refaits au XIXe s.

Bedřich Smetana Muzeum** (musée Smetana ; zoom centre C3, **221**)* **:** *Novotného lávka 1. Tlj 10h-17h ; fermé mar. Entrée : 50 Kc ; réduc.* Un petit musée anecdotique qui rappellera à certains (et amusera les enfants qui savent pointer une baguette-laser sur une partition) que ***Smetana est le compositeur du morceau *Vltava* (ou *Moldau*), du nom du fleuve pragois. Un morceau qui devrait sonner très familièrement à vos oreilles, composé par Smetana alors qu'il était devenu sourd. Né à *Litomyšl,* il a vécu aux 4 coins de la Bohême puis en Suède, où il enseigna. Des vitrines retracent sa vie et son œuvre. Dehors, sur la jetée, sa statue, qui semble fixer le Théâtre national au loin. Au fait, en tchèque, *smetana* signifie « crème » !

***Betlémské náměstí** (place de Bethléem ; zoom centre D3)* **:** agréable placette tenant son nom de la chapelle voisine, elle est entourée de rangées de maisons vénérables, notamment la maison *U Halánků,* ensemble du XVe s, et celle, plus baroque, qui abrite un resto italien...

***Betlémská kaple** (chapelle de Bethléem ; zoom centre D3)* **:** *sur Bethlémské nám. Infos au ☎ 224-248-595. Tlj 10h-18h30. Fermé lors de la remise de diplômes de fin d'année. Entrée : 60 Kc ; réduc. Texte en français à disposition.* L'édifice est la copie conforme d'une austère église-halle, sans nef, qui compte beaucoup dans le cœur des Tchèques. Bâtie dans les années 1391-1394 par le gouverneur de la vieille ville, et aujourd'hui une copie du monument d'origine, ce fut ici que démarra le mouvement hussite. Jan Hus, recteur de l'université de Prague, y prêcha de 1409 jusqu'à sa mort. Détruite peu de temps après, la chapelle fut reconstruite en 1948, pour sa portée symbolique. On y a repeint des scènes médiévales qui évoquent notamment la mort de Jan Hus. Petite expo à l'étage. Concerts de temps en temps.

À l'angle de *Konviktská* et de *Karoliny Světlé (zoom centre C3),* allez voir la ***rotonde de la Sainte-Croix,*** un des derniers vestiges romans de Prague. Probablement édifiée au début du XIIe s, elle fut restaurée au XIXe s.

***Kostel Svatého Jiljí** (église Saint-Gilles ; zoom centre D3)* **:** *sur Husova, face au n° 7. GRATUIT.* Elle abrite les plus grandes orgues classiques (3 500 tuyaux) de Prague, qui datent de 1737. L'église accueille souvent des concerts, ce qui est d'ailleurs le seul moyen de les voir et surtout de les entendre résonner.
De l'époque gothique, il ne reste que 2 tours asymétriques. L'intérieur est de style baroque : les chapiteaux, les moulures et surtout les fresques du plafond qui évoquent l'ordre de saint Dominique. À chaque pilier est fixé un autel. Les moulures des chapiteaux furent installées au XVIIIe s au moment de l'aménagement de l'église, soulignant encore le style baroque. À gauche, après l'entrée, curieuse statue de Martín de Porres, un saint péruvien noir qui tient un balai, avec un petit chien et un chat à ses pieds...

MALÁ STRANA *(zoom Malá Strana A-B-C3)*

Malá Strana signifie « petit côté », par rapport à l'autre berge de la Vltava où se trouve la vieille ville. Remanié de fond en comble aux XVIIe et XVIIIe s, ce quartier au pied du château conserve depuis cette époque une unité architecturale unique en Europe. Encore plus que la vieille ville, Malá Strana invite aux promenades romantiques,

poétiques et amoureuses à travers ruelles, escaliers, passages multiples bordés de merveilleux palais et de jardins secrets. Et lorsque vous frisez l'overdose, allez donc saluer les cygnes qui nichent sur les berges de la Vltava, entre le pont Mánesův et le musée Kafka...
– Attention : vous ne serez pas seul ! Comme à Venise, il y a toujours beaucoup de monde. La solution : venir en hiver (mais pas à la période des fêtes où c'est aussi fréquenté qu'en été !), un jour de semaine et en privilégiant l'heure du déjeuner (les groupes se restaurent)...
Dès que le pont Judith (le 1er pont d'époque romane, aujourd'hui disparu) enjambe la Vltava au XIIe s, des quartiers d'habitation se développent sur l'autre rive. Malá Strana est alors une commune indépendante au XIVe s. La ville est prospère et habitée surtout par des colons allemands. ***Charles IV*** la développe et fait édifier des remparts tout autour. À la suite de l'incendie de 1541, dû à des travaux sur le toit du palais *Smiřický,* les vieilles maisons de bois partent en fumée pour faire place à de beaux palais Renaissance, édifiés par des artistes italiens qui, eux-mêmes, céderont le pas à la folie du baroque au XVIIIe s.
Malá Strana a conservé son caractère unique et son style architectural fixé à la période baroque. Ce style a déferlé avec une telle force que tout Malá Strana est aujourd'hui d'une incroyable cohérence. Dès qu'une famille devenait riche, elle faisait construire son petit palais baroque. La ville fut rattachée aux autres communes à la fin du XVIIIe s pour créer Prague sous Joseph II.

PRAGUE

Muzeum Karlova mostu *(musée du pont Charles)* ***et petites balades en bateau :*** *du côté de la vieille ville, juste avt de traverser le pont, à gauche de l'église Saint-François-d'Assise (zoom centre C3).* *776-776-779. Ouv 10h-20h en été (19h puis 18h hors saison). Entrée : 170 Kc. Billet combiné avec balade en bateau sur la rivière : 340 Kc. Réduc. Départs 10h-19h (18h en hiver), ttes les 15 mn (guide anglophone) ; guide francophone selon affluence. Durée : 45 mn.* Le musée retrace en détail l'histoire de la construction du pont. Les bateaux-mouches de style rétro attendent en contrebas, sous les arches du pont qui datent de 1160.

Karlův most *(pont Charles ; zoom Malá Strana C3)* **:** l'une des merveilles de Prague, un pont quasi mythique, trait d'union entre la vieille ville et Malá Strana. Pont piéton, c'est l'un des rares exemples en Europe de continuité urbaine harmonieuse. Avant le pont Charles, il y eut le pont Judith, en bois. Édifié au XIIe s, il fut emporté en 1342 par les eaux tumultueuses de la Vltava. Charles IV, le grand bâtisseur, entreprit alors la construction d'un nouvel ouvrage en pierre, en 1357. Le pont fut d'abord appelé le pont de Pierre... en référence au matériau utilisé et non au nom de l'architecte de la cathédrale Saint-Guy, ***Petr Parléř,*** qui ne fit sans doute qu'achever sa construction. Il prit le nom de Charles au XIXe s, pour rendre hommage à l'illustre personnage qui para la ville de tant de merveilles qu'elle devint l'un des principaux joyaux d'Europe.
Long de plus de 500 m et large de 10 m, le pont repose sur 16 énormes piliers de grès, censés casser le courant. Les énormes troncs disposés devant ceux-ci les protègent des blocs de glace qui pourraient s'y écraser en hiver. Lors des inondations de l'été 2002, la Vltava monta si haut qu'elle noya les troncs. Les autorités de la ville décidèrent alors de supprimer les plus gros bateaux encore sur le fleuve, de peur que le courant ne vienne les projeter et fracasser le pont.

LE NOMBRE D'OR DU PONT CHARLES

La 1re pierre du pont a été posée le 9 juillet 1357 à 5h31 précises. Pourquoi ? Les astronomes du roi Charles IV avaient tout prévu. Ils voulaient un numéro étonnant et de bon augure. Soit le 135797531 (1357, 9 juillet, 5h31). Cela s'appelle un palindrome. Le chiffre peut se lire dans les 2 sens et reste le même. Les astronomes étaient superstitieux, mais ils savaient compter...

Il va sans dire que le pont Charles est très fréquenté à la haute saison touristique, c'est même tout le temps la cohue. Certains week-ends, en été et lors des fêtes de fin d'année, il faut parfois une bonne demi-heure pour le traverser. Brosseurs de profil, peintres du dimanche, marionnettistes, gratteurs de guitare... toute la panoplie est là. Le public est à la fête... tout comme les pickpockets. Cette débauche touristico-commerciale en énervera plus d'un. Alors un conseil, venez au lever du soleil avant l'arrivée des marchands du temple. Avec un peu de chance, dans une lumière d'une douceur infinie, vous ne le partagerez qu'avec quelques flâneurs. De même en soirée, avec en arrière-plan les illuminations du château : sublime ! Ne pas hésiter à traverser plusieurs fois le pont, il s'y passe toujours quelque chose. De chaque côté du pont s'élèvent des tours magnifiques.

Staroměstská mostecká věž *(tour du pont de la Vieille Ville ; zoom centre C3)* **:** *tlj ; avr-sept 10h-22h (mars et oct 10h-20h, nov-fév 10h-18h). 724-379-677. Dernière visite 30 mn avt fermeture. Entrée : 100 Kc ; réduc.*
On considère cette tour comme l'une des réalisations gothiques les plus achevées d'Europe. Elle servit de modèle à la tour poudrière de la *Republiky náměstí*. L'ensemble est décoré avec finesse et élégance, sans surcharge. Édifiée par *Petr Parléř* dans un style gothique superbe, elle fut achevée en 1400. Elle faisait partie d'une ceinture de remparts qui protégeaient la vieille ville et traversa les siècles pratiquement sans dommages ni transformations, bien qu'elle ait évité de justesse la destruction lors de l'invasion suédoise au XVIIe s.
Sur la partie extérieure, en venant de la vieille ville, on trouve les statues de ***Venceslas IV*** (dont l'emblème préféré était un martin-pêcheur enroulé dans un ruban) à droite, Charles IV à gauche et au centre saint Guy. Vue exceptionnelle tout en haut, évidemment.

Les statues du pont : on commença à élever des statues au-dessus de chaque pilier du pont au XVIIe s, d'abord quelques-unes puis beaucoup plus au siècle suivant. L'ensemble retrace toute l'histoire religieuse de la ville. Sur une structure parfaitement gothique repose donc un style éminemment baroque. Le mélange ne plut pas à Rodin en visite à Prague. Mais il semble être du goût de millions de touristes... Cette profusion de soutanes et de crucifix était en fait un véritable panneau publicitaire permanent pour la Contre-Réforme. Le protestant qui traversait le pont à cette époque devait se sentir mal dans ses chausses.
La plupart des statues furent fondues par *Matthias Braun* et l'atelier de *Brokoff*. Nombre d'entre elles sont aujourd'hui des copies (les originales commençaient à drôlement s'user), ce qui n'empêche pas qu'elles soient noircies par la pollution. Elles constituent une véritable galerie de personnages, un musée Grévin de pierre et de bronze qui accueille notamment (on ne cite que les plus marquants), dans l'ordre d'apparition à l'image, en partant de la vieille ville, et sans souci hiérarchique.
- ***Le groupe de saint Yves, patron de la Bretagne et des Bretons :*** *1er sur la gauche.* Fils de paysans pauvres (XIIIe s), Yves fit des études de droit et de philosophie, devint prêtre et fut surnommé « l'avocat des pauvres », réputé pour son intégrité morale et son sens de la justice.
- ***Le groupe de sainte Barbe :*** *2e sur la gauche.* Entourée des saintes Marguerite et Élisabeth.
- ***Le groupe de la Sainte-Croix :*** *3e sur la droite.* On peut y lire une inscription en hébreu, don du juif *Elie Backenoffen* qui se serait moqué de la Croix. En punition, il fit graver une sentence du prophète Isaïe. Voir les gros caractères dorés dans la partie haute.
- ***La statue de saint François-Xavier :*** *5e sur la gauche.* Ce missionnaire jésuite du XVIe s, d'origine basque, fut envoyé en mission en Extrême-Orient. Il symbolise l'expansion de la foi chrétienne et du catholicisme dans le monde. On le voit baptisant un prince converti.
- ***Le groupe de saint Norbert :*** *7e sur la droite.* Avec saint Venceslas et saint Sigismond des Burgondes. Originaire de Rhénanie, converti au christianisme en 1115, Norbert se réfugie en France, où il fonde l'ordre des Prémontrés, à Prémontré près

de Laon. *Sigismond de Bourgogne* est un des patrons de la nation tchèque. Il a eu la mauvaise idée de tuer son fils, suite à une erreur, et finira mal : il est assassiné par les Francs après la défaite de son armée et jeté dans un puits avec sa famille.

– ***Le groupe de saint Jean Népomucène :*** *8e sur la droite.* Ce fut la 1re statue (1683) du pont et c'est la plus remarquée. Originaire de Pomuk, près de Plzeň, où il est né en 1345 dans une famille de colons allemands, ***Jean Népomucène*** devint vicaire général puis il tomba en disgrâce. Il fut arrêté, torturé, ligoté et jeté à moitié mort dans la Vltava. Le saint devint le symbole du sacrifice des jésuites pour soutenir la ferveur des catholiques au moment le plus dur de la Contre-Réforme. En 1719, on exhuma son corps pour s'apercevoir que sa langue était restée rouge et bien charnue (celle-ci est conservée comme relique au haut du clocher de l'église *Saint-Jean-Népomucène-sur-le-Rocher* ; voir plus loin). 1er patron spirituel de la Bohême, il fut canonisé en grande pompe. Depuis, tous les ponts d'Europe centrale ont un saint Jean Népomucène pour gardien et c'est le protecteur des bateliers. L'existence même de ce personnage n'est pourtant pas vraiment certaine. Cependant, de nombreux documents semblent concorder pour admettre la thèse que le prélat a bien existé, mais probablement avant l'époque à laquelle la légende lui prête vie...

SECRET PROFESSIONNEL

Au XIVe s, Jean Népomucène était le confesseur de la reine. On raconte que le roi Venceslas IV prit ombrage de son refus de lui relater les secrets de confession de sa femme. Battu à mort par des hommes à la solde du roi, il fut jeté à la rivière. Certains métiers sont plus risqués que d'autres...

– Dans la partie basse du monument ; un bas-relief de bronze montre à droite ce qu'il advint du prélat jeté depuis le pont. Sur la gauche, on voit la reine se confessant au saint.

– ***Le groupe de saint Jean de Matha, Félix de Valois et Ivan :*** *14e sur la gauche.* Jean et Félix (des nobles français) fondèrent en 1198 l'ordre des Trinitaires, alors qu'ils étaient partis aux croisades en Terre sainte. Mission : racheter les prisonniers détenus par les musulmans au Maroc. Jean de Matha en sauva beaucoup. Au pied du monument, un garde turc enturbanné surveille un cachot où des chrétiens sont enfermés derrière une grille. Quant à Ivan (en haut à droite, celui qui tient un crucifix), il fut le 1er ermite tchèque au IXe s.

– ***La statue de saint Venceslas :*** *15e et dernière sur la gauche.* Le père fondateur et vénéré de la Bohême, un des grands souverains tchèques. Il était tellement remarquable, aux dires des Tchèques, qu'il est mort assassiné par Boleslav, son frère terriblement jaloux, alors qu'il se rendait à la messe.

L'hôtel U Tří Pštrosů *(Aux Trois Autruches ; zoom Malá Strana C3,* ***68*****) :** *au pied des tours du pont Charles, en contrebas sur la droite.* Remarquable édifice Renaissance dont la façade est ornée de 3 autruches peintes. C'était une ancienne boutique de plumes d'autruche, élément de décoration très à la mode sous l'empereur Rodolphe II (XVIe s). Le propriétaire fit peindre un troupeau d'autruches sur sa façade (il n'en reste que 3), réalisant ainsi le 1er mur peint publicitaire de la ville.

Malostranské mostecké věž *(tours côté Malá Strana)* **:** *tlj avr-sept 10h-22h (20h oct et mars, 18h nov-fév). Dernière visite 30 mn avt fermeture. Entrée : 100 Kc ; réduc. Petit fascicule en français disponible. Attention, on ne visite que la grande tour gothique, pas la petite tour romane.*
C'est l'enchantement. Il faut admirer ici l'intelligence de l'architecture pragoise. Ces 2 tours ont toujours eu pour rôle de garder le passage du pont sur la Vltava. Dans l'échancrure des 2 tours (une à chaque extrémité du pont) s'inscrivent les silhouettes des clochers, clochetons et dômes de l'église Saint-Nicolas, précédés d'une cascade de toits. Le tout encadré de merveilleuses demeures baroques, statues, etc. En toile de fond, l'altier château royal et les flèches de la cathédrale Saint-Guy.

La plus petite des 2 tours (à gauche en venant du pont Charles), de style roman, date de l'époque du pont Judith. L'autre tour, celle se dressant à droite de l'arche en venant du pont Charles, de style gothique, fut édifiée en 1464. Malgré son toit pointu en forme de pyramide couverte d'ardoises, elle ne possède pas la même pureté de lignes. C'est pourtant elle que l'on visite. 5 étages et 146 marches à grimper par un escalier en bois. Là-haut, joli point de vue entrecoupé par les créneaux.

*** ***L'île de Kampa*** *(zoom Malá Strana C3)* **:** *à l'entrée de Malá Strana, au bout du pont sur la gauche, descendre les escaliers.*
Vous aurez remarqué ***Na Kampě,*** cette élégante place bordée de nobles demeures anciennes. Elle se prolonge par un parc menant au pont Legií (ex-pont du 1er-Mai). La *Čertovka,* un bras mort de la Vltava, enlace amoureusement l'île, et un joli moulin retapé tourne doucement. D'autres sont à l'état de vestiges. De nuit, nous vous conseillons de commencer la balade au pont Legií et de traverser ce parc si poétique pour déboucher sur *Na Kampě.*
C'est une placette d'un charme fou, bordée de maisons simples, aux toits de tuiles. On se croirait vraiment à 1 000 lieues de la capitale active d'un État moderne. L'hiver, c'est tout simplement l'endroit le plus romantique de la ville. L'été, de petits artisans y assurent une gentille animation. Sur ***Na Kampě,*** au ***nº 1,*** une maison de 1664 avec une porte décorée d'une enseigne *Au Renard Bleu.* Cet animal est lié à une fable tchèque, selon laquelle le renard veut noyer un jars irrespectueux à son égard. Le renard tient une rose dans sa bouche. Aujourd'hui, cette maison abrite l'ambassade d'Estonie.

** ***Muzeum Kampa*** *(musée Kampa, fondation Jan et Meda Mládek ; zoom Malá Strana C3)* **:** *U Sovových mlýnů 2. ☎ 257-286-147. • museumkampa.cz • Tlj 10h-18h. Tarifs variables en fonction des expos temporaires, 50-200 Kc env selon importance de l'expo. Souvent un billet combiné pour ttes les expos.*
Bordé par la Vtlava, ce musée insolite est aménagé dans des moulins du XIVe s. Au-delà de la réussite muséographique moderne, ce lieu révèle une foi inébranlable en la force créatrice, surtout quand toutes les libertés sont bafouées ou s'apprêtent à l'être de nouveau selon le cours et les vicissitudes de l'Histoire. Il célèbre non seulement les plasticiens mais aussi les arts de la scène en accueillant des spectacles en plein air. En arrivant au musée, impossible de ne pas voir les 3 statues en bronze de nourrissons géants, sans visage et à 4 pattes, posées à proximité. Leur auteur ? ***David Černý,*** l'incontournable provocateur, dont on retrouve les créatures en pleine escalade de la tour de la Télévision (voir plus loin la partie consacrée au quartier de Žižkov).
Le musée Kampa est l'aboutissement d'une vie, celle de ***Meda et Jan Mládek.*** Après 1946, en exil à Paris, Meda étudie à la Sorbonne et à l'école du Louvre. Elle rencontre son futur époux Jan et fonde la maison d'édition *Sokolová.* Plus tard, le couple s'établit à Washington, où Jan Mládek fut un des 1ers gouverneurs du FMI (Fonds monétaire international). Les ***Mládek*** ont été les mécènes de nombreux artistes, compatriotes tchèques ou originaires d'autres pays communistes où il leur était impossible d'exposer.
Après la « révolution de Velours », en 1989, Meda Mládek, seule après le décès de Jan, rentre à Prague pour offrir à son pays l'ensemble de sa collection, soit près de 2 000 pièces. Elles constituent aujourd'hui une grande partie du fonds du musée, mais celui-ci est exposé en hiver seulement (l'été, expos temporaires). Parmi elles, 215 œuvres du peintre tchèque ***František Kupka*** (1871-1957), rencontré en France, reflètent sa créativité multiforme. Ses toiles très colorées, comme enflammées, voisinent avec ses compositions géométriques des années 1920-1930, des affiches publicitaires, des études animalières et 36 gouaches, toutes cachetées à la cire et certifiées. Autres œuvres fondatrices de la collection, les sculptures du cubiste ***Otto Gutfreund*** (1889-1927), l'un des précurseurs de l'art moderne tchèque.
À côté de ces ténors, le musée expose aussi des artistes contemporains d'Europe centrale et des Balkans. Étonnantes, leurs créations sont mises en scène de manière percutante dans des espaces lumineux.

Ajoutons, comme s'il fallait encore une raison d'y aller, son agréable terrasse au bord de l'eau qui jouit d'une des plus belles vues sur la vieille ville.

Le musée Franz-Kafka *(zoom Malá Strana C3)* **:** *Cihelná 2b.* ☎ *257-535-373.* ● *kafkamuseum.cz* ● Ⓜ *Malostranská (ligne A). Tlj 10h-18h. Entrée : 200 Kc ; réduc de 10 % sur résa et de 20 % avec la* Prague Card *(réducs non cumulables). L'entrée donne droit à un billet à 50 % au musée Mucha. Se procurer l'excellente brochure* Prague de Franz Kafka *avec plan, photos, textes (payante).*

Avant d'entrer, impossible de louper l'une des facéties provocatrices de ***David Černý*** : les statues de 2 hommes urinant en mouvement dans un bassin qui a la forme du pays ! Un humour qui contraste avec ce musée vêtu de noir, en hommage au célèbre écrivain tourmenté. Un musée surprenant, qui propose des documents inédits sur l'écrivain tchèque (photos, correspondances privées et officielles). Ironie de l'histoire, ***Franz Kafka*** (1883-1924), qui vécut pauvrement et malade à Prague à l'ombre de l'histoire, fait partie aujourd'hui des « monstres sacrés » du patrimoine littéraire mondial. Certains puristes trouveront ce musée exagéré et n'apprécieront que modérément la mise en lumière excessive de ce « soleil noir » des lettres. Le lieu est néanmoins réussi en termes d'atmosphère et mérite une visite.

Les salles sont constituées de mises en scène audio et vidéo. Un film projette des images en noir et blanc très déformées, histoire sans doute d'illustrer la célèbre *Métamorphose.* Des rangées de tiroirs expriment la froideur bureaucratique de l'univers kafkaïen. Évocation des lieux pragois liés à l'écrivain, comme le *Café Arco* dans la rue Hybernská (actuellement fermé).

Lettre à son père, écrite en 1919 : « Ton avis était le bon, tout autre n'est que folie, sauvagerie, idiotie. » Le complexe du fils face à un père autoritaire revient en filigrane. Dans *La Métamorphose,* le narrateur se réveille transformé en cafard et sa famille l'isole peu à peu. Les failles s'entrouvrent : relation difficile au père, aux femmes et à son travail de juriste. À partir de 1911, Kafka opère un retour vers le judaïsme. À l'origine de ce tournant, sa rencontre avec ***Jizchak Löwy,*** un acteur juif de Pologne. Pragois sédentaire, Kafka ressentait une certaine admiration pour ces juifs saltimbanques. Une lettre de cette année-là raconte une pièce en yiddish jouée par l'acteur au *Café Savoy* (toujours en activité). Inventeur d'un nouvel allemand littéraire, il se tournera néanmoins de plus en plus vers le tchèque. Enfin, ne pas manquer les vitrines présentant les femmes qui marquèrent la vie de Kafka : ***Dora Diamant*** (1904-1952), sioniste venue de Pologne, qui resta avec l'écrivain jusqu'en 1924 (date de la mort de Kafka), et ***Milena Jesenská,*** sa traductrice, qui périt en 1944 au camp de Ravensbrück... Un musée unique, douloureux sur le fond, mais d'une belle élégance.

UN CAS MÉDICAL

L'hypocondriaque Kafka souffrait de dépression et de phobie sociale. Il présentait aussi des pathologies liées au stress : migraines, insomnies, constipation et furoncles. Il se méfiait de la médecine officielle et combattait ses maux avec un régime végétarien et en buvant du lait non pasteurisé. Il passait ses vacances en cures de repos au sanatorium pour lesquelles la compagnie d'assurances où il travaillait lui octroyait des congés exceptionnels. En 1922 (à 39 ans !), il prit sa retraite à cause de son état général déficient. Finalement, une tuberculose l'emporta.

Le musée Karel-Zeman *(zoom Malá Strana C3,* ***277****)* **:** *Saský dvůr, Saská 3.* 📱 *724-341-091.* ● *muzeumkarlazemana.cz* ● Ⓜ *Malostranská (ligne A). À gauche à la boutique* Marionety, *bien caché sous le pont Charles. Tlj 10h-19h. Entrée : 250 Kc ; réduc (également avec la* Prague Card*) ; gratuit pour les enfants de moins d'1 m.*

Karel Zeman, né en 1910, est un pionnier de l'animation à qui *Tim Burton, Terry Gilliam, George Lucas* et *Steven Spielberg* doivent beaucoup ! Après avoir étudié et travaillé en France, il retourne dans son pays d'origine et se lance dans la publicité et le film d'animation. Considéré comme un précurseur en matière d'effets spéciaux, il réalise des films qui aujourd'hui encore, malgré des scénarios souvent naïfs, surprennent par leur audace visuelle (pour l'époque) et, disons-le, par leur côté désuet, kitsch et poétique (images en sépia, carton-pâte bien visible, etc.). Ce sympathique petit musée retrace son univers à l'aide d'extraits de films, tous remplis d'enfants, de dinosaures ou tournés vers la mer. Intéressant de décortiquer ses effets spéciaux et notamment la perspective. Les bambins grimperont sur la « machine volante » derrière laquelle défile un décor imaginaire et s'offriront une petite vidéo sur fond vert où s'incruste le décor de leur choix. On constatera bien vite que Karel Zeman admirait beaucoup Méliès (*Les Aventures du baron de Münchausen,* renommé baron Prášil) et Jules Verne *(L'Arche de M. Servadac).* Ses films sont d'ailleurs en vente à la boutique.

PRAGUE

Mostecká *(zoom Malá Strana C3)* **:** c'est la rue en prolongement du pont Charles. Juste au début de la rue, côté droit, série de maisons Renaissance avec des pignons tous différents, ornés de mascarons, masques, potiches... Au ***nº 4,*** un ours enchaîné. Dans l'enfilade, au bout, apparaît l'église Saint-Nicolas. Toute cette portion est éminemment touristique et commerciale. Au ***nº 15*** de Mostecká, beau *palais Kaunitz* abritant l'ambassade de Serbie.

Malostranské náměstí *(zoom Malá Strana B-C2-3)* **:** *en haut de Mostecká. Ⓜ Malostranská (ligne A). Ⓣ lignes 12, 20 ou 22.*
La grande place de Malá Strana se présente en 2 parties : la partie basse et la partie haute où l'on trouve l'église Saint-Nicolas. C'est de fait la construction de l'église qui divisa la place en 2. Animée par le passage des tramways et par une circulation assez dense, elle fut d'ailleurs de tout temps un point de rencontre puisqu'un grand marché s'y tenait autrefois.
- Au ***nº 21*** de Malostranské, le long édifice plein d'élégance avec ses arcades abritait l'ancien hôtel de ville de Malá Strana à l'époque où Prague était encore composée de 4 villes bien distinctes. Restauré à grands frais, l'immeuble abrite plusieurs restaurants et cafés dont un excellent club de jazz, le *Malostranská Beseda Music Club* (voir « Où sortir ? »)...
- Au ***nº 23,*** la ***maison Kaiserštejnů*** avec ses sculptures baroques.
- Au ***nº 18,*** le ***palais Smiřický*** s'étend sur une grande partie de la place. Construit en 1572, il prit son aspect actuel au XVIIe s. En 1618, des nobles insurgés s'y réunirent. Ils préparèrent le complot qui se termina par la défenestration des gouverneurs par les fenêtres du château : c'est la tristement célèbre *défenestration de Prague.*

Kostel Svatého Mikuláše *(église Saint-Nicolas ; zoom Malá Strana B-C3)* **:** *Malostranské nám. 25. Accès par la partie haute de Malostranské. Mars-oct, tlj 9h-17h ; nov-mars, 9h-16h. Tarif : 70 Kc ; réduc. Concerts fréquents dans l'église en été. Programmation : ● stnicholas.cz ●*
Malgré sa façade assez quelconque, très large, qui se caractérise essentiellement par son élégante ondulation, Saint-Nicolas est l'un des chefs-d'œuvre du baroque fou qui enflamma les jésuites de la Contre-Réforme. Même ***Paul Claudel,*** alors consul de France à Prague, fut ébahi quand il la vit, c'est tout dire. Et encore, il ne vit peut-être pas les dorures restaurées comme c'est le cas actuellement... Cet ambitieux ensemble fut édifié entre 1673 et 1755, sous la responsabilité, entre autres, de ***Christoph Dientzenhofer*** puis de son fils. Tout dans la décoration va dans le sens de la richesse, de l'exubérance, de l'excès. Et c'est bien ce que les jésuites appréciaient dans ce style, parfaite illustration à leurs yeux du triomphe de l'Église catholique sur l'Église réformée. En matière de brillant et de clinquant doré, Saint-Nicolas est un must !
- ***La voûte de la nef :*** sublime (pour ne pas dire divine), elle représente l'apothéose de saint Nicolas. Effet de perspective saisissant. La fresque se poursuit par un trompe-l'œil fort réussi qui fait le lien avec les piliers de l'église. Chaque chapelle abrite un autel et un confessionnal en bois, enchâssés dans la paroi.

– Les ***colonnes,*** contrairement à ce que l'on pourrait croire, ne sont pas en marbre, mais en marbre artificiel, très utilisé à cette époque où l'apparence seule comptait.
– Sur la gauche, la ***chaire*** rococo, prise d'assaut par une colonie d'angelots joufflus, est également en faux marbre.
– ***La coupole :*** haute de 70 m, elle est décorée de fresques, représentant la *Sainte-Trinité.* Parmi les saints martyrisés, on peut essayer d'apercevoir (pas facile) *saint Matthias* portant la hache avec laquelle il fut décapité, *saint Simon* portant une grande scie sur son épaule, *saint Jean* avec la cuve d'huile bouillante dans laquelle il fut jeté et *saint Barthélemy* qui fut écorché, tenant sa peau, un couteau et un livre. Au bas des colonnes qui soutiennent la coupole, noter ces 4 ***statues gigantesques.*** Elles sont en bois recouvert de craie. On trouve *saint Basile,* placide et bon enfant ; *saint Cyrille,* qui tient en respect le mal avec sa crosse ; *saint Jean Chrysostome,* dit « bouche d'or », doctement représenté ; et *saint Grégoire* en train de prêcher. Sur la demi-coupole qui surplombe la chapelle à gauche des statues, repérer, dans le coin droit de la fresque, le jésuite en noir qui, caché derrière une colonne, surveille le bon déroulement des travaux. L'autodérision consacrée !
– Le ***maître-autel,*** bien protégé par les saints jésuites *Ignace de Loyola* (fondateur de l'ordre des Jésuites, triomphant de l'hérésie protestante) et *François-Xavier,* sous le regard impassible de saint Nicolas couvert d'or. Dire qu'on est dans l'exubérance est un doux euphémisme.
– Au-dessus de l'entrée, les ***orgues*** à 2 500 tuyaux sont placées sur une tribune éclairée par une grande fenêtre. Mozart y joua lors d'un de ses séjours à Prague. Après sa mort, on donna ici, le 14 décembre 1791, la messe du *Requiem,* et on le joue toujours aujourd'hui. Là encore, balcon en forme de vague et ribambelle d'angelots.
– ***La mezzanine :*** *prendre l'escalier de 60 marches à gauche du chœur.* De là-haut, vue saisissante sur les sombres peintures christiques, le buffet d'orgue et la nef qu'on voit de près. Noter comme les lignes de fuite et l'ensemble des effets de perspective de la nef ont été calculés pour être vus d'en bas, et non depuis là-haut. Pour le coup, tout semble déformé et tout s'écrase. Quel travail, quelle intelligence, quel talent !
– ***Le clocher :*** *accès par l'extérieur. Avr-sept 10h-22h (20h oct et mars, 18h nov-fév). Entrée : 100 Kc.*
– Avant de sortir, la dernière chapelle sur la droite (ou la 1re à gauche en entrant) est dédiée à sainte Barbe, la patronne de la mort heureuse. Tout en finesse et délicatesse, ce qui change du reste de l'église.

Au milieu de la place, une ***colonne de la peste,*** plutôt vilaine, commémore la fin de l'épidémie du début du XVIIIe s.

Lichtenštejnský palác *(palais Liechtenstein ; zoom Malá Strana B3)* **:** *sur la Malostranské nám., face au parvis de l'église Saint-Nicolas.*
Vaste palais dont la façade classique et banale (fin XVIIIe s) occupe une bonne partie de la place. Il abrite aujourd'hui l'Académie de musique (voir la rubrique « Vie culturelle »). Le palais doit son nom au comte *Charles Ier de Liechtenstein,* surnommé aussi « le comte sanglant », connu dans l'histoire du pays pour avoir été chargé, comme son compagnon de guerre *Valdštejn* (ou Wallenstein), de confisquer les biens protestants. Il en conserva une bonne partie pour lui. Sur le trottoir devant la façade, le curieux alignement de poteaux comme de singuliers parcmètres commémore en fait les 27 protestants décapités sur ordre des ***Liechtenstein.*** À la fin de la guerre de Trente Ans, l'armée suédoise occupe cette partie de Prague et s'installe dans le palais. De 1742 à 1790, il abrite le bureau de la poste, puis en 1850 les services financiers de l'armée autrichienne.
Pendant l'Occupation (1939-1945), c'est le commandement militaire de l'armée allemande qui s'y installe. Ironie de l'histoire, après la Seconde Guerre mondiale, le palais devient le siège de l'école des cadres du Parti communiste tchécoslovaque. Après ces turpitudes militaires et politiques, au début des années 1990, le palais retrouve une nouvelle jeunesse avec l'arrivée de l'Académie des arts de la musique.

Kostel Svatého Tomáše *(église Saint-Thomas ; zoom Malá Strana C2) : sur Letenská. Tlj 9h-17h (16h nov-fév). GRATUIT.*
Église petite par la taille mais délirante par sa déco. D'origine gothique, elle fut ouverte au culte en 1379, saccagée par les hussites en 1420, et détruite par le feu en 1503 et 1511. Sa transformation en style baroque est l'œuvre du célèbre Dientzenhofer. Son problème était de faire du grandiose dans un espace étroit. Délaissée par les touristes, elle possède pourtant quelques éléments intéressants. Composée de 3 nefs, elle possède des sculptures de ***Ferdinand-Maximilien Brokoff,*** illustre artiste de l'époque, et une toile du maître-autel, représentant *Le Martyre de saint Thomas* et *saint Augustin au bord de la mer,* attribuée à Rubens, mais ce n'est qu'une copie.
Chaque pilier de la nef abrite un autel baroque et bénéficie d'une décoration très recherchée. Beaucoup de stucs et de dorures. 2 d'entre eux, au centre de la nef principale, possèdent des tombes de verre, où le squelette du noble défunt est recomposé et rhabillé ! Gagner ensuite le ***cloître,*** auquel on accède par une porte à gauche de la chaire. Il appartient à ce qui était autrefois un couvent. On aperçoit là les vestiges gothiques de l'église précédente.

Tomášská** (zoom Malá Strana C2) :* au ***n° 1, la bâtisse qui fait l'angle avec la place Malostranské arbore sur ses murs 2 cadrans solaires, l'un côté rue, l'autre côté place. Ainsi, vous avez l'heure solaire toute la journée. On trouve, au ***n° 4,*** l'enseigne ***Au Cerf d'Or,*** où l'on découvre un cerf orné d'une croix entre ses bois.
– Au ***n° 2,*** l'auberge *U Schnellů,* célèbre pour avoir accueilli le tsar Pierre le Grand. Poursuite du circuit pour atteindre la place Valdštejnské où l'on voit le palais *Valdštejnský* (entrée par Letenská 10).

IMPÔT SUR LE NUMÉRO

L'empereur Joseph II d'Autriche avait besoin d'argent pour financer ses guerres. Pour en collecter, il eut l'idée d'introduire un système à double numérotation sur les maisons de Prague : un numéro pour la poste, un autre pour l'inspecteur du Trésor... D'où les 2 plaques rouges et bleues que l'on voit aujourd'hui dans les rues de Prague...

Valdštejnský palác, Valdštejnská zahrada *(palais Valdštejn, ou Wallenstein, et son jardin ; zoom Malá Strana C2) : Letenská 10 (accès direct au jardin depuis le métro) et Valdštejnské nám. (accès direct au palais). Ⓜ Malostranská (ligne A). Jardin : avr, mai et oct, tlj 7h30-18h (19h juin-sept), sauf les j. de fortes pluies. Palais : w-e seulement, avr-oct 10h-17h (18h juin-sept), nov-mars 10h-16h. GRATUIT. Expos temporaires régulièrement.*
Bâti au début du XVIIe s, il fut à l'époque l'un des plus grands palais de la ville. 23 demeures furent détruites pour lui faire de la place ! Son commanditaire, ***Valdštejn*** (1583-1634), parfois appelé Wallenstein, l'un des plus puissants chefs militaires catholiques du Saint Empire, s'illustra pendant la guerre de Trente ans (1618-1648). Il en profita pour s'approprier les biens des nobles félons. Mais, finalement compromis par ses relations ambiguës avec ses adversaires, il finit assassiné sur ordre de l'empereur. Son palais reflète par sa taille et sa richesse l'ambition de son créateur qui voulait égaler et surpasser la puissance du roi et de son château.
Ce palais est aujourd'hui le ***siège du Sénat.*** Malgré de nombreuses transformations, on peut encore voir dans les pièces ouvertes au public des éléments d'origine, typiques du début du baroque. Dans le grand hall, lieu des expos temporaires, observez la riche décoration stuquée et son plafond représentant *Valdštejn* en Mars, dieu de la Guerre ! Dans la salle d'audience circulaire, Vulcain forge les armes d'Énée dans un beau médaillon. Enfin, le couloir s'inspire des *Métamorphoses* d'Ovide.
Côté *Valdštejnské náměstí,* la cour du palais communique avec le jardin par un porche décoré dans un style rocaille. Adossée au palais et ouverte sur le jardin, la ***sala terrena,*** vaste et gracieuse loggia à colonnes (coiffée de tuiles romaines), parée de fresques retraçant la guerre de Troie. Ce lieu exquis accueille des spectacles

estivaux (programmes à l'entrée du jardin). Elle est reliée aux bosquets et parterres à l'italienne par une allée de statues (copies) réalisées au XVIe s par ***Adriaen de Vries,*** maître hollandais appelé à Prague par Rodolphe II. Toute l'harmonie du maniérisme s'y exprime dans des thèmes sensuels (Vénus et Adonis) ou virils *(Les Lutteurs).*
– ***Le mur en stalactites :*** à gauche de la volière, habitée par d'impressionnants grands ducs, ce mur artificiel et gris ressemble à un morceau de grotte hérissée de fausses stalactites et crevasses. Une fantaisie faite de formes végétales et animales, et de masques inquiétants... Tout au fond du jardin, dans la partie est, la ***salle du manège des Valdštejn*** (expos temporaires payantes). C'est là que les nobles gens apprenaient à monter à cheval en hiver. Toujours dans cette partie du jardin, une statue d'Hercule combattant le dragon au milieu d'un grand bassin.

Zahrady pod Pražským hradem *(jardins sous le château de Prague ; zoom Malá Strana C2)* **:** *Valdštejnská 12-14. • palacove-zahrady.cz • Ⓜ Malostranská (ligne A). Entrée au fond d'une cour pavée flanquant le conservatoire de musique. On peut également faire la visite en sens inverse, en entrant par les jardins du château. Mai-sept 10h-19h, avr et oct tlj 10h-18h ; fermé nov-mars et en cas d'intempéries. Entrée : 100 Kc ; réduc.*
Avant d'acheter votre ticket, notez, à l'entrée, le *buste de François Mitterrand,* signe de reconnaissance de la *Jazzova Sekce* (Section de Jazz) pour son soutien à la dissidence. Maintenant, affutez vos mollets et pénétrez dans cet ensemble de 5 petits jardins en terrasses, curiosités baroques d'inspiration italienne. Adossé à une colline au sud du château, le domaine était au Moyen Âge occupé par des vignes. Les jardins appartiennent chacun à un palais, ceux de *Ledebour, Pálffy* et *Kolowrat,* situés dans *Valdštejnská,* mais ils communiquent entre eux pour des raisons de... commodités. Au XVIIIe s, la noblesse de Bohême considère qu'aucun palais digne de ce nom ne peut se concevoir sans parc. Reliés par un système d'escaliers, de galeries, de gloriettes et de pavillons baroques, ces parcs constituent une jolie promenade et surtout un beau point de vue sur Malá Strana.
– Dans la partie basse, après le guichet, vous empruntez d'abord le ***jardin du Petit Fürstenberg.*** Son aspect actuel remonte à 1784. Regardez le plafond de la gloriette, en bas : fresque polissonne, dans le plus pur style du libertinage baroque. Une femme sur une balançoire semble offrir son popotin à un gentilhomme muni d'une badine ! On dirait du Fragonard. Plus haut, 2 tourelles ouvertes se répondent de part et d'autre de l'escalier central. Celle de droite permet de grimper jusqu'aux jardins du château. Sur la terrasse supérieure : vue magnifique sur la ville et les jardins, dont l'imbrication semble les rendre indépendants les uns des autres.
– ***Le jardin Kolowrat :*** coincé entre ses 2 voisins, le jardin du *Grand Pálffy* et le *Petit Fürstenberg.* Disposé en escaliers, à flanc de colline, rien de particulier, si ce n'est l'opportunité d'observer la structure apparente des terrasses.
– ***Les jardins du Grand et du Petit Pálffy :*** leur aspect actuel remonte à 1751. On y voit une fontaine avec une petite statue en fonte représentant Triton et un cadran solaire. Sachez que le prince *Charles d'Angleterre* finança la reconstruction de ces jardins en 1989. Malheureusement il faudrait peut-être songer à remettre la main à la poche, car les lieux se dégradent à nouveau...
– ***Le jardin du Ledebour*** *(ou Ledebourská)* **:** dans la *sala terrena,* quelques fresques de 1730, restaurées d'après modèle. Selon une légende, la fresque de la ruine de Pompéi contiendrait des morceaux de terre provenant du Vésuve. Niches en trompe-l'œil et motifs antiques. Là encore, une petite restauration s'imposerait...

Le grand jardin Fürstenberg *(zoom Mála Strana C2)* **:** *à droite des jardins sous le château ; entrée par la rue Valdštejnská, entre l'ambassade de Pologne et celle de Belgique. Entrée : 50 Kc.* Étendu sur 1,5 ha, il s'est installé sur d'anciennes vignes (il en reste !) et est traversé par un escalier qui grimpe au château. Là-haut, petit café avec vue, notamment sur les stalactites du Sénat.

✱ ***L'église Saint-Joseph*** *(zoom Malá Strana C3)* **:** *dans la Josefská. Messe en français ts les dim à 11h et présentation perpétuelle de l'hostie.* C'est l'aumônerie catholique francophone de Prague. De style baroque primitif (1698). Les 3 statues de la façade représentent saint Joseph, sainte Thérèse et saint Jean de la Croix. Bel éclairage intérieur par la coupole.

✱✱ Tout ce quartier est truffé de ***palais*** transformés aujourd'hui soit en ambassade, soit en administration, soit en siège d'entreprises. La plupart sont baroques, baroquisants ou fin Renaissance. Chacun possède au moins un petit quelque chose de notable : une lucarne, une façade, une sculpture... On ne les décrit pas tous, vous risqueriez la crise de foie architecturale.

✱ ***U Lužického semináře*** *(zoom Malá Strana C2-3)* **:** retour vers la rivière par cette charmante place. Au ***n° 24,*** jolie façade avec fenêtres ouvragées. Prolongée par *Míšeňská* : belles maisons aux ***n°s 4, 10 et 12.*** On arrive à nouveau à l'hôtel *Aux Trois Autruches,* au pied du pont.

✱✱ ***Nerudova*** *(zoom Malá Strana B2-3)* **:** l'une des rues les plus prestigieuses de Malá Strana. Longue succession de palais, porches remarquables, enseignes pittoresques. Chaque numéro se révèle digne d'intérêt.
- Au ***n° 5,*** le ***palais Morzin*** du début du XVIIIe s (aujourd'hui ambassade de Roumanie), réalisé par un Italien, surtout remarquable pour ses 2 Maures, atlantes colossaux qu'on trouve souvent en façade des palais des nobles ayant participé à la guerre. En effet, « les métis et les Noirs » étaient très utilisés comme chair à canon. Ici, les Maures ne se contentent pas de soutenir le beau balcon tout en rondeur (lourde tâche) mais ont tout simplement donné leur nom au palais. Sur la partie supérieure, 4 statues figurant les 4 parties du monde.
- Au ***n° 6,*** l'étroite ***maison À l'Aigle Rouge.***
- Au ***n° 12,*** 3 violons sont sculptés en bas relief sur la façade. C'était la boutique d'un fameux luthier, fondateur de l'école de Prague. Beethoven y vint lors de son séjour. Une interrogation : pourquoi un des violons nous tourne-t-il le dos ?
- Au ***n° 18,*** un autre édifice baroque avec masques et pots en corniche.
- Au ***n° 20,*** le ***palais Thun-Hohenstein,*** commandé par un comte dont l'emblème était l'aigle et dessiné par l'Italien Domenico Martinelli en 1702, abrite aujourd'hui l'ambassade d'Italie dotée de 2 aigles monstrueux.
- Au ***n° 11,*** enseigne du ***Mouton Rouge.***
- Au ***n° 27,*** superbe enseigne ***À la Clé d'Or*** *(U Zlatého Klíče),* stylisée à souhait, qui indique vraisemblablement la présence d'un serrurier ; c'est à présent un hôtel.
- Au ***n° 33,*** mascaron religieux encadré d'angelots.
- Au ***n° 34,*** saint Venceslas, le patron de la Bohême, sur son cheval. Autrefois, il n'y avait que le cheval. Il indiquait la présence d'un maréchal-ferrant. Le propriétaire suivant, maire de la ville de *Hradčany,* y fit ajouter le saint sur le cheval. C'est ce qu'on appelle de l'opportunisme artistique. Notez aussi le fer à cheval doré.
- Au ***n° 39 bis,*** blason avec lion et coupe d'or. Abrite une auberge.
- Au ***n° 41,*** une écrevisse.

LES ENSEIGNES NOUS RENSEIGNENT

C'est dans cette rue qu'on se rend le plus compte de l'importance de l'enseigne de porte. Jusqu'à la fin du XVIIIe s, où l'on entreprit un début de numérotation des rues, c'était le seul moyen d'identifier les maisons. Ainsi, pratiquement toutes avaient sur la façade un élément de reconnaissance qui permettait au visiteur de s'y retrouver. Noms bizarres, expressions imagées, la plupart des enseignes sont liées à des légendes et tout droit sorties du bestiaire alchimique. Qu'y a-t-il derrière le signe du « Cupidon noir », de la « Pierre d'or », du « Soleil noir » ? Levez le museau !

– Au ***n° 47,*** enseigne ***Aux Deux Soleils d'Or*** et plaque en hommage au poète ***Jan Neruda,*** qui vécut ici au XIXe s, d'où le nom de la rue. Et puis ça continue par un cygne, une biche puis un pélican...
– Au ***n° 49,*** la maison ***Au Cygne Blanc.***
– De la dernière rampe, *Ke Hradu,* avant l'accès au château, plongée sur les admirables façades de Malá Strana et sur le jeu visuel des toits. En poussant un peu plus loin avant de revenir vers le château, joli point de vue sur le vignoble local...

Muzeum alchymistů *(musée des Alchimistes ; zoom Malá Strana B3,* ***273****) : Jánský vršek 8. ☎ 257-221-289. ● museumofalchemy.com ● Tlj 10h-20h. Entrée : 190 Kc ; réduc.* C'est dans cette maison que le fameux ***Edward Kelley,*** l'alchimiste de Rodolphe II, aurait passé les 3 dernières années de sa vie. Selon certains, ce charlatan et escroc notoire, qui se disait capable d'invoquer les anges avec une boule de cristal (voir « Prague magique et alchimique » dans le chapitre « Hommes, culture, environnement »), fut aussi espion à la solde de la reine *Élisabeth Ire d'Angleterre.* Plus qu'un « musée », vous découvrirez ici une atmosphère grâce à la reconstitution de l'atelier de Kelley, perché au sommet d'une tour à laquelle on accède par un escalier à vis (taillé dans un seul chêne âgé de 400 ans !). Gros soufflet de forge, vieux grimoires, ambiance musicale glauque et fioles aux contenus louches... Une fiche en français apporte quelques informations. Une visite plus esthétique qu'instructive, à vrai dire.

Úvoz *(zoom Malá Strana B3) : c'est le prolongement de Nerudova.* Cette rue grimpe jusqu'à la place Pohořelec. Sur la gauche, elle offre une splendide vue sur la campagne et sur la colline de Petřín. Atmosphère incroyablement bucolique à 5 mn du pont Charles.

Thunovská *(zoom Malá Strana B-C2) :* parallèle à Nerudova, la rue elle mène directement au château et finit en escalier. Au n° 25, à l'arrière de l'ambassade d'Italie, une pauvre plaque rappelle que *Mucha* vécut ici !

Vlašská *(zoom Malá Strana B3) :* une rue qui mène au monastère de Strahov, moins fréquentée et romantique en diable. À l'entrée de la rue, le palais Schönborn-Colleredo qui possède de belles portes de bois.
– Au ***n° 19,*** le somptueux ***palais Lobkowicz*** (ambassade d'Allemagne), l'un des édifices baroques flamboyants les plus prestigieux de Malá Strana. Malheureusement sa plus belle façade donne sur le jardin adossé au flanc nord de la colline de Petřín. Essayez de l'apercevoir par-derrière, en contournant les maisons. Celle donnant sur la rue masque la richesse intérieure et la grandeur du lieu par une curieuse banalité.

KGB Muzeum *(zoom Malá Strana B3,* ***286****) : Vlašská 13. ☎ 272-048-047. ● kgbmuseum.com ● Tlj 10h-17h ; fermé lun. Entrée : 350 Kc.*
L'état d'esprit du KGB Muzeum est très différent de celui qui anime le *musée du Communisme* de Nové Město. Là-bas, les faits et les méfaits du communisme sont exposés dans leur réalité crue et sans aucune nostalgie. Ici, le guide-proprio, d'origine russe, aurait plutôt tendance à jouer la corde nostalgique, à grand renfort de vidéos, de chansons patriotiques martiales et... de démonstrations de certaines armes et techniques. Un peu surprenant à vrai dire.

HEUREUSEMENT IL Y AVAIT L'HUMOUR

« Camarade, vu tes crimes contre la patrie du prolétariat, vu ton manque de volonté de rééducation, vu que ta présence est une insulte au peuple, nous avons décidé de te déchoir de la nationalité et tu devras quitter le sol de notre pays dans les 48 heures. As-tu quelque chose à ajouter ? » Et l'opposant de demander : « Je ne pourrais pas partir plus tôt ? »

Les visites, un peu longuettes (et chères !), sont conduites dans un anglais approximatif et il n'est pas toujours facile de tout comprendre. Mais, pour le prix, vous aurez droit à une jolie petite collection d'objets rares utilisés naguère par le KGB et sa filiale tchèque : cela va des uniformes aux téléphones et magnétophones pour écoutes spéciales, en passant par les ampoules contenant du gaz toxique, le boîtier à cocaïne en forme de scarabée, les gants ou encore le paquet de cigarette-pistolet (à 2 coups)... On s'intéresse plus ici au matériel et à ses données techniques qu'à l'histoire, et le guide vous passera même certains objets à inspecter, kalachnikov incluse ! Au sous-sol, autour du masque mortuaire de Lénine, une série de photos des dirigeants de la police politique tchèque du temps du communisme.

La partie sud de Malá Strana

L'un des itinéraires les plus romantiques à Prague, surtout de nuit.

Maltézské náměstí *(place de Malte ; zoom Malá Strana C3)* **:** l'une de nos places préférées la nuit. Largement utilisée par ***Miloš Forman*** pour son film *Amadeus.* Allez voir notamment, au ***n° 1,*** le ***palais Nostic*** (ministère de la Culture) construit en 1662-1676, splendide portail baroque tardif. À noter que la famille *Nostic* ne s'est jamais enrichie par la guerre, mais par son activité dans le domaine des sciences.

Kostel Panny Marie pod Řetězem *(église Notre-Dame-sous-la-Chaîne ; zoom Malá Strana C3)* **:** *à l'angle de Lázeňská et de Velkopřevorské nám.*
Son nom provient du fait qu'une chaîne, semble-t-il, régulait autrefois l'accès au pont Judith (celui d'avant le pont Charles). Plus ancienne église de Malá Strana, elle fut commandée pour l'ordre des chevaliers de Malte. Modifiée au cours des siècles, elle n'en garde pas moins une allure romane massive avec ses 2 gros clochers carrés. Le portail est encore gothique, mais l'intérieur a été entièrement baroquisé.
Dans le maître-autel, une peinture représente la Madone bénissant les ***chevaliers de l'ordre de Malte à la bataille de Lépante,*** qui vit, en 1571, la victoire de la flotte chrétienne, commandée par don Juan d'Autriche, sur les Turcs. Concerts.

Maltézského Velkopřevora palác *(palais de l'Ordre de Malte ; zoom Malá Strana C3)* **:** *au n° 4 de la rue Lázeňská, juste à gauche du mur John Lennon.* Ce palais du XVIIIe s abrite encore aujourd'hui l'ordre des chevaliers de Malte. Sculptures de l'atelier de Matyáš Braun.

Velkopřevorské náměstí *(place Velkopřevorské ; zoom Malá Strana C3)* **:** *accès également par l'île de Kampa.* Secrète et ombragée. Côté île, au ***n° 1,*** on découvre le ***palais Hrzán,*** en partie Renaissance. Portail avec masques. Puis, au ***n° 2,*** le ***palais Buquoy*** qui abrite l'ambassade de France, long édifice aux lignes très harmonieuses. C'est en 1748 que la famille Bucquoy, d'origine picarde, devint propriétaire du palais. ***Charles Bonaventure de Longueval,*** comte de Bucquoy (1571-1621), fut le commandant en chef des troupes impériales durant la bataille de la Montagne Blanche. La façade principale du palais a conservé son aspect baroque pragois tardif. En 1919, le dernier descendant direct des Bucquoy loue le palais à la France qui en fait son ambassade. En 1930, le gouvernement français achète le palais.

Le mur John Lennon *(zoom Malá Strana C3,* ***270****)* **:** *sur Velkopřevorské nám.*
Maintenant, retournez-vous. Le long mur du couvent, face à l'ambassade de France, est couvert de graffitis. Sous l'ancien régime, seul le visage du célèbre Beatle avait été dessiné. On le devine toujours, grâce aux lunettes rondes caractéristiques. Bel hommage ! Depuis sa mort, à chaque date anniversaire, le 8 décembre, des centaines de jeunes viennent s'y recueillir. Certains anniversaires furent l'objet de rudes bagarres avec les forces de l'ordre, surtout avant la révolution de 1989. Maintenant, on vient honorer le symbole parfait de la liberté de

pensée, dans une sérénité retrouvée. La police tolère le rassemblement et le mur est devenu intouchable. Ce qui n'empêche pas qu'il soit régulièrement et partiellement repeint en blanc avant d'être de nouveau graffité...

Kostel Panny Marie Vítězné *(église Notre-Dame-de-la-Victoire ; zoom Malá Strana B-C3)* **:** *Karmelitská 9-13. Église 8h30-19h. GRATUIT. Messe en français ts les dim à 17h.*
Construite entre 1611 et 1613 par des luthériens qui l'ont consacrée à la Sainte-Trinité, elle fut restaurée plus tard par l'ordre des Carmes qui la remit au goût de Rome.
Cette église est surtout visitée aujourd'hui pour son ***musée de la statue de l'Enfant Jésus de Prague.*** Il abrite une copie de la statuette de cire (47 cm) du petit Jésus rapportée d'Espagne par *Maria Manrique de Lara* pour le jour de son mariage avec *Vratislav de Pernštein,* un noble tchèque. La fille de Maria Manrique hérita de la statuette et la donna à l'ordre des Carmes qui administrait l'église. L'original serait aujourd'hui de nouveau en Espagne.
Depuis son hébergement dans l'église, la statuette est l'objet d'un culte particulier de la part de la colonie hispanique. Comme vous le verrez à l'étage, elle change régulièrement sa garde-robe. Selon les arrivages, elle porte des vêtements offerts par les pèlerins de Chine, du Vietnam, des Philippines ou d'Amérique du Sud. Ne soyez pas surpris de rencontrer de nombreux touristes venus de ces pays. Sur la gauche de la nef, 2 chapelles : l'une consacrée aux grands saints d'Espagne, *saint Jean de la Croix* et *sainte Thérèse d'Avila.* On est bien dans la plus espagnole des églises de Prague !

České muzeum Hudby *(musée national de la Musique ; zoom Malá Strana C3,* ***279****)* **:** *à l'angle de Karmelitská et de Harantova. ☎ 257-257-777. ● nm.cz ● Ⓣ Hellichova (lignes 12, 15, 20, 22 ou 23). Tlj sauf mar 10h-18h. Entrée : 120 Kc ; réduc ; gratuit avec la Prague Card.*
Installé dans une ancienne église baroque du XVIIe s, désacralisée très rapidement puis reconstruite ! Elle servit entre autres de poste de police... Le vaste patio ceinturé de 3 étages de galeries intérieures participe au plaisir de visiter un musée unique par l'exhaustivité et l'originalité des instruments exposés. Paradis pour mélomanes, il se révèle intéressant pour tous.
La visite débute par un studio où l'on peut s'amuser à produire quelques sons déformés. Mais la véritable exposition commence avec des instruments datant des périodes Renaissance et baroque. Dans chaque salle, panneau avec des textes en anglais et bornes sonores permettant d'écouter les sons des instruments exposés (taper le numéro puis + et *). Superbe collection de clavecins, pianos anciens, harpes, violes d'amour... Remarquer le magnifique clavecin allemand aux motifs chinois et, à côté, celui supposé de Mozart. Le génie en joua en janvier 1787 à l'Institut des dames de la noblesse. Voir la plaque en laiton sur le couvercle citant Louise Sternberg (issue en fait de la puissante famille des Šternberk). Dans la salle suivante, insolites instruments comme ces orgues portatifs et ces pianos-girafes dont la caisse est verticale et non horizontale. Voir aussi le piano sur lequel Liszt joua en 1846 lors de sa tournée à Prague. Incroyable exposition de trompettes, barytons, trombones, sans oublier ces insolites ***sédiphones*** inventés à Odessa à la fin du XIXe s (avec un embout et 2 sorties...), dont les Russes jouaient à l'armée au début du XXe s. Enfin, les autres salles abritent une collection infinie de luths, violons, altos, violoncelles, mandolines italiennes, harpes, accordéons, et on vous passe les orgues de Barbarie et autres vielles à roue de Bohême ! Superbe.

Vrtbovská zahrada *(jardins Vrtba ; zoom Malá Strana B3)* **:** *entrée par Karmelitská 25. ☎ 272-088-350 à 352. ● vrtbovska.cz ● Avr-oct, tlj 10h-19h ; fermé nov-mars. Entrée : 69 Kc ; réduc.*
Encore un autre merveilleux jardin en terrasses avec sa *sala terrena* mais aussi un véritable joyau de l'art baroque. Comme son nom l'indique, il fut construit par *Jan Josef, comte de Vrtba,* grand burgrave du château de Prague en 1715-1720. C'est

PRAGUE

un exemple parfait des goûts italianisants de cette noblesse austro-bohémienne issue de la Contre-Réforme (XVIIe s). Après l'entrée, remarquer, dans le passage, la statue baroque sur le portail. On dirait Atlas portant le globe terrestre.
Passer la porte entourée de motifs maritimes et emprunter la série d'escaliers menant à la terrasse supérieure. Leur agencement particulier fait vraiment penser à un tableau d'Escher ! Sur la terrasse : statues de dieux et de déesses antiques, œuvres de ***Matyáš Braun,*** originaire du Tyrol. Vue splendide sur Malá Strana et le château.
– En face, sur le coin au ***n° 25,*** vous verrez un exemple de maison cubiste à côté d'une demeure néobaroque.

★★ ↞ *Petřínské sady* *(jardins de la colline de Petřín ; zoom Malá Strana A-B3)* **:** *accès en funiculaire, gratuit avec le ticket journalier des transports (tlj 9h-23h30 ; départ ttes les 10-15 mn), ou par le haut depuis le monastère de Strahov.* Occupée par un vaste parc boisé, la colline de Petřín offre un agréable lieu de promenade et de jolis points de vue sur la ville. Du terminus du funiculaire, on peut d'abord visiter l'observatoire, avant de gagner la tour de Petřín et le labyrinthe voisin. Ceux qui ont du temps jetteront aussi un coup d'œil à l'église orthodoxe russe dédiée à saint Michel et redescendront en ville à pied. De la tour, la balade jusqu'au *monastère de Strahov,* bien agréable, ne prend pas plus de 10 mn.

UN MUR COUPE-FAIM

Dominant la ville par l'ouest, la colline de Petřín est cisaillée par l'étonnant « mur de la faim », haut de 4 m et épais de 1,80 m. Durant la famine qui toucha son royaume, Charles IV employa les plus miséreux à construire cet ouvrage (un peu inutile) afin de nourrir leurs familles. Une sorte de mur d'utilité publique. Les Pragois gardent ainsi l'image d'un bon roi, généreux et humaniste.

★ *Štefánikova hvězdárna* *(observatoire Štefánik ; plan B3)* **:** *à gauche du terminus du funiculaire. ☎ 257-320-540. • observatory.cz • Heures d'ouverture variables selon saison et j. de la sem ; consulter le site internet. Entrée : 80-100 Kc ; réduc.* L'observatoire a vu le jour grâce à ***Milan Štefánik,*** pilote et général dans l'armée française (!), mais aussi scientifique et astronome qui travailla à l'observatoire de Meudon, près de Paris. Si l'exposition n'a rien de très original (panneaux explicatifs en anglais sur l'astronomie, collection d'anciens instruments d'observation, explications sur l'horloge astronomique de la vieille ville), vous pourrez, par beau temps, observer les astres et les « taches de rousseur » du Soleil à l'aide des 2 (vieux) télescopes ! Des volontaires parlant généralement une langue étrangère vous aideront. De nuit (de 21h à 23h selon la saison), la lune et les étoiles sont également de la partie ; des présentations sont aussi conduites en anglais une fois par jour. Enfin, ne ratez pas la collection de météorites au rez-de-chaussée : on peut y découvrir la plus grosse du pays, pesant 950 kg, rapportée d'une expédition dans l'Arctique en 2006.

★ ↞ *Petřínská rozhledna* *(tour de Petřín ; zoom Malá Strana B3)* **:** *à droite du terminus du funiculaire. ☎ 257-320-112. • muzeumprahy.cz • Tlj : avr-sept 10h-22h, nov-fév 10h-18h, oct et mars 10h-20h ; dernier accès 30 mn avt. Entrée : 150 Kc ; réduc ; ascenseur 60 Kc. Billet jumelé avec le labyrinthe voisin : 210 Kc.* Réalisée en 1891 sur le modèle de... la tour Eiffel, elle mesure 60 m (299 marches) et ce n'est pas par hasard : compte tenu de l'altitude de Prague et de l'élévation du terrain, son sommet est exactement au même niveau que sa grande sœur parisienne !

★ *Zrcadlové bludiště Petřín* *(labyrinthe de glaces de Petřín ; zoom Malá Strana B3)* **:** *à côté de la tour (mêmes horaires). Entrée : 90 Kc ; réduc.* Construit pour la grande Exposition de Prague de 1891 (tout comme le funiculaire), ce pavillon, inspiré d'une porte de *Vyšehrad,* a été déplacé ici par la suite. Il renferme aujourd'hui un labyrinthe de glaces pour les petits et les grands ainsi qu'un diorama représentant la lutte des Pragois contre les Suédois en 1648 sur le pont Charles.

HRADČANY *(zoom Malá Strana A-B-C2)*

• Plan du château royal *p. 151* • Plan de la cathédrale Saint-Guy *p. 153*

Hradčany, l'une des anciennes cités à l'origine de Prague, est, sur son promontoire, le quartier le plus vert de la capitale tchèque. C'est aussi le plus visité et celui qui, probablement, possède le plus de palais et de monuments remarquables au mètre carré ! Au centre de cette colline se dresse le ***château royal,*** véritable ville dans la ville avec ses ruelles, ses cours et ses passages dominés par la célèbre ***cathédrale Saint-Guy.*** Cet ensemble de monuments et musées demande une bonne demi-journée de visite ***(le billet d'entrée est d'ailleurs valable 2 j.),*** et une autre pour le quartier entourant le château.
- ***Conseil :*** il faut venir tôt à ***Hradčany,*** surtout l'été, pour bien profiter du site avant l'arrivée des cars qui déboulent par dizaines.

Le château royal

Un peu d'histoire

On vit se profiler l'idée d'un château dès le IXe s, quand, sous la dynastie des ***Přemyslides,*** s'organisa une petite forteresse et s'élevèrent autour une église, puis une autre. Venceslas Ier fit édifier une rotonde pour abriter des reliques de saint Guy. Le XIe s vit la naissance d'un vrai château, entouré de fortifications. La vaste basilique romane qui remplaça la modeste rotonde devint la future cathédrale Saint-Guy. C'est bien sûr le grand ***roi Charles IV,*** au XIVe s, qui donna forme à cet ensemble. Un siècle plus tard, le château acquit sa dimension presque définitive avec l'élévation des principaux monuments.

ET ON REMIT LES PENDULES À L'HEURE !

En 1990, lorsque Václav Havel s'installa comme président au château de Prague, il constata avec stupéfaction qu'il n'y avait aucune pendule. Dans son 1er discours devant le Parlement, il proclama : « Pendant de longues années, on n'a pas eu besoin de regarder l'heure, parce que le temps s'était arrêté, l'Histoire s'était interrompue... pas seulement dans le château, mais dans tout le pays ! »

Jusqu'à la fin du XIXe s, la cathédrale et le château qui lui servait d'écrin n'ont cessé d'être modifiés par petites touches. Certaines périodes furent plus fastes que d'autres : les guerres hussites, par exemple, mirent un frein à sa construction, mais le XVe puis le XVIe s virent les styles se succéder. Le gothique fut chassé par le style Renaissance (époque dont date notamment le jardin), lui-même en partie estompé par l'émergence du baroque. Il en résulte un mélange de styles, un manque d'homogénéité flagrant, malgré le travail réalisé au XVIIIe s par un architecte de la cour, ***Nicolò Pacassi.*** Son boulot fut précisément de donner un grand lifting baroque et de la cohérence à l'ensemble.
Les ***Habsbourg*** y habitèrent au début de leur règne, puis le délaissèrent bien vite ; pendant 2 siècles, les souverains le reléguèrent à l'état de résidence secondaire (si l'on peut dire). On y accueillit plus tard les hôtes de marque et les rois en exil (comme Charles X, auquel Chateaubriand fit une visite de courtoisie en 1833). Le peu regretté ***Husák*** (président au temps du communisme) aimait, dit-on, dominer Prague de sa baignoire. Le château devint le palais du président dès l'avènement de la Ire République en 1918, mais Václav Havel fut le 1er dignitaire de l'État à refuser d'y séjourner, préférant sa nouvelle maison sur la colline.

Infos pratiques

■ ***Centres d'information du château de Prague :*** *dans la 2ᵉ et la 3ᵉ cours. ☎ 224-372-423 ou 224-373-368. • hrad.cz • Tlj 9h-17h (16h nov-mars). Visites guidées (1h) sur résa (☎ 224-373-584), possibles en français à partir de 4 pers, compter 100 Kc/pers.*

– ***Accès :*** *4 entrées. Par la pl. du Château (la principale), par Prašný most (Ⓣ Pražský Hrad, ligne 22), par les escaliers des jardins Na Valech (au nº 3 de la pl. Valdštejnské) et par ceux de Staré zámecké schody (Ⓜ Malostranská, ligne A).*

– ***Heures d'ouverture :*** *accès à l'****enceinte du château*** *tlj 6h-22h.* ***À l'intérieur, sites*** *: tlj 9h-17h (16h nov-mars) sauf mention contraire.* ***Jardins du château*** *: tlj 10h-18h avr-oct seulement,* ***jardins des Remparts*** *ouv tte l'année, tlj 6h-22h.*

– ***Billetteries :*** *la principale se trouve face à l'entrée de la cathédrale Saint-Guy. Une autre se situe dans la 2ᵉ cour.*

– Tous les sites sont payants, mais l'accès à l'enceinte et aux jardins du château est gratuit. ***La Prague Card donne droit à des gratuités et à des réductions.***

– Attention, une fois que vous aurez patienté pour acheter votre billet selon le circuit choisi, il vous faudra faire à nouveau la queue pour pénétrer sur chaque site. Prévoyez donc large...

Modalités de visite

Ts les tarifs mentionnés ci-après disposent d'une réduc de 50 % pour les 6-16 ans, les étudiants jusqu'à 26 ans et les plus de 65 ans. Il existe en outre un billet famille (2 adultes avec 1-5 enfants de - de 16 ans) revenant à obtenir l'entrée gratuite pour les enfants. Les billets sont valables 2 j., mais ils n'autorisent qu'une seule visite de chaque site. Hors exceptions et interdictions, droit photo 50 Kc ; flashs et trépieds interdits.

Il n'existe que 3 formules de billets généraux.

– ***Le grand tour (circuit A) :*** *inclut la* ***cathédrale Saint-Guy,*** *l'****ancien palais royal,*** *l'exposition consacrée à l'histoire du château de Prague, la* ***basilique Saint-Georges,*** *la* ***ruelle d'Or*** *avec la tour Daliborka, la tour poudrière et le palais Rožmberk. Tarif : 350 Kc ; réduc.*

– ***Le petit tour (circuit B) :*** *donne seulement accès aux sites écrits en gras ci-dessus. Tarif : 250 Kc ; réduc.*

– ***Le circuit C :*** *comprend le trésor de la cathédrale Saint-Guy et la galerie de peinture du château. Billet : 350 Kc ; réduc.*

– ***Entrées séparées :*** *aucun des sites inclus dans le petit tour ne se visitant séparément,* ***il faut donc opter pour l'un des circuits proposés sous peine de manquer l'essentiel.*** *À l'opposé, certains sites relevant d'organismes privés ne sont inclus dans aucun tour et donnent lieu à un droit d'entrée supplémentaire (leurs prix seront alors précisés séparément plus bas).*

– ***Audioguide en français :*** *350 Kc pour 3h ; 450 Kc/j.*

– ***Relève de la garde :*** *dans la 1ʳᵉ ou parfois la 3ᵉ cour, tlj à 12h avec musique et échange d'étendard ; sinon, ttes les heures 9h-17h.* Václav Havel fit redessiner l'uniforme des gardes par le costumier du film *Amadeus* de Forman. Aujourd'hui bleus à fourragères azur et rouge (manteaux marine et chapka en hiver), véritables costumes de théâtre, ils ont remplacé les affreuses vareuses kaki du régime communiste. Les musiciens sont installés aux fenêtres. Amusant.

– Tous les ans, un jour du mois de mai, opération ***portes ouvertes.*** C'est gratuit mais inutile de vous préciser que la file d'attente est encore plus longue que d'habitude...

La visite

– ***Hradčanské náměstí*** *(1ʳᵉ cour ; plan Château royal,* ***1****)* **:** Depuis la vaste esplanade de Hradčanské náměstí on accède à la 1ère cour du château (plan Château royal 1) en franchissant la grille monumentale du XVIIIᵉ s sur laquelle apparaît le monogramme de ***Marie-Thérèse.*** Au-dessus de chaque gros pilier qui encadre

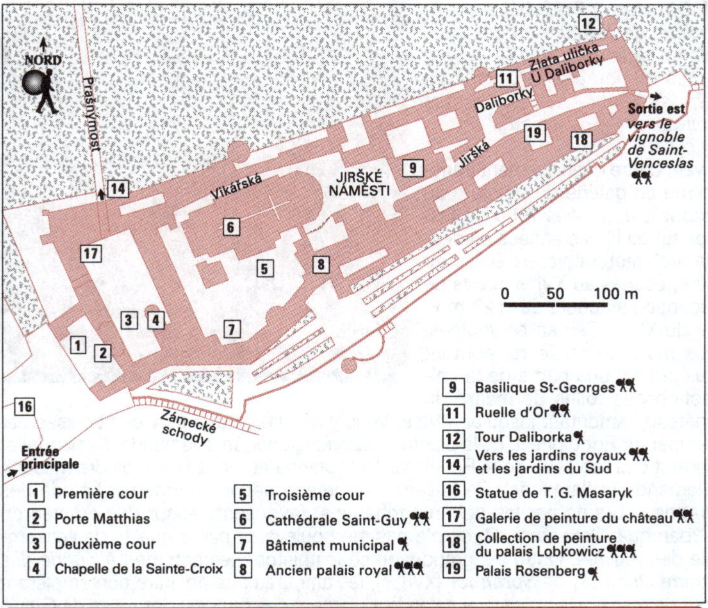

LE CHÂTEAU ROYAL

PRAGUE

la grille, 2 Maures gigantesques prêts à tout pour défendre le château. Dans la cour, le drapeau qui flotte sur le toit indique la présence ou non du président. Cette 1re cour ne possède pas de caractère notable. Elle est surtout utilisée pour les parades. *Nicolò Pacassi,* lorsqu'il refit toutes les façades au XVIIIe s, rendit cet ensemble particulièrement ennuyeux.

Pour accéder à la 2e cour, on passe sous la ***porte Matthias** (plan Château royal,* ***2****),* édifiée sous le règne de l'empereur Matthias dans un style baroque du début du XVIIe s. C'est une ancienne porte de rempart. Vous pouvez aussi emprunter le passage de gauche, qui expose, derrière une vitrine, les quelques restes de l'église originelle du château, construite vers 882, avant d'être détruite au XIIIe s. Intéressant surtout pour constater à quel point le niveau de la ville romane était plus bas.

– ***La 2e cour*** *(plan Château royal,* ***3****)* **:** pas beaucoup plus intéressante que la 1re, elle est entourée d'édifices qui furent entièrement retapés fin XVIIIe s en baroque tardif, prélude au classicisme ennuyeux, ôtant toute trace des architectures successives qui en firent la richesse. Au milieu de la cour, une fontaine baroque du XVIIIe s, un élégant puits en fer forgé et une galerie de peinture.

– ***L'ancienne chapelle de la Sainte-Croix et trésor de Saint-Guy*** *(plan Château royal,* ***4****)* **:** *expo permanente tlj 10h-18h. Billet : 250 Kc ; réduc. Audioguide inclus dans le prix du billet.* La célèbre phrase qui fit de saint Pierre le légataire de l'Église et son « premier pape » se trouve à l'extérieur de cette chapelle, dans la niche murale : « Tu es Pierre et sur cette pierre, je bâtirai mon église. » À l'intérieur (capacité 40 personnes) se trouve le trésor constitué depuis le XIe s. Il comprend 139 chefs-d'œuvre : reliques sacrées, bustes reliquaires, crosse d'archevêque incrustée de pierres précieuses, peintures gothiques, échantillons de tapisseries... Que d'or, que d'or, *vanitas vanitatum,* disiez-vous ? Bon, le prix d'entrée est tout de même un peu élevé... même pour un trésor.

Obrazárna Pražského hradu *(galerie de peinture du château ; plan Château royal,* ***17****) : ne fait partie que du circuit C ; si visite séparée, entrée 100 Kc, réduc ; voir aussi « Modalités de visite » plus haut.*

Avant d'être définitivement transformé en galerie de peinture au début des années 1960, le lieu connut au fil des années un destin architectural varié : église au IXe s, écuries au XVIe s, salles de réception au cours de la 2de moitié du XXe s. Ces salles voûtées, aux murs de couleurs, abritent aujourd'hui une partie de la collection des toiles de maître du château, remontant jusqu'au XVIe s. Vous y admirerez des œuvres acquises par l'empereur Rodolphe II, de la peinture baroque (tchèque, allemande, flamande) et surtout des tableaux de la Renaissance (italienne et, dans une moindre mesure, allemande et flamande). Ce faisant, l'empereur mécène permettait l'étude des grands courants par les peintres tchèques, favorisant l'essor des artistes du 1er baroque. Cela étant dit, on n'a pas été bouleversé par la qualité de l'ensemble des œuvres. Outre les grandes fresques historiques comme l'*Allégorie des guerres turques,* de **Spranger** (XVIIe s), les amoureux de peinture contempleront tout de même avec plaisir (et selon le roulement des œuvres) des toiles de **Guido Reni** *(Saint Joseph et l'Enfant Jésus),* de **Lucas Cranach l'Ancien,** de **Holbein le Jeune,** de **Véronèse** (*Christ lavant les pieds de ses disciples* et *L'Adoration des Mages*) du **Titien,** du **Tintoret,** de *Hans von Aachen* (qui a vécu à la cour de Prague) ou encore de **Rubens** (intéressant travail sur la lumière dans *L'Assemblée des dieux de l'Olympe,* attribué un temps à Raphaël). Également des œuvres de peintres tchèques, comme *Isaac Raab, Antonin Müller* ou encore *Petr Brandl.*

Sous les arcades, on accède à une longue allée qui mène, sur la droite, aux jardins, à la salle du Jeu de paume et au belvédère (voir plus loin).

– ***La 3e cour*** *(plan Château royal,* ***5****) :* on y trouve la cathédrale Saint-Guy, le bâtiment dit « municipal » et le vieux palais royal.

UNE GROSSE LÉGUME

Un des portraits les plus étonnants de Rodolphe II a été réalisé par le peintre italien Arcimboldo. Composé d'un assemblage de fruits et de légumes, l'empereur y est représenté en Vertumne, une divinité étrusque qui présidait au changement des saisons. Dans ce portrait, il n'y a pas un mais 2 Rodolphe II : l'homme de pouvoir et l'alchimiste. Rodolphe II règne sur tous les éléments comme il règne sur ses sujets, mais il y a aussi celui qui a la volonté de maîtriser la nature : c'est la raison d'être de l'alchimiste.

Katedrála Svatého Víta *(cathédrale Saint-Guy ; zoom Mála Strana B2 et plan Château royal,* ***6****) : visite tlj 9h (12h dim)-17h (16h en hiver). Dernière entrée 20 mn avt fermeture. Pas de visite pdt les offices. Accès gratuit à l'avt de la nef, permettant de voir l'intérieur et les 1ers vitraux mais pas de déambuler dans la partie historique (chœur, chapelles et tombes des rois de Bohême).*

Il y a souvent un peu d'attente dans la partie historique, où le nombre de visiteurs est limité afin de préserver les lieux. Armez-vous de patience, cela vaut le coup !

La toute 1re église, au Xe s, était déjà consacrée à saint Guy. La construction de la cathédrale débuta en 1344, sous le règne de Charles IV, le grand bâtisseur, et se termina en... 1929, après bien des vicissitudes.

L'architecte français ***Mathias d'Arras*** travailla sur le chantier de 1344 à 1352. Il fut suivi par ***Petr Parléř*** entre 1356 et 1391. Ces hommes œuvrèrent selon le plan des grandes cathédrales françaises. On leur doit l'admirable harmonie générale. Les guerres hussites (1421), le feu (1541) et l'occupation du château ralentirent la construction, mais c'est le pillage par les calvinistes en 1619 qui y mit un terme. La construction reprit en 1861, date à laquelle une fondation fut créée pour réunir la somme nécessaire à son achèvement. Avec une histoire aussi tordue, pas étonnant que la dernière pierre n'ait été posée qu'en 1929, soit près de 6 siècles après la 1re.

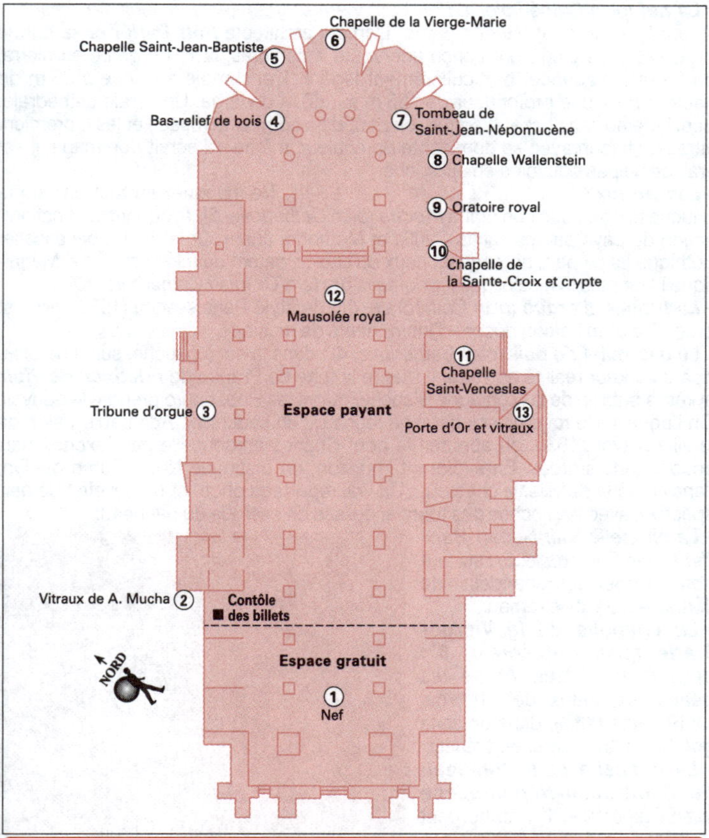

LA CATHÉDRALE SAINT-GUY

La façade

C'est en fait la partie la plus récente, incroyable, non ? Son style néogothique se fond bien dans l'ensemble avec ses 2 tours élancées. Remarquable pour son énorme rosace flamboyante (plus de 10 m), qui s'admire surtout de l'intérieur et qui relate la création du monde, et pour les portails de bronze de 1927. Le portail central narre les vicissitudes de la construction de la cathédrale. Sculptures de saints et de rois en façade. Sur le flanc sud, accrochée à la cathédrale, pointe une haute tour, qui s'élève à 100 m dans le ciel. Bien que gothique, elle se caractérise par son clocher à bulbe encadré de tourelles. Le chevet est constellé d'aiguilles et d'arcs-boutants sculptés (voir « Le clocher de la cathédrale » plus loin).

L'intérieur

De plan classique, avec ses 3 nefs, son déambulatoire et ses chapelles tout autour. Il y a beaucoup de choses à voir, mais la plupart des éléments décoratifs furent ajoutés pêle-mêle au cours des siècles. Voici une petite sélection des points les plus importants.

– ***La nef*** *(plan Cathédrale,* ***1****)* **:** *on peut y entrer gratuitement, seulement dans la 1re partie avt le contrôle des billets.* L'artiste architecte ***Petr Parléř*** et sa bande de tailleurs de pierre ont conçu une voûte à nervures, la 1re du genre en pierre, d'une rare élégance, particulièrement légère. L'ensemble s'élance à 33 m de hauteur pour une profondeur de 125 m sur 60 m de large. Une vraie cathédrale, quoi ! Même sans ticket d'entrée, on peut déjà admirer la rosace et les 6 premiers vitraux, chacun avec sa dominante de couleur, même s'il serait dommage, il est vrai, de ne pas pouvoir s'en approcher.

– ***Les vitraux*** **:** *à partir d'ici, contrôle des billets.* Ne manquez surtout pas sur la gauche le vitrail que l'on doit à ***Mucha*** *(plan Cathédrale,* ***2****)*, évoquant la christianisation du pays par les saints Cyrille et Méthode. Juste sur la droite, bel escalier gothique.La plupart, notamment ceux du chœur, datent du milieu du XXe s. Magnifique ! Voir plus loin celui qui surmonte la ***porte d'Or*** *(plan Cathédrale,* ***13****)*.

– ***La tribune d'orgue*** *(plan Cathédrale,* ***3****)* **:** de style Renaissance (1557), elle est précédée d'un balcon décoré d'instruments de musique.

– ***Le bas-relief de bois*** *(plan Cathédrale,* ***4****)* **:** dans la nef à gauche, sur la paroi au dos du chœur réalisé en 1625. Il illustre la fuite de Prague de ***Friedrich de Pfalz*** après la bataille de la Montagne Blanche, qui vit les Habsbourg prendre le pouvoir. On l'appela « le roi d'hiver » car il ne régna qu'un seul hiver. Admirable vision de la ville d'avant 1630, où apparaît le pont Charles embouteillé par l'exode, mais encore sans statues. En explorant l'horizon, on distingue Notre-Dame-de-Týn, l'ancien hôtel de ville, le château... Un vrai reportage photo et un bel effet de perspective, avec les flèches des tours et églises en exergue du panneau.

– ***La chapelle Saint-Jean-Baptiste*** *(plan Cathédrale,* ***5****)* **:** surtout notable pour son chandelier de Jérusalem de style roman.

– ***La chapelle de la Vierge-Marie*** *(plan Cathédrale,* ***6****)* **:** derrière le chœur. Abrite les beaux tombeaux des 1ers rois de Bohême (XIe s), dans un style gothique particulièrement réussi.

– ***La chapelle et le tombeau de Saint-Jean-Népomucène*** *(plan Cathédrale,* ***7****)* **:** on ne peut le louper, celui-là. Véritable pièce montée dégoulinante d'argent, sommet du baroque prétentieux, comble du délire, soutenu par des angelots repus et satisfaits. L'ensemble en ***argent massif*** pèse ***2 000 kg !*** Au-dessus, encore un baldaquin tenu par des anges, eux-mêmes accrochés aux piliers de la cathédrale. Preuve qu'ils ne savent pas vraiment voler, diront les sceptiques...

RODOLPHE II EST-IL IMMORTEL ?

Féru de sciences occultes, l'empereur Rodolphe portait autour du cou un petit flacon en argent supposé contenir l'élixir de longue vie, élaboré par un de ses alchimistes. Ce talisman ne lui assura aucune éternité puisqu'il mourut à l'âge de 60 ans en 1612. Son désir d'immortalité était tel que son catafalque fut exposé pendant 8 mois dans la salle Venceslas du château (au cas où il se réveillerait ?) avant que son corps soit enfin enterré.

– ***Le triforium*** **:** en levant la tête, dans l'épaisseur des murs (pas si évident à repérer), on aperçoit les bustes de tous les personnages ayant œuvré à la construction. Ils furent ajoutés au XVIIIe s.

– ***La chapelle Wallenstein*** *(plan Cathédrale,* ***8****)* **:** où l'on trouve les pierres tombales des 2 principaux architectes de la cathédrale, Mathias d'Arras, qui en dessina les plans, et Petr Parléř, qui réalisa la nef et la plupart des sculptures.

– ***L'oratoire royal*** *(plan Cathédrale,* ***9****)* **:** tout en gothique flamboyant, très lourd, avec des soubassements imitant des branchages. Les rois assistaient à la messe depuis cet oratoire, véritable loge, directement reliée au palais par une passerelle qu'on voit de l'extérieur.

– ***La chapelle de la Sainte-Croix*** *(plan Cathédrale,* ***10****)* **:** c'est de là qu'on accède à la ***crypte royale*** au sous-sol *(se visite seulement sur résa, en groupe, avec un guide et un billet spécial).* On y découvre les vestiges (plan général, quelques colonnes et chapiteaux) de l'ancienne rotonde romane, 1er embryon de ce que sera la cathédrale. La salle royale, que l'on regarde à travers une grille, abrite le mausolée. Réalisé dans les années 1930, il regroupe les ossements de rois tchèques, notamment ceux de Charles IV (1316-1378), roi de Bohême et empereur romain. Le seul tombeau ancien est celui de l'empereur ***Rodolphe II de Habsbourg*** (1552-1612).

– ***La chapelle Saint-Venceslas*** *(plan Cathédrale,* ***11****)* **:** au centre de la nef à droite. Le chef-d'œuvre de la cathédrale, dédié au saint patron de la Bohême. Datant de 1366, on la doit à ***Petr Parléř.*** Malheureusement on ne peut y pénétrer mais seulement l'admirer depuis son entrée, côté porte d'Or. C'est une chapelle fermée sur ses 4 côtés, comme une salle privée. Les murs sont une vraie bande dessinée, où apparaissent en bas les scènes de la vie du Christ, réalisées en style gothique, et sur la corniche la vie de saint Venceslas, chef-d'œuvre de l'art Renaissance, racontées dans de grands panneaux. Décoration époustouflante de richesse et de vérité dans le souci du détail.

Mais ce n'est pas tout : chaque surface non peinte est occupée par des pierres semi-précieuses (près de 1 500), essentiellement des améthystes, du jaspe et des chrysoprases provenant des pays tchèques, grosses comme des pavés et enchâssées dans le mortier du mur.

Au centre, on devine le tombeau du saint qui apparaît en costume de chevalier, avec sa lance, son bouclier et, sur la tête, sa couronne. À la porte est fixé l'anneau auquel se serait raccroché le saint lorsqu'il fut assassiné par son frère Boleslav.

De cette chapelle Saint-Venceslas, une porte donne accès à un escalier en colimaçon qui mène à la ***chambre du Trésor*** (ne se visite pas) où l'on conserve la ***célèbre couronne impériale de saint Venceslas*** (portée par 22 rois de Bohême entre 1347 et 1836), le sceptre, etc. ***Cette porte est dotée de 7 serrures*** depuis la fin du XVIIIe s, dont chacun des 7 plus hauts dignitaires du pays (président de la République, président du Sénat, archevêque de Prague...) possède une clé. Lors du 10e anniversaire de la République tchèque, en 2003, la couronne ainsi que les joyaux furent exposés durant 1 semaine dans l'ancien palais royal. La population fit la queue pendant des heures pour pouvoir les admirer et affirma ainsi, de manière spontanée et marquante, son attachement profond à l'idée même de « nation tchèque ». Ce fut à nouveau le cas en 2008 et en 2013 pour une dizaine de jours seulement.

FATALE BRAVADE

Selon la légende, une mort atroce attendrait dans l'année celui qui, sans être roi de Bohême, osait poser la couronne royale sur sa tête. Le seul à avoir transgressé cet interdit fut le SS Reinhard Heydrich, Reichsprotektor de Bohême-Moravie occupée. Par ce geste, il voulait impressionner son rival, l'amiral Canaris, chef du contre-espionnage nazi. Peu après, Heydrich mourut à Prague de ses blessures, à la suite de l'attentat organisé par des résistants tchécoslovaques.

– ***Le mausolée royal*** *(plan Cathédrale,* ***12****)* **:** au centre de la nef, juste en face du maître-autel. On ne peut échapper au mausolée de Ferdinand Ier de Habsbourg, de sa femme et de son fils, de style Renaissance, tout en marbre blanc et entouré d'angelots. Protégé par une grille élégante, il est malheureusement placé si haut qu'on ne peut observer les personnages.

– ***La porte d'Or*** *(plan Cathédrale,* ***13****)* **:** elle s'admire surtout de l'extérieur (voir le paragraphe suivant). Mais avant de partir, admirez le vitrail qui la surmonte dans une belle dominante de vert !

L'extérieur

Sur la droite de la cathédrale, on se retrouve sur une grande place.

– L'***obélisque*** fut élevé en l'honneur du 10e anniversaire de l'avènement de la République. On l'appela « la colonne maudite » car elle se brisa lors de son transport et l'officier responsable se suicida.

– ***La porte d'Or :*** sur le flanc sud de la cathédrale. C'était en fait l'entrée principale de la cathédrale au temps des rois. Sur le dessus des voûtes, la mosaïque du XIVe s en verre de Bohême, réalisée par des artistes vénitiens, est l'un des chefs-d'œuvre de la cathédrale. Restaurée par les soins du *Paul Getty Conservation Institute,* elle évoque le Jugement dernier. On y voit l'effigie des saints de Bohême.
– À droite de la porte d'Or, noter le passage aérien qui permettait aux rois de passer directement du palais à l'oratoire royal de la cathédrale. Sur sa droite, un édifice à la base duquel on devine des voûtes romanes. Ce sont en fait les vestiges de la rotonde, ancêtre de la cathédrale.
– ***Le clocher de la cathédrale :*** *accès par le flanc droit de la cathédrale, juste à gauche de la porte d'Or. Entrée (10h-18h) non comprise dans les billets généraux : 150 Kc. Fermé en hiver.* 287 marches en colimaçon pour accéder à l'horloge astronomique de 1597. La plus grosse cloche du pays (18 t), surnommée *Zikmund,* date de 1549. La croyance populaire dit que les grandes inondations de 2002 ont eu lieu parce qu'elle avait été fêlée 2 mois auparavant... Elle sonne pour les grandes occasions, grâce à Dieu mais aussi grâce à 6 personnes ! Panorama sur le pont Charles.

PRAGUE

Face à la porte d'Or s'étend le long ***bâtiment municipal*** *(plan Château royal,* ***7****).* Les fenêtres au-dessus du beau balcon de fer forgé correspondent au bureau du président actuel. Noter, à gauche dans l'angle de la cour, le petit porche des années 1920 encadré par 2 bœufs, dans un style Empire, retour d'Égypte. Le porche donne accès à de charmants petits jardins dominant la ville, que Havel fit rouvrir en 1990. Discrets et peu fréquentés, ils constituent une agréable pause après la visite de la cathédrale et avant celle de l'ancien palais royal.

L'ancien palais royal *(Starý Královský palác ; plan Château royal,* ***8****) : en face de la porte d'Or.*
Sa construction commença au XIIe s. Dans le sous-sol actuel se trouve la salle romane du palais Soběslav qui forme, avec l'église de Tous-les-Saints, l'ensemble le plus ancien du domaine roman du château. Habité du XIIIe au XVIe s par les rois de Bohême, il fut déserté par les Habsbourg qui préférèrent les bâtiments ouest des 2 premières cours. Restauré, le palais est utilisé pour de grandes occasions.
– ***La salle Vladislas :*** le chef-d'œuvre gothique flamboyant du palais. Construite par **Benedikt Rejt** entre 1498 et 1502. Parée à l'origine de peintures et tapisseries, cette immense salle aux murs massifs (la plus grande de Prague, haute de 13 m, longue de 62 m et large de 16 m) apparaît aujourd'hui dans une nudité qui souligne son incroyable voûte. Cette œuvre baroque avant la lettre est composée d'un lacis de rosaces gothiques, nervures semblables à des lianes qui se libèrent délicatement des piliers pour animer tout l'espace. Elle était utilisée pour les banquets organisés à l'occasion des couronnements et même pour des tournois de chevalerie. Depuis 1934, c'est ici que le président de la République est institué par le Parlement. Sur la droite, enfilade de pièces dans l'aile Louis *(Ludvíkův palác),* anciens bureaux de la chancellerie de Bohême ; c'est de ces fenêtres que se produisit la 2e défenestration de Prague. Par les fenêtres, belle vue sur la ville.

VOL PLANÉ FUNESTE

En 1618, à la suite de la fermeture de temples protestants, une entrevue entre les 2 camps s'envenima de manière violente. Les 2 représentants catholiques du roi Matyáš furent balancés par la fenêtre et atterrirent un peu plus bas sur un tas de fumier. De petite cause en grande conséquence, cet épisode marqua le début de la guerre de Trente Ans, aux répercussions terribles pour toute l'Europe centrale.

– ***La salle de la Diète :*** au fond à gauche de la salle Vladislas. Là aussi, belle voûte gothique au savant jeu de nervures. La disposition des meubles n'a pas été modifiée dans cette salle où étaient traitées les affaires publiques. Face au trône royal, les bancs des prélats, des seigneurs et des chevaliers. Aux murs, portraits des Habsbourg en grande tenue et dans un coin un gros poêle pour chauffer tout ce beau monde.

– ***La salle des Conseillers municipaux :*** attenante à l'atelier des copistes de l'Office thèque, elle abrite un vieux poêle en faïence verte. La fenêtre est celle par laquelle furent jetés les conseillers Slavata et Martinic le 23 mai 1618. Ce qui provoqua le début de la guerre de Trente ans (voir encadré).
– ***La salle des Nouveaux Registres provinciaux :*** en haut du petit escalier qui monte à gauche de la rampe des Cavaliers. Riche collection de blasons peints sur les murs et les voûtes.
– ***La rampe des Cavaliers :*** belle porte Renaissance. Grâce à cette rampe, les cavaliers accédaient directement à la salle Vladislas lors des tournois. Noter l'admirable voûte de ***Benedikt Ried***, maître dans le travail des nervures en liernes et tiercerons.
– En sortant du palais, tourner à gauche et descendre dans la 1re cour à gauche. Là, on accède au ***palais gothique,*** sous la salle Vladislas. Il abrite désormais le musée d'Histoire du château de Prague.
– ***Le musée d'Histoire du château :*** *entrée par la cour en contrebas de l'ancien palais, face à la porte d'Or. Ouv 9h-17h (16h en hiver). Billet : 140 Kc si visite séparée, réduc ; voir aussi « Modalités de visite » plus haut.* Ce modeste musée est installé dans la partie gothique de l'ancien palais royal. Une petite sélection d'objets retrace l'évolution architecturale et sociale du château du Xe au XXe s, selon une trame chronologique et thématique.

PRAGUE

Quelques maigres objets préhistoriques exhumés lors de fouilles du château précèdent une suite de salles dédiées à la période médiévale (fragments de textiles, bijoux et peignes des IXe au XIIe s). Superbe tympan du XIIIe s représentant le Couronnement de la Vierge. Dans la 3e salle, la vitre au sol donne sur une chambre ducale du XIIe s, 4 m en dessous de la structure gothique, et sur le mur de la Sainte Chapelle. Quelques panneaux explicatifs.
Plus loin, le ***gisant de Přemysl Ottokar II,*** une des plus belles sculptures gothiques de Bohême, jouxte une salle consacrée à l'histoire funéraire de la colline. On y découvre une étonnante sépulture du IXe s ainsi que le costume dont fut revêtue la dépouille de *Rodolphe II,* plus couronne, sceptre et goupillon de Rodolphe I et Maximilien II. Renaissance et époque baroque sont évoquées grâce à des costumes d'apparat et de grands blasons en bois peint. Maquette de la cathédrale.
Plus loin, une petite section est consacrée aux catastrophes qui émaillèrent la vie du château. Une autre montre le raffinement croissant des banquets à travers une collection de vaisselle, de la gamelle rustique à la porcelaine la plus délicate. La visite s'achève avec un film retraçant l'histoire du château à travers les âges. Un musée qui intéressera les curieux, mais rien de réellement passionnant.

★★ ***La basilique Saint-Georges*** *(plan Château royal,* ***9****)* ***:*** *située derrière la cathédrale, sur la pl. Saint-Georges, qui fut le centre de la vie sociale du château durant tt le Moyen Âge.* Cette basilique est l'un des plus impressionnants vestiges de l'art roman à Prague. Pourtant, rien ne l'indique de l'extérieur. La façade rouge où trônent le prince Vratislav et l'abbesse Mlada est du plus pur style baroque. Elle fut ajoutée au XVIIIe s ainsi que la chapelle Saint-Jean-Népomucène. Le style roman (début Xe s) est à l'intérieur. La nef et les bas-côtés sont rythmés par de grosses arches et par d'élégantes galeries percées de petites ouvertures ornées de colonnettes. Derrière les ***tombeaux des princes de Bohême Vratislav Ier,*** fondateur de l'église au Xe s, et ***Boleslav II,*** l'œil est immanquablement attiré par l'escalier en fer à cheval menant à l'autel et sa remarquable rampe en fer forgé. Entre ses branches, quelques marches descendent à la crypte (visible à travers la grille). Voir aussi les vestiges de peintures du XIIe s dans les voûtes du chœur et les pierres tombales dressées. À droite, le ***tombeau de sainte Ludmila*** (elle baptisa Venceslas) repose dans une chapelle gothique. On y donne aussi d'excellents concerts de musique de chambre. À l'extérieur, sur la façade sud, un beau portail de style Renaissance qui montre saint Georges terrassant le dragon.

★ ***Rožmberský palác*** *(palais Rožmberk ou Rosenberg ; plan Château royal,* ***19****)* ***:*** *Jiřská 3. Café et resto dans la cour. Sert de cadre à des expos temporaires. Se visite dans le cadre du circuit A. Sinon, entrée séparée à prendre au café : 60 Kc.*

Ce beau palais Renaissance du XVIe s a été construit en 1574 par ***Vilém de Rožmberk.*** Le roi de Bohême et empereur romain Maximilien II l'avait nommé burgrave suprême, c'est-à-dire le 2e personnage du royaume après le roi. Plus puissante famille noble tchèque du XVIe s, les *Rožmberk* possédaient des domaines énormes dans le sud de la Bohême, autour de leur fief de *Český Krumlov.* Proches du parti protestant (à l'opposé des *Lobkowicz* catholiques), ils avaient aussi comme manie d'héberger les alchimistes disgraciés par Rodolphe II, comme le douteux *John Dee,* ou *Edward Kelley,* un grand charlatan.
Le palais que l'on voit aujourd'hui occupe la plus grande partie de la rue Jiřská. En 1753, ***Marie-Thérèse d'Autriche*** le convertit en institution pour femmes nobles désargentées. Il est plus connu alors sous le nom de palais des Dames Nobles. Elles y vivaient sous les ordres d'une abbesse, dans le strict respect de règles. L'institution disparut après l'abolition des titres et privilèges de la noblesse, en 1919. Affecté au ministère de l'Intérieur jusqu'en 1990, le bâtiment subit bien des outrages : installation de garages et d'une pompe à essence dans la cour, chapelle saucissonnée en 3 étages pour héberger une salle de sport, etc. Grâce à Václav Havel, il a été mis en chantier après 1989. Il aura fallu 10 années de restauration pour qu'il soit rouvert au public en 2010. La chapelle, à la verticalité soulignée par une succession de balcons, est le principal intérêt de la visite. Elle a ainsi retrouvé ses fresques et son vertigineux décor en trompe-l'œil. Chambre, salon, hall et salle à manger donnent une idée du cadre de vie plutôt cossu des pensionnaires, mêlant classicisme du mobilier Biedermeier à des fantaisies baroques ou Empire. Depuis les fenêtres du palais, très belle vue sur les ponts de la ville.

Zlatá ulička *(ruelle d'Or ; plan Château royal,* ***11****)* **:** *mêmes horaires que les autres sites. Bon plan pour les fauchés qui ne l'auraient pas pris dans leur forfait :* ***accès gratuit après 18h en été et 16h en hiver*** *(mais les maisons sont fermées).*
Adossée à l'enceinte du château, cette vieille rue fut percée au XVIe s pour loger les gardes du château sous l'empereur Rodolphe II. Les règles étaient strictes : chaque maison avait une surface limitée à 2 m sur 6 m. Une légende très répandue la décrit comme un repaire de magiciens et scientifiques s'adonnant à l'alchimie. N'en déplaise aux amateurs d'occultisme, ce serait de la pure fiction. Plus prosaïquement, elle fut longtemps peuplée de gardes, de petits artisans, surtout des orfèvres travaillant les métaux précieux et notamment l'or (de là viendrait son nom). Au début du XXe s, artistes et écrivains mirent le lieu à la mode, le charme du quartier agissant comme un prodigieux facteur d'inspiration. Avec l'arrivée massive des touristes séduits par ces maisonnettes colorées de vert, rouge, jaune et bleu, la rue se mua en une enfilade de boutiques de souvenirs et, en saison, la cohue est telle que l'endroit aurait de quoi vous rendre misanthrope !
- Au ***n° 22 :*** la maison où ***Kafka*** a vécu et travaillé en 1916 et 1917. Abrite une petite librairie.
- Au ***n° 19 :*** maison occupée par la fondation d'Olga Havlová, la 1re femme de Václav Havel, où l'on vend de l'artisanat fait par des handicapés. À côté, au n° 18, une maison qui vend des poupées et des jouets traditionnels, et, au n° 16, une vieille taverne Renaissance.
- Au ***n° 15 :*** un atelier d'orfèvre.
- Au ***n° 14 :*** l'ancienne maison de ***Matylda Průšová*** (voir encadré plus haut).
- Au ***n° 13 :*** une maison conservée dans l'état approuvé par le décret de Rodolphe II en 1597. Son intérieur est composé uniquement de la cuisine habitable, surmontée d'une sorte d'étage où les gens entreposaient leurs affaires.

LA VÉRITÉ QUI TUE

Au n° 14 de la ruelle d'Or se trouvait la boutique de Matylda Průšová, une voyante célèbre. Pendant l'occupation allemande, elle avait annoncé la fin de la guerre et la chute du IIIe Reich. La rumeur parvint aux oreilles de la Gestapo qui l'arrêta. Elle mourut sous la torture.

– Au *n° 12* **:** petit atelier cinématographique où l'on projette de vieux films dans une salle minuscule.

Au bout de la ruelle d'Or, à gauche, la ***tour Daliborka*** *(plan Château royal,* ***12****)*, marque les fortifications est du château. Utilisée comme prison, cette tour ronde eut comme 1er hôte le chevalier ***Dalibor,*** d'où son nom. On y affamait les prisonniers. Alors, Dalibor jouait du violon à sa fenêtre, et si bien que les Pragois montaient tout spécialement au château pour l'écouter. Il faisait alors descendre un panier où les gens déposaient de la nourriture. On finit par le relâcher. C'est en s'inspirant de cette histoire que *Smetana* écrivit son célèbre opéra, tout simplement intitulé *Dalibor.* Pas grand-chose à voir à part un cachot, quelques cages et une potence...

Lobkowiczký palác *(palais Lobkowicz ; collection de peinture ; plan Château royal,* ***18****)* **:** *en bas de la rue Jiřská, sur la droite. ☎ 233-312-925. • lobkowicz.com • Tlj 10h-18h. Musée privé et indépendant du château. Entrée : 295 Kc avec audioguide en français ; réduc (10 % en ligne et 50 % avec la Prague Card). Concert de 1h, tlj à 13h, 390-490 Kc (selon confort) ou ticket combiné 590-690 Kc comprenant l'entrée au musée. Programme sur le site • prague-castle-concert.cz •* ***Cafétéria*** *et* ***resto*** *à l'intérieur du palais : bon mais assez cher.*
Le palais héberge la plus ancienne et la plus riche collection d'art du pays, datée principalement du XVe au XVIIIe s. L'édifice appartient à l'une des plus grandes familles de la noblesse catholique tchèque. Les ***Lobkowicz*** étaient les plus grands mécènes de leur temps. Ils accueillirent ***Mozart*** et ***Beethoven.*** Les Lobkowicz en furent dépossédés à 2 reprises : en 1939, par les nazis, puis en 1948, lorsque les communistes prirent le pouvoir. Quelques châteaux confisqués en Bohême leur ont été rendus, ainsi que ce palais, restitué à la famille en 2002.
La visite commence au 2e étage. Magnifiques portraits de nobles tchèques, parmi lesquels ***Vratislav z Pernštejna.*** Sous son manteau doublé de fourrure, on aperçoit les fins points du brocart qui orne la tunique. Ou encore ***Ladislav III*** et son drôle d'habit qui fait un peu couche-culotte, sans oublier son épouse *Maria Manrique de Lara* et leur fille *Alzbeta.* Plus loin, coûteux service de table en céramique émaillée du XVIe s. Le taureau figurant sur chaque pièce représente le blason des ***Pernštejn*** (1re famille qui posséda le palais avant sa vente en 1627 à *Polyxena de Lobkowicz*). Également un beau service de Bohême à fleurs bleues du XIXe s.
Jolie croix processionnelle du XIIe s. Salles d'armes avec de magnifiques fusils à la crosse incrustée sur fonds rouge sang. Une salle de musique abrite la ***partition originale de la Symphonie héroïque de Beethoven,*** qui est dédiée au 7e prince de Lobkowicz. On y conserve aussi la partition du *Messie* de Haendel annotée par Mozart. Admirez également l'original d'un oratorio de Haydn.
Puis vient l'un des clous de la visite ; la *Fenaison,* de ***Pieter Bruegel l'Ancien.*** Ce tableau appartient au célèbre cycle des *Douze Mois.* Sur les 6 panneaux qui le composaient, seuls 5 sont connus à ce jour dont seulement 3 sont exposés (à Vienne, à New York... et ici). C'est le mieux préservé et l'un des chefs-d'œuvre du paysagisme qui rompait alors avec le religieux pour décrire la nature humaine au sein de la Nature elle-même. Au loin, à droite, les fortifications et le pont rappellent la ville de Prague. Dans la salle *Carl Robert Croll,* peintures des châteaux de la famille *Lobkowicz* et magnifiques ***Canaletto*** *(Tamise à Londres).*
Au 1er étage, voir la belle série de portraits d'amies et relations (et l'autoportrait) d'***Ernestine de Nassau,*** aristocrate et artiste à la fois, la plupart légendés en français sur la toile même. Voir aussi les aquarelles d'oiseaux composées avec de vraies plumes, *The Dog Room* (œuvres des XVIIe-XVIIIe s) et *The Oriental Room* (panneaux de soie chinoise brodée du XVIIIe s). Beau portrait de *Léopoldine.* Série de gravures sur Prague. Certaines salles et la terrasse offrent une vue unique sur Malá Strana et les ponts. Le parcours se termine dans le magnifique salon de réception. Son plafond entièrement peint se prolonge dans la salle de musique, où on donne aujourd'hui des concerts.

➢ On sort du château au **nº 12** de la ruelle, par un escalier qui traverse la muraille. L'escalier *Staré zámecké schody* rejoint le métro Malostranská (ligne A).

Svatováclavská vinice *(vignoble de Saint-Venceslas)* **:** après la ruelle d'Or et la tour Daliborka, suivre vers l'est la rue *Staré zámecké schody* (un escalier en fait), ce passage permet de sortir de l'enceinte du château à l'est. Il débouche alors sur le vignoble de Saint-Venceslas qui fut planté vers l'an 909 ! Au fil des siècles, il disparut puis fut replanté au XXᵉ s. Sans doute le plus ancien de Bohême, il s'agit d'un petit vignoble à flanc de colline (2 500 plants, 30 cépages différents, dont le pinot noir et le riesling). Un paysage inattendu et surprenant au pied de la colline !
Une belle surprise que cette jolie balade après la visite du château ! On traverse à pied le vignoble en profitant de la vue superbe sur Prague. Les vieux escaliers datent du XVIᵉ s. En contrebas s'étendent les jardins et le *palais Valdštejn.* Au passage, possibilité de s'arrêter boire une mousse ou un verre de vin à la buvette dépendant du resto *Villa Richter* ou sous la longue pergola en contrebas (voir rubrique « Où boire un verre ? » ; *zoom Malá Strana C2,* ***210***).

➢ Retour dans la 2ᵉ cour pour une balade dans les jardins.

PRAGUE

Královská zahrada a Jižní zahrady *(jardins royaux et jardins du Sud ; plan Château royal,* ***14****)* **:** *accès par le porche voûté de la 2ᵉ cour du château (juste à côté de la galerie de peinture) ou par le belvédère (T Královský letohrádek, lignes 22 ou 91 – ce dernier seulement le w-e ap-m). Voir la rubrique « Infos pratiques » du château.*
Grands jardins de style Renaissance italienne, réalisés par Ferdinand Iᵉʳ au milieu du XVᵉ s. Tout en longueur, ils s'étendent de l'autre côté de la *fosse aux Cerfs,* un grand trou protégeant le flanc nord du château. Au-delà de la balade, il y a 3 édifices remarquables à voir.
– ***La salle du Jeu de paume :*** 100 m après l'entrée, sur la droite. Admirable réalisation du plus pur style Renaissance, à la façade couverte de sgraffites. Fort endommagée lors de la Seconde Guerre mondiale, elle a été restaurée. Elle servit de salle de jeux avant d'être un entrepôt militaire. On y organise désormais des réceptions officielles et des concerts.
– ***Le belvédère Letohrádek královny Anny*** *(ou pavillon d'été royal)* **:** situé dans le jardin au nord-est de la colline du château, au-dessus de la *fosse aux Cerfs.* La Galerie nationale y organise des expos temporaires au printemps et en été, mais l'édifice ne se visite pas. C'est la 1ʳᵉ œuvre de la Renaissance italienne à Prague, construite en 1538 sur ordre de *Ferdinand Iᵉʳ* pour sa femme *Anne Jagellon.* C'était une véritable fantaisie, avec une conception ouverte inspirée de l'Italie et pas du tout adaptée aux frimas de l'hiver tchèque. Elle se présente comme une sorte de longue loggia à arcades. Noter aussi le toit en forme de bateau renversé.
Considérée comme un des plus beaux monuments Renaissance au nord des Alpes, cette résidence d'été a été surtout utilisée par l'empereur Rodolphe II pour la chasse. Ses fabuleuses collections y furent entreposées sous son règne. On y plaça aussi un observatoire astronomique. C'est aussi au belvédère que, vieux et malade, il s'enferma à la fin de sa vie et là qu'il mourut, le 20 janvier 1612. À l'intérieur, il ne reste d'ailleurs pas grand-chose, si ce n'est les fines frises courant sur les étages.
– ***La fontaine chantante :*** au milieu du jardin royal, près du belvédère. Réalisée par un Italien. L'eau qui s'en écoule dégage une gentille sonorité quand elle tombe dans la vasque.

Le quartier du château

Autour de Hradčanské náměstí (zoom Malá Strana B2)

Devant l'entrée principale du château s'étend un autre des quartiers les plus romantiques de Prague. Il faut bien lui consacrer 1 journée entière, au minimum, en comptant la visite du château, de nombreux musées et balades. Déjà, sur

Hradčanské náměstí, chaque mètre révèle quelque découverte fascinante... Sur la place, la désormais habituelle colonne de la peste (1726), beau lampadaire au centre, en forme de chandelier, et ***statue de Tomáš Garrigue Masaryk*** *(plan Château royal,* ***16****)* à l'angle face au château.

Arcibiskupský palác *(palais archiépiscopal ; zoom Malá Strana B2) : Hradčanské nám. 16.* Il ne se visite pas, on se contente d'en apprécier la riche façade rococo. En 1561, Ferdinand Ier, empereur du Saint Empire, acheta une résidence de style Renaissance à la famille Gryspek de Gryspach pour en faire le siège des archevêques pragois. Cet édifice fut réalisé plus haut que les bâtiments de la 1re cour du château pour montrer la suprématie du religieux sur le pouvoir politique.

Šternberský palác Národní galerie (Galerie nationale du palais Sternberg ; *zoom Malá Strana B2) : Hradčanské nám. 15.* ☎ *233-350-068. • ngprague.cz • Dans la ruelle courant à gauche du palais archiépiscopal. Tlj 10h-18h ; fermé lun. Entrée : 220 Kc ; ticket combiné 500 Kc valable 10 j. et incluant la visite du couvent Sainte-Agnès, la galerie nationale d'Art moderne (palais Veletržni) et des palais Schwarzenberský et Kinský ; réduc.* La *Národní galerie* (Galerie nationale) est historiquement la 2e plus vieille institution muséale d'Europe après le Louvre. Ses collections sont dispersées dans plusieurs musées. Le palais Sternberg, construit en 1698 sur les dessins d'architectes italiens, en possède une partie et présente ici de riches collections de peintures européennes du XVe au XIXe s. Voici ce que l'on peut y trouver, sachant que de petites valses des collections peuvent chambouler notre descriptif.

Au rez-de-chaussée

Art allemand et autrichien du XVe au XVIIIe s. Beaux portraits de Lucas Cranach, notamment *Sainte Catherine et sainte Barbara, Adam et Ève* et *Le Vieux Fou.*

La *Fête du rosaire (Rosenkranzfest)* de **Dürer** constitue le 1er grand portrait de groupe dans l'histoire de la peinture du nord des Alpes. On remarque à droite Dürer lui-même tenant un papier avec sa signature. C'est une œuvre d'une importance exceptionnelle, par laquelle le peintre essaya de dépasser les maîtres italiens en montrant que les apports de la Renaissance étaient fondamentaux. Il fait ressentir en profondeur les nouveaux principes de la peinture, notamment la perspective.

Voir encore *La Mort de Sénèque* de **Rottmayr.** Scènes mythologiques, natures mortes. De Hans Raphon, 9 toiles d'autel sur la *Passion du Christ* (fin XVe s), riches en couleurs. Par leur côté B.D. avant la lettre, elles illustrent le caractère pédagogique du visuel dans l'entreprise de christianisation.

UN CHEF-D'ŒUVRE DE 4 SOUS...

La Fête du rosaire, chef-d'œuvre de Dürer, fut acheté par Rodolphe II. Venu de Venise, le retable franchit les Alpes à dos d'homme, comme une sainte relique. En 1782, l'empereur Joseph II transforma le château de Prague en caserne d'artillerie et organisa la plus grande vente aux enchères jamais vue en Europe. Les derniers trésors subsistant des fabuleuses collections de Rodolphe II furent bradés au plus offrant. Dans le lot, la Fête du rosaire, cédé pour quelques sous à l'abbaye de Strahov...

Au 1er étage

Les primitifs religieux. Italiens du XIVe au XVIe s, icônes et art ancien, peintures flamandes des XVe et XVIe s. Quelques antiquités romaines du début de notre ère (magnifiques portraits de femmes d'Égypte, rappelant l'iconographie byzantine), bronzes grecs. Salles 2, 3 et 4, peinture religieuse italienne avec plusieurs triptyques des XIVe et XVe s *(Madone en croix, Vierge à l'Enfant...).* Les salles 5 à 10 font apparaître des voûtes de pierre, ornées de jolies fresques. Elles proposent plus de scènes profanes et offrent une plongée dans la société de l'ancien régime. Quelques œuvres de choix comme cette remarquable *Marie Madeleine*. Naïve *Flagellation du Christ*. **Dirk Bouts** est bien présent avec une poignante *Lamentation*. Les scènes populaires de Mostaert rappellent le travail d'un Bruegel. Subtile *Vénus désarmant Cupidon* de *Van Monfoort*. Tiens, un tout petit tableau à souligner : une *Crucifixion* de *de Kempener* (début XVIe s), poignante avec son ciel orageux. *Scène de village* de **Hans Bol,** d'une grande richesse narrative (voir l'unijambiste, l'alcoolo, le supplicié, les filles faciles...).

Au 2e étage

Art italien, espagnol et hollandais ; Flamands des XVIe et XVIIIe s, art français des XVIIe et XVIIIe s. La salle 2 abrite le *Martyre de saint Thomas* de **Rubens,** très mouvementé, aussi bien du côté des humains que des anges, cruel et flamboyant. *Expulsion du Paradis,* toujours de *Rubens,* toile tournoyante où même la mort prend la pose. *Diable* terriblement lubrique de **Van Dyck. Ruysdael** propose quelques paysages sourds. **Bassano** *(Annonciation aux bergers), Petit Christ* du **Greco,** *Saint Jérôme* du **Tintoret** et un autre de **Ribera,** sublime. Également des œuvres de **Tiepolo** et de **Guardi.** *L'Annonciation* et *Philosophe dans son cabinet* de **Rembrandt,** *Abraham et Isaac* de **Van Dyck,** etc. Et puis encore un *Christ sur le mont des Oliviers* de *Fetti,* au visage tout gris. Scènes religieuses et mythologiques, où le « traité » s'efface devant les scènes représentées et les couleurs.

Salle française avec *Boucher, Le Brun, Goudreaux, Poussin.* Sur le plafond d'un salon est peint un *Suicide de Lucrèce,* très baroque. Plus loin, une salle est consacrée à **Snyders,** célèbre peintre anversois, avec un très réaliste *Paysan allant au marché* et ce vivant *Nature morte au singe* (le homard semble furax !). *Dirck Hals* présente un savoureux *La compagnie prend du bon temps,* tandis que **Van de Velde,** avec *Paysage d'hiver avec patineurs,* donne envie d'enfiler un pull. Nombreux autres tableaux dignes d'intérêt.

👁👁 ***Schwarzenberský palác*** *(galerie d'art du palais Schwarzenberg ; zoom Malá Strana B2)* **:** *Hradčanské nám. 2. ☎ 233-081-713. • ngprague.cz • Tlj 10h-18h ; fermé lun. Entrée : 220 Kc ; ticket combiné 500 Kc valable 10 j. et incluant la visite du couvent Sainte-Agnès, de la galerie nationale d'Art moderne (palais Veletržni) et des palais Šternberský et Kinský ; réduc. Billetterie et entrée communes avec le palais Salmovský.*

Installée dans l'admirable *palais Schwarzenberg-Lobkowicz,* chef-d'œuvre de la Renaissance tchèque, en face de l'entrée du château. Construit entre 1545 et 1567 d'après le plan de l'architecte italien Agostino Dalli, ce palais fut d'abord destiné à être le siège de la dynastie *Lobkowicz.* Il fut acquis par les *Schwarzenberg* en 1719 et resta dans cette famille jusqu'en 1948. Confisqué sous le régime communiste, il abrite aujourd'hui une exposition remarquable sur l'art baroque et Renaissance tardive en Bohême, répartie sur 3 étages.

Au rez-de-chaussée, jeter un œil au groupe de statues dont un bel *Hercule* armé d'un gourdin (issu du jardin de Kolowrat), un *Ange* signé ***Matyáš Braun*** et 2 Maures qui en imposent. Dans la salle dont ces derniers gardent l'entrée, des sculptures religieuses qui expriment l'essence de la Contre-Réforme, avec un *Christ* monumental encore signé Matyáš Braun et, au fond, un *saint Donatus* comme figé en plein vol. Mais le meilleur de la collection se trouve aux étages, avec les grands maîtres de la peinture tchèque. Au 1er étage, travail intéressant de la lumière chez *Antonín Kern* et *Petr Brandl* (toute la composition de son *Rêve du prophète Elias* est organisée autour de la lumière divine). Tableaux animaliers de *Reiner* où, derrière le bucolique, transparaît la tension.

Tableaux religieux comme cette troublante Marie Madeleine en pénitence, la poitrine tout de même généreusement offerte. *Brandl* aimait visiblement les formes féminines, comme en témoignent d'autres œuvres de sa main... Il partage la salle suivante avec ***Kupecký,*** un expert du portrait comme lui. Superbes portraits du miniaturiste *Karl Bruni* (toute ressemblance avec un nom connu est fortuite !) et de *Hedwig Franciska Wussin,* 2 œuvres signées *Kupecký.* Puis, on évolue vers le rococo avec *W. L. Reiner* et *Ignáz Raab.* On a bien aimé *Intérieur d'une galerie de peinture,* où *Hampish* peint plusieurs tableaux... dans le tableau (on appelle cela une construction en abîme). Au 2e étage, paysagistes et portraitistes tchèques, avec un grand nom : *Karel Škréta.* Enfin, au grenier (3e étage), une exposition d'armes des XVe-XIXe s.

Salmovský palác *(galerie d'art du palais Salm ; zoom Malá Strana B2)* **:** *Hradčanské nám. 1. ☎ 233-081-713. • ngprague.cz • Tlj 10h-18h ; fermé lun. Entrée : 120 Kc. Même billetterie que le palais Schwarzenber ci-dessus.* Accolé au *palais Schwarzenber,* le *palais Salm* propose seulement des expositions temporaires. Renseignez-vous sur la programmation.

Le palais toscan (zoom Malá Strana B2) **:** *Hradčanské nám. 5.* C'est le gros édifice de style baroque et romain qui borde la majeure partie ouest de la place, face au château. Ce palais fut construit par le comte *Michael Osvald Thun,* entre 1689 et 1691 (on l'appelle aussi parfois palais Thun-Hohenstein). La façade, qui suit la courbure de la rue, est agrémentée d'une balustrade portant 7 statues allégoriques évoquant les arts.

Martinický palác *(palais Martinic ; zoom Malá Strana B2)* **:** *Hradčanské nám. 8 (à l'entrée de la rue Kanovnická).* Son propriétaire fut l'un des célèbres défenestrés du château de Prague (1618). La façade est flanquée de 2 hauts pavillons. Elle est ornée de beaux sgraffites illustrant des scènes de la Bible. On ne compte plus le nombre de fenêtres : c'est plus un château qu'un palais urbain. Depuis 2002, il appartient de nouveau à un propriétaire privé. Au ***no 6*** de *Hradčanské náměstí,* une maison dont Forman se servit beaucoup pour tourner son *Amadeus.*

L'église Saint-Jean-Népomucène (zoom Malá Strana B2) **:** *au bout de Kanovnická.* Édifice de style baroque flamboyant. Remarquer, à l'extérieur, au pied des marches de l'escalier d'entrée, les 5 étoiles pavées dans le trottoir. Ce sont les emblèmes du saint. On la doit à *Dientzenhofer,* tandis que les fresques (partie la plus intéressante) sont de *Václav Vavřinec Reiner.* On rappelle que le tombeau du saint se trouve dans la cathédrale Saint-Guy.

Autour de Loretánské náměstí (zoom Malá Strana A2-3)

De Hradčanské náměstí, on emprunte Loretánská, l'une des plus jolies rues de Hradčany, pour aboutir à la délicieuse Loretánské náměstí, aménagée au début du XVIIIe s. Bucolique avec ses espaces de verdure, elle est aussi monumentale et solennelle, grâce aux 2 importants édifices qui la cernent, le ***palais Černín*** et surtout l'église ***Notre-Dame-de-Lorette.***

Černínský palác *(palais Černín ; zoom Malá Strana A2-3)* **:** *Loretánské nám. 5.* Face à Notre-Dame-de-Lorette s'élève cet imposant palais de la fin du XVIIe s. On dit que ce serait le plus grand palais de Prague. Il mesure 150 m de long et aligne des centaines de fenêtres. Néanmoins, ce n'est pas le plus charmant... Édifié de 1669 à 1682, à l'initiative de l'un des plus riches nobles de Bohême : le comte ***Humprecht Jean Černín*** de Chudenice, qui voulait étaler sa richesse et rivaliser avec les palais proches du château. Base en pointes de diamant, forme de bossage qu'utilisèrent les architectes cubistes au début du XXe s, le tout contrastant fortement avec le balcon qui ondule gracieusement. Il devint en 1919 le siège du ministère des Affaires étrangères. Après la Seconde Guerre mondiale, son ministre n'était autre que *Jan Masaryk,* le fils du 1er président de la République. On retrouva son corps inerte devant le palais un beau matin du printemps 1948. Suicide ou assassinat imputable aux communistes ? L'affaire ne fut jamais élucidée, comme tant d'autres...

👥 ***Pražská Loreta*** *(église Notre-Dame-de-Lorette ; zoom Malá Strana A2)* **:** *Loretánské nám. 7. ☎ 220-516-740. • loreta.cz • Avr-oct, tlj 9h-17h ; nov-mars, tlj 9h30-16h. Entrée : 150 Kc ; réduc.*

Notre-Dame-de-Lorette est le symbole typique de la Contre-Réforme (ou « recatholicisation » forcée) de la Bohême. En effet, sa construction débuta en 1626, peu après la défaite de la Montagne Blanche, sur ordre de la princesse *Catherine de Lobkowicz,* autour de son élément principal, la « Santa Casa ». La tradition de la Lorette fut introduite en Bohême par la famille Lobkowicz. À l'origine, une 1re Lorette fut construite par *Christophe de Lobkowicz* en souvenir de son pèlerinage à Loreto en Italie. Durant 150 ans, ce sont près de 150 chapelles de Lorette qui ont vu le jour, il n'en reste seulement que 30 aujourd'hui en Tchéquie dont celle de Prague, la plus imposante et la plus riche.

UNE SAINTE AU POIL

Notre-Dame-de-Lorette recèle une chapelle étonnante, celle où se trouve la statue d'une Wilgeforte (Vierge forte) crucifiée. Il s'agit d'une martyre espagnole (connue aussi sous le nom de sainte Débarras !) et affublée d'une vraie barbe. On dit que, voulant préserver sa virginité, elle refusa d'épouser un homme choisi par son père. Bref, elle pria pour qu'un événement survienne et empêche le mariage. Un matin, elle se réveilla avec une barbe. De colère, son père la fit crucifier. Non mais !

– ***La façade :*** tout à fait monumentale. Le célèbre architecte ***Christoph Dientzenhofer*** et son fils ***Kilián Ignáz Dientzenhofer*** la remodelèrent complètement en 1721 et n'hésitèrent pas à exalter son style baroque. Angelots sur la balustrade, statues de saints autour du portail et sur la corniche. Le clocher à bulbe date de la 1re construction. Les 30 cloches, fondues à Amsterdam, sonnent toutes les heures.

– ***Le cloître :*** il fut édifié autour de la Santa Casa pour lui donner un écrin baroque. Les voûtes des arcades s'ornent de fresques datant du milieu du XVIIIe s sur les litanies de Lorette. Chapelles, autels, confessionnaux et tableaux sous verre décorent le pourtour. Au milieu du cloître, dans la courette, 2 splendides fontaines baroques.

– ***La Santa Casa :*** la maison de la Vierge fut réalisée au début du XVIIe s par des artistes italiens ; réplique de celle de Loreto en Italie. Dès le XIVe s, la Santa Casa était un lieu de pèlerinage important. Devant sa célébrité croissante, plusieurs dizaines de copies parsemèrent le pays.

– Les ***murs extérieurs de la Santa Casa*** sont ornés de sculptures et bas-reliefs très chargés, également dus à des artistes italiens. Parmi les nombreuses statues représentées, noter celles de la prophétesse Sybille représentée en divers lieux : Sybille de Cumes, de Perse, de Lybie, de Delphes... À l'intérieur, fresques évoquant la vie de la Vierge elle-même, enchâssée dans un écrin d'argent.

– ***La basilique Notre-Dame-de-Lorette :*** tout en style baroque, juste derrière la Santa Casa. Elle l'écrase malheureusement un peu. Noter la chaire prise d'assaut par les *putti* et autres chérubins dans une débauche d'or. D'ailleurs, il y a des chérubins partout. Belles loggias de nobles sur le côté. Squelettes de part et d'autre de l'autel.

– ***Le trésor :*** le 1er étage du cloître abrite un extraordinaire trésor religieux, le plus riche du pays. Mentionné dès 1636, ce fabuleux trésor s'est constitué au fil des siècles par les dons des princes (catholiques de préférence) de la noblesse du Saint Empire romain germanique. Il était encore plus important autrefois mais il a été amputé par les prises de guerre (celles de 1683 et 1704). Voilà de quoi vous mettre l'eau à la bouche. Petit autel domestique autrichien du XVIIe s. Superbe calice des Lobkowicz incrusté de diamants, ainsi qu'un missel d'Anvers.

La pièce la plus étonnante s'appelle le « ***Soleil de Prague*** », ***magnifique ostensoir*** orné de ***6 222 diamants*** pesant 12 kg. C'est le plus riche qu'on connaisse au monde. La comtesse Ludmila Kolowrat fit don au monastère des 6 400 diamants qui ornaient sa robe de mariage, cadeau de son riche époux ! Celui-ci était de

35 ans plus jeune qu'elle. Elle fit monter cet ostensoir composé de 53 rayons (de soleil symboliquement) en argent doré, sur lesquels furent fixés cette incroyable collection de diamants.

En sortant, par la *Černínská,* vous parvenez à la ***rue Nový Svět*** *(rue du Nouveau-Monde ; zoom Malá Strana A-B2),* la rue la plus secrète du quartier. L'ombre de Mozart y flotte encore... On se croirait dans un petit village de Bohême du Sud. De nombreuses maisons sont classées au Patrimoine national. Un voyage dans le passé sans avoir besoin d'une machine à remonter le temps.

Strahovský klášter *(monastère de Strahov ; zoom Malá Strana A3)* **:** *aux confins de Hradčany, sur une colline dominant la ville. ☎ 233-107-752. • strahovskyklaster.cz • Ⓣ ligne 22. Petit escalier d'accès par la pl. Pohořelec, entre les nos 7 et 9, mais il vaut mieux l'aborder par le monumental portail baroque. Autre accès possible par un chemin depuis la colline de Petřín (10 mn).* Ce merveilleux édifice compose, avec le chevet de la petite église et les maisons attenantes, un ensemble architectural de grande qualité, entouré de jardins sauvages. Le monastère fut fondé en 1140 pour abriter des chanoines des Prémontré, qui y séjournent encore aujourd'hui après une petite interruption durant l'ère communiste. Il possède 3 parties visitables, dans 3 édifices distincts : l'*église Notre-Dame,* la *bibliothèque* (constituée des salles théologique et philosophique) et la *galerie Strahov.* Ils sont tous à 2 pas les uns des autres, dans la grande cour.

– ***L'église Notre-Dame-de-l'Assomption*** **:** *fermée en dehors des messes.* Lumineuse façade baroque avec ses 2 gros clochers. D'abord romane puis gothique après un incendie, elle fut restaurée au XVIIe s en style baroque. Rarement ouverte, elle n'est visible que par la grille de l'entrée. Cette église possède une harmonie exceptionnelle avec sa nef et ses bas-côtés d'une grande élégance, ses fresques décorant la voûte du plafond, la richesse des stucs, l'ornementation chargée des autels des piliers (or et marbre), les bancs sculptés et la chaire croulant sous les dorures. L'orgue, sur lequel aurait joué Mozart lors de son séjour à Prague (une manie !), est superbe mais, malheureusement, on ne peut pas le voir depuis la grille.

– ***Strahovská knihovna*** *(bibliothèque)* **:** *au 1er étage des bâtiments conventuels. ☎ 233-107-715 ou 718. Tlj 9h-12h, 13h-17h. Dernière entrée 15 mn avt. Entrée : 120 Kc ; réduc. Droit photo et vidéo payants. Texte disponible en français.* Avant les salles (accès interdit, mais elles sont bien visibles depuis le pas de porte), exposition de quelques magnifiques exemples d'enluminures médiévales, dont l'évangéliaire de Strahov, qui remonte au IXe s. Entre les XIIe et XVIIIe s, la riche bibliothèque subit bien des vicissitudes, mais une bonne partie du patrimoine survécut. Les 2 salles principales qui la composent sont un must du baroque à Prague. L'ensemble abrite 130 000 livres, dont 5 000 incunables et plus de 25 000 manuscrits, dont certains sont de véritables chefs-d'œuvre ! Dans les vitrines du couloir reliant les 2 salles, sorte de cabinets des curiosités animalières, espèce de mini-Muséum d'histoire naturelle. Cherchez-y le *dodo de l'île Maurice...*

Voir la belle ***salle philosophique,*** de plus de 30 m de long sur 10 m de large, dont les murs sont couverts de livres rangés dans d'admirables rayonnages de bois. Fresque au plafond retraçant l'histoire de la connaissance.

Au fond du couloir, la ***salle théologique.*** La merveille de Strahov ! Autant la 1re salle est haute et étroite, autant la salle théologique possède une voûte très basse et large, presque écrasante. Datée de 1671, décorée dans le style baroque exubérant de l'époque (Contre-Réforme) avec des fresques du début du XVIIIe s enchâssées dans des médaillons aux formes peu orthodoxes, vantant l'amour de la connaissance, la passion de l'instruction et de l'étude. Cette salle théologique abrite plus de 15 000 ouvrages, de beaux globes astronomiques et géographiques. Dans les vitrines, vénérables ouvrages, dont une bible couverte de pierres précieuses du IXe s. Ne pas manquer la ***roue de compilation*** de 1678. Ce meuble insolite mais pratique servait aux copistes pour travailler sur plusieurs

livres en même temps. Les livres ouverts étaient posés sur les étagères de la roue que le lecteur faisait tourner selon ses besoins...
– ***Strahovská obrazárna*** *(galerie Strahov)* ***:*** *accès derrière l'église, en passant sous un porche. ☎ 233-107-730. Tlj 9h30-11h30, 12h-17h. Entrée : 120 Kc, incluant les couloirs du cloître, par lequel vous devez de tte façon passer (voir le réfectoire d'hiver et le cycle des peintures de saint Norbert) ; réduc. Feuillet disponible en français.*
Dans la galerie du 1er étage du cloître, musée consacré à la peinture de l'Europe centrale, du gothique à la période romantique, soit du XVe au XIXe s. C'est l'une des plus importantes collections conventuelles en Bohême. Seul un dixième de la collection est exposé. Essentiellement des toiles religieuses et des paysages. La galerie réserve une place de choix à quelques œuvres surprenantes. Inquiétante *Judith* (attribuée à *Cranach*) au sourire énigmatique, la tête d'Holopherne dans une main. Étonnantes *Saintes Barbara et Madeleine,* avec leurs rubis insérés dans la toile.
Voir aussi le célèbre *Portrait de Rodolphe II* par ***Hans von Aachen.*** On y voit bien la proéminence de la lèvre inférieure et du menton, typique des Habsbourg et de la dynastie (Charles Quint, grand-père maternel de Rodolphe II, avait déjà ces traits !). Quelques tableaux de *Petr Brandl,* maître du baroque tchèque.
Des *jardins* au fond du monastère, on bénéficie de l'un des plus beaux panoramas sur Prague et de la seule vision, sur le même plan, des 2 rives de la Vltava. Prenez donc un verre au resto *Bellavista* pour admirer le triangle de vignes en contrebas. Près du portail baroque, la *chapelle Saint-Roch* accueille des expositions temporaires.

Muzeum městské hromadné dopravy *(musée des Transports en commun ; zoom Malá Strana A2,* ***284)*** ***:*** *Patočkova 4, Prague 6. ☎ 296-128-900. • dpp.cz/en/urban-mass-transit-museum • Ⓜ Malostranská (ligne A) ; Ⓣ Vozovna Střešovice (ligne 1). Ouv avr-fin sept, seulement w-e et j. fériés, 9h-17h. Entrée : 50 Kc ; réduc.*
Une belle exposition qui rassemble une quarantaine de véhicules historiques (avec publicité d'époque dessus !), dont un tramway de 1884. C'est un homme d'affaires belge, ***Édouard Otlet,*** le « roi des tramways » en Europe à cette époque, qui inaugura la 1re ligne régulière de tramways à chevaux à Prague. Lorsque l'ingénieur *František Křižík* présente le 1er tramway électrique à la grande Exposition de 1891, Otlet lui intente un procès ! Également des vidéos d'archives. Avis aux amateurs : du musée part le ***tram historique nº 91,*** qui relie entre autres le château, le Théâtre national et la place Venceslas.

NOVÉ MĚSTO *(la nouvelle ville ; plan D-E2-3-4 et zoom centre)*

Ne vous laissez pas abuser par cette dénomination. La nouvelle ville date quand même du XIVe s ! Déjà, à l'époque, la vieille ville craquait aux jointures. C'est ainsi qu'on envisagea son extension suivant un nouveau plan d'urbanisme, qui apparaît aujourd'hui comme l'un des plus anciens et l'un des plus remarquables du Moyen Âge européen. En revanche, elle ne prit son visage contemporain qu'au XIXe s, avec la disparition de nombre d'anciennes demeures et leur remplacement par des édifices plus modernes (le plus souvent de prestige ou de rapport). Lorsque ***Staré Město*** (la vieille ville), ***Nové Město*** (la nouvelle ville), ***Hradčany*** et ***Malá Strana*** fusionnèrent à la fin du XVIIIe s pour former Prague, les anciennes murailles, devenues désuètes, furent démolies et leurs fossés comblés. C'est ainsi qu'à leur emplacement furent créées les rues *Národní* et *Na Příkopě,* les 2 artères les plus animées de Prague.

Na Příkopě *(zoom centre D-E3)* ***:*** rue piétonne, le théâtre de rue permanent de Prague. Bordée de quelques édifices intéressants, principalement de style Sécession (l'Art nouveau pragois). Entre autres, à l'angle avec *Václavské náměstí,* la *maison Koruna* (avec sa tourelle).

Au ***n° 5,*** noter les atlantes fatigués qui semblent sortis d'une B.D. de Mœbius.
Au ***n° 10,*** le ***palais Silva-Tarouca*** à la riche et harmonieuse façade avec un pignon garni de statues. Les ***Silva-Tarouca*** étaient des nobles d'origine portugaise qui servirent l'armée impériale contre les Turcs à Vienne en 1716. En récompense, ils obtinrent des postes haut placés dans l'administration austro-hongroise. Un de leurs descendants, passionné par les arbres, créa le parc botanique de ***Průhonice*** (voir « Les environs de Prague »).
Au ***n° 20,*** intéressant dessous de corniche de la *UniCredit Bank.*
Au ***n° 33,*** la *Komerční Banka ;* vous pouvez y entrer, grimper les escaliers flanqués de 2 guerriers et admirer la somptueuse décoration et la magnifique verrière.

Le musée Mucha *(zoom centre E3) : Kaunický palác, Panská 7. ☎ 224-216-415. • mucha.cz • Tlj 10h-18h. Entrée : 240 Kc ; réduc, notamment avec la* Prague Card. *L'entrée au musée Mucha (prononcez « Mou-ha » !) donne droit à 50 % de réduc au musée Franz-Kafka, à acheter dans le 1er des 2. Livret explicatif en français payant. Petite boutique de souvenirs à l'entrée.*

C'est un petit musée logé dans quelques salles du palais *Kaunický.* Mais il est charmant, surtout si on ne connaît pas encore l'œuvre d'***Alfons Mucha,*** l'un des pères de l'Art nouveau, né le 24 juillet 1860 en Moravie et mort à Prague en 1939. Après un apprentissage au théâtre du Ring, à Vienne, Mucha rejoint Paris pour parfaire sa formation. C'est là qu'il rencontre une flopée d'artistes, dont Gauguin... et surtout le succès, grâce aux affiches qu'il dessine pour les pièces de théâtre de *Sarah Bernhardt.*

LA CHANCE SOURIT À CEUX QUI BOSSENT LES JOURS FÉRIÉS !

Paris, 1895. Mucha travaille dans l'atelier Lemercier qui édite des affiches de spectacle. On est en plein congé de Noël, Mucha est tout seul. Surgit alors le directeur du théâtre de la Renaissance où Sarah Bernhardt est la vedette. Il lui faut d'urgence une affiche publicitaire pour le Jour de l'an. Mucha lui propose une femme drapée d'une longue robe, dans un style byzantino-slave, ornée de fleurs et de mosaïques. L'actrice, enthousiasmée, commande 4 000 affiches. La renommée de Mucha débute, sa fortune suit...

Juste après la billetterie, une série de ***photos*** nous montre Gauguin chauve dans le studio de Mucha, rue de la Grande-Chaumière, à Paris, et aussi Mucha et Rodin dans une calèche en 1902. Belle série de ***panneaux décoratifs,*** destinés à une reproduction de masse pour égayer les intérieurs modestes. Femmes-fleurs aux teints diaphanes et chevelures enchevêtrées y incarnent tour à tour les arts ou les moments de la journée, de l'*Éveil du matin* au *Repos de la nuit,* d'une belle sensualité. À côté, les ***affiches parisiennes*** réalisées à Paris en 1890. Plusieurs publicités, dont une superbe lithographie pour le papier à cigarettes *Job.* Vient ensuite ***Sarah Bernhardt*** la tragédienne sous les traits de *Gismonda, Médée* et *Lorenzaccio* (elle adorait les rôles travestis !). Émouvante petite *Princesse Hyacinthe* (1911), tellement typique du *style Mucha.*
De retour dans son pays en 1910, l'art de Mucha prend un tour plus politique, en illustrant son attachement au peuple slave face à la germanisation du pays sous l'Empire austro-hongrois. L'une de ses affiches montre une petite écolière fixant le spectateur d'un regard presque insoutenable tandis que sa mère, symbolisant la nation accablée par la misère, se cache le visage dans les mains... Rappelons que l'artiste a réalisé une série de 20 tableaux monumentaux d'inspiration nationaliste illustrant l'***Épopée slave*** qui sera sous peu hébergée dans un espace d'exposition spécialement conçu pour elle dans un bâtiment déjà existant de l'*ancien Musée lapidaire* au parc des Expositions de Prague.

La dernière section évoque l'***atelier parisien de l'artiste*** : écritoire au dos de cuir superbement travaillé, carnets de croquis et pastels préparatoires, photos de ses modèles ainsi qu'un étonnant cliché immortalisant son ami Paul Gauguin en train de jouer de l'harmonium... sans pantalon. Des billets de banque, des livres reliés et quelques huiles montrent également la variété des supports et techniques employés par l'artiste. Enfin, sa vie est retracée dans un documentaire filmé. Boutique avec des souvenirs griffés Mucha, bien sûr.

– ***En dehors de ce musée,*** les fans de Mucha se précipiteront au nº 30 de la rue Vodičkova, toute proche, pour voir l'***immeuble Art nouveau U Nováků,*** avec sa belle mosaïque festive et printanière et ses balcons avec dorures et motifs végétaux. Mais aussi la Maison municipale, le Josefov, le *Grand Hotel Europa,* le vitrail de la cathédrale Saint-Guy, etc.

Národní *(plan et zoom centre C-D3)* **:** *prolongement de Na Příkopě après avoir traversé la pl. Venceslas.*

C'est sur cette artère que se déroula le « 17 novembre sanglant », déclencheur de la « révolution de Velours ». On y trouve un grand nombre d'immeubles dignes d'intérêt.

Entre autres, au ***nº 37,*** un très long édifice Renaissance orné de masques au-dessus de chaque porche.

Au ***nº 21,*** au-dessus du portail, 4 énormes bébés ; original.

Au ***nº 9,*** la ***maison Topic*** (1910) en style Sécession, avec son balcon de fer forgé et ses guirlandes au fronton. Cela dit, elle est moins riche, plus timide que l'édifice du ***nº 7,*** superbe exemple Sécession dont on doit la façade à *Ladislav Šaloun,* le sculpteur du monument dédié à Jan Hus sur la place de la Vieille-Ville.

À l'angle de *Národní* et de *Jungmannova,* on trouve le ***palais Adria,*** seul témoignage existant du « rondocubisme ». Réalisé en 1923, ce mélange d'éléments cubistes et de rondeur, d'où son nom, ne fit pas école à cette grande époque de renouveau architectural... L'édifice abrita longtemps le théâtre de la *Lanterne magique* et fut l'un des hauts lieux de la « révolution de Velours ». En décembre 1989 s'y tenaient les grandes réunions du forum civique avec *Václav Havel.*

La tête de Kafka *(plan D3)* **:** *devant le centre commercial* Quadrio, *à la sortie du métro Národní třída.* Cette tête de Kafka, signée du génial David Černý, pèse 39 t mais surtout, elle se compose de 42 strates en mouvement qui illustrent avec talent la fameuse *Métamorphose* de l'écrivain. Fascinant !

Národní divadlo *(Théâtre national ; plan C3)* **:** *Národní třída (à l'angle avec le pont Legií).* • *narodni-divadlo.cz* • *Parking gardé payant. Se visite seulement en groupe avec une agence comme* Avantgarde *(voir les « Adresses et infos utiles »). Sinon, ouv pour les représentations (voir la partie « Vie culturelle. Théâtre »).* Imposant édifice de style néo-Renaissance classique, construit de 1868 à 1883. Il est coiffé d'un toit en ardoises imitant une coupole représentant le ciel nocturne parsemé d'étoiles. Un grand élan du peuple tchèque contribua à sa création. On offrit bijoux, objets de valeur pour le financer. Les pierres employées pour la construction arrivaient dans des charrettes décorées et tirées par des bœufs couverts de fleurs... La 1re représentation fut l'opéra *Libuše* du musicien tchèque Smetana.

À côté, le ***Nová Scéna*** *(Nouvelle Scène du Théâtre national ; plan C3)* : édifié à la fin des années 1970. C'est ici que vous pouvez assister aux représentations de la *Lanterne magique* (voir la partie « Vie culturelle. Théâtre »). Immense bloc de verre, stupéfiant de lourdeur, censé équilibrer en volume celui du Théâtre national. À notre avis, c'est magistralement raté, plutôt le symbole d'une architecture stalinoïde en déclin définitif !

Masarykovo nábřeží *(plan C3-4)* **:** à gauche du Théâtre national, superbe alignement d'immeubles néobaroques, Art nouveau, néo-Renaissance, la plupart construits au début du XXe s et peints de plusieurs couleurs pastel (vert, rose, ocre...), qui s'étendent avec une rare beauté jusqu'à *Jiráskovo náměstí.* Voir,

notamment, les immeubles aux ***n° 32*** (l'ancien édifice des Assurances tchèques), ***n° 28*** et ***n° 26.*** Édifices de style Art nouveau. Même chose au ***n° 16.***
Plus bas encore s'élève une tour d'aspect sévère, surmontée d'un clocher à bulbe. C'est l'ancien château d'eau (de la fin du XVe s). Au pied de la tour, le ***pavillon Mánes,*** tout blanc, illustre représentant de l'architecture « fonctionnaliste » de 1928. C'est une salle d'expo réputée. Elle se caractérise par des lignes sobres et des espaces lumineux.

Kostel Panny Marie Sněžné *(église Notre-Dame-des-Neiges ; zoom centre D3)* **:** *Jungmannovo nám.* Place donnant sur Národní. Église du XIVe s commandée par le roi Charles IV qui voulait en faire un temple religieux plus imposant que la cathédrale Saint-Guy ! À cause des guerres hussites, elle ne fut jamais achevée. Vous n'en découvrirez que le chœur et la voûte, la plus haute de Prague (34 m). Immense autel baroque, considéré comme le plus grand de Prague.

Václavské náměstí *(place Venceslas ; plan et zoom centre D-E3-4)* **:** Ⓜ *Můstek (lignes A et B).* À l'emplacement de l'ancien marché aux chevaux du XIVe s s'étendent les « Champs-Élysées » de Prague, centre de la *nouvelle ville.* On l'appelle « place », mais c'est en réalité une sorte de longue et large artère, piétonne dans sa partie basse, qui accueille la plus grosse concentration de boutiques, agences de voyages, boîtes, cafés avec terrasses, grands hôtels... En la remontant, vous pourrez lever les yeux sur quelques édifices particulièrement dignes d'intérêt.
– À l'angle avec *Na Příkopě,* le ***palais Koruna*** est l'un des exemples les plus significatifs de la transition entre Art nouveau et Art déco. Très majestueux. Au ***n° 12,*** séduisant immeuble Sécession.
– Au ***n° 25,*** le ***Grand Hotel Europa,*** chef-d'œuvre du style Art nouveau. Prodigieuse façade où toute l'ornementation s'équilibre de façon harmonieuse. Frontons, fenêtres et balcon particulièrement remarquables, d'ailleurs inspirés par la déco du *Titanic.* Si la restauration est terminée, ne manquez pas les grands salons et le resto de style Sécession. Jetez aussi un œil à son petit voisin, le ***Meran Hotel,*** lui aussi Art nouveau.
– Au ***n° 28,*** passage qui rejoint le jardin des Franciscains, un lieu public, havre de tranquillité, idéal pour souffler un peu.
– Au ***n° 34,*** à l'angle avec *Vodičkova,* la ***maison Wiehl,*** construite en 1896 dans un élégant style néo-Renaissance, avec sa façade couverte de fresques et son clocheton.
– Au ***n° 36,*** c'est au balcon du journal *Svobodné Slovo* (« La Libre Parole ») qu'apparurent *Alexandre Dubček* et *Václav Havel* devant la foule rassemblée en nombre, en novembre 1989.
– À voir aussi, la façade de l'***hôtel Jalta,*** représentative du style soviétique, autrefois lieu de prédilection de la prostitution pragoise. On disait d'ailleurs d'une fille qui gagnait bien sa vie qu'elle « allait au Jalta ».
– D'ailleurs, faites un petit crochet par *Vodičkova* qui propose, au ***n° 30,*** un petit chef-d'œuvre de l'Art nouveau, l'édifice ***U Nováků,*** qui allie grâce, équilibre... et humour. C'est l'une des constructions qui rappellera le plus le style d'Hector Guimard ou de Victor Horta, dignes représentants de cet art en France et en Belgique. Balcons à motifs floraux tarabiscotés, profusion de fleurs, mosaïque champêtre (où l'on boit et où l'on danse), balcons en pointe pour changer de rythme, large verrière... jusqu'aux gouttières en forme de fleurs. Sous les fenêtres, des grenouilles enrubannées tentent de gravir la façade. Un chef-d'œuvre, on vous dit !
– Au ***n° 36,*** entrez dans le ***passage Lucerna*** (accessible également depuis Václavské náměstí), de style Art nouveau, tout comme son café en surplomb, sobre et élégant avec son vaste comptoir. L'ensemble fut construit à la fin du XIXe s par le grand-père de Václav Havel et abrite l'un des plus anciens cinémas d'Europe (voir la rubrique « Cinémas » des « Adresses et infos utiles »). Sous la coupole, ne manquez pas la statue équestre renversée, une réplique originale du Venceslas qui domine *Václavské náměstí* (voir ci-après). Ici, le saint est toujours aussi digne,

mais il chevauche la panse d'un cheval à priori crevé… Les Pragois ne se sont pas offusqués de cette autodérision d'un symbole national. D'ailleurs, son créateur, ***David Černý,*** est connu et apprécié pour ses tendances subversives !
– ***Dans la partie haute de Václavské náměstí*** trône la *statue équestre de saint Venceslas,* patron de la ville et 4e souverain tchèque, à une époque (Xe s) où ce pays cherchait encore ses marques. Il tient dans l'histoire la place du 1er grand souverain du pays et symbolise tous les grands rassemblements pour la liberté.
À 25 m de ce monument dans un buisson, sur le terre-plein central de la place, une plaque commémorative rappelle que c'est à cet endroit précis que l'étudiant ***Jan Palach*** s'immola par le feu, le 16 janvier 1969, pour protester contre l'occupation soviétique. Lui aussi, à son tour, devint un martyr de la liberté et de la résistance à l'oppression. Sa tombe n'est pas ici mais au cimetière de *Olšanské hřbitovy,* à l'est de Prague (voir plus loin).

PRAGUE

Národní muzeum *(Musée national ; plan général, E4)* **:** *en haut de la pl. Venceslas, au nº 68, au-delà de la Magistrale, une invraisemblable autoroute intra-urbaine qui s'est égarée là. ☎ 224-497-111. • nm.cz • Horaires d'ouverture et tarifs non connus au moment de l'impression de ce guide.* Dominant la place Venceslas, le Musée national est emblématique de Prague. Construit en 1893 en style néo-Renaissance, il s'étale sur 104 m de long et 74 m de large et se couvre d'un dôme de 70 m de haut. Autant dire qu'on ne peut pas le rater ! La façade est ornée de statues évoquant la grandeur de la nation tchèque (Vaclav II, Karel IV et Rudolf II, entre autres) et honorant la Connaissance, tandis que 72 noms de scientifiques font le tour de la question et surtout de l'édifice (dont les astronomes Kepler et Brahé, du XVIIe s). Face à l'escalier extérieur, une imposante fontaine à 4 niveaux encadrée de sculptures allégoriques représente les rivières Elbe et Vltava, la Moravie et la Silésie. L'intérieur est aussi impressionnant (à défaut d'être sobre !), avec un escalier majestueux tout en dorures et en marbre. Surtout, n'oubliez pas de monter jusqu'à la coupole pour une vue magnifique sur la ville !
Côté Histoire, sachez que le musée fut bombardé en mai 1945 lors de l'Insurrection de Prague, puis criblé de balles soviétiques le 21 août 1968, marquant ainsi la fin du fameux « Printemps ». De nouveau endommagé en 1978 par la construction du métro, il a fini par fermer en 2011, entraînant le déménagement de plus de 7 millions de pièces (seul le gigantesque squelette de baleine de 22,5 mètres de long pour 4 tonnes, symbole du musée, est resté sur place !), afin d'entamer une restauration bien méritée. Il a rouvert ses portes, fin 2018, à l'occasion du centenaire de la Tchécoslovaquie. L'achèvement complet de la restauration étant prévu pour mi-2019, d'ici là, seules les expos temporaires du rez-de-chaussée sont accessibles, ainsi que le panthéon rassemblant les bustes des grands hommes de la Ière République (avec notamment les 1ers présidents tchécoslovaques, Masaryk et Beneš). La date précise de l'ouverture des collections permanentes n'est pas encore connue, mais il est prévu qu'une section égyptienne soit ouverte courant 2019, les autres collections devant patienter jusqu'en 2020. Affaire à suivre…
Attenant au Narodní Muzeum, sur la gauche, se dresse le bâtiment moderne (d'une grande laideur) du ***Nová budova Národního muzea,*** *Vinohradská 1. ☎ 224-497-111. Tlj 10h-18h. Entrée 250 Kč. Abrite des expositions temporaires.* Ce bâtiment était entre 1969 et 1992 le siège du parlement fédéral de Tchécoslovaquie.

La synagogue de Jérusalem *(ou du Jubilé ; plan E3,* ***283****)* **:** *Jeruzalémská 7. • synagogue.cz • Ouv de mi-mars à mi-janv, tlj sauf sam et fêtes juives 10h-17h. Entrée : 80 Kc.*
Datant de 1906, voici un exemple unique de synagogue condensant les styles néo-mauresque et Art nouveau. Belle façade de type islamique avec des arcades mauresques dorées, des colonnettes vertes et une rosace en forme d'étoile de David au-dessus d'une loggia bleue semée d'étoiles… Quel éclectisme !
À l'intérieur, on s'aperçoit que la synagogue est bâtie sur le modèle d'une basilique à triple nef. Vous noterez qu'il n'y a pas 1 cm² de surface murale sans décoration.

Au-dessus de la porte de la Torah, arcade finement ciselée. Motifs de vigne en haut des chapiteaux, caissons à motifs géométriques mauresques... La profusion n'empêche pas l'harmonie des couleurs. Bleu, ocre et or, ce trio se retrouve sur les vitraux, les plafonds et la *bimah.* La richesse des couleurs est bien mise en valeur par la lumière, qui pénètre par les baies vitrées et la coupole, percées dans le plafond. Citations bibliques inscrites sur les parapets de la galerie. Pendant la guerre, les nazis y entreposèrent les objets de valeur volés à la communauté juive. Petite exposition à l'étage.

Jindřišská věž *(tour Jindřišská ; plan E3,* ***287****) : au bout de Jindřišská. ☎ 224-232-429. • jindrisskavez.cz • (ascenseur, sauf 10e étage). Tlj 10h-19h (18h oct-mars). Entrée : 140 Kc ; réduc. Prendre l'ascenseur jusqu'au 9e étage puis grimper au 10e et redescendre à pied.* Construite à l'origine en bois, la tour, haute de plus de 65 m, fut remodelée en pierre en 1599, ce qui en fait un exemple unique de gothique « post-tardif » ! Programmées par ordinateur, les cloches jouent chaque heure une mélodie différente... Une visite complémentaire de celle de la tour poudrière, même si la vue ici n'est pas extraordinaire.

– ***Au 10e étage :*** on arrive sous la charpente en bois de la tour. Les 4 tourelles et les 3 petites fenêtres n'offrent malheureusement qu'une vue un peu étriquée sur Prague. Au-dessus de la structure en bois, 10 cloches de tailles différentes. Le carillon sonne tous les quarts d'heure.

– ***Aux 7e et 8e étages :*** le resto *Zvonice* offre un superbe cadre pour dîner sous les vénérables poutres et en compagnie de la grosse cloche Maria, du XVIe s ; malheureusement, il est hors de prix au regard de la qualité.

– ***Au 6e étage :*** documents, photos, sur l'histoire de la tour et ses cloches (mécanisme). Vite vu !

– ***Au 4e étage :*** petite expo sur les tours de la ville avec des maquettes, un film-diaporama et un plan coloré de la ville au sol.

Muzeum Komunismu *(musée du Communisme ; plan E3,* ***276****) : V Celnici 4, entrée peu visible. ☎ 224-212-966. • muzeumkomunismu.cz • Ⓜ Náměstí Republiky. Tlj 9h-20h. Entrée : 290 Kc ; réduc. Brochure en français.*

Initiative du politologue américain *Glenn Spieker,* qui vécut à Prague pendant 10 ans, ce musée retrace, sur 2 étages, dans un nouvel agencement moderne, l'histoire du communisme tchécoslovaque de 1921 à 1989. Gardé par une imposante statue de Marx (une réplique), surmonté d'une étoile rouge, cette plongée dans un passé paraissant déjà si lointain ne laisse pas filtrer la moindre nostalgie et ne fait pas toujours dans la nuance. Un peu le pendant du *KGB Muzeum* (voir plus haut), en somme...

Un musée où l'on doit passer beaucoup de temps à lire les panneaux explicatifs (pour l'interactif, vous repasserez) avec des commentaires parfois instructifs, parfois divertissants, évoquant les aspects de la vie quotidienne, politique et sociale sous le régime communiste.

Assez peu d'objets, en fait, mais plutôt un programme didactique et un poil rébarbatif, il faut bien le dire. Au programme (comme dans un manuel scolaire), on y évoque la naissance de la Tchécoslovaquie, les pères du communisme, les accords de Munich ou encore la prise de pouvoir en 1948 par les communistes avec *Klement Gottwald,* d'ailleurs mort peu après les obsèques de Staline. On peut voir un peu de propagande communiste, avec les peintures et

LA CLÉ DU PROBLÈME

L'une des plus célèbres blagues de la période communiste tchèque date de l'époque du président Novotný. Comme l'homme de maintenance mettait beaucoup de temps à réparer une serrure, le président tchèque lui dit avec colère que, lui, aurait déjà terminé le boulot depuis longtemps. Ce à quoi l'homme lui aurait répondu : « Vous peut-être, M. le Président, car vous avez reçu une formation de serrurier, mais moi je suis professeur d'université. »

PRAGUE

affiches typiques du « héros socialiste », les « vacances à la socialiste », quelques mobylettes d'époque. Également la reconstitution d'un bureau de la STB (police politique), avec la carte du quadrillage des villes et villages tchécoslovaques des années 1950.
Section consacrée à la guerre froide, bien sûr, avec un film sur la conquête de l'Espace. Quelques vidéos de témoins racontant leurs évasions ou tentatives d'évasion et leur exil forcé. Évocation du Printemps de Prague, évidemment. On apprend qu'en 1990, juste avant que le régime ne tombe, il y avait encore 73 500 soldats et 1 220 chars soviétiques en Tchécoslovaquie. On termine par un film sur l'histoire politique du pays, avec des images d'archives sur les manifestations de 1989 et les répressions policières, et enfin la « révolution de Velours » de Václav Havel... Bref, une visite instructive mais qui manque d'audace muséographique et d'archives plus approfondies.

Hlavní budova muzea *(Musée historique de la ville de Prague ; plan E-F2)* **:** *Na Poříčí 52. ☎ 224-816-772. • muzeumprahy.cz • Ⓜ Florenc (lignes B et C). Tlj 9h-18h (20h dernier mer du mois) ; fermé lun. Entrée : 150 Kc ; réduc ; gratuit avec la* Prague Card. *Demander le document en français commentant l'ensemble des collections.*
À l'époque, le sous-sol de ce bel édifice de la fin du XIXe s n'était rien d'autre qu'une salle de torture, et ce jusqu'en 1918. En façade, les rois de Bohême les plus fameux (*Ottokar II, Vladislav II, Charles IV* et *Rodolphe II*). Aujourd'hui, c'est un petit musée intéressant mais assez vite parcouru.
– À l'entresol se trouve la ***plaque originale du calendrier de l'horloge astronomique*** de l'hôtel de ville de la vieille ville, réalisée au XIXe s par le peintre *Josef Mánes.*
– Au rez-de-chaussée, ***section préhistorique*** sur les 1ers habitants avec quelques vestiges (poteries, bijoux, fibules...). ***Section Moyen Âge*** avec peintures religieuses, une belle *pietà* en bois du XIVe s issue de *Notre-Dame-de-Týn* et une jolie serrure de la chapelle de Bethléem.
– En montant au 1er étage, dans le hall, ***Vue panoramique de Prague*** par le peintre *Sacchetti,* qui imposa à l'architecte du musée la conception d'un escalier semi-circulaire éclairé par une verrière pour en permettre l'observation. Ne manquez surtout pas, dans la salle centrale, la ***remarquable maquette de la vieille ville,*** en papier mélangé avec de la cire, œuvre d'*Antonín Langweil* (1791-1837), ancien fonctionnaire. Plus de 200 maisons y sont représentées, mais, hélas, l'extension de la ville nouvelle n'a jamais pu être achevée. Enfin, on finit la visite avec des salles dotées de plafonds à caissons, et consacrées aux XVe-XVIIIe s (statuaire religieuse, armes, mobilier, horloges, etc.).

L'hôtel de ville de la nouvelle ville *(plan D4)* **:** *Karlovo nám., à l'angle du Vodičkova. Avr-oct, tlj 10h-18h ; fermé lun. Entrée : 90 Kc.* Le panorama sur Prague vaut le coup d'œil. Il date du XIVe s. La façade fut modifiée au XVIe s dans le style Renaissance, mais la tour est gothique avec un toit en ardoises, une galerie à gargouilles et une flèche terminée par une bannière dorée représentant un lion. C'est là qu'eut lieu la 1re « défenestration de Prague », le 30 juillet 1419. Les conseillers municipaux furent jetés par les hussites (dirigés par Jan Želivský) sur les pointes des armes de leurs confrères qui attendaient au bas des fenêtres. Ce fut le point de départ de la révolution hussite. Petite expo sur le sujet.
Autour de *Karlovo náměstí,* d'autres monuments méritent un coup d'œil.

Kostel Svatého Ignáce z Loyoly *(église Saint-Ignace-de-Loyola ; plan D4)* **:** *Karlovo nám., à l'angle de la rue Ječná. Tlj 6h ou 7h-18h30.* Édifiée dans les années 1655-1677 par les jésuites dont le bâtiment du collège est attenant à l'église. Belle façade baroque dotée d'un gros portique sombre orné de statues. Au sommet de ce portique, celle de saint Ignace de Loyola, fondateur de l'ordre, est entourée d'une grande auréole ovale. Celle-ci fut sujette à polémique car elle était disproportionnée par rapport à celle entourant Jésus-Christ à l'intérieur de l'église. Le pape en fut informé et donna finalement raison aux jésuites... Intérieur baroque également. Lourde chaire sur la gauche et autel monumental.

🎯 ***Kostel Svatého Jana Nepomuckého Na Skalce*** *(église Saint-Jean-Népomucène-sur-le-Rocher ; plan D4-5)* **:** *Vyšehradská, presque à l'angle avec la rue U Nemocnice.* Non loin de la maison de Faust. Voici un des chefs-d'œuvre de ***Kilián Ignáz Dientzenhofer,*** auteur des façades de Notre-Dame-de-Lorette et de Saint-Nicolas (celle de la vieille ville). Elle présente une architecture originale (nef octogonale). Belle harmonie de la façade et de son escalier, en fer à cheval. Une curiosité à signaler : l'obélisque en pierre, surmontant le portail d'entrée, se termine par un reliquaire en forme d'auréole dorée, orné de 5 étoiles, qui sont les emblèmes de *Jean Népomucène.* Ce reliquaire haut perché contient la langue du saint qu'on retrouva bien rouge après son exhumation en 1719 !

🎯🎯 ***Kostel Svatého Cyrila a Metoděje*** *(église Saints-Cyrille-et-Méthode, Mémorial national des héros de la terreur Heydrich ; plan D4)* **:** *Resslova 9, au croisement avec Na Zderaze.* Ⓜ *Karlovo náměstí (ligne B). Accès par la crypte sous les escaliers. Ouv 9h-17h ; mars-oct, tlj sauf lun ; nov-fév, tlj sauf dim et lun. GRATUIT.*

1re curiosité : cette église baroque est consacrée au rite orthodoxe byzantin. Mais l'édifice religieux a surtout écrit en lettres rouges l'une des pages d'héroïsme de l'histoire tchèque.

L'attentat du 27 mai 1942 contre le redouté ***Reinhard Heydrich,*** *Reichsprotektor* de Bohême-Moravie, fut perpétré par 3 officiers tchèques du SOE venus de Londres : ***Jan Kubiš, Josef Gabčík*** et ***Josef Valčík.*** En représailles, les nazis anéantirent quelques jours plus tard le village de *Lidice* (voir « Les environs de Prague »), massacrant toute sa population (ou presque). Suite à la dénonciation du traître *Karel Čurda,* le 17 juin, les nazis découvrirent la crypte sous l'église où se cachaient les hommes du commando. Un 2e village, *Ležáky,* fut rasé à son tour le 24 juin puis, en septembre, les représentants de l'Église orthodoxe furent exécutés pour leur soutien aux insurgés.

À l'accueil, photos et documents d'archives détaillent l'attentat. Dans la ***crypte,*** conservée en l'état, vous verrez sur votre droite le trou que les reclus tentèrent de creuser pour s'échapper par les canalisations. Au musée de l'Armée, une exposition permanente retrace cette opération ***Anthropoid.*** Sur ce nazi influent et cruel, qui était le cerveau d'Himmler, et joua par ailleurs un rôle prépondérant dans l'organisation de la Shoah, on peut lire *HHhH,* le roman historique de Laurent Binet (voir la rubrique « Livres de route » dans « Prague utile »).

HÉROÏQUE RÉSISTANCE TCHÈQUE

Les officiers de l'armée tchécoslovaque formés par les Britanniques avaient pour mission d'éliminer le détesté Reichsprotektor Heydrich. Ce fut chose faite le 27 mai 1942 : bien que seulement blessé, Heydrich mourut de septicémie 8 jours plus tard, faute de pénicilline. Le commando se réfugia dans l'église, avec le soutien de la communauté orthodoxe de Prague. Trahis par l'un des leurs, ils subirent l'assaut des Allemands. Il fallut 5h aux 800 SS pour venir à bout des 6 héros terrés dans la crypte !

🎯🎯 ***Tančící dům*** *(Maison dansante ; plan C4)* **:** *à l'angle du quai Rašínovo nábřeží et du pont Jiráskův.* Cet étonnant édifice conçu par l'architecte américain ***Frank O. Gehry*** appartenait déjà au XXIe s dès son inauguration en 1996 ! Un Fred (Astaire) de béton enlace une Ginger (Rogers) de verre... D'ailleurs, l'immeuble est surnommé *Ginger et Fred.* L'impression de mouvement est rendue par les formes courbes de madame, et la disposition irrégulière des fenêtres de monsieur. Au 7e étage, un resto réputé et très chic, baptisé... ***Ginger & Fred,*** ouvre sa terrasse panoramique aux non-dîneurs tous les jours de 9h à minuit. L'accès est gratuit si l'on consomme (sinon, il vous en coûtera 100 Kc). Rassurez-vous, les prix restent assez raisonnables.

Faustův dům *(maison Faust ; plan D4)* **:** *U Nemocnice, presque à l'angle avec Karlovo nám. 40/502.*
On l'appelle aussi le palais *Mladotovský.* Abrite aujourd'hui une clinique. Ne se visite pas, mais son histoire mérite d'être racontée. Maison baroque dont le hasard (mais est-ce bien le hasard ?) fit qu'elle appartint successivement à plusieurs alchimistes. Une légende soutient qu'elle aurait été la demeure du docteur Faust. Dans le *Faust* de Goethe, un pacte est signé entre le docteur et *Méphistophélès* qui accorde l'immortalité et l'éternelle jeunesse à son protégé, en échange de quoi il décide de sa vie et de l'heure de sa mort. Le pacte expire, et le diable finit par enlever le docteur.
Les faits historiques et authentiques sont les suivants. Le palais que l'on voit aujourd'hui date de 1620. En 1590, au même emplacement, une maison médiévale fut achetée par l'alchimiste et charlatan anglais ***Edward Kelley,*** arrivé à Prague en 1584 (avec son comparse *John Dee*) engagé par ***Rodolphe II*** comme alchimiste officiel de la cour. Ce dernier le couvre d'honneurs (voir « Prague magique et alchimique » dans « Hommes, culture, environnement »). Vendue, abandonnée, réputée hantée, la maison fut rachetée au XVIIIe s par le comte ***Ferdinand Mladota de Solopysky,*** qui lui donna son style baroque. Les *Mladota* se livraient aussi à l'alchimie, provoquant des explosions qui endommagèrent le toit. Fin XIXe s, un autre hurluberlu, le docteur *Kaerl Jaenig,* y habita. Obsédé par la mort, il collectionnait les objets funéraires et on disait qu'il dormait dans un cercueil... Bref, voilà une demeure chargée de très étranges histoires.

À l'angle de *Spálená* et de *Lazarská,* au nord de *Karlovo náměstí,* la ***maison Diamant,*** intéressante construction cubiste (de 1912).

Muzeum Antonína Dvořáka *(musée Dvořák ; plan D-E4)* **:** *Ke Karlovu 20 (rue donnant dans Ječná). ☎ 224-918-013. • nm.cz • M I.P. Pavlova (ligne C). Tlj 10h-13h30, 14h-17h ; fermé lun. Entrée : 50 Kc ; réduc. En travaux de rénovation.*
Vente de CD du maître, ainsi que de places pour les concerts. Un document en français reprenant les excellentes légendes des vitrines est disponible à l'accueil. Pour se mettre dans le bain, l'ensemble de la visite est agrémenté de morceaux du compositeur.
Loin de l'agitation de la ville, le musée Dvořák est installé depuis 1932 dans une grande villa baroque du début du XVIIIe s. Elle fut longtemps surnommée la *Vila Amerika* en souvenir du séjour de Dvořáka à New York entre 1892 et 1895. Il y composa sa ***9e Symphonie*** dite ***du Nouveau Monde.*** Dvořák fut le directeur du conservatoire de Prague.
Accès par le jardin, où l'on peut observer plusieurs statues attribuées à l'atelier de *Matyáš Braun.* Fresques originales dans la salle au 1er étage. L'endroit peut sembler réservé aux inconditionnels de ***Dvořák*** (1841-1904) tant il confine au fétichisme. Au rez-de-chaussée, reconstitution chronologique des événements ayant jalonné la vie de l'artiste depuis ses études jusqu'aux dernières années de sa vie. Documents officiels, affiches de l'époque, photographies, mais aussi le bureau, la chaise et le portrait de Beethoven. Tout provient de l'appartement de Dvořák, sur *Žitná.* Manuscrits du compositeur et son piano. Au 1er étage, encore, de nombreux documents et puis ses lunettes, son porte-monnaie, sa montre, sa plume et son encrier... Tiens, il n'y a pas ses pantoufles !

LE QUARTIER DE HOLEŠOVICE *(plan E-F-G1)*

Faubourg industriel rattaché à Prague en 1884, le quartier de *Holešovice,* au nord de la Vltava, porte toujours les traces de sa 1re vocation laborieuse. Aujourd'hui encore, on y aperçoit ses usines pionnières et leurs cheminées en brique rouge. La reconversion des anciens sites industriels est d'ailleurs une tendance architecturale et touristique solide en République tchèque. Restaurées au nom du patrimoine, souvent avec réussite, les anciennes usines de Holešovice offrent un paysage industriel adapté au style du quartier. Elles s'intègrent parfaitement aux édifices de ce quartier en mutation, aujourd'hui investi par les jeunes créateurs.

La galerie nationale d'Art moderne *(Veletržní palác ou Fair Trade Palace ; plan E1) : Dukelských hrdinů 47, Prague 7. ☎ 224-301-003 ou 111. • ngprague.cz • Ⓜ Vltavská (ligne C) ; Ⓣ Veletržní (lignes 6 et 17). Tlj 10h-18h ; fermé lun. Expos réparties sur 5 étages. Entrée (tt inclus : expo permanente + expo temporaire en cours) : 250 Kc. Expo permanente seulement : 150 Kc, ou 500 Kc pour un ticket valable 1 sem incluant la visite du couvent Sainte-Agnès et des palais Šternberský, Schwarzenberský et Kinský ; réduc. Expos temporaires seulement : env 150-180 Kc selon expos ; réduc. Gratuit pour l'expo permanente avec la* Prague Card *et pour les étudiants de - de 26 ans sur présentation de leur carte.*
Construit dans les années 1920 dans le style « fonctionnaliste », le bâtiment abrita d'abord des expos industrielles, puis il fut réquisitionné en 1939 par les nazis et servit de lieu de détention provisoire pour les juifs. Après la guerre, une centrale d'exportation occupa les locaux jusqu'au sinistre incendie de 1974, qui les réduisit à l'état de squelette. Depuis décembre 1995, cet immense bâtiment rénové abrite les collections contemporaines de peinture et sculpture, tchèques et internationales. Après avoir salué à l'entrée la *statue de Balzac* par Rodin (une des copies de celle qui se trouve à Paris), on vous conseille de commencer par le 4e étage (ou le 5e pour les expos temporaires), histoire de ménager vos mollets et de faire la visite chronologiquement.

– ***5e étage :*** expositions temporaires.

– ***4e étage*** *(Czech Art I) :* essentiellement consacré à l'art moderne tchèque (fin XIXe et début XXe s). Du début XXe s, voir les œuvres de ***Beneš Knüpfer*** et ***Hynais*** qui rappellent un peu Mucha. Belles scènes campagnardes et urbaines, avec un beau travail sur la lumière signé ***Schikaneder.*** Scènes rurales chez ***Slavíček,*** proche de l'impressionnisme. Pénombres étranges et eaux lumineuses chez ***Hudeček.*** Superbes œuvres de ***Max Svabinský*** et surtout de ***Jan Preisler,*** qui semble balancer entre le naïf et l'impressionnisme. Une large section est dédiée à ***František Kupka,*** mort à Puteaux en 1957. Précurseur avec Kandinsky de l'art abstrait, il est célèbre pour son travail sur les formes circulaires et les lignes (voir *Amorpha,* son 1er « abstrait » de 1912), un peu moins pour ses œuvres fauvistes, pourtant réjouissantes, et ses tableaux orientalisants à la limite de la bande dessinée.

– ***3e étage*** *(Czech Art II) :* divisé en 2 sections. La partie tchèque couvre les années 1900 à 1930 avec, notamment, le cubisme. Ce mouvement, déjà lancé à la fin du XIXe s, se développa fortement sous les formes picturales, sculpturales et architecturales entre 1910 et 1919. Dans le pays, ce sont le sculpteur Otto Gutfreund, le peintre Emil Filla et les architectes Paval Janák et Josef Gočár qui le développèrent. Braque et Picasso les influencèrent fortement. Cette partie de l'expo s'ouvre sur quelques peintures, dessins et sculptures de ***Gutfreund,*** dont un intéressant *Don Quichotte.* Suivent les œuvres d'***Emil Filla,*** très influencé par Picasso, et de ***Bohumil Kubišta,*** au nom prédestiné si l'on en juge par son *Autoportrait* en fumeur de pipe (noter qu'il a peint une autre œuvre au dos du tableau !). Une section est également consacrée au cubiste ***Čapek*** et aux élégants nus modernes de ***Kremlička.*** Étrange section ***Jan Zrzavý,*** un expressionniste obsédé plus tard par le personnage de Cléopâtre. Application ensuite du cubisme à l'architecture – une spécificité tchèque – avec ***Pavel Janák, Novák*** et ***Gočár,*** auteurs de maisons cubistes à Prague (et du plan de tout un quartier à Hradec Kralové !). L'autre section, intitulée « ***collection d'art français*** », rassemble des œuvres des XIXe et début XXe s (romantisme, réalisme, impressionnisme, cubisme...). On trouve des sculptures de ***Rodin, Daumier*** et ***Carpeaux,*** ainsi que des tableaux de ***Courbet, Monet, Pissarro*** et ***Delacroix,*** dont *Le Jaguar attaquant un cavalier,* petite symphonie de couleurs dans une situation on ne peut plus dramatique.

De ***Gauguin,*** grand ami de Mucha à Paris, voir le célèbre *Bonjour, monsieur Gauguin.* Quelques peintres de l'école de Barbizon (Daumier, Carpeaux, ***Rousseau...***). Une salle entière est dédiée à ***Picasso,*** riche de portraits féminins. Quelques intéressants exemples d'impressionnisme et de postimpressionnisme avec *La Maria à Honfleur* de ***Seurat,*** *Joaquina* de ***Matisse,*** portrait touchant de sincérité et d'affection d'une belle Ibère. Et puis, pêle-mêle : ***Rouault, Braque, Derain, Utrillo*** et un beau nu de ***Van Dongen...***

– ***2e étage*** *(Czech Art III)* **:** consacré à l'art moderne tchèque de 1930 à nos jours. On y voit les surréalistes ***Toyen*** (enfin, une femme !) et ***Štyrský,*** qui ont créé ensemble le *mouvement artificialiste,* ainsi que ***Josef Šíma.*** Tout cela mérite une petite visite avec un regard amusé. Quelques influences marquées (voir les formes molles de Dalí chez ***František Janoušek***). Travail sur le plastique et le néon par ***Zdeněk Pešánek.*** On remarquera les portraits et œuvres planantes de ***Josef Šíma.*** Jolis tableaux des années 1940 étiquetés « réalisme magique » de ***Karel Černý*** *(Lovers, Blue Bar).* La création contemporaine est peut-être plus colorée, mais reste, sur le fond, tout aussi sombre et angoissante, avec ***Sykora, Jan Kubíček, Válová, Rittstein*** ou encore ***Ivan Kafka*** avec son œuvre symbolisant le temps qui passe à travers 30 potences sur lesquelles on trouve des trotteuses.

CHANGEMENTS DE RÉGIMES

Dans la collection de voitures anciennes du musée, on trouvera une modeste et « récente » Renault TSE 21. Elle fut offerte à Václav Havel en 1989 par le président portugais Mário Soares comme symbole du vent de liberté qui soufflait cette année-là sur la Tchécoslovaquie. En effet, le régime communiste roulait toujours en Tatra. Havel l'utilisera une fois élu président, mais elle sera revendue 4 ans plus tard. Václav Klaus, président de 2003 à 2013, a renoué avec la marque tchèque Škoda, aujourd'hui filiale de l'allemand Volkswagen.

– ***1er étage :*** consacré à l'art contemporain européen de 1900 à nos jours. Ouverture majestueuse avec les célèbres *Vierges* de **Gustav Klimt.** Dans *Danse sur la côte* en 1900, le Norvégien ***Edvard Munch*** montre la voie aux expressionnistes allemands. Les toiles d'***Emil Orlík*** sont remarquables, ainsi que celles d'***Oskar Kokoschka,*** par leur force évocatrice.

Le vaste *Café Jedna,* au rez-de-chaussée, n'est pas désagréable pour boire un verre ou manger un morceau. *Tlj 9h-22h.*

Le centre d'art contemporain DOX *(hors plan par F1)* **:** *Poupětova 1, Prague 7. ☎ 295-568-111. • dox.cz • Ⓜ Nádraží Holešovice (ligne C) ; Ⓣ Ortenovo Náměstí (lignes 12, 14 et 24). Lun et w-e 10h-18h, jeu 11h-21h, mer et ven 11h-19h ; fermé mar. Entrée : 180 Kc ; réduc.* L'équivalent à Prague du palais de Tokyo à Paris. Installé dans une gigantesque usine de production de composants métalliques métamorphosée, il abrite tout un monde de création et d'expos contemporaines généralement de très bonne qualité.

Národní technické muzeum *(Musée technique national ; plan D1)* **:** *Kostelní 42. ☎ 220-399-111. • ntm.cz • Ⓜ Vltavská (ligne C) ou Hradčanská (ligne A), puis Ⓣ Letenské Náměstí (lignes 1, 8, 25 ou 26). Mar-ven 9h-17h30, w-e et j. fériés 10h-18h ; fermé lun. Entrée : 220 Kc ; réduc. Expos traduites en anglais seulement.* Aménagé dans un immeuble austère, ce musée réserve d'intéressantes surprises et quelques raretés. Une fois encore, mieux vaut avoir au moins 2h devant soi pour en profiter pleinement.

– Aux ***3e et 2e sous-sols*** : ces 2 niveaux intéresseront surtout ceux qui se passionnent pour les ***mines*** et la ***métallurgie.*** Au 2e sous-sol, expo sur la métallurgie avec ateliers, cloches, outils, panneaux informatifs et vidéos. Au 3e sous-sol, visite guidée d'une mine reconstituée *(ticket à 50 Kc à prendre au guichet de l'entrée)* et expo sur les machines et méthodes d'extraction à travers les âges.

– Au **rez-de-chaussée,** à part les 2 locomotives, on se passionnera pour les automobiles. Dans l'ordre chronologique : une *NW Präsident* de 1898, une *De Dion Bouton « L »* de 1902, une *Renault AX* de 1909, une *Bugatti 13* de 1910, une amusante *Bedelia* (marque française) de 1912 ou encore une *Praga* de 1913. Ne pas manquer les modèles officiels du régime des années 1930 comme cette *Tatra 80* de 1935 ou la *77A* de 1937. Chaque véhicule occupe une place particulière dans l'histoire du pays et tout cela est très bien expliqué. Ne pas manquer non plus la série des *Oskar-Velorex* des années 1950 : des automobiles 2 places, à 3 roues, avec carrosserie... en cuir ou en skaï, conçues à *Solnice.* L'expo permet donc de voir l'évolution depuis leur création des automobiles dans l'ancienne Tchécoslovaquie. On retrouve la même structure sur les passerelles tout autour avec, au niveau 1, les motos, et au niveau 2, les avions et leur mécanique. Lever la tête pour observer ces drôles d'engins volants des années 1910-1920, pas très rassurants, et puis ce *Zodiac,* une montgolfière fabriquée à Puteaux, sans oublier ce bel ancêtre de l'hélico... Le niveau 3 est consacré aux bateaux et aux vélos, avec, là encore, quelques bijoux.

Au rez-de-chaussée du musée toujours, plusieurs petites salles, dont une consacrée à la photographie (appareils anciens, labos d'hier et d'aujourd'hui) et une à la chimie utilisée dans les objets modernes (reconstitution d'un atelier d'alchimie).

– Au ***1er étage,*** l'éclectisme continue avec la section dédiée à l'***imprimerie*** (des casiers à lettres aux énormes machines d'aujourd'hui) et une autre sur l'évolution de l'***électroménager*** dans le pays de 1850 à nos jours.

– Au ***2e étage,*** collection consacrée à l'***astronomie,*** avec force cadrans solaires, sextants, globes terrestres du XIXe s, outils de mesure...

– Au ***3e étage,*** un ***plateau de télévision*** sur fond vert et une section architecture (surtout) et design (un peu, des lampes notamment), avec moult maquettes de bâtiments pragois.

En partant, ne manquez pas le super point de vue sur la ville depuis le *Letná Biergarten* dans le parc en face du musée (voir aussi « Où boire un verre ? »). Une p'tite mousse ?

LE QUARTIER DE VYŠEHRAD *(hors plan par D5-6)*

Au sud de Nové Město, au bord de la Vltava, s'élève la très verdoyante colline de *Vyšehrad.* C'est le berceau de l'histoire de Prague, un haut lieu de la mémoire qui évoque les origines de la capitale. Sous le règne de la dynastie des *Přemyslides,* ce fut le 1er site du pouvoir tchèque à Prague (XIe-XIIe s), avant d'être concurrencé par la colline de *Hradčany.* On situe ici le 1er palais roman au XIe s, édifié par le prince *Vratislav II.* Mais très rapidement Hradčany prend le dessus, et Vyšehrad décline. La colline est délaissée, et le vieux palais tombe en ruine pendant les guerres hussites. Bref, Vyšehrad ne sera jamais Hradčany. Aujourd'hui, c'est un bout de campagne à 2 pas du centre, transformé en parc historique. On y trouve encore quelques vestiges romans, une église, un superbe cimetière... et quelques courts de tennis. Et puis c'est ***une des plus belles vues*** qu'on connaisse sur la Vltava. Le dimanche, les Pragois y viennent en famille.

– Accès : T *ligne 17.*

➢ ***Balade sur la colline :*** *pour y aller, prendre la ligne C du métro et descendre à Vyšehrad (hors plan par E5). On sort près du palais des Congrès. La colline est à env 10 mn à pied.* L'accès principal est la rue V. Pevnosti qui passe sous les portes *Táborská* (XVIIIe s) et Léopold (portail monumental baroque). Si vous venez en voiture, essayez de vous garer près du petit café sur la droite. On fait tout le reste à pied. Ce n'est pas bien grand, et les quelques sites se trouvent sans problème.

– ***La rotonde Saint-Martin :*** 1er édifice qu'on rencontre sur la droite après avoir passé la porte Léopold. C'est la seule construction romane de Vyšehrad encore

PRAGUE

debout provenant du haut Moyen Âge. Vers 1850, ce n'était qu'un abri pour les miséreux et les vagabonds sans logis. Elle fut restaurée au XIXe s.
– Avant l'entrée du cimetière, en face, on trouve un petit parc. Avez-vous vu cette curieuse colonne brisée en 3 parties ? C'est la ***colonne de Zardan,*** la colonne du diable. Son nom provient d'une légende racontant que saint Pierre ordonna au diable d'apporter les pierres pour bâtir une église. Arrivant trop tard, furieux, il jeta la pierre qui se brisa en 3 sur la colline de Vyšehrad.

Vyšehradský hřbitov *(cimetière de Vyšehrad)* **:** *mai-sept, tlj 8h-19h ; 18h mars-avr et oct ; 17h nov-fév. GRATUIT.* Accolé à l'église Saint-Pierre-et-Saint-Paul, ce superbe petit cimetière accueille les tombes de nombreux personnages illustres. Situé à droite près de la porte d'entrée et surmonté d'un sarcophage gardé par la statue du Génie de la Patrie, le ***Slavín*** est un tombeau monumental qui abrite les restes de plus de 52 personnalités de la nation tchèque. On y trouve le nom d'***Alfons Mucha*** ainsi que celui de *Jan Kubelík,* grand violoniste. Dans la même allée que le Slavín, à 20 m de l'entrée, la sépulture du compositeur ***Smetana.*** Sous les arcades de la galerie nord repose le musicien ***Anton Dvořák,*** 8e arcade juste avant l'angle nord-est. Son buste se détache sur un bloc de rocailles. Voir aussi la sépulture de ***Karel Čapek,*** l'écrivain inventeur du mot « robot », qui est sous une dalle un peu plus loin (section 12, tombe 47). Les arcades, qui entourent une partie du cimetière, tout comme certaines tombes, sont étonnantes par leur décoration composée de statues mais aussi de superbes mosaïques.

Bazilika Svatého Petra a Pavla *(église Saint-Pierre-et-Saint-Paul)* **:** *lun-mer et ven-sam 10h-18h, jeu 10h-17h30, dim 10h30-18h. Entrée : 50 Kc.*
À l'origine basilique romane, aujourd'hui tout en néogothique sur une ancienne base gothique. Tellement transformée au cours des siècles qu'elle ne possède plus de caractère particulier, et pourtant on ne peut rester indifférent à son aspect actuel. En 1070, le prince ***Vratislav II*** quitte le château de Prague pour des raisons de rivalité politique avec son frère *Jaromír.* Il revient s'établir à *Vyšehrad* et fonde une basilique romane. Les 1res pierres datent du XIe s et les dernières du XXe s. Que ce soit dans sa structure ou dans sa décoration, les influences de 10 siècles d'architecture sont toujours présentes.
Tout commence à l'entrée, le portail central en style gothique possède un tympan central très travaillé. Des blasons sur les portes complètent l'ensemble. L'intérieur vaut largement le détour pour les peintures murales. Sur le mur nord, la légende de saint Pierre, et l'arrivée des saints Cyrille et Méthode, les 2 évangélisateurs de la Bohême. Sur le mur sud, la fondation de Vyšehrad. Voir aussi les petites chapelles sur le côté droit de la nef, la superbe chaire en bois et les vitraux dignes d'intérêt. Vous y trouverez des décorations en style Art nouveau inspirées des travaux d'Alfons Mucha, des peintures gothiques, un sarcophage roman, des vitraux néogothiques...

➢ En poursuivant la balade, on aboutit aux anciens ***remparts*** qui cernent la colline. Panorama exceptionnel sur la Vltava, un petit port de plaisance et le sud de la ville. Sur le rocher même de Vyšehrad, en contrebas, quelques ruines.

Les maisons cubistes : autour ou au pied de la colline, on trouve quelques beaux spécimens de maisons cubistes de Prague, réalisées par ***Josef Chochol.*** À l'époque, elles furent considérées comme révolutionnaires. L'élément principal de ce style est l'utilisation du bossage en pointes de diamant et de la rupture incessante des angles, jamais droits. Les façades sont en ondulations saccadées, ce qui donne un rythme permanent. Les quelques demeures visibles datent de 1912-1913.
– À l'angle de *Rašínovo nábřeží (plan C5)* et de *Vnislavova,* juste au pied nord de la colline de Vyšehrad, une maison superbe, mais malheureusement laissée à l'abandon.
– À l'angle de *Přemyslova* et *Libušina* : immeuble gris typique de la technique des pointes de diamant.

– Au **n° 6** de *Rašínovo nábřeží* : malheureusement mal située devant les quais bruyants, cette maison ne manque pourtant pas d'élégance. Sur la façade, des scènes sculptées de la mythologie tchèque.

LES QUARTIERS DE ŽIŽKOV ET VINOHRADY
(plan F-G2-3-4-5)

À l'est du centre historique et touristique, *Vinohrady* et *Žižkov* sont 2 quartiers qui peuvent se découvrir à pied ou en tram. Les Pragois n'habitent plus dans le centre ancien mais plutôt dans ces quartiers calmes avec des loyers à prix raisonnables. Comme son nom l'indique, *Vinohrady* fut jadis planté de vignes sous l'impulsion de Charles IV. Au XIXe s, les vignobles ont disparu au profit de demeures résidentielles toutes plus splendides les unes que les autres. Élevé au rang de ville en 1879, ce qui lui donne une personnalité à part, Vinohrady est intégré à Prague dans les années 1920, au moment de son apogée. Aujourd'hui, Vinohrady, dominé par l'***église néogothique Sainte-Ludmila*** (XIXe s), visible où que l'on soit, est très en vogue chez les expatriés. Les noms de rues évocateurs, *Francouzská, Italská, Anglická* ou *Americká,* sont peut-être un motif caché et un brin nostalgique de cette présence cosmopolite... Se balader aussi dans la partie sud, le quartier des belles bâtisses des expats, notamment *Jana Masaryka,* du nom du diplomate *Jan Masaryk,* fils du 1er président du pays, mort (probablement défenestré) à la suite du putsch communiste de 1948.

Žižkov est dominé par le maître des lieux, l'imposant ***Jan Žižka,*** héros des guerres hussites, perché sur la colline d'où il commanda son armée. Il reste le symbole de la défense du pays contre l'invasion catholique. Il repoussa 5 croisades en incendiant sans discernement églises et couvents, moines et curés.

Les constructions en béton de Žižkov côtoient les immeubles Art nouveau de manière anarchique et parfois insensée. Ce quartier, longtemps habité par une population tsigane, est en train d'être rénové. Après 1945, le gouvernement tchèque accueillit quelque 100 000 Tsiganes persécutés pendant la Seconde Guerre mondiale. Comme les habitants de Žižkov déménageaient alors en banlieue vers les ensembles de HLM qui semblaient offrir un meilleur confort (eau chaude, chauffage central...), les Tsiganes, eux, furent sédentarisés, avec interdiction de partir sur les routes, dans l'espoir d'en faire des citoyens assimilés.

🞶 ***Le théâtre na Vinohradech*** *(plan E4)* **:** *Míru nám. 7 ; entre les rues Slezská et Římská.* Ⓜ *Náměstí Míru (ligne A).* Un bel exemple de bâtiment de style néobaroque du début du XXe s, présentant déjà des ornementations Art nouveau d'inspiration symboliste ou végétale. Essayez d'y entrer, la salle de spectacle est superbe.

🞶🞶 ***L'église du Sacré-Cœur*** *(plan G4)* **:** *Jiřího z Poděbrad nám.* Ⓜ *Jiřího z Poděbrad (ligne A).* En plein cœur de la place : si vous ne la remarquez pas, on ne peut plus rien pour vous. Évidemment on adore ou on déteste, mais impossible de rester indifférent. Comme un gigantesque cénotaphe, cette église en brique vitrifiée et à l'horloge démesurée est une création de l'architecte serbe ***Plečnik*** dans les années 1930. Cet artiste, en marge des mouvements modernes, ne fait ni du néobaroque ni du néo-quelque chose, il crée son propre style empreint de grandeur et d'intériorité. L'église est souvent fermée. Si vous y passez à l'heure d'un office, jetez un coup d'œil à la nef, conçue sans appui intérieur, et à la crypte.

🞶 De la *Jiřího z Poděbrad náměstí (plan F-G4),* remonter en flânant le long de *Mánesova, Polská, Krkonošská* ou *Chopinova* pour apprécier de superbes façades style Art nouveau, classiques ou fonctionnalistes. Au ***n° 4 de Chopinova,*** la maison de l'éditeur *Laichter* annonce l'architecture des années 1920. L'utilisation de la brique, horizontalement, en biais ou verticalement, crée une décoration originale. ***Na Švihance*** est un autre régal pour les yeux avec, aux ***nos 1, 9 et 14,***

3 immeubles style Mucha. Après ces déambulations architecturales, pause ou sieste dans le parc *Riegrovy sady* tout proche.

La tour de la Télévision *(plan G3,* ***275****) : Malherovy sady 1. ☎ 210-320-081. • towerpark.cz • Ⓜ Jiřího z Poděbrad (ligne A). Entrée : 230 Kc ; réduc. Observatoire : tlj 8h-minuit. Café : 8h-17h. Resto Oblaca : tlj 8h-22h. Au pied de la tour, cafétéria* Miminoo.

LA TOUR LA PLUS LAIDE D'EUROPE

La tour de la Télévision de Prague a été construite à l'époque communiste pour brouiller les émissions provenant de Radio Liberté, depuis Munich, Radio Luxembourg et Voice of America. Ce fut peu efficace. En revanche, sa laideur est toujours là. Dans les années 1990, un mouvement de femmes demanda sa destruction pour 2 raisons : elle est trop moche et elle symbolise le communisme...

Plus haute tour de Prague, c'est aussi le dernier édifice construit par le gouvernement communiste de 1985 à 1992. Son style n'est ni baroque ni gothique, et encore moins Art nouveau, il est tout simplement futuriste. La tour est posée là, comme un vaisseau spatial, avec ses 11 800 t et ses 216 m de haut, et domine la ville. Elle vous invite à décoller vers les toits de Prague : au 8e étage, 3 nacelles panoramiques à plus de 90 m du sol vous permettent d'avoir une vue unique sur Prague et ses environs. Dans chacune, une table d'orientation avec explications en français.

Au 5e étage, un bar-resto ***Oblaca*** avec vue imprenable. Les gros bébés qui montent et descendent tout le long de la tour sont l'œuvre du sculpteur tchèque ***David Černý*** (voir aussi sous Václavské náměstí, le passage Lucerna). On ne le voit pas bien d'en bas, mais ils n'ont ni bouche, ni nez, ni yeux. À la place, une puce électronique mange leur (effrayante !) frimousse. L'œuvre symbolise la victoire de la technologie sur l'homme. C'est glauque, mais on ne reste pas indifférent.

En 2012, une unique chambre d'hôtel, perchée à 70 m de haut, a été aménagée dans la tour, avec baies vitrées panoramiques ! Luxueux et rigolo, mais pas vraiment abordable...

– Plus terre à terre, le petit *cimetière juif* où furent enterrés les juifs morts de la peste au XIXe s. Situé au pied de la tour, il a été en partie détruit pour l'élévation de cette dernière. Étonnant, avec son bric-à-brac de tombes à moitié enfouies sous le lierre jouxtant de petits monuments funéraires *(lun, mer et ven 9h-13h ; entrée : 50 Kc).*

Nový židovský hřbitov *(nouveau cimetière juif ; av. Jana Želivského)* ***et le cimetière d'Olšany*** *(hors plan par G4)* **:** *Prague 3. Ⓜ Flora (ligne A). • kehilaprag.cz • Entrée par la rue Izraelská (près de Ⓜ Želivského). Dim-ven : avr-sept, 9h-17h (14h ven) ; oct-mars, 9h-16h (14h ven). Fermé sam.* Dans un superbe parc boisé aux murs couverts de lierre, le cimetière juif (kippa obligatoire) succéda à celui de Žižkov en 1891. Tous les styles de tombeaux y sont présents : néogothique, néo-Renaissance, Art nouveau, classicisme... À environ 250 m de l'entrée, sur la droite, on peut y voir la ***tombe de Franz Kafka et de ses parents*** (stèles nos 21-14-21), qui présente la forme d'un cristal hexagonal. Sur le mur d'en face, une plaque commémorative rend hommage à *Max Brod,* grand ami de Kafka et diffuseur de son œuvre (enterré en Israël).

Le cimetière Olšanské hřbitovy : *Vinohradská 2807/153c, Prague 3. • hrbitovy.cz •* Grand cimetière pragois. On peut se recueillir sur la ***tombe de Jan Palach*** qui fait toujours l'objet d'une grande vénération : des bougies s'y consument en permanence. Elle se trouve dans l'allée qui longe la rue Vinohradská, secteur 9, odd 3a (accès par la station de métro Flora).

Národní památník na Vítkově *(mémorial national de Vítkov ; plan F-G2-3)* **:** *dans le quartier de Žižkov, sur les hauteurs du parc. Accessible par la rue U Památníku, donnant sur Husitská. • nm.cz • Ⓜ Florenc (lignes B et C).*

Sur la colline qui porte son nom, *Jan Žižka* domine les lieux sur son cheval. Et pour cause, la statue érigée par ***Bohumil Kafka*** mesure près de 10 m de long ! C'est la 3e plus grande statue équestre au monde. Elle se dresse à l'endroit d'où il dirigea son armée vers la victoire, pendant les guerres hussites.

À l'arrière, le monument constructiviste fut un mémorial à la nation, fortement influencé par l'idéal socialiste révolutionnaire d'une époque révolue. Il a été converti en petit musée de l'Histoire tchèque moderne.

MAUVAIS RHUME POUR KLEMENT

Dans les sous-sols du Mémorial national étaient embaumées les personnalités du Parti, dont Klement Gottwald. 1er président communiste, il mit le pays sous la coupe de l'URSS stalinienne en 1948. Ironie de l'histoire, Gottwald mourut des suites d'un coup de froid attrapé à Moscou à l'enterrement de Staline.

Armádní muzeum *(musée de l'Armée ; plan F3,* ***278****) : U Památníku 2, Prague 3. ☎ 973-204-924. • vhu.cz • Ⓜ Florenc (lignes B et C). Passer sous la grande voie ferrée, puis prendre à gauche vers la petite colline. Mar-dim 10h-18h ; fermé lun. GRATUIT.* ***Fermé momentanément pour rénovation.***

SOLDATS TCHÈQUES, GÉNÉRAUX FRANÇAIS

Près de 1 an après la création du 1er État tchèque indépendant, naissait en 1919 la 1re armée tchécoslovaque. Pour la former et l'entraîner, ce furent 2 généraux français, Pellé et Mittlehauser, qui en assurèrent le commandement. Cette assistance française dura jusqu'en 1926. Après cette date, l'armée tchèque se commanda elle-même.

AU NORD DE PRAGUE

Trojský zámek *(château de Troja) : U Trojského zámku 1, Prague 7. ☎ 283-851-614. Ⓜ Nádraží Holešovice (ligne C) et bus n° 112 jusqu'au terminus Zoologická zahrada. En voiture, se garer dans le parking du zoo (100 Kc). Avr-oct, mar-dim 10h-18h (ven 13h-18h). Fermé lun et en hiver. Les jardins restent accessibles jusqu'à 19h. Dernier tour de visite 1h avt fermeture. Entrée : 120 Kc ; réduc. Visite très recommandée aux amateurs de belles demeures. Panneaux avec explications en anglais et fascicules en français dans certaines salles.*

Situé dans un remarquable parc organisé en jardins à la française, adossé à un coteau couvert d'un petit vignoble, le château est un lieu très prisé des promeneurs pragois, d'autant plus que le zoo de Prague est en face. Afin d'apprécier l'ingéniosité et la finesse de la composition d'ensemble, il est indispensable d'accéder au château par la face sud, depuis la Vltava et l'enclos royal de *Stromovka*. Il s'agit en effet de l'axe principal assurant la perspective la meilleure. Malheureusement les transports en commun aboutissent à l'entrée opposée.

Construit à la fin du XVIIe s pour le comte Venceslas Adalbert Sternberg, qui était revenu enchanté d'un voyage en Italie, le château s'inspire d'une grande villa romaine Renaissance, avec des murs blancs, des pilastres rouge vermillon et une toiture de tuiles. Les plans furent dessinés par le Bourguignon *Jean-Baptiste Mathey* (1630-1696).

L'***escalier extérieur baroque*** est un pur chef-d'œuvre, orné de sculptures évoquant les Géants précipités dans l'abîme tartare. Les Titans apprivoisés soutiennent la plate-forme où se tiennent les dieux triomphants de l'Olympe.

À l'intérieur, le rez-de-chaussée retrace le mode de vie de l'aristocratie de Bohême : peintures animalières du XVIIIe s (scènes de chasse en fil rouge), art de la marqueterie avec magnifiques meubles baroques. À l'étage, intéressante collection d'art tchèque du XIXe s. On aime bien ces tableaux qui restituent le quotidien des campagnes tchèques. Voir aussi la monumentale *Défenestration de Prague,* de Brožík, qui traduit bien la violence de l'épisode.

– La ***grande salle principale,*** entièrement peinte, est le clou de la visite. On y admire une ***fresque impressionnante à la gloire de la dynastie des Habsbourg,*** où chaque membre est vêtu à l'antique. On peut voir l'empereur Charles Quint transmettant le pouvoir à Ferdinand, son frère, le mariage de Philippe d'Autriche dit Philippe le Beau avec Jeanne de Castille-Aragon, surnommée Jeanne la Folle et arrière-grand-mère de Rodolphe II, et plus loin la défaite des Turcs devant Vienne en 1683... La réalisation de ces fresques en « trompe-l'œil » demanda 6 années de travail à ***Abraham*** et ***Isaac Godyn,*** peintres d'Anvers arrivés au château en 1690. Le sens de chaque détail de cette œuvre est analysé dans la documentation disponible en français dans la salle. Plus loin, salles chinoises et chapelle (carrelage au sol d'origine).

UN BOURGUIGNON EN BOHÊME

Né à Dijon, Jean-Baptiste Mathey a fait l'essentiel de sa carrière en Bohême. Il a réalisé de nombreuses églises, dessiné les plans de palais (le palais archiépiscopal de Prague, le palais Buquoy, le palais Thun-Hohenstein) et plusieurs châteaux, dont celui de Duchcov où le célèbre libertin Casanova finira sa vie comme bibliothécaire... et bon chrétien.

Il est également possible de visiter les ***vignes de la chapelle Sainte-Clara*** *(kaple svaté Kláry)* en vis-à-vis (histoire et principes de la vigne tchèque), ainsi que les ***jardins botaniques*** *(botanická zahrada),* juste à côté : serres exotiques avec papillons géants et jardins extérieurs (japonais, mexicains...). Vous pouvez ensuite rejoindre à pied le parc de Stromovka, ancienne réserve royale, riche en étangs et en bois.

Zoologická Zahrada *(zoo de Prague)* **:** *U Trojského zámku 3, Prague 7. ☎ 296-112-230. Ⓜ Nádraží Holešovice (ligne C) puis bus n° 112 jusqu'au terminus. Tlj : mars 9h-17h, avr-mai et sept-oct 9h-18h, juin-août 9h-19h, nov-fév 9h-16h ; dernier accès 30 mn avt. Entrée : 200 Kc, réduc. Parking : 100-200 Kc.*
Étendu sur 45 ha autour d'une haute colline dominant la ville par le nord-ouest, le zoo de Prague est l'un des plus vastes d'Europe. Il présente 630 espèces et près de 4 600 animaux de tous les continents, vivant dans des enclos relativement spacieux et adaptés à leur physiologie – où ils peuvent pour la plupart se cacher s'ils le souhaitent. Les singes sont particulièrement bien lotis sur leur île verdoyante entourée d'eau. C'est, comme souvent, moins le cas des ours blancs et de certains grands fauves. Ne ratez pas les ***chevaux de Przewalski*** (le zoo a contribué à leur sauvegarde) ni la jungle indonésienne récréée sous cloche, avec chauves-souris volant en liberté ! À la belle saison, un vieux télésiège permet de passer efficacement de la partie basse à la partie haute du parc *(tlj : juin-août 9h30-19h, mai et sept 9h30-18h ; 25 Kc).*

Břevnovský klášter *(monastère de Břevnov)* **:** *Markétská 1/28, Prague 6, à l'ouest de Malá Strana. ☎ 220-406-111. • brevnov.cz • Ⓣ Břevnovský Klášter (lignes 15 et 25 du métro Hradčanská ou ligne 22 de Malostranská). Visites guidées seulement (église, crypte romane et prélature) sam et dim : en été, à 10h, 14h et 16h ; en hiver, à 10h (11h dim) et 14h. Billet : 100 Kc.*
Ce fut le 1er monastère des Bénédictins en Bohême, fondé par Boleslav II en 993. Ce que l'on voit aujourd'hui est essentiellement de style baroque car l'ensemble a été reconstruit au XVIIIe s. L'église Sainte-Marguerite fut réalisée par ***Christoph Dientzenhofer*** de 1710 à 1715. L'édifice est baroque mais son aspect extérieur, tout en sobriété, lui donne une certaine légèreté. Sous le régime communiste, les moines furent expulsés et leurs biens confisqués. Ils ont récupéré le monastère en

ruine après la « révolution de Velours ». Restauré, il héberge une petite communauté qui y vit selon la règle ancienne de saint Benoît (« Prière et travail »). Une partie des bâtiments abrite un hôtel *(Hôtel Adalbert)* et un restaurant qui sert souvent aux noces et banquets. Sachez également qu'on y brasse l'une des meilleures bières de Prague, la *Benedict,* alors goûtez-la ou achetez-la avant de partir !

– Les ***jardins*** sont particulièrement agréables aux beaux jours. Au bout de l'allée sur votre gauche, le pavillon Vojtěška est à la fois un bel édifice baroque (remarquer les courbes de tuiles sur le toit) et un lieu mythique, car il abrite la source du ruisseau liée à la fondation du monastère par saint Adalbert et Boleslav II en 993.

– Enfin, dans le quartier, allez donc vous promener dans le ***jardin du pavillon Hvězda,*** dont le nom signifie « étoile » et on comprend vite pourquoi en le regardant... En forme d'étoile à 6 branches, il symbolise la rencontre harmonieuse de 2 forces (à 3 branches), issues de la bataille mythique de la Montagne Blanche, dont le site est voisin, une grande bataille de la guerre de Trente Ans qui mit fin à l'indépendance du royaume de Bohême.

Le quartier Baba : *à 4 ou 5 km au nord-ouest de Malá Strana, un peu au nord du quartier résidentiel de Dejvice, Prague 6 (il faut avoir le temps d'y aller). Prendre le bus nº 131 à partir du métro Hradčanská (ligne A, direction nord).* Voici une petite excursion dans un vieux quartier dont le nom (Baba) remonte au XVe s. Entre *Matějská, Na Ostrohu* et *Na Babě* (un secteur d'environ 3 ha), on découvre une concentration de villas des années 1920 et 1930 assez étonnantes : cubes de béton géométriques, décrochements, verrières, avancées, hublots, escaliers extérieurs métalliques, promontoires d'angles, ruptures incessantes des rythmes... Pour les matériaux, brique, béton, verre, carrelage et fer sont à l'honneur. Du rigoureux, du fonctionnel, mais toujours ce souci de la différence et de la recherche. Les architectes tchèques les plus brillants de leur génération y ont travaillé. On y trouve les influences de ***Le Corbusier*** pour la dureté des lignes et la froideur des matériaux, mâtinées du style de l'Américain ***Frank Lloyd Wright*** pour l'originalité de l'organisation des volumes. Amis dessinateurs et architectes, c'est un vrai cours in situ.

PRAGUE

LES ENVIRONS DE PRAGUE

- Pour se repérer, voir la carte des environs de Prague, sur le plan détachable en fin de guide.

Dans un rayon de 50 km autour de Prague, la campagne de Bohême est jalonnée de châteaux et de lieux historiques à découvrir, pour des excursions d'une demi-journée à 2 jours. Profitez de l'occasion pour folâtrer dans la forêt ou dans les champs ponctués de bosquets et parsemés de pavots blancs, mais en fermant les yeux sur les sites industriels de la région. Pour les marcheurs, la région est un vrai paradis avec des chemins de randonnée très bien fléchés et entretenus. Pour vous y retrouver, procurez-vous la carte touristique *Okolí Prahy* nº 9 ; vous pourrez ainsi relier tous les sites à pied. Consultez aussi la brochure (téléchargeable en pdf) : *Trips from Prague* sur le site • *czechtourism.com* •

Les châteaux de la République tchèque, de la ruine médiévale à l'édifice rénové au XIXe s, vivent au rythme des péripéties de l'histoire. En 1948, les sites furent confisqués par l'État communiste dans le cadre de lois anticapitalistes ou pour cause de collaboration avec les nazis. Aujourd'hui, depuis la libéralisation d'après 1990, les anciennes familles propriétaires récupèrent leurs biens ancestraux. Ces aristocrates de la nouvelle vague, s'ils vivent parfois dans une partie du château, cherchent à développer leur patrimoine touristique.

– Le droit d'entrée dans les châteaux reste correct, avec des réductions pour les étudiants et les enfants.

– La visite guidée est obligatoire, elle se fait en tchèque, anglais, allemand, parfois en français. Sinon, on vous proposera un document traduit.

NOS CHÂTEAUX « COUPS DE CŒUR » PAR ORDRE DE PRÉFÉRENCE

Le château de Český Šternberk : *château privé ouv à la visite, à 50 km au sud-est.* On l'aime pour son site « romantique », son environnement naturel et l'histoire de la famille Šternberk. Notre 1er coup de cœur.

Le château de Mělník : *château privé ouv à la visite, à 32 km au nord.* Pour découvrir la fabuleuse histoire et les collections de la famille Lobkowicz, naguère une des plus puissantes de Bohême.

Le château de Nelahozeves : *château privé ouv à la visite, à 31 km au nord-ouest.* Ce n'est pas le plus beau coin de Bohême Nord, mais le village a vu naître le musicien Dvořák. Admirablement restauré, le château appartient au prince Jiří Lobkowicz, le plus jovial des princes actuels de Bohême.

Le château de Konopiště : *château d'État ouv à la visite, à 44 km au sud-est.* Au cœur d'un grand parc, ce fut la résidence de l'archiduc François-Ferdinand d'Este, grand chasseur, qui fut assassiné à Sarajevo en 1914.

Le château de Karlštejn : *château d'État ouv à la visite, à 37 km au sud-ouest.* Pour son site haut perché, ses collections royales et la chapelle Sainte-Croix.

Le château de Křivoklát : *château d'État ouv à la visite, à 61 km à l'ouest.* Dans un site exceptionnel. Pour la folle histoire de l'alchimiste Edward Kelley.

Le château de Kokořín : *château privé ouv à la visite, à 47 km au nord.* Récupéré par la famille Spaček en 2006, il fait un peu vide par rapport aux autres, mais son site remarquable au-dessus de la mer des arbres mérite le détour.

NE PAS MANQUER

– ***Outre la visite des châteaux :*** l'incroyable ossuaire de la chapelle de Tous-les-Saints à ***Sedlec*** près de ***Kutná Hora,*** ville inscrite au Patrimoine de l'humanité de l'Unesco. Pour l'histoire récente (Seconde Guerre mondiale), un arrêt à ***Lidice*** s'impose. Anéantie avec ses habitants par les nazis en 1942, cette ville martyre rappelle un des épisodes les plus tragiques de l'occupation allemande de la Tchécoslovaquie. Les amateurs de rhododendrons iront se promener dans le grand parc botanique (à l'anglaise) de ***Průhonice.***

VERS LE NORD

NELAHOZEVES

1 400 hab.

Situé à 31 km de Prague et 5 km à l'ouest de Veltrusy. Petite bourgade « célèbre » pour avoir donné naissance au musicien Dvořák en 1841. Elle possède en outre un très beau château Renaissance.

Comment y aller ?

➢ ***En voiture :*** de Prague, emprunter l'E 55 (autoroute), sortie nº 18. Puis direction Kralupy. Ne pas tourner à droite après la station-service (verte), mais continuer en direction de Veltrusy. Juste avant la rivière, tourner à droite. C'est mal indiqué.

➢ ***En train :*** prendre la direction de Kralupy depuis la gare Masarykovo (M Náměstí Republiky, ligne B). Descendre au 1er arrêt après la ville de Kralupy. Trajet : 1h.

➢ ***En bus :*** plusieurs liaisons/h de la gare routière de Holešovice. Trajet : 30 mn.

À voir

Le château : *☎ 315-709-154. ● lobkowicz.com ● Avr-oct, tlj 9h-17h ; fermé lun. Le reste de l'année, réservé aux groupes. Visite ttes les 30 mn en tchèque : 110 Kc. Texte en français : 120 Kc. Également des visites avec des guides parlant* *le français, l'anglais ou l'allemand (sur résa) : 250 Kc. Visite env 50 mn. Dernière visite 1h avt fermeture.* ***Resto*** *dans le château : tlj sauf lun 10h-17h.*

Ce château, qui a été restitué à la famille Lobkowicz, est ouvert au public depuis 1994. Édifiée de 1553 à 1564 par des architectes italiens, cette imposante construction Renaissance vaut le détour pour son aspect extérieur. Les façades sont ornées de sgraffites originels, fresques grattées sur fond noir ou bistre ; la cour intérieure est entourée d'arcades sur 2 étages.

L'intérieur du château renferme une collection d'objets d'art de la famille Lobkowicz, qui fut une des plus puissantes du royaume de Bohême. Quelques toiles de maîtres notables dans le grand salon, comme un ***Rubens,*** ou le saisissant *David tenant la tête de Goliath,* de ***Véronèse.*** La visite restitue le quotidien de cette puissante famille de l'aristocratie tchèque, à travers chambres, bibliothèque et salle à manger, qui, par son raffinement, ravira les amoureux des arts de la table. Galerie de portraits des Lobkowicz depuis le XIXe s. De nombreux instruments de musique et des partitions originales. Également collection de pistolets, salle d'armes et inévitables trophées de chasse à profusion. Pour voir le reste des collections, se rendre au palais Lobkowicz situé dans l'enceinte du château royal de Prague.

Památník Antonína Dvořáka ***(musée-maison natale de Dvořák) :*** *situé au nº 12, juste en contrebas du château. ☎ 315-785-099. Ouv 1er mars-fin oct 9h30-12h et 13h-17h, mer-dim 1re et 3e sem du mois, mer-ven 2e et 4e sem du mois. Entrée : 30 Kc ; réduc.*

Étrange destin pour le jeune Dvořák, dont les parents étaient aubergistes dans cette maison appartenant à la famille Lobkowicz. Il fut d'abord apprenti boucher dans la petite ville de Nelahozeves ! Cependant, membre de l'orchestre local avec son père et son oncle, il est remarqué par un professeur, et on l'envoie faire des études musicales à Prague, après 13 années passées dans cette maison villageoise. Ce compositeur célèbre vouait une passion simple à sa région natale et... aux trains. Normal, la ligne Prague-Dresde passe devant la maison où il vécut. La visite de sa petite maison dure 10 mn et ne présente pas un intérêt majeur, mais, si vous avez déjà vu le musée Dvořák et son appartement (Žitná 14) à Prague, c'est un bon complément. Cependant, demandez à l'accueil qu'on vous diffuse quelques œuvres de Dvořák, ça égaie le lieu. Il a laissé 9 symphonies, dont celle *Du Nouveau Monde,* un *Stabat Mater* et une dizaine d'opéras. Quelques photos de la mission *Apollo 11* sont là pour rappeler que la symphonie *Du Nouveau Monde* a accompagné l'homme dans son épopée lunaire. Une statue grandeur nature du compositeur a été élevée ici en 1988.

DVOŘÁK ET LE NOUVEAU MONDE

Dvořák, simple musicien du peuple, comme il aimait le dire, est toujours resté proche de ses origines. Dès 1892 à New York, il est fasciné par la musique soul des Noirs. Il y découvre une tristesse qui lui rappelle sa propre douleur d'exilé. En effet, le Tchèque, issu d'une nation sous tutelle austro-hongroise, voyait un peu dans le racisme dont les Noirs étaient aussi victimes l'histoire de sa propre nation. D'ailleurs, en anglais, le mot slave ne signifie-t-il pas « esclave » ?

LE CHÂTEAU DE MĚLNÍK

À 32 km de Prague. Surplombant le confluent de l'Elbe et de la Vltava (un haut lieu géographique et historique), le château de Mělník domine la région et garde un œil paternel sur les vignes plantées en contrebas. En effet, dans ce

pays de la bière, Charles IV (élevé en France, ça ne s'invente pas) importa des plants de vigne, dont un cépage de Bourgogne. Le fruit de ces importations donne, entre autres, un vin blanc local, le *ludmila,* du nom de la grand-mère de Venceslas, sainte Ludmila, née au château au IXe s. Après la fin tragique de cette dernière, accusée d'avoir soutenu son petit-fils trop ouvertement, le château devient le bien héréditaire des reines veuves de Bohême.

Au XVIIIe s, le château et le domaine deviennent possession de la famille Lobkowicz qui, après quelques tribulations historiques, a récupéré son bien dans les années 1990.

Aujourd'hui, le château est habité par le prince Jiří (Georges) Lobkowicz. Ancien banquier revenu d'exil, cet homme affable et dynamique, marié à une belle chanteuse d'opéra (Zdenka Belas), a restauré et remis en valeur ce fabuleux patrimoine, héritage d'une longue histoire familiale.

Comment y aller ?

➢ ***En voiture :*** emprunter l'E 55, direction Teplice, ou la route 9.

➢ ***En bus :*** du terminal de Holešovice (Ⓜ Nádraží Holešovice, ligne C), très nombreux départs tlj.

Où manger ?

|●| ***Hospoda U Beníšků :*** *Palackého 125/27.* ☎ *315-622-883. En sortant du château, tourner aussitôt à droite. C'est à 150 m de l'église, sur le côté gauche. Plats 100-200 Kc.* Petit resto villageois, bien situé, avec une cour intérieure calme. Cuisine locale et viande de bœuf savoureuse (catégorie Angus, très tendre).

|●| ***Restaurant du château :*** *tlj 10h-18h (22h w-e). Fermé lun. Menus 3 plats 220-420 Kc ; plat 200 Kc.* Grandes salles voûtées à l'intérieur, mais préférez la salle panoramique ou la terrasse pour le point de vue. Si ce n'est déjà fait, goûtez aux vins fabriqués sur place. Il est fort dommage que la cuisine ne soit pas à la hauteur du cadre et des vins.

À voir

👁👁 ***Le château :*** ☎ *315-622-121.* ● *lobkowicz-melnik.cz* ● *Tlj 9h30-18h (16h30 de mi-oct à mars). Textes en français. Entrée : 110 Kc ; réduc. Visite guidée : 130 Kc. Dans la cour du château : œnothèque (bar à vins), mêmes horaires que le château. Dans 2 autres bâtiments : cafétéria-pâtisserie et resto.*

À l'origine forteresse médiévale (on distingue dans la cour à droite la dernière porte gothique), Mělník fut converti en château Renaissance au XVIe s. Témoins de ce style, les arcades surplombant la cour, les murs ornés de sgraffites, et même le cadran solaire. À remarquer : la forme des cheminées d'inspiration vénitienne. Les chambres des étages supérieurs abritent des tableaux et meubles anciens réunis depuis 300 ans, notamment une collection de tableaux baroques.

Nombreuses peintures montrant les ancêtres de l'actuel propriétaire.

Dans une des salles, on peut voir un magnifique bureau d'August Longin Lobkowicz, qui fut confisqué sous le régime communiste. Le président Husák l'utilisa comme bureau présidentiel au château de Prague. Il a été restitué, comme tout le reste des biens, à la famille Lobkowicz. Ne pas manquer non plus la grande salle des cartes *(Velky Sal s mapami u vedutami),* aux murs couverts de plans de ville et de cartes datant du XVIIe s. Réalisées à Amsterdam, elles représentent plusieurs grandes villes européennes dont Paris, Londres, Bruxelles, Strasbourg, Francfort, Florence, Madrid, Lisbonne...

– Très belle vue sur l'Elbe et la Vltava réunies depuis la terrasse ou le resto panoramique.
– ***La visite des chais du château et des caves,*** avec dégustation en fin de visite, cela va sans dire. *Visite de la cave : 50 Kc. Dégustation de 2, 4 ou 6 sortes de vins locaux, à partir de 6 pers : 90-160 Kc. Compter 200 Kc/pers pour une dégustation de 10 sortes de vin.*
La tradition du vin à Mělník est vieille de près de 1 000 ans. Après sa christianisation, sainte Ludmila commença à planter de la vigne pour produire du vin de messe. Quoi d'étonnant alors que saint Venceslas, son petit-fils, soit le patron des viticulteurs ! Les celliers datent donc du XIIIe s et l'on vous montrera même des bouteilles (pleines !) datant de 1820, mais on n'y a pas goûté. Outre le vieux tonneau de 12 500 l (ça fait combien d'hectolitres ?), un plancher fait de 30 000 bouteilles vaut le détour. Dernier détail, prévoir la petite laine, même à la belle saison, la température des caves étant de 11 °C, toute l'année.

S'il vous reste un peu de temps, la ***vieille ville*** mérite un coup d'œil. La place principale aux arcades, les adorables petites maisons, la porte médiévale de la ville et, à côté du château, l'église Saint-Pierre-et-Saint-Paul dont la tour baroque marque la silhouette de la ville en arrivant en vue de Mělník. Visite de l'ossuaire du XVIe s au-dessous du chœur de l'église *(entrée : 30 Kc).*

LE CHÂTEAU DE KOKOŘÍN

À environ 15 km au nord-est de Mělník par une petite route de campagne. Le château de Kokořín se dresse sur un piton rocheux, telle une vigie au-dessus des forêts de Bohême, aussi belles au printemps qu'en automne. En 2006, le château a été restitué par l'État tchèque à la famille Spaček.

Comment y aller ?

➢ ***En bus :*** de ***Prague,*** un bus part tlj du terminal Holešovice (M Nádraží Holešovice, ligne C) vers cette région qui préfigure le « paradis de Bohême », situé plus au nord vers Turnov et Jičín. Sinon, une poignée de bus y vont depuis ***Mělník.*** Bref, l'accès n'est pas des plus facile en bus, dommage.
➢ ***En voiture :*** la balade est superbe au départ de Mělník. Suivre la direction Kokořín Důl ou Mšeno et traverser la voie ferrée. Quelques kilomètres après la sortie de la ville, vous voilà au milieu d'une forêt d'où surgissent des rochers en grès aux formes étranges ; puis vous passez devant le lac de Harasov, lieu de baignade populaire, avant d'arriver en vue du château *(zámek).*
– N'y montez pas en voiture, les gendarmes vous attendent au tournant. Garez-vous plutôt au parking et allez jusqu'au château à pied. Montée de 15 mn (1 km).

Où dormir ?

Camping ATC Kokořín : *☎ 315-693-069. 731-165-169. • camp.kokorin.info • Situé en pleine forêt à* ***Kokořínský Důl,*** *il est ouv en été. Compter 230 Kc/j. pour une tente (2 pers) et une voiture. Loc de chalets.* Vous pourrez y planter votre tente dans un cadre boisé, au calme, avec pour voisins quelques gentils écureuils.

La visite

☞ ***Le château :*** *☎ 315-695-064. • hradkokorin.cz • Avr et oct, w-e 9h-16h ; mai et sept, tlj 9h-16h ; juin-août, tlj 9h-17h. Fermé nov-mars. Dernière visite 1h avt fermeture. Entrée : 70 Kc, tour incluse ; réduc.* Shakespeare avait dépeint la Bohême comme une région côtière. Allez comprendre ! Eh bien si, on a compris en apercevant le château fort de Kokořín tel un navire flottant au milieu des forêts. Construit au XIVe s à l'époque du roi ***Jean de Luxembourg*** et laissé en ruine après le XVIe s, il fut restauré à la mode romantique au XIXe s. L'intérieur ne présente pas d'intérêt, en revanche vous pouvez à loisir explorer les remparts et grimper à la plus grande tour.

VERS L'EST

KUTNÁ HORA

20 400 hab.

• Plan *p. 191*

☞☞☞ La ville de Kutná Hora rivalisa longtemps avec Prague, à 75 km à l'ouest. Enrichie par des mines d'argent et de cuivre, découverts sur les terres mêmes du monastère local, elle fut 3 siècles durant (XIIIe-XVIe s) le centre économique de la Bohême. Elle se dota alors de monuments imposants, dignes des plus grandes cités – qui lui ont valu le surnom de « Petite Prague ». Ce patrimoine de l'âge d'or, désormais classé par l'Unesco, se découvre aisément à pied au sein d'un centre assez compact qui a conservé une partie de son caractère médiéval. Les musées sont nombreux et 1 journée d'excursion depuis la capitale ne sera pas de trop pour tout voir. On vous conseillerait même d'y passer la nuit pour mieux en profiter sans courir.

LE MIRACLE DE L'ARGENT

C'est dans la 2de moitié du XIIIe s que tout commence. La légende attribue à un moine la découverte du filon d'argent qui va faire de Kutná Hora une cité qui compte. Situé sur les terres du monastère local, il l'enrichit rapidement. Le bassin minier s'étend petit à petit, couvrant bientôt 30 km^2 autour d'une dizaine de veines principales. À son apogée au XIVe s, l'exploitation emploie quelque 2 500 personnes pour une production annuelle de 3 à 5 t d'argent et 50 à 100 t de cuivre. Les puits sont de plus en plus profonds : au XVIe s, celui d'Osel descend à 600 m sous terre ! Mais à la fin du siècle, l'exploitation est abandonnée : les filons sont taris et la ville plonge dans l'oubli.

Comment y aller ?

➢ ***En voiture :*** prendre la route 12 ou une portion de l'autoroute E 67 et passer par Kolín, ou encore, plus direct, la route Kutnohorská (n° 2) qui prolonge la rue Vinohradská à Prague.

➢ ***En train :*** c'est le plus rapide et le plus pratique depuis Prague. Départ de *Hlavní nádraží* (Ⓜ Hlavní Nádraží, ligne C), direct ttes les 1-2h, 6h-22h, sinon via Kolín (même temps de trajet :

50 mn-1h). Pour le centre, descendez à la station Kutná Hora Město (à moins de 10 mn à pied) ; pour l'ossuaire, poursuivez jusqu'à Kutná Hora Sedlec, 3 km plus avant.

➢ **En bus :** depuis Prague, plusieurs liaisons/j. du terminal de Florenc (Ⓜ Florenc, lignes B et C) ; compter 1h40 de trajet.

Adresses utiles

ℹ @ ***Infocentrum*** *(plan A1)* **:** *Palackého nám. 377. ☎ 327-512-378. • kutnahora.cz • Avr-sept, tlj 9h-18h ; oct-mars, lun-ven 9h-17h, w-e 10h-16h.* Plan de la ville, aide à la résa d'hébergement, etc. Pour la petite histoire, un prince féru d'alchimie aurait vécu dans cette maison. Au sous-sol, un drôle de Musée alchimique, avec estampes et tubes en verre, lui est consacré *(entrée : 60 Kc ; réduc).* Annexe au pied de la cathédrale Sainte-Barbe *(plan A2 ; ☎ 327-515-791 ; tlj : janv-fév 10h-16h, mars et nov-déc 10h-17h, avr-oct 9h-18h).*

ℹ @ ***Infocentrum à Sedlec :*** *Zámecká 279 ; près de l'ossuaire de la chapelle de Tous-les-Saints à* ***Sedlec.*** *• sedlec.info • Mars-oct, tlj 9h-17h (16h le reste de l'année).*

Où dormir ?

🏠 I●I ***U Kata*** *(plan B1,* ***10****)* **:** *Uhelná 596. ☎ 327-515-096. • ukata.cz • Donne aussi sur la rue Štefánikova. Doubles avec sdb 990-1 290 Kc, petit déj compris. Resto : tlj 11h-22h (minuit ven-sam) ; plats du j. (11h-14h) env 95-125 Kc.* Notre adresse préférée pour son rapport qualité-prix ! L'hôtel est un peu à l'écart du centre ancien (5 grosses mn de marche), mais il y a un parking gratuit, ce qui est bien pratique. Ses 43 chambres n'ont rien d'extravagant, si ce n'est parfois quelques couleurs pétulantes, mais elles sont très bien tenues, avec moquette épaisse. À la carte, le soir, grosses brochettes, grillades, pâtes et salades. On aurait juste aimé un peu plus d'entrain à l'accueil. Spa à la bière !

🏠 ***Hotel U Zvonu*** *(plan A1,* ***11****)* **:** *Zvonařská 286. 📱 777-680-992. • uzvonu.cz • Doubles 1 190-1 300 Kc, petit déj inclus (dès 1 000 Kc sans petit déj).* Ce petit hôtel, à la façade d'un joli vert tendre, abrite 7 chambres avec douche sans prétention mais bien propres, plutôt grandes. L'accueil (plutôt en allemand) pourrait être plus chaleureux...

🏠 ***Pension Bed & Breakfast*** *(plan A2,* ***12****)* **:** *Kouřimská 20. 📱 733-301-507. • bed-breakfast.cz • Double env 1 290 Kc, petit déj inclus. Parking gratuit.* Aux portes de la vieille ville et bien placée pour les balades à pied. Accueil en anglais et même un peu de français. Les 21 chambres de cette pension aux airs de petit hôtel sont classiques mais bien propres. Demandez-en une sur l'arrière, au calme, face au rideau de verdure.

🏠 ***Vila U Varhanáře*** *(plan A2,* ***13****)* **:** *Barborská 11. ☎ 327-536-900. • uvarhanare.cz • Doubles 1 440-1 920 Kc, petit déj inclus.* L'emplacement de cette villa baroque, perchée sur la promenade à quelques pas de la cathédrale Sainte-Barbe, est idéal pour profiter de Kutná Hora (moins pour se garer !). Le lieu a de la prestance et bénéficie d'une vue exceptionnelle sur la vieille ville agrippée à son rebord de falaise. Les 10 chambres sont plutôt spacieuses. Dommage que les parties communes ne soient pas très bien tenues. S'il n'y a personne à la réception, rendez-vous à l'hôtel *Opat,* Husova 28 (par la rue perpendiculaire à Barborská).

Où manger ? Où déguster une glace ? Où boire un verre ?

I●I ***Pivnice Dačický*** *(plan A2,* ***20****)* **:** *Raková 8. 📱 603-434-367. Tlj 11h-23h (minuit ven-sam). Menu 300 Kc ; plats env 160-400 Kc.* La salle principale,

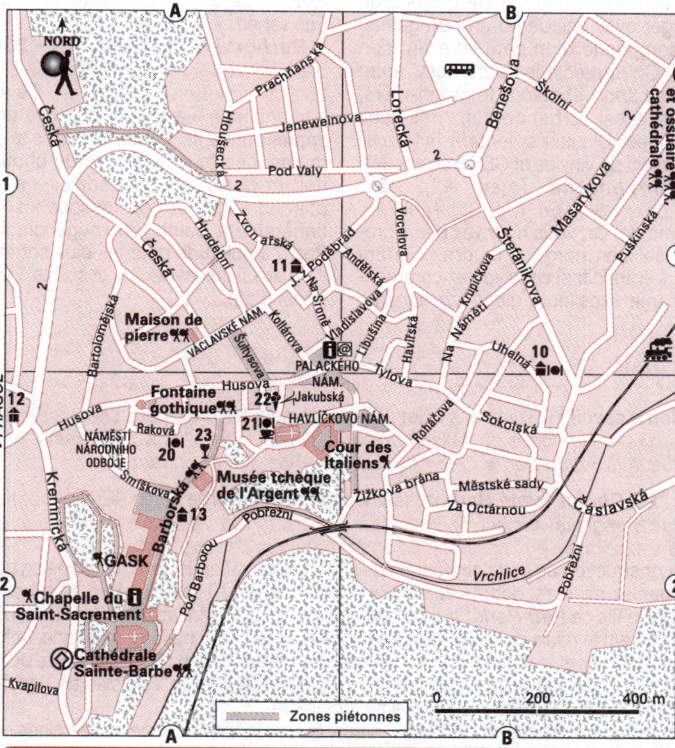

KUTNÁ HORA

■ **Adresse utile**

- Infocentrum (A1)

Où dormir ?

- **10** U Kata (B1)
- **11** Hotel U Zvonu (A1)
- **12** Pension Bed & Breakfast (A2)
- **13** Vila U Varhanáře (A2)

Où manger ? Où déguster une glace ? Où boire un verre ?

- **20** Pivnice Dačický (A2)
- **21** Blues Café (A2)
- **22** Zmrzlinárna (A2)
- **23** Barborská 35 (A2)

avec son bar aux cuivres rutilants, ses longues tables en bois, sa grande cheminée et son lustre aux 4 sirènes, annonce une auberge chaleureuse, à la limite de la caricature. Le lieu est très touristique et les prix un poil élevés, mais la cuisine, traditionnelle, est de qualité et servie (très) copieusement. Assortiments de viandes et charcuterie à partager, à arroser d'une coupe (en grès) d'hydromel ! À moins de préférer l'assortiment dégustation de 6 bières pression... Belle cour intérieure ombragée.

Blues Café *(plan A2,* ***21****) : Jakubská 562.* *602-438-634. Lun 10h-19h, mar-jeu 9h-19h, ven-sam 10h-22h, dim 12h-18h. Sandwichs et petits plats env 75-140 Kc.* Juste à côté de l'église S. Jakuba, ce lieu « pas comme les autres » (selon les mots du patron) est idéal pour grignoter un sandwich, une quiche du jour, un burger avec salade ou un bon gâteau accompagné d'un café *latte* ou d'un thé. On apprécie le cadre cosy, entre *coffee shop* et salon de grand-mère, mais aussi la bande-son, très rock et blues. D'ailleurs, le café fait aussi magasin de vinyles et CD ! Bon accueil.

Zmrzlinárna *(plan A2,* ***22****)* ***:*** *Jakubská 81. En été, tlj 11h-19h.* Comment ça, vous n'arrivez pas à prononcer son nom ? Il faudra pourtant vous entraîner si vous voulez commander une excellente glace (*zmrzlinárna* en tchèque) artisanale. Palette de goûts très variés.

Barborská 35 *(plan A2,* ***23****)* ***:*** *Barborská 35. 605-039-697. Tlj 16h-minuit (et plus si affinités).* Ce joli bar, animé le week-end, propose une impressionnante liste de cocktails et de rhums. Les murs – relevés de photos noir et blanc des plus fidèles – et le plafond – incrusté de tessons – sont entièrement peints en rouge diable. Pas d'inquiétude pour les plus sobres, il y a aussi des cafés, jus et sodas. Petit jardin d'été.

À voir

– ***Bon à savoir :*** il existe des billets combinés pour les principaux sites. *À Sedlec, ossuaire + cathédrale de l'Assomption-de-Notre-Dame : 110 Kc. En y ajoutant la cathédrale Sainte-Barbe : 185 Kc ; plus le GASK : 305 Kc ; réduc.*

Chrám Svaté Barbory *(cathédrale Sainte-Barbe ; plan A2)* ***:*** *au bout de la rue Barborská. Avr-oct, tlj 9h-18h ; nov-mars, tlj 10h-16h. Visite : 85 Kc ; réduc. Fiche explicative en français à demander à l'entrée de la cathédrale.*
La construction de cette cathédrale de style gothique flamboyant, financée en partie par les mineurs, débuta vers 1388 et se termina 170 ans plus tard. C'est sans doute le fils de ***Petr Parléř*** qui commença les travaux. Matyáš Rejsek et Benedikt Rejt prirent le relais après les guerres hussites, donnant 5 travées à l'édifice, achevant le chœur et la voûte nervurée décorée de blasons. Rien d'étonnant à ce qu'on trouve à cette église un air de famille avec celle de la salle Vladislas de l'ancien palais royal de Prague : c'est le même architecte !
Les fresques médiévales bien conservées, ornant le fond de la nef et certaines des chapelles rayonnantes, figurent notamment des mineurs et des monnayeurs. Sur le panneau de droite du retable de l'autel, la femme tenant un livre et une tour n'est autre que *sainte Barbe,* patronne des métiers de la mine et du feu. Et au centre de la nef, adossé à un pilier, ce n'est pas un moine qui est représenté, mais un mineur en tenue de travail ! La robe blanche permettait d'être visible au fond des boyaux obscurs et le tablier de cuir servait de tapis pour descendre dans la mine en glissant sur le derrière !
Pour 25 Kc de supplément, on peut accéder à la ***galerie supérieure,*** où sont exposés quelques toiles, des originaux et des copies des statues et éléments lapidaires du sanctuaire. Mais c'est surtout l'occasion de voir de plus près les voûtes et l'orgue, coiffé par des anges musiciens dorés... sur le devant, mais pas dans le dos, histoire de faire des économies ! Les 4 grandes statues de bois (3,50 m !) ornant le balcon incarnent les vertus : justice, tempérance, prudence et bravoure.

Kaple Božího Těla *(chapelle du Saint-Sacrement ou Corpus Christi Chapel ; plan A2)* ***:*** *Barborská, au pied de la cathédrale, face à l'office de tourisme. Mars, w-e seulement 11h-16h ; avr, tlj 10h-17h ; mai-oct, tlj 9h-18h. Gratuit avec le billet de la cathédrale, sinon 10 Kc.* Quitte à être là, jetez un coup d'œil à cette ex-chapelle funéraire dont la salle basse, bâtie vers 1485, déploie de belles voûtes rayonnantes reposant sur 4 piliers massifs. Elle accueille des petites expos temporaires.

De la cathédrale, la ***rue Barborská*** *(plan A2)* longe le rebord de la corniche, menant vers le cœur de la vieille ville en offrant de jolis panoramas. La rivalité entre Prague et Kutná Hora a engendré quelques imitations : sa balustrade aux statues baroques évoque étrangement le pont Charles...

GASK *(espace d'art contemporain de l'ancien collège des jésuites ; plan A2)* **:** *Barborská 51. ☎ 327-511-135. • gask.cz • Tlj 10h-18h ; fermé lun. Galerie permanente : 80 Kc ; expos temporaires 80 Kc chacune (il y en a 2) ; les 3 : 200 Kc ; réduc dans ts les cas.* Cet immense bâtiment du XVIIe s est désormais converti en espace d'art contemporain. L'aménagement intérieur est surprenant par sa modernité et la recherche esthétique. Même la boutique et le vestiaire ont été conçus dans un style design actuel. Au 1er étage, tout aussi étonnant, une vaste exposition permanente présente, entre autres, des artistes tchèques de la fin du XIXe s et du XXe s. Il y a même des commentaires en braille, comme à New York ou Tokyo !

Českе Muzeum Stříbra *(musée tchèque de l'Argent ; Hrádek ; plan A2)* **:** *Barborská 28. ☎ 327-512-159. • cms-kh.cz • Tlj : juil-août 10h-18h ; mai-juin et sept 9h-18h ; avr et oct 9h-17h ; nov 10h-16h ; fermé lun et déc-mars. Dernière visite 1h30 avt fermeture. Entrée : 70-130 Kc selon tour choisi (150 Kc pour les 2) ; réduc. Visite guidée (25 pers max) en tchèque, anglais ou allemand (+ 20 Kc), avec feuillet disponible en français pour le tour 2 (mines). Photos : 50 Kc.* À la surface, cet ancien palais municipal, bâti au début du XVe s, accueille un musée consacré à l'âge d'argent (!) de Kutná Hora, illustré par le biais de l'archéologie, de la géologie et de la numismatique. On le découvre exclusivement lors d'une visite guidée de 1h. Nous, on préfère le ***tour souterrain*** (durée 1h30) : muni d'une lampe frontale, d'un casque et de la traditionnelle blouse blanche des mineurs, on pénètre dans l'ancienne mine d'argent de Saint-Georges, située à 35 m sous le musée et la vieille ville – on entre d'un côté et on ressort à 200 m de là ! On ne reste vraiment que 30 mn sous terre, ce qui est amplement suffisant pour les claustrophobes : par endroits, les tunnels ne font que 1,20 m de haut et 40 cm de large... Pour cette raison, les enfants de moins de 7 ans ne sont pas admis. Mais les plus grands adorent ! En chemin, on découvre des puits sous eaux et diverses concrétions.

FEU !

Au Moyen Âge, la dynamite n'existait pas et les outils restaient rudimentaires. Comment les mineurs venaient-ils à bout de la roche ? En fixant des morceaux de bois sur les parois et en y mettant le feu : surchauffée, elle devenait friable.

Vlašský dvůr *(cour des Italiens ; plan A-B2)* **:** *Havlíčkovo nám. 552. ☎ 327-512-873. • pskh.cz/en • Tlj : avr-sept, 9h-18h ; mars et oct, 10h-17h ; nov-fév, 10h-16h. On choisit entre 2 visites guidées complémentaires de 45 mn, en tchèque ou en anglais (peu fréquent) : compter 85 Kc chacune ou 115 Kc les 2 ; réduc. L'une est plus axée sur la monnaie, l'autre sur le palais. Prêt d'un fascicule en français dans les 2 cas.*

Au début du XIVe s, la frappe de la monnaie, privilège royal, était centralisée dans ce château où était entreposé le minerai d'argent. L'édifice fut ensuite aussi utilisé comme résidence occasionnelle par ***Venceslas IV.*** Le 27 mai 1471, le jeune (15 ans) ***Vladislas Jagellon,*** fils du roi polonais Casimir, y fut même élu roi de Bohême par une assemblée de nobles. Pendant longtemps, la cour des Italiens fut surnommée « le Joyau » par les monarques du pays. Les pièces y furent frappées à la main jusqu'au XVIIe s : chaque ouvrier en produisait 2 000 par jour. Tous devenaient sourds... La production, devenue mécanique, cessa en 1723.

L'histoire est intéressante, mais la visite n'est pas incontournable. La *salle du Trésor* abrite une collection de monnaies. La *salle des audiences royales,* néogothique, n'a conservé que son plafond à caissons d'origine. De là, on accède à une belle chapelle gothique couverte de fresques Art nouveau par František et Marie Urban. Ses autels ont été réalisés à Nuremberg au XVe s.

Kamenný dům *(maison de pierre ; plan A1)* **:** *Václavské nám. 26. ☎ 327-512-821. • cms-kh.cz • Tlj : avr et oct, 9h-17h ; mai-juin et sept, 9h-18h ; juil-août, 10h-18h ; nov 10h-16h. Dernière entrée 30 mn avt. Fermé lun et déc-mars. Visite* *guidée : 50 Kc ; lapidarium : 40 Kc ; les 2 : 80 Kc. Photos : 50 Kc.* Même si vous n'y entrez pas, venez au moins voir cette très belle demeure à la façade gothique de la toute fin du XVe s. Flanquée d'un oriel (bow-window), elle est ornée de statues de saints et d'un pignon sur lequel s'affrontent 2 chevaliers. On peut voir par soi-même le (petit) lapidarium et les quelques caves gothiques où il est installé. Mais l'autre visite, consacrée à la culture et à la vie quotidienne à Kutná Hora aux XVIIe-XIXe s, est forcément guidée.

Kamenná kašna *(fontaine gothique ; plan A2)* **:** *Husova.* L'exploitation minière empêchant jadis de creuser des puits, des canalisations furent installées pour amener de l'eau potable jusqu'à un réseau de fontaines. Celle-ci est la plus belle et la plus grande : construite vers 1495, elle est même unique en Europe avec son décor typiquement gothique.

À l'extérieur de la ville

La chapelle de Tous-les-Saints et l'ossuaire de Sedlec *(hors plan par B1)* **:** *Zámecká 127, à* ***Sedlec,*** *à 2 km au nord-est de Kutná Hora, à 200 m au nord de la cathédrale Notre-Dame. ☎ 326-551-049. • sedlec.info • ossuary.eu • Tlj : avr-sept, 8h (9h dim)-18h ; mars et oct, 9h-17h ; nov-fév, 9h-16h. Entrée : 90 Kc ; réduc. Prendre les explications en français à l'entrée ou louer l'audioguide en français (20 Kc en supplément).*

Cœurs sensibles, s'abstenir : l'intérieur de cette chapelle est orné d'ossements humains... C'est ce qui en fait l'attraction majeure.

À Sedlec, tout commence avec l'installation d'un monastère cistercien en 1142. Son cimetière devient célèbre dans toute l'Europe centrale quand, en 1278, un abbé de retour de Palestine y répand un peu de terre du Golgotha. Déjà assailli de candidats à l'ensevelissement, le lieu doit accueillir 30 000 corps lors de la peste de 1318. En 1400, une chapelle gothique avec ossuaire est construite au milieu du cimetière – elle sera pillée par les hussites 20 ans plus tard et près de 500 moines seront massacrés. Nouveau rebondissement : en 1511, un moine presque aveugle (et probablement fou) entreprend de rassembler les os et les crânes en formant 6 pyramides. Sacré boulot : il a en stock près de 40 000 squelettes ! 2 siècles plus tard, tandis qu'il restaure le monument, Jan Blažej Santini-Aichel décide carrément de disposer artistiquement tous les os... En 1870, un certain ***František Rint,*** sculpteur sur bois de son état, parachève le travail. Et voilà la chapelle couverte de calices, de croix, de frises et même de... lustres en ossements humains (avec bougies sur les crânes !). Rint a même réalisé un blason de la famille ***Schwarzenberg*** tout en os, avec un corbeau en train de becqueter l'œil d'un Turc ! Le plus étonnant, c'est qu'aucun lien, aucun cordage ne maintient les os ensemble. Véritable *memento mori,* ce drôle d'endroit rappelle aux visiteurs la vanité de la vie terrestre... Sacré cadeau au tourisme du XXIe s.

Katedrála Nanebevzetí P. Marie a Sv. Jana Křtitele *(cathédrale de l'Assomption-de-Notre-Dame et de Saint-Jean-Baptiste ; hors plan par B1)* **:** *Vítězná ul., à* ***Sedlec,*** *dans le prolongement de Masarykova. Tlj : avr-oct, 9h (10h30 dim)-17h ; nov-mars, 10h (10h30 dim)-16h. Entrée : 50 Kc ; réduc. Film (en anglais) et trésor : 30 Kc. Texte français en prêt ou audioguide (20 Kc).* C'est la 1re cathédrale gothique de style français à avoir été bâtie en Bohême, entre 1290 et 1320, au cœur d'un monastère cistercien fondé dès 1142 – et enrichi par les filons aurifères. Alors surnommée *Splendissima basilica,* elle fut détruite par les Hussites au XVe s et n'a été relevée que 3 siècles plus tard, dans un style gothique agrémenté de mobilier baroque. Elle semble aujourd'hui un peu vide, mais on peut grimper à la tribune (par l'escalier à vis partant du bas-côté gauche) pour une vue d'ensemble. Si vous voulez voir le célèbre ostensoir gothique du trésor (il n'y en a que 10 en Europe), il vous faudra payer un petit supplément (qui comprend une vidéo historique).

VERS LE SUD

LE PARC BOTANIQUE DE PRŮHONICE

Envie de vous mettre au vert sans trop vous éloigner de la capitale ? À 12 km du centre de Prague, le parc botanique (à l'anglaise) de Průhonice offre une vraie bouffée d'oxygène. Il a été conçu en 1885 par le comte *Arnošt Emanuel Silva-Tarouca* (1860-1936), membre d'une importante famille d'origine portugaise, installée dans la région après avoir combattu les Turcs à Vienne en 1716 pour le compte de l'Empire austro-hongrois. Ce grand parc de 250 ha fut la passion du comte Arnošt, féru de botanique et expert en dendrologie (la science et l'étude des arbres), qui fut aussi le dernier ministre de l'Agriculture de l'Empire austro-hongrois avant son démantèlement en 1919. Le château, éclectique, est aujourd'hui occupé par l'Institut de Botanique de l'Académie des Sciences (il ne se visite pas), mais le parc n'a fait que s'embellir au fil du temps et des saisons.

Comment y aller ?

➢ ***En voiture :*** prendre l'autoroute E 50 en direction de Brno, sortie n° 6 (Průhonice). Ensuite, c'est (discrètement) fléché.

➢ ***En bus :*** nos 363 et 385, de la station de métro Opatov (ligne C) ; fréquence : 2-3/h. Trajet : env 15 mn.

La visite

• pruhonickypark.cz • Tlj : mars, 7h-18h ; avr et oct, 7h-19h ; mai-sept, 7h-20h ; nov-fév, 8h-17h. Billet : 80 Kc (50 Kc en basse saison) ; réduc. Parking payant (selon durée).

Passé l'entrée, on débouche rapidement sur le château, éclectique en diable (presque du Disneyland !), totalement rénové fin XIXe s dans la veine historiciste sur des bases médiévales. Ainsi, la façade noir et blanc est de style néo-Renaissance, tandis que les motifs végétaux en fer forgé et les frontons sont néobaroques... L'édifice abrite une petite galerie d'expositions temporaires et une autre, permanente, consacrée à l'histoire des lieux et des jardins à travers le monde (panneaux en anglais).

Mais c'est avant tout pour l'immense parc à l'anglaise que l'on vient. Conçu dans un vallon où s'écoulent 3 petites rivières, il est entrecoupé de bras vifs et morts, et de bassins se déversant graduellement les uns dans les autres. Au centre s'étalent des prairies, autour la forêt, mêlant espèces natives et introduites. On en compte 1 800, dont une centaine de rhododendrons différents (superbement en fleurs vers les mois de mai-juin). De loin en loin, des massifs de fleurs imposent leurs touches colorées. Un café *(mar-ven 11h-18h, w-e 10h-18h)* a été aménagé dans la cour du château : sandwichs, salades, *quesadillas,* crêpes, etc.

LE CHÂTEAU DE ČESKÝ ŠTERNBERK

À 50 km au sud-est de Prague. De tous les châteaux de la région Bohême-Centrale, celui-ci est probablement le plus conforme à l'image du château romantique, surgissant soudain sur son éperon rocheux, solitaire et hautain,

LES ENVIRONS DE PRAGUE

au-dessus des sombres forêts. Un paysage pour *Ivanhoé* de Walter Scott ou pour une superproduction avec chevaliers, gentilshommes en armure et belles dames enveloppées dans des robes de princesses. Plus étonnant encore, le château appartient à la même famille Sternberg depuis plus de 7 siècles.
Plus qu'un château, Český Šternberk est un haut lieu de la mémoire de Bohême. En 1949, l'État communiste le confisque, et, en 1992, Zdeněk Sternberg, le propriétaire actuel, récupère son bien. Mirage ou miracle, malgré les turpitudes de l'histoire, Český Šternberk a retrouvé sa splendeur et son âme.

Comment y aller ?

➢ ***En voiture :*** accès par l'E 55 puis l'E 65 en direction de Brno puis prendre la sortie n° 41 (Šternov) vers Český Šternberk. Parking en contrebas (40 Kc). Petite marche facile pour atteindre le château (5 mn).
➢ ***En bus :*** départ du terminal *Praha Roztyly* (Ⓜ Roztyly, ligne C) ; peu de bus quotidiens. Trajet : 1h30-2h.
➢ ***En train :*** un peu plus long (2h). Départ de la gare principale de Hlavní nádraží, ttes les heures. Changer à la gare de Čerčany. Ensuite, le parcours jusqu'à Český Šternberk est une très belle façon de découvrir le site, le long de la rivière Sázava.

Où dormir ? Où manger ?

Parkhotel Český Šternberk : *Parkhotel 46, Český Šternberk. 774-443-854. • phcs.cz • Situé dans la vallée. Traverser le village de Český Šternberk, passer le pont sur la rivière Sázava, puis la voie ferrée, suivre sur 300 m la petite route 111, et tourner à droite, c'est indiqué. Double 1 300 Kc avec petit déj.* Entouré de champs verdoyants qui mènent au bord de la rivière, cet hôtel abrite des chambres simples et propres, bien équipées. Pas de charme particulier, décor ordinaire, mais emplacement remarquable. Vue sur le château haut perché sur la rive opposée.

Restaurant du château : *dans l'enceinte même du château. Ouv pour le déj. Carte en tchèque, mais on vous la traduira en anglais. Plat env 120 Kc.* En fait, le choix que vous ferez importe peu, puisque la cuisine est familiale, simple et bonne. Spécialités de pâtisseries maison à prix extra-doux. Dans la salle, des grands bancs de bois avec pour dossier des lanières de cuir, des soldats médiévaux peints sur les murs et des peaux de bêtes. On est loin des hordes de touristes.

À voir. À faire

Le château : *☎ 317-855-101. • hradceskysternberk.cz • Juin-août, mar-dim 9h-18h (17h mai et sept), fermé lun ; avr et oct, seulement w-e 9h-17h. Il faut 5 pers min pour que la visite ait lieu. La visite guidée coûte 150 Kc/pers en tchèque ; 230 Kc en langue étrangère, mais il est possible d'avoir un texte en français. Durée de la visite : env 50 mn. Dernière visite 45 mn avt fermeture. Résa d'une visite privée possible en français via Internet.* Certains jours, si vous avez de la chance, vous pourrez assister à une démonstration de fauconnerie dans la cour du château.
Forteresse gothique du XIIIe s dominant la vallée boisée de la Sázava, ce château est le fief de la famille Šternberk depuis 1241 et, après quelques péripéties historiques, il leur appartient toujours. Aussi, ne vous étonnez pas d'entendre de la musique pendant la visite, la famille vit toujours dans une partie du château...

Si vous y tenez, la visite vous plongera dans l'univers privé de la famille. Noter le blason de la famille Šternberk (*Stern* signifie « étoile ») qui représente une étoile à 5 pointes. Là, les trophées de chasse du grand-père ; ici, une multitude d'objets miniatures en argent de la bisaïeule. Beaucoup de photos de famille et de meubles baroques. Le fantôme du château ne manque pas à l'appel, sous forme d'un chien féroce, entouré de flammes.
On visite la salle des Chevaliers, qui renferme une belle collection de gravures de la guerre de Trente Ans.
Dans la jolie chapelle Saint-Sébastien, on peut observer des empreintes incrustées dans le sol ! Voir également l'inscription en hébreu *Jehuda* (Dieu), probablement parce que la chapelle était tournée vers l'est, c'est-à-dire vers Jérusalem. Par un petit boudoir on passe dans la bibliothèque, puis dans la salle à manger décorée de portraits de la famille. Amateurs de généalogie, ne pas manquer d'admirer (dans le cabinet de travail de Jiří Šternberg) le grand arbre des Šternberk comprenant 63 portraits de 6 générations. Collection amusante de pipes dans le *salon des Fumeurs.* L'énorme armoire de la *chambre à coucher* baroque ne pouvait contenir que 2 robes ! On imagine à peine leur taille...
➢ Aux alentours du château, possibilité de faire de belles ***excursions*** dans la forêt ou sur la Sázava en canoë.

LE CHÂTEAU DE KONOPIŠTĚ

À 44 km au sud-est de Prague, dans la commune de Benešov, à l'écart de la route nationale Prague-České Budějovice. Entouré d'hectares de forêts giboyeuses, éloigné du vacarme du monde, le château de Konopiště a du cachet mais il n'a pas l'ancienneté de Šternberk, de Mělník ou de Karlštejn. Il date de la fin du XIXᵉ s et l'intérieur est très marqué par la chasse et ses trophées, les armes (remarquable collection) et les fusils, ce sont ces passions dévorantes qui envahissent les couloirs et les murs des salles de ce château labyrinthique.
On peut y découvrir néanmoins, à travers les peintures et le mobilier, le mode de vie et les loisirs de la famille impériale quelques années avant la chute de l'Empire austro-hongrois.
Aujourd'hui, Konopiště, très bien conservé, appartient toujours à l'État tchèque. Il mérite une visite, certes, mais il n'a pas le charme ineffable et le caractère patiné par le temps des autres châteaux de Bohême.

Comment y aller ?

➢ ***En voiture :*** prendre l'E 50 en direction de Brno, sortir à Benešov et suivre l'E 55 en direction de Tábor. Grand parking commercial à l'entrée du parc du château. On y trouve des éventaires de nourriture, un café-resto, un petit train de fête foraine en partance pour le château (mieux vaut y aller à pied) et même un musée privé *(Motorbike museum/ Penzion)* consacré aux motos Jawa-CZ (naguère fabriquées en Tchécoslovaquie).

➢ ***En train :*** 1 train/h au départ de la gare Hlavní nádraží ; descendre à Benešov. Trajet : 1h15.

➢ ***En bus :*** du terminal *Roztyly,* nombreux départs pour Benešov (40 mn de trajet). De Benešov, le château de Konopiště est à 30 mn de marche ou accessible par les bus nᵒˢ 7 et 8.

Où dormir ? Où manger ?

Autocamp et Hotel Konopiště : *sur l'E 55 en direction de Tábor, à gauche après l'embranchement pour Konopiště. ☎ 317-722-732. Double avec sdb, TV et tél env 2 200 Kc l'été.* Un motel fonctionnel et bien aménagé avec des chambres confortables et sans charme particulier. Mais c'est propre et pratique. Resto traditionnel avec animation musicale. Piscine, tennis et minigolf. En contrebas, ***camping*** luxueux verdoyant, assez ombragé, avec des emplacements espacés. *Ouv mai-sept. Résa conseillée pour les mois d'été. Compter 12 € pour 2 pers plus tente et voiture.*

Pension Majama : *Jarkovice 40. ☎ 317-724-024. 602-833-887. ● pensionmajama@gmail.com ● Sur l'E 55, en direction de Tábor, tourner à droite au niveau du Motel Konopiště. Ensuite, suivre les indications fléchées sur env 2 km pour atteindre la pension. Ouv mars-oct. Résa conseillée car les habitués reviennent et... squattent ! Grande chambre avec douche et w-c dans des chalets au bord de l'eau 1 100 Kc. Possibilité de dîner.* Tenue avec soin, cette petite pension rustique et sans prétention est un havre de calme au cœur de la campagne tchèque. Le matin, petit déj (compris) sur la terrasse. Le soir, dîner à la table d'hôtes.

La visite

Le château : *☎ 224-497-492 (résas visite). ● zamek-konopiste.cz ● Mar-dim : juil-août, 10h-17h ; avr-juin et sept, 10h-16h ; oct 10h-15h ; nov, w-e seulement 10h-15h. Fermé lun et déc-mars.*

*– **3 types de visites guidées** à durée et prix variables. Le tour des salons de l'aile sud (tour 1, durée 50-55 mn), le tour des salons de l'aile nord (tour 2, durée 50 mn-1h) et le tour des appartements privés de l'archiduc François-Ferdinand (tour 3, durée 1h-1h10). Les visites en tchèque coûtent 180-250 Kc ; réduc. Celles en anglais sont plus chères : 220-320 Kc ; réduc. Infos à la réception.*

*– **Tours du château sans guide :** 30-35 Kc.*

– Attention, les caisses ferment bien avt la dernière visite (celle-ci débute théoriquement 1h avt fermeture), ainsi que 13h-13h30.

– Expo temporaire d'art moderne dans la galerie d'Este.

Petite restauration sur place dans la cour du château et près du parking à l'entrée du parc. Bureau de change.

Forteresse du début du XIVe s dont seule subsiste la plus haute tour, largement remaniée en résidence baroque dès la 1re moitié du XVIIIe s. Son heure de gloire commence en 1887, date à laquelle l'archiduc ***François-Ferdinand de Hasbourg*** l'achète pour en faire sa résidence familiale. Il apportera des aménagements intérieurs modernes (eau chaude, ascenseur, etc.) et surtout donnera un soin tout particulier au parc de 225 ha. Après son assassinat à Sarajevo, en 1914, qui va déclencher la Première Guerre mondiale, le château devient propriété de l'État. Le parc est assez peu entretenu ; en revanche, les intérieurs sont remarquablement bien conservés et reflètent véritablement la personnalité complexe de François-Ferdinand.

3 circuits de visite assez longs sont proposés : les salons de réception, les appartements privés et les appartements du jeune archiduc. Vous ne les ferez peut-être pas tous (sauf si la journée est pluvieuse), alors voici quelques indications pour vous aider à choisir.

Les salons de réception (aile sud)

– *Hall d'entrée :* âmes sensibles, passez votre chemin ! Les innombrables trophées de chasse de François-Ferdinand ont de quoi faire frissonner. Têtes de cerf, de sanglier, hiboux, rapaces... tout y passe. On dit que seulement 1 % des trophées de chasse sont exposés. Cela donne une idée de la frénésie qui s'était emparée de l'archiduc (voir encadré).

– *Chambre de femme :* mobilier d'époque. Au mur, le portrait de l'impératrice Marie-Thérèse entourée de ses proches avec, dans le berceau, Marie-Antoinette bébé. Dans toutes les pièces se trouvent des poêles en faïence, alimentés par des niches de l'extérieur. Ce chauffage ingénieux permettait d'éviter les risques d'incendie dans les chambres et les oreilles indiscrètes des domestiques venant alimenter le feu.

– *Salle à manger :* le plafond du XVIIIe s représente les 4 moments de la journée. Tapisseries des Gobelins et lustre de Bohême pesant quelque 300 kg !

– *Cabinet et chambre à coucher de l'Amiral,* qui résida au château en 1914.

– *Petit salon :* collection de céramiques. L'installation électrique est d'époque, c'est-à-dire de 1900.

MAUDITE CHASSE !

L'archiduc héritier François-Ferdinand de Habsbourg était un chasseur invétéré. Sa passion était devenue une vraie folie. Elle commença à l'âge de 10 ans et dura jusqu'à sa 51e année... soit environ 20 animaux tués par jour. Son château accumula plus de 200 000 trophées. Finalement il fut assassiné à Sarajevo en 1914, ce qui déclencha la Première Guerre mondiale, une boucherie encore plus grande, hélas.

Les appartements privés (aile nord)

– Remarquer l'*ascenseur,* un des 1ers en Europe, avec fauteuil intégré !

– *Chambres :* dans la 1re, celle du prince Rodolphe, les chaises en bois du XVe s sont de tailles différentes. Cela afin que tous, au cours du dîner, puissent se voir dans les yeux. Dans la 2e chambre, belle armoire Renaissance et mappemonde, ou plutôt « mappe-voûte », céleste. 3e chambre : crocodile, tigre, lustre en bois de cerf, celle-ci ne peut appartenir qu'à François-Ferdinand. Photos de famille.

– *Chapelle :* dédiée à saint Hubert, patron des... chasseurs, qui l'eût cru ? Voûte remarquable.

– *Vestibule et armurerie :* splendide ! même pour les néophytes. Collection de dagues, pistolets et arbalètes. Les épées au bout carré servaient au bourreau... Dans la salle d'armes, qui faisait office de théâtre au XVIIIe s, armures très différentes selon les jours (bataille, tournoi ou mariage). Jolis fusils pour femmes, incrustés d'ivoire et, près de la porte, 2 armures pour enfants de 6 ans ! Ne pas manquer non plus ces très rares et longs fusils du XVIIe s fixés sur des socles peints en bois munis de roulettes...

– *Bibliothèque :* portrait du maître des lieux, et toujours des carpettes animales...

– *Salon fumeurs :* à gauche, Suzana, la dernière ourse apprivoisée du château. Le petit salon oriental, splendide, est aménagé en souvenir des voyages de François-Ferdinand.

Les appartements privés de l'archiduc (3e étage)

Il se compose d'un salon rose (décidément, cette couleur était à la mode !), de la chambre à coucher et de l'étude de François-Ferdinand, de la chambre à coucher des garçons et de celle de la princesse Sophie, de la nursery, de la chambre des gouvernantes... Comme il est bien difficile de tout décrire, on vous laisse la surprise.

La salle des trophées et la galerie Saint-Georges

Pour mettre un point final à votre passage au château de Konopiště, il vous restera encore à visiter une *petite salle* recouverte de trophées, dont l'entrée se trouve de l'autre côté de la cour, en face des caisses *(entrée : 30 Kc),* ainsi que la *galerie Saint-Georges* située au-dessous de la terrasse sud. Y sont exposés tableaux et sculptures de saint Georges terrassant le dragon, l'un des héros préférés de l'archiduc.

Nul doute qu'au bout de cette journée vous serez incollable sur François-Ferdinand.

VERS L'OUEST

LE CHÂTEAU DE KARLŠTEJN

À environ 37 km au sud-ouest de Prague, dans une paisible campagne ondulée par des monts couverts de bois, le château de Karlštejn se dresse sur un éperon rocheux au-dessus d'un vallon retiré. Pour monter jusqu'à ce « château-nid d'aigle » haut perché, il faut laisser sa voiture au parking en bas et marcher 2,3 km, en passant d'abord par une rue bordée de nombreux commerces (restos, bars, boutiques de souvenirs, petits musées privés), puis gravir un chemin en pente raide à flanc de coteau et arriver enfin au sommet de ce promontoire, où est juchée la forteresse inexpugnable. Impossible d'y arriver autrement qu'en laissant sa voiture au parking (payant) puis en grimpant à pied, en calèche ou en minibus.
Karlštejn est un château d'État très visité par les touristes, avec tous les avantages (conservation méthodique) des lieux étatisés et tous les inconvénients (commercialisation intense des abords, comme au Mont-Saint-Michel). Néanmoins, par son site et son histoire, il reste un des châteaux les plus attrayants de Bohême.

Comment y aller ?

➢ ***En train :*** 1 départ ttes les 30 mn env de la gare principale (Hlavní nádraží). Trajet : 45 mn. À l'arrivée, en sortant de la gare, longer les voies, passer le pont et prendre à droite.
➢ ***En voiture :*** prendre l'E 50 et sortir au niveau de Beroun, direction Karlštejn, par la petite route 116 qui passe par le village de Srbsko. Arrivé sur place, après le parking (100 Kc/j.), compter ***2,3 km de marche.*** N'essayez pas de monter en voiture, c'est interdit et la police vous attend au tournant. Facile, le poste de police est dans le 1er virage. La montée, qu'on peut faire en minibus ou en calèche (100-150 Kc/pers, aller seulement), est jalonnée de magasins de souvenirs et de restos.

Où dormir ?

Autokemp Karlštejn : *774-646-416. Sur la route de Beroun, à 1 km du parking du château, au bord de l'eau. Ouv. fin mars-début oct. Compter env. 360 Kc pour deux avec emplacement pour un tente.* Ambiance cool et routarde, mais bruits de fêtards.

Où manger bon marché ?

Karlštejn étant, on ne vous cache rien, un site touristique très développé, la plupart des restos et des boutiques n'offrent aucune originalité. On vous conseille même d'apporter votre casse-croûte et de vous trouver un bout de verdure avec vue près du château...

Koliba U Elišky : *à côté du parking. ☎ 311-681-444. Tlj sauf lun 9h-18h. Plats env 150-300 Kc.* Juste à droite du parking, un resto que l'on vous cite uniquement pour sa terrasse au bord de la Berounka. Touristique, mais qu'y a-t-il d'autre à Karlštejn ? Spécialités de grillades au feu de bois.

À voir

Le château : ☎ 311-681-617. • hrad-karlstejn.cz • Fermé janv et **lun** (sauf juil-août). Horaires généraux (se renseigner pour le circuit choisi), mar-dim : mars et oct, 9h30-16h ; avr-juin et sept, 9h30-17h ; juil-août, tlj 9h-18h (17h pour le 2e circuit) ; de mi-nov à fév, w-e seulement 10h-15h, sauf vac Noël tlj (mais fermé 23-25 déc). Attention, **visite guidée obligatoire. Conseil utile** : franchement, nous vous conseillons de faire le 2e circuit (malgré son prix abusif !) car c'est le seul qui permet de voir la chapelle Sainte-Croix, le joyau du château (résa obligatoire). Les autres circuits sont beaucoup plus classiques, pour ne pas dire décevants (enfin, ça dépend du guide...). **D'autre part, il faut réserver sa visite guidée sur le site avant de venir, surtout si on la souhaite en français** (sinon ça risque d'être en anglais, voire en tchèque). Achat des billets possible en ligne. Petit livret de présentation en français en vente à l'entrée. Loc d'audioguides en français : 100 Kc (500 Kc de caution).

– *1er circuit (« basic tour ») : durée 55 mn. Billet : 330 Kc ; réduc.* Au programme, notamment : hall des Chevaliers, chambre de l'Empereur, salles d'audience et de réception, salle du Trésor, etc.

– *2e circuit : durée 1h40 (max 16 pers). Billet : 880 Kc ; réduc. Résa obligatoire, par tél ou au moins 4 j. avt par e-mail. Déconseillé aux jeunes enfants (trop long pour eux). Photos interdites.* Au programme, notamment : église de la Vierge-Marie, chapelle Sainte-Catherine, grande tour aux fresques gothiques et chapelle Sainte-Croix.

– *Visite de la grande tour, armurerie et belvédère avec point de vue sur le château : durée 40 mn. Billet : 260 Kc ; réduc. Photos interdites.*

– *Le trésor du château (et objets de la cour impériale) : durée 30 mn. Billet : 80 Kc ; réduc.* Ce château, réputé pour être le plus beau de Bohême, fut édifié par l'architecte ***Mathias d'Arras*** entre 1348 et 1356. Personnalité très pieuse, ***Charles IV*** fit bâtir, sur un éperon rocheux inaccessible, une forteresse-coffre-fort pour recevoir sa collection d'objets religieux et les joyaux de la Couronne (salle de la chapelle Sainte-Croix). Les femmes n'y étaient pas admises. Endommagé pendant la guerre de Trente Ans, il ne fut restauré qu'à la fin du XIXe s sous le règne de François-Joseph Ier, dans le même esprit « historicisant » que celui de Viollet-le-Duc en France. Si l'ensemble est toujours aussi imposant, certains spécialistes (puristes) considèrent que Charles IV ne le reconnaîtrait pas...

Bien sûr, notre descriptif dépend du circuit que vous avez choisi (vous ne verrez donc pas toutes les pièces mentionnées) :

– ***La salle des Vassaux :*** maquette de la forteresse, et basta !

– ***Le vestibule des Chevaliers :*** jolie arcade en ogive, triptyque du Christ et armoires armoriées (copies).

– ***L'antichambre et la chambre impériale :*** chambre avec lit en bois sculpté, diptyque gothique de la Vierge offerte par Urbain VI et belle statue gothique de sainte Catherine écrasant le paganisme, en l'occurrence le roi Maximilien.

– ***La salle d'audience :*** c'est la seule pièce à peu près d'origine, avec lambris aux murs et au plafond. Remarquer les portes, elles mesurent 1,72 m, soit 12 cm de moins que la taille de Charles IV. C'est d'ailleurs une des raisons pour lesquelles il détestait cette salle, où trône pourtant... son trône (enfin, une copie du XIXe s).

– ***La salle des Ancêtres :*** nombreux portraits assez réjouissants, dont celui de Charles IV, près de la cheminée.

– Après la ***salle des Festins,*** visible au travers d'une grille, la ***Tour mariale*** et la ***salle du Trésor*** : maquette de la tour, chasubles, objets religieux et de vulgaires répliques des répliques (vous suivez ?) des couronnes de la chapelle Sainte-Croix... Le plus surprenant est encore ce crâne de crocodile !

– ***L'église de la Vierge-Marie :*** assez bien conservée. Tous les 29 novembre (parfois le 30), date de la mort de Charles IV, une messe est célébrée en ce lieu. Les fresques sur les murs du fond représentent le roi recevant les reliques des saints. Au fond, la chapelle Sainte-Catherine, aux murs incrustés de pierres polies, est une merveille de décoration médiévale.

– ***La chapelle Sainte-Croix :*** la perle de Karlštejn, destinée à recevoir les joyaux de la Couronne. Sa rénovation, qui a pris 90 ans, ne permet pas le passage de plus de 16 visiteurs à l'heure *(résa obligatoire, voir plus haut).* En effet, les pierres semi-précieuses décorant les murs avaient une fâcheuse tendance à disparaître, et des petits malins s'amusaient à graffer sur les fresques...

Cette chapelle Sainte-Croix abrite une réplique de la ***couronne de saint Venceslas,*** patron de la Bohême et une autre de la couronne impériale. Façonnée en or massif, la couronne de saint Venceslas est sertie de 20 perles et 96 pierres précieuses (rubis, saphirs, émeraudes, spinelles...), dont certaines parmi les plus belles et les plus rares au monde. Le roi Charles IV fit faire cette couronne en 1346. Elle était le symbole suprême du pouvoir royal, et seul l'archevêque de Prague pouvait la déposer sur la tête du roi tchèque (voir encadré). Visite en allemand ou en anglais, rarement en français.

UNE COURONNE POUR 22 TÊTES

La couronne dite de saint Venceslas fut utilisée pour la 1re fois lors de l'avènement de Charles IV en 1347 et pour la dernière fois pour Ferdinand V de Habsbourg en 1836. Au total, ce sont 22 rois tchèques qui furent coiffés par ce joyau. La couronne exposée à Karlštejn est une réplique. L'original est conservé dans la crypte au-dessous de la chapelle Saint-Venceslas dans la cathédrale Saint-Guy à Prague.

LE CHÂTEAU DE KŘIVOKLÁT

À 61 km à l'ouest de Prague, dans un gros bourg surplombant la rivière Berounka, au cœur d'un paysage de forêts. Comme le château de Karlštejn, Křivoklát évoque une forteresse médiévale perchée au-dessus de la mer des arbres. Une tour blanche au toit pointu coiffé de tuiles rouges, une chapelle attenante, de hauts murs crénelés sur un mur d'enceinte enfermant le château sur lui-même. C'est un des plus beaux châteaux des environs de Prague. Rien d'étonnant que l'on y ait tourné des scènes du film *Les Trois Mousquetaires* (version tchèque).

Comment y aller ?

➢ ***En voiture :*** prendre l'E 50 vers Beroun ; sortie nº 14 à Beroun et suivre la direction de Rakovník par les routes nºs 116 et 201. Le village de Křivoklát se trouve à 28 km au nord-ouest de Beroun. On passe par les villages de Nižbor et Zbečno.

➢ ***En train :*** départ de la gare principale (Hlavní nádraží) presque ttes les heures. Changer à Beroun. Trajet : 1h30.

À voir. À faire

Le château : *☎ 313-558-440. ● hrad-krivoklat.cz ● Fév-mars, seulement w-e 11h-14h ; avr, 9h-16h ; mai-juin, tlj sauf lun 10h-17h ; juil-sept, tlj sauf lun 9h-18h ; oct, tlj sauf lun 10h-16h ; nov-déc, seulement w-e 10h-15h. 3 tours guidés obligatoire en tchèque (durée : 45 mn-1h40) : 240-400 Kc ; réduc. Promenade des remparts sans guide : 80 Kc. CB acceptées seulement pour les résas en ligne. Texte en français : 30 Kc.* ***Conseil*** *: comme à Karlštejn, préférer les visites complètes (1h20 ou 1h40), sinon c'est assez frustrant, même si la visite est seulement en tchèque...*

Křivoklát surgit tout à coup de la forêt et domine les alentours de son imposante stature. Au XIIe s, petit pavillon de chasse pour les souverains de Bohême, il est transformé en château fort au XIIIe s puis rénové presque à chaque siècle tant il subit de dommages (guerre, incendies...). Aux XVIe et XVIIe s, il sert même de prison. Au XIXe s, il est la propriété de la famille ***Fürstenberg.*** Ces avanies de l'histoire ont marqué sa physionomie et son aspect général. Il manque d'homogénéité architecturale. Au début de la visite, du reste assez décevante, des maquettes illustrent les différents liftings du château.

DANGEREUSE ALCHIMIE

Alchimiste de l'empereur Rodolphe II, Edward Kelley tua en duel le noble Jiři Hunkler en 1591. Il s'enfuit alors à Český-Krumlov chez les Rožmberk, grands protecteurs des alchimistes. Arrêté en route, le charlatan fut enfermé à Křivoklát. Il croupit dans ce cachot pendant 2 ans et demi. Rodolphe voulait lui extorquer le secret de la pierre philosophale. Le prisonnier tenta de s'évader, se brisa une jambe et fut amputé. Déjà privé de ses 2 oreilles, Kelley tomba en disgrâce et finit sa vie dépressif. Il s'empoisonna en 1597. La poisse !

– ***La chapelle :*** c'est la plus belle partie de la visite. De style gothique tardif, elle possède un superbe autel du début du XVIe s, retraçant les différentes scènes de la vie du Christ, derrière lequel une fresque figure l'Infini. Les tailleurs de pierre de Benedikt Rejt ont travaillé la voûte en croisée d'ogives. Noter aussi les statues des 12 apôtres et des saints patrons. Remarquer surtout, au bout des très originaux bancs de messe, les animaux sculptés, censés représenter le Mal qui rampe...
– ***La salle des Vassaux :*** exposition de tableaux religieux du XVIe s, dont quelques beaux triptyques.
– ***La grande salle des Chevaliers :*** vaste et vide, elle arbore néanmoins de belles voûtes en ogives. On y accède par une porte originale censée être découpée selon la forme... du roi de la Renaissance. Réplique d'un trône en bois.
Si vous avez opté pour le grand tour :
– ***La salle royale :*** pas grand-chose à y voir excepté les dessins d'enfants (XVe s) sur les murs de droite. À l'époque, les enfants de souverains s'exprimaient sur les murs ; aujourd'hui, on leur tape sur les doigts...
– Belle ***bibliothèque*** de la famille Fürstenberg qui reçut le château en dot au XIXe s. Près de 30 000 volumes en plusieurs langues.
– Résidence d'été et de chasse, Křivoklát rime aussi avec prison, torture et oubliettes. L'alchimiste véreux Edward Kelley y fut enfermé (voir encadré). Dans les ***cachots,*** instruments de torture, cages ou chapelets de la honte. Avis aux sadiques. Dans les ***oubliettes,*** le prisonnier était jeté par l'ouverture du haut, ad vitam æternam.

➢ La région de Křivoklát est une invitation à la découverte à pied, grâce aux nombreux ***chemins de randonnée.***

DANS LES ENVIRONS DU CHÂTEAU DE KŘIVOKLÁT

Le château de Lány : *si vous visitez Křivoklát, faites le détour par Lány (18 km au nord, direction Kladno) avt de rentrer sur Prague. Très belle route qui traverse la forêt. Sinon, l'excursion seule n'est pas justifiée. Jardins et parc du château ouv Pâques-Toussaint, w-e 10h-18h (plus mer et jeu 14h-18h, sauf présence présidentielle).*
Le château de Lány a une vieille histoire. En 1589, Rodolphe II rattache Lány au domaine voisin de Křivoklát. Le château primitif n'est pas adapté aux besoins des

châtelains de la Renaissance. Il est remanié et devient un pavillon de chasse. C'est après 1685 que le château prend son aspect actuel qui sera complété en style baroque au XVIIIe s par la puissante famille ***Wallenstein.***
En 1918, l'État tchécoslovaque en fit la résidence d'été du président de la République. Lieu favori du 1er président *Tomáš Garrigue Masaryk*, jusqu'en 1937, année de sa mort. Il est enterré dans le cimetière de Lány. De nombreux Tchèques font le pèlerinage pour saluer un de leurs dirigeants préférés. Aujourd'hui, le château continue à servir de résidence présidentielle et l'intérieur ne se visite pas. Élégants jardins anglais, orangerie et parc avec des cerfs. Il y a aussi un petit jardin botanique où des arbres ont été plantés par des présidents étrangers en visite officielle.

LIDICE

450 hab.

À 22 km au nord-ouest de Prague.

UN PEU D'HISTOIRE

C'est « l'Oradour-sur-Glane » des Tchèques, un village martyr. Lidice, bourgade de 500 habitants, fut rasée par les nazis le 10 juin 1942, en représailles à l'attentat perpétré par des résistants tchèques (venus de Londres) contre le Reichsprotektor SS Reinhard Heydrich. Pour justifier le massacre, les nazis accusèrent les habitants d'avoir soutenu les auteurs de l'attentat (qui s'étaient cachés à Prague dans l'église Saints-Cyrille-et-Méthode, voir détails dans le chapitre « À voir » à Prague). En réalité, les liens de Lidice avec la résistance tchèque se résument à 2 officiers aviateurs originaires du village enfuis à l'étranger et à une lettre saisie dont le contenu pouvait faire croire que son auteur avait décidé de rallier Londres. Les nazis ne purent jamais savoir s'il y avait eu un lien entre l'auteur de la lettre et les assassins de Reinhard Heydrich.
Tous les hommes de plus de 16 ans et une partie des femmes (340 personnes) furent tués, le reste des femmes fut déporté à Ravensbrück. Une centaine d'enfants y échappèrent, sélectionnés selon le type physique correspondant aux critères de la race aryenne, et placés dans des familles allemandes pour être rééduqués. Les autres furent déportés à Chelmno où ils furent gazés. La volonté d'Hitler de rayer Lidice des mémoires a pourtant échoué : le nom de Lidice a été adopté par de nombreux villages dans différents pays du monde.

LE SS SAUVÉ PAR LE KGB

Organisateur du massacre de Lidice, le SS Max Rostock se cacha en France après la guerre. Il fut extradé en 1950 et revint en Tchécoslovaquie. En 1951, il fut condamné à mort, mais travailla pour les communistes comme espion du KGB et fut gracié. Il finit sa carrière en toute impunité en Allemagne de l'Est. Il profita ensuite d'une paisible retraite à Mannheim où il mourut en 1986.

Comment y aller ?

➢ On y arrive facilement par la route 7 (en direction de Kladno). Si on vient de l'aéroport, c'est facile aussi. Un grand panneau indique sur la gauche de la nationale : Lidice Memorial. Sinon, bus A22 depuis la station de métro Nádraží Veleslavín (ligne A).

À voir

Le musée-mémorial : *mémorial ouv tte l'année. Musée ouv 9h-18h (16h nov-fév ; 17h mars). Entrée : 80 Kc.* Petit film audio en français retraçant les événements. Grande salle en béton gris et brut, sans fard, où sont exposés des photos et des documents relatant le massacre et l'anéantissement de Lidice en 1942. Les nazis s'acharnèrent avec une violence inouïe sur Lidice et ses habitants. Ils allèrent même jusqu'à exhumer les cercueils enterrés au cimetière pour les détruire. Raser le village mais aussi raser la mémoire... tel était leur objectif. Impressionnant et grave, ce musée manque néanmoins d'explications plus détaillées.

Le parc et le site de l'ancien village : on imagine une périphérie urbaine sinistre où se dressent des ruines, des bâtiments délabrés et des gravats. En réalité, on est en pleine campagne, il n'y a plus de village, mais un vaste espace, une sorte d'immense parc ombragé, avec des prés verdoyants et des champs qui épousent la courbure d'un joli vallon. Des chemins piétons traversent ce grand jardin ponctué de bosquets et de plusieurs monuments commémoratifs. C'est le seul intérêt de cette visite.

HOMMES, CULTURE, ENVIRONNEMENT

BOISSONS

Les bières *(pivo)*

« Trésor national », « boisson dorée »... C'est ainsi que les Tchèques désignent leur boisson préférée, autant les brunes que les blondes ou les ambrées... Il existe plus de 300 sortes de bières. Au Moyen Âge, le droit de brasser la bière constituait un important privilège pour une ville. La bière a une telle importance ici que, en 1990, un « Parti des amis de la bière » se présenta aux élections... juste pour rire, sauf si l'on sait que la République tchèque est le 1er pays au monde pour la consommation de bière par habitant (avant l'Allemagne) avec 148 l par an ! La bière est proposée partout : dans les restaurants, sur les terrasses et dans les clubs ou lors des rencontres entre amis. Elle fait incontestablement partie de l'atmosphère typique des *hospoda.*

Coutumes et règles

– Une aubaine : la ***meilleure bière au monde*** est également la moins chère... Pour un demi-litre, vous paierez en moyenne entre 40 et 50 Kc.
– Elle ***se boit par demi-litre*** ; pour une plus petite quantité (un tiers de litre), vous devez commander une petite bière « *malé pivo* ».
– Le nom des bières à la pression servies dans un restaurant est généralement signalé à l'entrée. Cela implique que l'on ne vous en servira pas d'autres.
– Les ***sous-bocks en carton*** qui sont posés sous les verres embués deviennent souvent des objets de collection ou servent de petits souvenirs pour les touristes.
– À l'instant même où vous allez reposer sur la table votre verre vide, le serveur viendra certainement vous en proposer un nouveau.
– Sur un petit papier qui restera en évidence sur la table, le serveur marquera d'un trait chaque bière. Vous pourrez ainsi contrôler votre consommation !
– Attention avec l'alcool, ***tolérance zéro*** pour les conducteurs ! À la différence de l'Allemagne, par exemple, ici, les automobilistes n'ont pas le droit d'avoir le moindre milligramme d'alcool dans le sang. Cela oblige les buveurs de bière qui prennent le volant à opter pour la variante sans alcool ou à le confier à quelqu'un de sobre.

Petit panorama des bières tchèques

Résultat de siècles de perfectionnement et d'amélioration des recettes et procédés de fabrication, elles sont considérées par beaucoup de spécialistes comme les meilleures du monde. La qualité des orges produites dans les plaines de Moravie et de l'Elbe, la finesse et la puissance aromatique des houblons de *Žatec* font référence. Ajoutons à cela une eau généralement pauvre en sels minéraux, apportant de la douceur à la bière.
Brassée en fermentation basse, la célèbre ***Pilsner*** de Plzeň (*Plzeňský prazdroj*, classée *11°,* soit à peine 5° d'alcool) est vendue en Europe sous le nom de *Pilsner Urquell.* Elle a donné son nom à un type de blonde légère, la *Pils.* Sa grande concurrente, la ***Budweiser,*** est fabriquée à České Budějovice. C'est aussi le

nom d'une bière américaine élaborée par la plus grande brasserie du monde en volume, *Anheuser-Busch.* Les 2 sociétés ont été en conflit (plus de 40 procès !) quant à l'attribution définitive de la marque ; finalement, un compromis commercial a été trouvé. Mais question qualité, entre la tchèque et l'américaine, y a pas photo ! Le p'tit nom de la tchèque, c'est *Budvar,* comme ça pas d'erreur... Cela dit, ce n'est pas la meilleure des bières tchèques !

DE L'EAU ? NON MERCI !

Dans les bars et restaurants de Prague, un demi-litre de bière est 2 fois moins cher que l'eau. En effet, au Moyen Âge, l'eau pouvait transmettre des maladies contrairement à la bière, brassée à partir d'eau bouillie. Ancrée dans la culture tchèque, cette coutume est difficile à détrôner.

Citons, par ailleurs, la *Bernard,* très courante (comme « bière » se dit *pivo,* on peut l'appeler la *Bernard pivo...*) et puis la *Staropramen* à Prague, la *Strarobrno,* la *Regent* de Třeboň, la *Radegast* d'Ostrava, la *Kozel* brassée à Velké Popovice ou encore la *Velvet,* une bière rousse de Prague (sa particularité : la mousse descend lentement au fond du verre, ce qu'on appelle ici l'effet « avalanche »). N'oublions surtout pas les excellentes bières issues des microbrasseries locales : citons la *Vinohradský,* la *Matuška,* la *Lobeč...* Liste complète sur ● *pivovary.info* ● Attention, l'indication en degrés fait référence au pourcentage en ferments. Évidemment, plus la bière fermente, plus son taux d'alcool s'élève. Une bière de 5° de fermentation équivaut à 3° d'alcool ; 12° de fermentation correspondent à 5° d'alcool. Elles sont donc moins fortes que les bières allemandes ou les *trappistes* belges. Enfin, les amateurs de bière sans alcool seront surpris par l'excellente qualité de la *Birrel* (fabriquée par *Pilsner Urquell,* là encore).

Les vins et alcools

Il y a 2 régions viticoles, la plus importante étant la Moravie, avec 18 500 ha (au sud de Brno) et, très loin derrière, la Bohême, avec seulement 800 ha. La production se compose surtout de vins blancs (un peu de rosés, très peu de rouges) qui, étant donné le climat du pays, s'avèrent frais, légers et empreints d'acidité, un peu dans l'esprit des vins d'Alsace. Excellents petits crus de pays, très minéraux, notamment les blancs et crémants des vignobles *Kraus* et *Vondrák* autour de Mělník, en Bohême. En Moravie, la route des vins passe par les régions de Mikulov, Velké Pavlovice, Znojmo et Slovácko. Parmi les meilleurs vignerons, citons *MíkrosVin, Špalek, Hort* ou encore *Stapleton & Springer.* Autres traditions immuables, en grande partie en provenance des vergers de Zlín (sud-est du pays) : les redoutables *Slivovice* (l'alcool de prune), *Hruškovice* (à base de poire), *Meruňkovice* (abricot), la liqueur *Borovička* (qui est en fait l'alcool national slovaque, une sorte de schnaps) et la liqueur *Becherovka,* faite à base de plantes dans le giron du groupe français Pernod-Ricard. Pour être dans le coup, tentez le *Beton,* mélange de *Becherovka* et de *Tonic.* Les amateurs de bulles testeront le *Bohemia sekt* (surnommé *Bohemka*), le crémant du pays, quoi qu'il soit produit à 3 millions de bouteilles chaque année, ce qui suppose de faire appel à des importations. On peut lui préférer l'*André Brut.*

Les sodas

Ostalgie : la boisson nationale au temps du communisme revient en force. Le ***Kofola,*** une imitation de la célèbre marque d'outre-Atlantique, est redevenu très tendance dans sa bouteille d'origine. Avantage : il est moins cher et moins sucré que son cousin américain.

CINÉMA

La réputation du cinéma tchèque a dépassé largement les frontières du pays. Réalisme, humour, lucidité : le cinéma-vérité semble condenser certains traits du tempérament national.

Années 1960 : la révélation

Remarqué au Festival de Venise dès 1934, le cinéma tchèque connut son âge d'or dans les années 1960. Malgré la censure et le manque de moyens, les jeunes prodiges de la « nouvelle sensibilité » (Miloš Forman, Jiří Menzel, Věra Chytilová...) réalisèrent des films remarqués jusqu'aux États-Unis. C'est le cas des *Amours d'une blonde* (1965) de ***Miloš Forman.*** En 1969, ce dernier quitta la Tchécoslovaquie envahie par les chars russes. Jusqu'en 1989, une chape de plomb s'abattit sur le cinéma tchèque, coupé de l'évolution internationale.

Années 1990 et 2000 : la consécration

1989 : le rideau de fer tomba, le rideau des écrans s'ouvrit sur un cinéma qui retrouva sa vitalité d'antan. Dans les années 1990, on parla même d'une renaissance du cinéma tchèque. 1996 marqua en tout cas sa reconnaissance internationale : ***Jan Svěrák*** reçut l'oscar du meilleur film étranger pour son long-métrage *Kolya.* 2001 confirma la bonne santé du 7e art tchèque avec la nomination de *Nous devons nous entraider,* de Jan Hřebejk. À côté de cette tendance « grand public » (mais de qualité) existe aussi un cinéma plus alternatif mettant en scène, dans un style souvent décalé, la jeunesse pragoise de l'après-communisme ou les désenchantements de la société de consommation *(Český Sen).* Dans le genre, une réussite : *Pelíšky,* de Jan Hřebejk, le *Good Bye, Lenin !* tchèque.

Prague, lieu de tournage idéal

Aujourd'hui, de nombreux producteurs européens et américains viennent tourner dans les studios ***Barrandov,*** près de Prague, attirés par les coûts réduits autant que par le savoir-faire des techniciens tchèques. L'*Amadeus* de Miloš Forman avait donné le ton dès 1984 et Roman Polanski avait suivi avec *Oliver Twist* en 2005. Parmi les films et séries récents tournés dans les studios pragois ou en extérieur, dans le pays, citons *La Môme, Faubourg 36, Mission impossible 4, Casino Royale, Skyfall, Les Visiteurs 3* et les épisodes de la série *Borgia.* Avis aux amateurs, chaque année au début du printemps, Prague accueille le ***Febiofest,*** un festival international du Film particulièrement réputé. Bon à savoir, l'office de tourisme édite une carte pour visiter les différents lieux de tournage, intitulée : *Lights ! Camera ! Prague !*

CUISINE

Remarques générales

Quelques recommandations importantes à garder en mémoire pour éviter déconvenues et malentendus dans les restos. Durant la période communiste, les restos comme les hôtels appartenaient à l'État. Fonctionnaires et peu payés, les personnels d'hôtellerie ne manifestaient guère un grand enthousiasme pour fournir un service de qualité. À cette époque, comme les bons restos étaient rares, ils étaient vite pleins. La réservation devenait alors indispensable et, par voie de conséquence, obtenir une table était un privilège ! De plus, pour les serveurs, accorder une table était aussi l'occasion d'arrondir les fins de mois de façon substantielle avec des bureaucrates du PC ou des diplomates en poste. Mais tout cela

a bien changé depuis 1989 et la chute du mur de Berlin, et, aujourd'hui, on vous accueillera de plus en plus à la bonne tchéquette.
– S'agissant d'un resto connu, un petit coup de fil est toujours préférable pour réserver, surtout pendant les longs week-ends de printemps.
– La majorité des restos prennent les dernières commandes autour de 23h dans les quartiers touristiques et en été (1h plus tôt dans les autres quartiers et en hiver). Ne vous étonnez pas que l'on vous demande de régler l'addition avant même que vous ayez terminé votre dessert. Plus l'heure de la fermeture approche, plus le service est expéditif.
– ***À propos du pourboire :*** la coutume veut qu'on dise oralement ce qu'on veut laisser en précisant le montant de l'addition majorée. À Prague, refusez cette nouvelle pratique qui consiste à majorer systématiquement l'addition de 15 % pour le service, à fortiori s'il ne vous a pas satisfait (voir « Pourboire » dans « Prague utile »).
– Dans certains restos, il y a un supplément pour le couvert et le pain. ***L'eau en carafe n'existe pas.*** Vous devez commander de l'eau en bouteille, plate *(neperliva)* ou gazeuse *(voda perliva).*
– Les portions étant généreuses, vous pouvez emporter vos restes, le cas échéant. Il suffit de demander : « *Prosím zabalit s sebou.* » Le tout moyennant un petit supplément pour l'emballage.

Où manger ? Où boire un verre ?

Voici les différents établissements typiques du pays. Beaucoup se situent en sous-sol ou dans des caves voûtées. Tous servent des repas, même si certains sont plus axés sur le débit de boissons. Ces différences n'ont en fait que peu d'importance pour le touriste, mais on vous donne tout de même quelques indications pour les distinguer.
– ***Pivnice ou hospoda :*** brasserie traditionnelle, populaire et simple. On y sert d'excellentes bières (ah, la *Velkopopovický 12°* !). Possibilité d'y grignoter 1 ou 2 plats chauds (le plus souvent préparés sans génie) à toute heure. C'est l'endroit idéal pour les fauchés. La décoration est quasi inexistante, mais l'atmosphère est authentique.
– ***Hostinec :*** troquet, petite taverne populaire traditionnelle où vous boirez la bière la moins chère.
– ***Vinárna :*** bar à vins classique. Peut se révéler le nirvana (délicieuse anagramme !) des amateurs de bons petits vins mais on y trouve également de la bière. C'est le niveau au-dessus de l'*hospoda,* et l'on a la possibilité de s'y restaurer.
– ***Restaurace :*** c'est le resto classique, où l'on mange plus que l'on boit. Comparable dans l'esprit à nos restos.
– ***Café ou kavárna :*** un café, ou un salon de thé, où l'on sert des pâtisseries. Le café a été introduit à Prague en 1714 par un Levantin ne connaissant ni la langue ni les coutumes locales. Avec ses sacs de café achetés à Vienne, il fit un tabac. Il ouvrit son 1er établissement à l'hôtel *Aux Trois Autruches,* puis rapidement un 2e au *Serpent d'Or,* 18, rue Karlova. Depuis, le café est servi à la turque, sucré et avec le marc, mais vous trouverez de l'*espresso* assez facilement. Toutefois, la mode du café américain, insipide et presque incolore, est en train de prendre le dessus.

Les spécialités culinaires

C'est une cuisine très *Mitteleuropa,* influencée par ses voisins allemand, autrichien, polonais, hongrois et slovaque. Plutôt consistante (euphémisme !) et pratiquement toujours accompagnée de crème fouettée. Ici, les occasions de faire ceinture sont rares... Les fêtes religieuses sont prétextes, comme partout d'ailleurs, à faire bombance plus que de coutume, avec des plats traditionnels. On parle de Noël comme d'« un suicide par le couteau et la fourchette ». Le repas quotidien ne célèbre pas nécessairement la liturgie à la française (entrée, plat, fromage et dessert). Bien souvent, on se contente d'un plat avec accompagnement seul, souvent sans pain. Dans les restos, les menus sont bien sûr toujours rédigés en tchèque et, de plus en plus, en allemand et en anglais, et désormais parfois même en (mauvais !) français. Pour vous y retrouver dans l'éventail des plats, dont bien peu risquent de vous inspirer étymologiquement, voici ceux que vous rencontrerez le plus souvent, pratiquement toujours accompagnés de *knedlíky* (voir plus loin).

– À noter : la cuisine tchèque reste la même en hiver comme en été, et ne suit pas les saisons, sauf pour le gibier, bien sûr.

– ***Chlebíčky*** *(canapés)* **:** ces petits amuse-gueules sont un peu les tapas tchèques. Certaines boutiques désuètes en vendent depuis l'ère communiste mais aujourd'hui on en trouve aussi dans les cafés branchés. Tout dépend des produits utilisés mais c'est souvent nourrissant et pas trop cher.

– ***Předkrmy*** *(hors-d'œuvre)* **:** parmi les entrées froides, vous trouverez le célèbre jambon de Prague *(Pražská šunka),* en fait un jambon blanc parfois farci de crème fouettée au raifort. Et aussi des importations diverses, comme les œufs à la russe *(Ruská vejce),* le salami hongrois *(Uherský salám),* le jambon cuit *(dušená šunka),* le caviar ou le saumon fumé. Sans oublier le *husí játra na cibulce,* foie d'oie aux oignons.

– ***Polévky*** *(potages)* **:** la soupe nationale *(Česká bramborová)* est à base de pommes de terre, champignons et carottes. Autres styles, autres mœurs : la soupe aux tripes *(dršťková),* la soupe aux choux et au lard *(zelňačka),* ou, plus léger, le consommé de bœuf *(hovězí polévka).* Citons encore la décapante soupe à l'ail.

– ***Česká národní jídla*** *(plats typiquement tchèques)* **:** le fromage chaud pané *(smažený sýr),* les boulettes de viande panées *(smažený karbanátek),* préparées avec de la viande hachée, des oignons et une purée ou des pommes de terre vapeur. Même si son origine est le *Schnitzel* austro-hongrois à base de veau, l'escalope panée *(smažený řízek)* est devenue tchèque mais en y adaptant toutes les viandes (poulet, porc, dinde). Mais encore le poisson, les champignons ou le chou-fleur panés... À vous de trouver d'autres exemples. À noter que l'irremplaçable *goulasch* que vous trouverez dans tous les menus est une spécialité hongroise.

Dans toutes les assiettes également, le *svíčková na smetaně,* un rôti de bœuf à la crème, servi avec des airelles. Le mélange sucré-salé reste un peu surprenant, mais pourquoi ne pas varier les saveurs ?

À part le filet de bœuf, le rôti de porc se décline à toutes les sauces : le *roštěnka se šunkou,* lamelles de bœuf sautées en sauce avec du jambon, ou le fameux *vepřo knedlo zelo,* porc rôti à l'ail et au cumin, accompagné de choucroute aigre-douce et de *knedlíky,* que l'on déguste en famille le dimanche. Certains plats traditionnels sont plus rarement servis dans les restos, et il vous faudra alors pousser la porte de l'habitant pour en respirer le fumet : citons les *španělské ptáček* (oiseaux espagnols), des paupiettes de bœuf fourrées avec des œufs, du lard, des carottes, des oignons et des cornichons. Côté poisson, la carpe est à l'honneur ; réservée traditionnellement au repas de Noël, on la déguste panée, évidemment *(smažený kapr),* accompagnée de pommes de terre en salade. Dans le sud de la Bohême, on mange d'abord une soupe à base de pruneaux, raisin et noix *(kapr na černo)* avant d'attaquer la carpe. Dans cette région, la perche, issue des étangs, se retrouve souvent à la carte des restos.

– ***Quelques viandes, gibiers et poissons :*** *hovězí* (bœuf), *vepřové* (porc), *telecí* (veau), *jehněčí* (agneau), *krůtí* (dinde), *kuře* (poulet), *husa* (oie), *kachna* (canard), *kanec* (sanglier), *bažant* (faisan), *kapr* (carpe), *pstruh* (truite).

– ***Knedlíky* :** une « spécialité » incontournable, souvent servie en accompagnement (mais de moins en moins). Préparées à base de farine, œufs, levure et pain rassis, les *knedlíky* (les *Knödel* allemands) sont cuites à l'eau puis coupées en rondelles. Assez roboratives, elles remplacent le pain en quelque sorte. Là aussi, déclinées avec imagination : les *bramborové knedlíky* (aux pommes de terre), les *špekové knedlíky* (au lard) et même aux fruits *(ovocné knedlíky)*, constituant alors le plat préféré des têtes blondes tchèques. Il faut dire que la tradition catholique voulant que l'on ne mange pas de viande le vendredi a donné lieu à une certaine imagination dans les alternatives, y compris sucrées...

– ***Accompagnements des plats :*** les **bramboráky** sont des galettes de pommes de terre, frites et parfumées à la marjolaine, parfois associées à du chou et de la viande fumée mais souvent servies en plat principal. Du meilleur au pire selon la préparation et la fraîcheur de l'huile de friture ! D'autres légumes d'accompagnement : *hrášek* (petits pois), *fazole* (haricots), *špenát* (épinards), *hlávkový salát* (laitue) et *hranolky* (pommes frites). Également des salades classiques de concombres *(okurkový salát)*, de pommes de terre *(bramborový salát)* ou encore l'omniprésente *Šopský salát* : tomates et concombres recouverts de fromage râpé des Balkans.

– ***Moučníky** (desserts) :* les gâteaux ont un lien de parenté avec leurs voisins viennois, à savoir le *sachertort* (gâteau au chocolat), les *jablkový závin* (strudels) ou les *koláče* (tartes aux fruits et graines de pavot). Sinon, parmi les « originaux », citons les *větrník* (choux à la crème vanille et chantilly), les *rakvička* (sablés à la crème en forme de cercueils, d'où leur nom : « petits cercueils »), les *kokosky* (sablés à la noix de coco avec de la confiture) et *vdolky* (les beignets). Autre dessert typique : les *palačinky* (crêpes sucrées), fourrées avec des fruits frais et de la chantilly. Les *borůvkové palačinky* (crêpes aux myrtilles) sont souvent à tomber. Si vous avez l'occasion de passer les fêtes de Noël dans une famille tchèque, vous ne pourrez pas louper les *cukroví*. Ces petits gâteaux, sablés ou minipâtisseries, embaument alors chaque foyer. Parmi les classiques : les petits sablés à la vanille, accompagnés de confiture de groseilles rouges, et le pain d'épice.

À L'HEURE DU *TRDELNÍK*

Comment ça, vous n'arrivez pas à prononcer son nom ? Le trdelník *est pourtant incontournable à Prague. Cette drôle de pâtisserie, originaire de la ville de Skalica en Slovaquie, se présente sous la forme d'un boudin de pâte (à la cannelle), traditionnellement cuit au feu de bois autour d'une baguette de bois, puis saupoudré de sucre et de noisettes concassées. Aujourd'hui, le* trdelník *est enroulé sur des cylindres métalliques et aromatisé au Nutella, à la fraise, à la crème...*

HISTOIRE

Des Celtes aux Slaves

D'abord, il y a des Celtes (les Boïens) qui, au début de notre ère, partent vers l'ouest en des lieux plus humides. Ils laissent pourtant leur nom à la province *(Boiohaenum)*, qui devient la Bohême. Ils sont remplacés par des tribus germaniques. Les Romains, qui utilisent le Danube comme frontière, ne montent guère plus au nord. L'absence de Rome se fait d'ailleurs sentir sur l'évolution culturelle du pays. Christianisation du territoire par les célèbres frères missionnaires ***Cyrille*** et ***Méthode*** (inventeurs de l'alphabet cyrillique). Au VIe s, arrivée des Slaves dans la région, qui guerroient contre les Avars et les Francs : parmi eux, les Tchèques, qui s'installent dans la région de Prague.

À partir du Xe s, un royaume de Bohême se constitue. Règne du prince chrétien Venceslas, assassiné aux environs de 930 par son frère, le païen Boleslav. Grand propagateur du christianisme, ***Venceslas*** devient le saint patron de la Bohême.

Au XIIe s, après 200 ans de domination allemande, le royaume de Bohême devient un État relativement indépendant au sein du Saint Empire romain germanique ; avec ***Ottokar II,*** il étend sa souveraineté vers le sud, jusqu'à l'Adriatique.

XIIIe-XIVe s : l'âge d'or du royaume de Bohême et le règne du roi Charles IV

Au XIIIe s, le pays connaît même une belle prospérité grâce à l'exploitation des mines d'argent à Kutná Hora. En 1346, ***Jean de Luxembourg,*** allié aux Français contre les Anglais, meurt à la bataille de Crécy, dans la Somme. Son fils, Charles IV, seul roi de Bohême élevé à Paris (auprès de son oncle, dernier des Capétiens), est élu souverain du Saint Empire romain germanique. Et Prague en devient le centre politique et spirituel. Pas étonnant que ***Charles IV*** soit resté le roi le plus populaire pour les Tchèques ! Grand constructeur, il fait édifier le château de Prague, le pont Charles, de nombreuses églises et la 1re université de l'empire. Prague devient la 3e ville d'Occident, et le royaume de Bohême est au faîte de sa puissance. La langue tchèque est utilisée à sa cour. En 1380, la peste ravage le royaume et comme souvent, on se venge sur les juifs qui subissent des pogroms, le ghetto de Prague est détruit.

XVe s, la révolution hussite

Au début du XVe s, bien avant Luther et Calvin, un mouvement se forme en Bohême qui s'oppose vigoureusement à la scandaleuse richesse de l'Église et sa corruption. Le prêtre ***Jan Hus*** est un théologien et un prédicateur renommé à Prague. Il est à l'origine d'un profond mouvement de contestation non seulement religieuse, mais aussi sociale et politique qui s'élève contre les abus de l'Église et la domination allemande. Invité à exposer ses théories au concile de Constance, il est traîtreusement fait prisonnier et, refusant de se rétracter, condamné pour schisme et brûlé vif en 1415. Son exécution provoque un soulèvement national qui ébranle considérablement le royaume et constitue par la suite un des symboles de l'indépendance des Tchèques vis-à-vis de tous les pouvoirs. Les protestants voient en lui un précurseur.

En 1419, ***1re défenestration de Prague*** à l'hôtel de ville, où les rebelles inaugurent la pratique du lancer de catholiques depuis les étages. Les hussites les plus fervents fondent alors la ville de Tábor en Bohême méridionale. 20 ans plus tard, la religion hussite est reconnue par le roi et par le concile de Bâle comme une composante autonome de l'Église catholique. La guerre et ses ravages continuent malgré tout au bénéfice de la noblesse qui s'empare des biens de l'Église. En 1485, catholiques et hussites signent la paix. La Bohême devient un îlot de tolérance religieuse au sein d'une Europe qui sombre dans l'obscurantisme. De 1471 à 1526, la dynastie polonaise des ***Jagellon*** règne sur la Bohême.

Le règne des Habsbourg

Au début du XVIe s, la Bohême connaît une grande période de rayonnement artistique et culturel. C'est à la fois l'âge d'or de l'humanisme tchèque et l'émergence de la Renaissance.

En 1526, devant le danger turc en Europe centrale, les Habsbourg se voient confier avec ***Ferdinand Ier,*** frère de Charles Quint, le trône de Bohême. Ils le conserveront jusqu'en 1918. Prague redevient la capitale du Saint Empire, avant que Vienne, à nouveau, n'en hérite en 1611. Le nouveau souverain entreprend la reconversion au catholicisme d'une Bohême à majorité protestante en confiant aux jésuites la fondation du *Klementinum.* À partir de 1576, sous le règne de ***Rodolphe II,*** le grand collectionneur d'œuvres d'art, Prague devient la résidence de nombreux savants et artistes, et la capitale européenne de l'alchimie et de la magie (voir plus loin). En 1611, construction de la 1re église baroque.

1620 : bataille de la Montagne Blanche, début de la guerre de Trente Ans

En 1618, le conflit larvé entre les États tchèques, protestants, et les Impériaux (catholiques) au service des Habsbourg éclate à l'issue de la ***2e défenestration***

de Prague. Les représentants des États tchèques balancent ceux de l'empereur par une fenêtre du château. La Bohême protestante se soulève sous le commandement des comtes Thurn et Mansfeld. En 1619, Ferdinand II, empereur, est déposé du trône de Bohême et remplacé par un protestant, l'électeur palatin ***Frédéric V.*** C'est le début de la ruineuse ***guerre de Trente Ans,*** qui s'étend à toute l'Europe.
La ***bataille de la Montagne Blanche*** (en tchèque, *Bílá hora*) se déroule le 8 novembre 1620, non loin de Prague. L'armée protestante, commandée par Christian d'Anhalt-Bernbourg pour le compte de Frédéric V et composée de mercenaires allemands, hollandais, suisses et hongrois, est opposée aux forces du Saint Empire associées à celles de la Ligue catholique (Autrichiens, Florentins, Napolitains, Hispano-Flamands). À 29 000 contre 21 000, les Impériaux, commandés par Bucquoy, remportent une victoire écrasante. Cette bataille marque la fin de la 1re période de la guerre de Trente Ans.
À sa suite, en juin 1621, 27 chefs protestants sont exécutés place de la Vieille-Ville. Leurs biens sont rachetés à bas prix au profit des familles nobles fidèles à la cause impériale.
Cette date est l'une des plus dramatiques de l'histoire du pays. Les Tchèques y perdent leurs élites et leur autonomie. Ils sont dépossédés de leur État pour une durée de 3 siècles, jusqu'en 1919... Les ***Habsbourg,*** soutenus par Rome, imposent de force le catholicisme en Bohême. Le centre politique du Saint Empire est transféré à Vienne. Contraintes de choisir entre conversion ou exil, 30 000 familles protestantes nobles et bourgeoises quittent la Bohême. Les serfs, eux, n'ont pas le choix : ils doivent abjurer.
Les Habsbourg germanisent l'administration, où l'allemand accède au rang de langue officielle à parité avec le tchèque. La re-catholisation radicale et la germanisation forcée seront un des ferments du ressentiment ultérieur des Tchèques à l'égard des Allemands. À la fin du conflit, en 1648, Prague est assiégée et partiellement pillée par l'armée suédoise. Le passage du pont Charles est défendu par les étudiants et les membres de la communauté juive. La même année, les ***traités de Westphalie*** sont signés à Münster et Osnabrück avec les puissances belligérantes, garantissant, en principe, la paix pour longtemps.

La Contre-Réforme et l'art baroque

Né de l'esprit de la Contre-Réforme, l'art baroque triomphe. Une colonne mariale est élevée place de la Vieille-Ville afin de célébrer la victoire sur les protestants. Les catholiques exhument un obscur moine du XIVe s pour l'élever au rang de martyr. Ce sera ***saint Jean-Népomucène,*** dont le culte est vite étendu à toute l'Europe centrale comme gardien des ponts sur les rivières. Choix d'autant plus judicieux qu'il a le même prénom que le chef spirituel des hussites, Jean Hus.

UN EMPEREUR MATINAL

Joseph II ne dormait pas beaucoup et se levait à 5h du matin. Il imposa ce rythme à la cour et à l'ensemble du pays. Encore aujourd'hui, si les ouvriers et les employés de l'administration tchèque commencent à travailler très tôt, c'est grâce à (ou à cause de ?) Joseph II l'insomniaque.

Au cours du XVIIIe s, Prague est occupée par les Bavarois et par les Français, puis par les Prussiens. Pourtant, ***Joseph II*** (frère de Marie-Antoinette), monarque éclairé, introduit quelques réformes. Entre autres, le rétablissement des droits des non-catholiques et surtout des juifs (mais ces derniers doivent germaniser leur patronyme). Il provoque aussi le bannissement des jésuites.

Le XIXe s

Les guerres napoléoniennes affaiblissent l'Autriche (bataille d'***Austerlitz-Slavkov*** en 1805), ce qui donne de la vigueur aux aspirations de la classe moyenne tchèque en pleine expansion. Il s'agit d'abord, dans la 1re moitié du siècle, du combat pour l'usage de la langue tchèque, enfin codifiée, puis le soulèvement de 1848 accélère la prise de conscience nationale tchèque. Malgré une fidélité loyale à la dynastie des Habsbourg (bien que François-Joseph n'ait jamais été couronné roi de Bohême à Prague), l'émergence du panslavisme dans les Balkans accentue le besoin des Tchèques de se distinguer d'une élite intellectuelle qui pratique essentiellement l'allemand.

Les XVIIIe et XIXe s à Prague sont aussi ceux de la floraison artistique. Les puissants princes ***Lobkowicz*** sont les plus grands mécènes de leur temps. Ils accueillent et soutiennent Mozart et Beethoven. Goethe séjourne dans leur château de Střekov (90 km de Prague) : « la plus belle vue d'Europe centrale », selon lui. Wagner s'inspire de ce même château pour composer son *Tannhaüser.*

En 1866, l'armée prussienne écrase les Autrichiens à ***Sadowa*** (près de Hradec Králové). 2 ans plus tard, on pose la 1re pierre du Théâtre national, symbole du renouveau tchèque. En 1882 a lieu le 1er grand rassemblement des *Sokol* (les Faucons), fédération de sociétés gymniques à vocation nationaliste. En 1891, une exposition du Jubilé attire 2,5 millions de visiteurs.

Au tournant du XXe s, dopée par la croissance économique et l'industrialisation, Prague modernise le quartier juif en le parant de magnifiques immeubles de style Art nouveau.

RETARD TECHNOLOGIQUE FATAL

Sadowa, en 1866, constitue une révolution dans les pratiques militaires : la place de l'arme à feu devient primordiale et la baïonnette, autrefois décisive, devient secondaire. Les Prussiens sont équipés d'un fusil ultramoderne permettant au fantassin de tirer allongé 6 à 8 coups par minute en rechargeant par la culasse. Les Autrichiens, eux, n'ont encore que des mousquets qui les contraignent à rester debout pour recharger. Résultat : les pertes autrichiennes sont 6 fois plus élevées.

1918, naissance de la Tchécoslovaquie

Dès 1914, les 1ers succès russes face aux Autrichiens activent les espoirs d'indépendance des nationalistes tchèques. Un régiment pragois déserte et des légionnaires tchèques combattent aux côtés des Alliés, notamment en France.

À l'issue de la Première Guerre mondiale, l'Empire austro-hongrois est démantelé : le pays est mûr pour constituer un État indépendant, et la république est proclamée le 28 octobre 1918, avec pour 1er président ***Tomáš Garrigue Masaryk.*** Edvard Beneš lui succède en 1935. On abat la colonne mariale de la place de la Vieille-Ville, symbole honni de la Contre-Réforme. À tort, car elle avait été érigée en remerciement pour la résistance héroïque face à l'invasion suédoise de 1648...

De 1918 à 1938, la Tchécoslovaquie connaît 20 ans de démocratie authentique : parlementarisme et droit des minorités. Héritant des 3 quarts du potentiel industriel de l'Autriche-Hongrie, le pays bénéficie même d'une prospérité notable qui en fait un membre du club des 10 plus grandes puissances industrielles de la planète. Son talon d'Achille : plus de 3 millions de citoyens de langue allemande (les ***Sudètes,*** véritable cheval de Troie du nationalisme allemand) et à peine 1,9 million de partenaires slovaques.

Main basse des nazis sur Prague (1939-1945)

Les honteux ***accords de Munich*** de septembre 1938 entre Chamberlain, Daladier, Mussolini et Hitler, livrant la région des Sudètes à l'Allemagne, signent la fin de l'unité et de l'indépendance du pays. Les nazis l'envahissent en mars 1939, instaurant le ***protectorat de Bohême-Moravie.*** Un État fasciste allié du Reich est mis en place en Slovaquie. Le potentiel économique du pays, surtout les usines d'armement, intéresse beaucoup le IIIe Reich. ***Beneš*** retrouve l'exil à Londres en compagnie de dizaines de milliers de compatriotes. Hitler a un objectif clair : « La Bohême et la Moravie font à nouveau partie du Reich. » De nombreux Tchèques et Slovaques entrent dans la Résistance. En 1942, des parachutistes tchèques envoyés de Londres blessent mortellement le *Reichsprotektor* SS, ***Reinhard Heydrich*** (bras droit de Himmler). Les auteurs de l'attentat, réfugiés dans la crypte de l'église Saints-Cyrille-et-Méthode à Prague, sont retrouvés et encerclés par les nazis. À part l'un d'entre eux, qui succombe à ses blessures, tous choisissent le suicide, sachant qu'ils n'échapperont pas à la mort. Le village de Lidice (voir « Les environs de Prague ») est rayé de la carte et ses habitants mâles massacrés. La ***communauté juive*** de Prague perd les 3 quarts de ses membres, et leur transit vers les camps d'extermination passe par la forteresse de *Terezín*.

COURONNE PERDUE, PUIS RETROUVÉE

Pendant l'occupation allemande de la Bohême, le SS Reichsprotektor Heydrich avait caché dans un lieu secret la couronne de Venceslas, le saint protecteur de la Bohême. Heydrich mort, on aurait pu craindre qu'elle fût perdue si le nazi Karl Hermann Frank, lors de son procès en 1945 à Nuremberg, n'avait révélé l'emplacement de la cachette.

En avril 1945, les forces réunies de la Résistance établissent le « programme de Košice », plan de reconstruction politique et de gouvernement du pays. Dans le même temps, l'armée américaine libère Plzeň, et progresse vers l'est. Mais l'Armée rouge entre à Prague le 9 mai 1945 après le soulèvement de la ville et reçoit un accueil triomphal.

La IIe République et le « coup de Prague »

De 1945 à 1948, un gouvernement de cohabitation réunissant tous les partis issus de la Résistance prend des mesures radicales : expulsion de 2,7 millions de germanophones, nationalisation des moyens de production, etc. En 1946, le parti communiste obtient 38 % des voix (devenant le plus important du pays) et le parti social-démocrate, 16 %. Une alliance des 2 partis gouverne jusqu'au début de l'année 1948, avec ***Klement Gottwald*** (secrétaire général du parti communiste) comme Premier ministre.

En février 1948, une crise politique éclate. Pour déstabiliser Gottwald, les 12 ministres sociaux-démocrates et leurs alliés démissionnent du gouvernement. Bénéficiant d'une large assise populaire et profitant d'un profond mécontentement, les communistes font descendre massivement leurs organisations et les syndicats dans la rue (avec grève générale) afin d'obtenir leur remplacement par des ministres communistes. Sous la pression, le président Beneš cède. C'est le célèbre ***coup de Prague.***

Les élections qui suivent entérinent la nouvelle situation. Le fils de Masaryk, ministre des Affaires étrangères, est défenestré (funeste habitude...). Beneš démissionne en juin 1948 (et meurt 2 mois après) et Gottwald devient président à son tour. De nouvelles nationalisations et la collectivisation des terres suivent immédiatement.

Il faut rappeler que le changement de régime s'est fait à l'issue d'une élection régulière et non pas dans les fourgons de l'Armée rouge. Contrairement à ce qui s'est passé dans la majorité des autres pays de l'Est, les Russes sont restés en dehors du processus, car ils n'avaient pas de troupes stationnées en Tchécoslovaquie (seulement des « conseillers »). N'empêche que Gottwald prenait directement ses ordres chez Staline.

1968, le Printemps de Prague

« **Ils peuvent écraser les fleurs,**
Ils n'empêcheront pas le printemps. »
Alexandre Dubček

Dans un contexte international de guerre froide, c'est un régime stalinien, bureaucratique et liberticide qui se met rapidement en place. Ses horreurs sont bien connues : en particulier les terribles purges suivies des « procès de Prague » ; mais ce serait inutile et trop long de les énumérer ici. Ah si ! une anecdote quand même : ironie de l'histoire, Gottwald meurt en 1953 d'une pneumonie contractée à... l'enterrement de Staline. L'un de ses successeurs, ***Novotný,*** pâle bureaucrate totalement incompétent, gouverne pourtant plus de 10 ans. La société civile tchèque est complètement recouverte d'une chape de plomb. Des milliers de Tchécoslovaques sont envoyés de force dans les mines d'uranium, minerai vital pour l'expansion du programme nucléaire soviétique...

Dans les années 1960, la nécessité de réformes économiques devenant criante, une nouvelle génération de militants du PC provoque la chute de Novotný. En janvier 1968, il est remplacé par le Slovaque ***Alexandre Dubček*** (« inventeur », selon Gorbachev, de la *perestroïka* avant l'heure !). Le vieux principe « pas de liberté économique sans liberté politique » se vérifie une fois de plus. Le peuple s'engouffre dans la brèche du *socialisme à visage humain.* Et les gens retrouvent la parole, la censure recule au point de disparaître, les petits théâtres et les clubs de rock essaiment un peu partout. Ce n'est pas une remise en cause globale de la nature socialiste du régime, seulement une immense soif de liberté et une envie de jouir enfin des droits les plus élémentaires. L'histoire a retenu cet épisode sous le nom de *Printemps de Prague.*

UN SOUFFLE DE LIBERTÉ TRAVERSE LE RIDEAU DE FER

Le Printemps de Prague a commencé avant 1968 avec la vague rock qui déferle dans les années 1960 sur le pays et prend le régime au dépourvu. Radio Free Europe ou AFP-Munich diffusent clandestinement les Beatles, les Doors, Frank Zappa... Dans les nombreux petits clubs de Prague, les chaises volent et, lors des concerts, les jeunes ne se tiennent plus. Bientôt viennent les mánički (les petites Marguerites), les hippies tchèques.

À Moscou, par peur de la contagion au bloc de l'Est, ***Leonid Brejnev*** décide de mettre fin à cette dangereuse expérience. C'est l'intervention armée du 21 août 1968 : 400 000 soldats du pacte de Varsovie occupent militairement le pays. À Prague, les tankistes russes ébahis sont accueillis (en russe) au cri de « Popov rentre chez toi ». Dubček et ses ministres sont embarqués, enchaînés dans un avion pour Moscou, où on les oblige à signer l'annulation des réformes.

Normalisation, résistance et « révolution de Velours »

Dès lors, la grande peur passée, la bureaucratie normalise le pays : éviction de Dubček (envoyé biner les potagers), remplacé par ***Husák*** (lui-même rescapé des purges de 1952), exclusion de 500 000 membres du Parti, immobilisme économique, répression politique et exil. ***Miloš Forman*** et Ivan Passer s'en vont filmer ailleurs, ***Milan Kundera*** part écrire en France. Beaucoup d'intellectuels, privés de moyens d'expression, font de même. D'autres, chassés de leur administration, de leur faculté ou de leur théâtre, acceptent un travail manuel, souvent disqualifié. Des milliers d'étudiants sont envoyés dans les mines d'uranium. En janvier 1969, pour protester contre l'occupation soviétique, un étudiant, ***Jan Palach,*** s'immole par le feu, place Venceslas et devient le symbole de la résistance (voir le film

Sacrifice d'Agnieszka Holland). Dans sa lettre d'adieu, il écrit : « Il faut que quelqu'un secoue la conscience de la nation. » La décennie qui suit est marquée par la grisaille, l'immobilisme et la délation organisée (les archives de la police politique comptabiliseront, après 1989, l'existence de 200 000 indicateurs répertoriés).
En 1977, pour protester contre l'arrestation des membres d'un groupe de rock (les Plastic People of The Universe), un groupe de dissidents, dont ***Václav Havel,*** publie la ***Charte 77.*** Pendant 13 ans, ce mouvement dénonce toutes les injustices, réclamant du pouvoir le respect de ses propres lois, surtout après la signature des accords d'Helsinki en 1975. Plusieurs membres de la Charte sont arrêtés ; Václav Havel crée alors le *VONS* (Comité pour la défense des personnes injustement poursuivies). Accusé à son tour, Havel fait de longs séjours en prison.

La fin de l'ère communiste

1989 : les bouleversements politiques qui ébranlent l'Europe de l'Est se répercutent aussi en Tchécoslovaquie. Des manifestations éclatent : l'une d'entre elles, le 17 novembre 1989, réunissant 30 000 étudiants, est réprimée d'une manière particulièrement féroce. Elle sonne le glas de l'ère des bureaucrates du PC tchécoslovaque. Quasi quotidiennement, la population descend à son tour dans la rue. Tout va très vite ensuite : création du ***Forum civique*** autour de Václav Havel, démission en bloc de la direction du PC, puis retour à Prague de Dubček, véritable héros national. Le pouvoir, complètement paralysé, perd progressivement ses soutiens, incapable de réagir aux manifestations pacifiques organisées par une population capable de faire rebondir à chaque fois le mouvement. Le tout sans affrontement sanglant, d'où son surnom, désormais historique, de « ***révolution de Velours*** »...

LA RÉVOLUTION DE VELOURS

On croit parfois que la libération du joug communiste fut calme et pacifique. Rien n'est plus faux : la répression d'une manifestation fin 1989 fut brutale, mais ne fit pas de victimes, d'où cette appellation « de Velours ». De plus, Václav Havel était un fan du Velvet Underground de Lou Reed, qu'il écoutait en boucle. Les dissidents de son mouvement se retrouvaient dans cette musique interdite par le régime.

Václav Havel président !

Et l'impensable arrive. Václav Havel, à peine sorti de prison, traîné dans la boue et injurié peu de temps auparavant, est élu président de la République fédérale le 29 décembre 1989. Dans le même temps, Alexandre Dubček obtient la présidence de l'Assemblée nationale. Pour ces 2 hommes, quelle revanche sur l'histoire, quelle magnifique ironie du destin ! Mais Dubček n'aura pas le temps d'en profiter : il meurt 2 ans plus tard des suites d'un accident de la route.
Ce que le peuple tchécoslovaque a reconnu en Václav Havel, ce n'est pas un quelconque héros positif, sûr de lui et peut-être déjà dominateur, mais plutôt l'homme fragile, blessé, pétri de spiritualité, fondamentalement mû par l'espoir de voir triompher, à terme, la vérité et la morale politique. En refusant toute compromission et n'acceptant aucune pause dans son combat pour les ***libertés démocratiques,*** il ne se contenta jamais des petites concessions lâchées par le régime. Il s'en servit pour obtenir plus encore et surtout pour empêcher que ces acquis fragiles ne trompent l'opinion publique et ne la portent à accepter l'absence de véritables libertés garanties.

La partition du pays

Les élections législatives de 1990 (avec 96 % de participation !) consacrent le triomphe de Václav Havel et du Forum civique. Avec son homologue en Slovaquie,

Public contre la violence, ils récoltent 46 % des voix et la majorité absolue. Quant au parti communiste, il perd le pouvoir dont il avait joui sans partage pendant 46 ans. Havel est aussi reconduit dans ses fonctions, pour 2 ans.

Apparaît alors la question slovaque : la République tchécoslovaque change à nouveau de nom, sous la pression des politiciens de Bratislava : République « fédérative » tchèque et slovaque. Derrière cette modification se cachent de profonds malentendus entre les 2 peuples. Depuis le traité de Versailles, ils ont tenté de cohabiter tant bien que mal, mais trop d'éléments les séparent : la langue (très proche mais néanmoins différente), l'histoire (royaume de Bohême d'un côté, enclave en terre hongroise de l'autre), la culture (les Slovaques sont un peuple essentiellement rural), la religion (plus pratiquée en Slovaquie), les traditions politiques (les Tchèques étaient proches des communistes pendant la guerre, alors que les Slovaques ont connu le fascisme), etc. Malgré des efforts indéniables, Havel ne parvient pas à canaliser les aspirations nationalistes nées après la chute du communisme.

Les élections législatives de 1992 entraînent la rupture définitive : en Slovaquie, le parti nationaliste de ***Vladimir Mečiar*** est largement vainqueur, alors qu'en Bohême-Moravie le parti du ministre fédéral ***Václav Klaus*** arrive en tête. Les 2 hommes décident de s'entendre pour régler le sort de la Fédération. La souveraineté de la Slovaquie est proclamée par le parlement de Bratislava. Havel démissionne le jour même de ses fonctions de président de la République fédérale, fidèle à ses principes : il avait toujours déclaré qu'il ne serait pas le président qui enterrerait la Fédération tchécoslovaque... Il est élu président de la République tchèque en 1993.

Le « meilleur élève de la transformation postcommuniste » ?

Au début des années 1990, la République tchèque fait déjà figure de bon élève parmi ses camarades du défunt bloc soviétique. Les investisseurs affluent, les usines tournent, mais les banques et les grandes industries, privatisées sur le tard, sont souvent rachetées à bas prix ou démantelées. Une avancée vers l'économie de marché que les Tchèques paient par un coût social élevé.

Aux présidentielles de 1998, Václav Havel est réélu sans surprise, tant il fait figure d'autorité morale. Au bout du compte, son pire ennemi c'est sa santé. En 1999, la République tchèque adhère à l'OTAN.

Au printemps 2003, après 13 ans à la tête de l'État, Václav Havel rend son tablier, et c'est l'ancien Premier ministre ultralibéral, Václav Klaus, qui occupe le fauteuil présidentiel. La même année, 77 % des votants se prononcent par référendum pour l'adhésion à l'UE, devenue effective en 2004.

En 2008, la République tchèque refuse néanmoins de ratifier le traité de Lisbonne. La question de l'euro arrive sur la scène médiatique. En 2008, lors de la crise financière et face à la montée fulgurante de la couronne qui les pénalise, les entrepreneurs tchèques demandent un passage rapide à la monnaie commune. Peine perdue. Václav Klaus désire être le dernier résistant à la ratification générale du traité de Lisbonne alors que Sénat et Parlement tchèques l'ont approuvé. Son objectif est d'empêcher toute restitution des biens aux ***Allemands des Sudètes*** confisqués en 1946 ! Finalement, il accepte de signer la ratification en novembre 2009.

Élections législatives en mai 2010 : l'heure des économies budgétaires est arrivée. ***Petr Nečas,*** 45 ans, devient Premier ministre. Václav Klaus, toujours populaire, rappelle en 2011 la nécessité d'une politique d'austérité et de la poursuite des réformes : retraites, déficit budgétaire et lutte contre la corruption, mal endémique de la société tchèque.

En 2013, ***Miloš Zeman,*** pro-Trump, prorusse et prochinois, est élu président de la République au suffrage universel direct face à *Jiří Drahoš,* son adversaire proeuropéen. Exclu du parti communiste en 1970 pour son opposition à la normalisation du pays, il est connu pour son franc-parler. Il a été réélu en janvier 2018.

Cette élection est suivie d'une crise politique qui entraîne une démission du nouveau gouvernement. Fin 2013, le parti social-démocrate (ČSSD), mené par Bohuslav Sobotka, remporte les élections législatives anticipées avec 20,4 % des voix, mais le mouvement ANO (parti populiste du milliardaire d'origine slovaque, Andrej Babiš, dont le nom signifie « Oui ») crée la surprise, en arrivant 2e (avec 18,6 %) devant le KSČM (communistes, à 14,9 %).
Le gouvernement de coalition issu de ces élections et mené par le parti social-démocrate bénéficie d'une solide assise (111 des 200 sièges au Parlement) et tente de mettre fin à cette période de turbulences politiques.
Le Premier ministre doit composer avec le leader du mouvement protestataire ANO, Andrej Babiš, un patron de presse milliardaire qualifié de « Trump tchèque », nommé vice-Premier ministre et ministre de l'Économie et des Finances. Libéral et populiste, son mouvement a séduit les électeurs en promettant de mettre de l'ordre dans la conduite de l'État, de lutter contre la corruption et le clientélisme qui minent la vie politique et l'économie tchèques, mais aussi de refuser l'euro et l'entrée des migrants (très peu d'entre eux ont été accueillis), faisant ainsi écho aux politiques de ses proches voisins et associés au sein du groupe de *Visegrád* (Hongrie, Pologne et Slovaquie).
Longtemps considérée comme un bastion de l'euroscepticisme sur le mode britannique, la République tchèque semblait favorable à une adoption de l'euro, avec un gouvernement de gauche ouvertement proeuropéen. Mais en mai 2017, une crise gouvernementale a conduit le mouvement ANO à quitter le gouvernement et ses ministres à la démission. Des élections législatives ont lieu en octobre 2017 et le mouvement ANO d'***Andrej Babiš*** a fait une percée avec près de 30 % des voix. Le parti d'extrême droite SPD (10,7 %) et le Parti pirate (10,8 %) renforcent le net virage à droite de la société tchèque. Nommé Premier ministre, Andrej Babiš parvient (difficilement) à former un gouvernement. Sur le plan économique, la situation lui est favorable. Très dépendante de l'industrie automobile (Skoda, Hyundai) et des exportations vers la zone euro, l'économie tchèque a laissé la crise derrière elle depuis 2013. Elle affiche un taux de croissance de 4,5 % en 2017 (3,4 % prévu en 2018) et le plein-emploi est à portée de main avec un taux de chômage oscillant entre 3,5 et 4 %.

Dates repères

– ***Ve s :*** arrivée des Slaves en Bohême-Moravie.
– ***863 :*** mission byzantine de Cyrille et Méthode. Les tribus de Bohême se convertissent au christianisme.
– ***929 ou 935 :*** mort de Venceslas, duc de Bohême, qui deviendra le saint patron de cette région.
– ***XIIIe s :*** la couronne de Bohême devient héréditaire. Les Tatars envahissent la Moravie et la Slovaquie.
– ***1346-1378 :*** règne de l'empereur Charles IV. Fondation de l'université de Prague en 1348.
– ***1415 :*** maître Jan Hus est brûlé vif après avoir présenté ses positions durant le concile de Constance.
– ***1526 :*** la dynastie des Habsbourg monte sur le trône et n'en redescendra que 4 siècles plus tard.
– ***1583 :*** Rodolphe II, empereur germanique, 3e roi Habsbourg, choisit Prague comme capitale, délaissant Vienne.
– ***1618 :*** 1re révolte contre les Habsbourg et 2e défenestration de Prague.
– ***1620 :*** bataille de la Montagne Blanche. Campagne de reconversion au catholicisme accélérée. On décapite 27 nobles protestants sur la place de la Vieille-Ville. La Contre-Réforme se répand en Bohême et Moravie.
– ***XVIIIe s :*** c'est le grand siècle du baroque.
– ***1784 :*** Staré Město, Nové Město, Malá Strana, Hradčany sont réunis pour ne faire qu'une seule ville, Prague.

– ***Fin XVIIIe s :*** réveil national. Une volonté d'émancipation s'exprime de plus en plus.
– ***1848 :*** le mouvement national révolutionnaire est sévèrement réprimé.
– ***1896 :*** le ghetto juif est détruit. Prague se modernise.
– ***1918 :*** proclamation de la république. Masaryk en est le 1er chef d'État. L'Angleterre et la France sont les alliés « sûrs » de la nouvelle république.
– ***1938 :*** accords de Munich, Hitler annexe les Sudètes, en majorité allemandes. La France, l'Angleterre et l'Italie lâchent la Tchécoslovaquie en ne réagissant pas.
– ***1939-1945 :*** domination et occupation de la Bohême-Moravie par les nazis.
– ***1945 :*** les Américains laissent l'Armée rouge libérer Prague.
– ***Février 1948 :*** coup de Prague ; les communistes arrivent au pouvoir.
– ***1952 :*** début des procès de Prague.
– ***1968 :*** Printemps de Prague. Dubček, 1er secrétaire du parti communiste, « libéralise » le pays et propose un socialisme à visage humain. En août 1968, les chars du pacte de Varsovie envahissent le pays. La reprise en main est sévère.
– ***1969 :*** auto-immolation de Jan Palach pour protester contre l'invasion soviétique. Le pays se normalise. Émigration, répression, surveillance.
– ***1977 :*** Václav Havel rédige la *Charte 77* et ouvre la porte de la dissidence.
– ***1989 :*** « révolution de Velours » et élection de Václav Havel comme président. Dubček est acclamé aux côtés de Havel.
– ***1991 :*** retrait des troupes soviétiques de Tchécoslovaquie.
– ***1er janvier 1993 :*** partition du pays en République tchèque et République slovaque.
– ***1993 :*** Václav Havel est élu président de la République tchèque.
– ***1994 :*** le Premier ministre, Václav Klaus, met le pays sur les rails de l'économie de marché : privatisations, restitution des biens nationalisés, introduction de la TVA...
– ***1998 :*** réélection de Václav Havel.
– ***1999 :*** adhésion à l'OTAN.
– ***2002 :*** inondations catastrophiques en août. La Vltava envahit les bas quartiers de Prague.
– ***2003 :*** départ à la retraite de Václav Havel. C'est l'ex-Premier ministre, Václav Klaus, qui prend sa succession. L'adhésion à l'UE est confirmée par référendum, avec plus de 77 % des votants pour le « oui ».
– ***Mai 2004 :*** entrée de la République tchèque dans l'UE.
– ***2008 :*** l'économie tchèque résiste à la crise financière et la couronne s'envole.
– ***Décembre 2011 :*** mort de Václav Havel.
– ***Printemps 2013 :*** élection de Miloš Zeman à la présidence de la République tchèque.
– ***Janvier 2014 :*** mise en place d'un nouveau gouvernement de centre-gauche avec Bohuslav Sobotka comme Premier ministre.
– ***2015 :*** avec les membres du ***groupe de Visegrád*** (Pologne, Slovaquie et Hongrie), la République tchèque refuse l'instauration de quotas pour l'accueil des réfugiés du Moyen-Orient.
– ***2016 :*** en place depuis 2 ans, le gouvernement Sobotka est l'un des plus stables qu'ait connu le pays depuis longtemps. Des dissensions apparaissent néanmoins entre les partenaires de la coalition, notamment sur la politique envers les immigrés.
– ***Octobre 2017 :*** élection législative anticipée. Le milliardaire populiste Andrej Babiš est chargé de former un gouvernement. La 2de tentative sera la bonne.
– ***Janvier 2018 :*** réélection de Miloš Zeman pour un 2e mandat à la présidence de la République.
– ***2018 :*** célébrations du centenaire de la création de l'État indépendant tchécoslovaque.

MÉDIAS

Votre TV en français : TV5MONDE, la 1re chaîne culturelle francophone mondiale

Avec ses 11 chaînes et ses 14 langues de sous-titrage, TV5MONDE s'adresse à 360 millions de foyers dans plus de 190 pays du monde par câble, satellite et sur IPTV. Vous y retrouverez de l'information, du cinéma, du divertissement, du sport, du documentaire...
Grâce aux services pratiques de son site voyage • *voyage.tv5monde.com* •, vous pouvez préparer votre séjour, et une fois sur place, rester connecté avec les applications et le site • *tv5monde.com* • Demandez à votre hôtel le canal de diffusion de TV5MONDE et contactez • *tv5monde.com/contact* • pour toutes remarques.

Radio

La radio nationale *(Český Rozhlas)* dispose d'une rédaction française et offre la source d'information la plus complète dans la langue de Molière. Aller sur le site : • *radio.cz/fr* • On peut aussi capter *Radio France Internationale* sur 99.3 FM. Côté anglais, on trouve notamment le *Prague Post*.

MUSIQUE

Pour vous, Prague évoque avant tout Mozart, Dvořák et Smetana ? Un dicton tchèque n'affirme-t-il pas : « Tel Tchèque, tel musicien » ? La musique classique joue un rôle de 1er plan dans la vie culturelle de la capitale. Les salles de concerts ou d'opéra sont nombreuses et illustrent l'ancienne concurrence que se faisaient les Tchèques et les Allemands pour la suprématie culturelle (et politique) de la ville. Mais saviez-vous que le blues, le jazz et le rock y ont une tradition solidement implantée ? Sans oublier le folk, dont les festivals sont présents un peu partout dans le pays : dans les années 1960, le Dylan tchèque s'appelle ***Vladimír Merta.*** Le rock'n'roll et le twist, eux, font leur apparition à la fin des années 1950 au sein d'un théâtre mythique pour les Pragois : le *Sémaphore.* Les grandes « idoles » nationales (Waldemar Matuška, Karel Gott, Helena Vondráčková...) y ont fait leurs 1res armes.
En 1964, la *beatlemania* prend la relève, suivie de la « hendrixmania » *(Matadors),* de la « *zappamania* » *(Primitives),* etc. Les groupes atteignent vite un haut niveau musical et la Tchécoslovaquie peut s'enorgueillir de ses *guitar heroes* (Radim Hladík pour n'en citer qu'un).
Et aujourd'hui ? Les nouvelles idoles s'appellent ***Lucie Bílá*** ou ***Aneta Langerová*** et donnent dans la variété pop-rock, avec une tendance jazz-bossa en ce qui concerne Dan Bárta. Les amateurs qui veulent creuser un peu se rendront vite compte de la diversité de la scène musicale tchèque : du rock alternatif *(Už jsme doma)* au funk *(Monkey Business)* en passant par la pop, acidulée ou non *(Tata Bojs, Kryštof, Chinaski...)* et l'électro-pop *(Kohyba)...*

PATRIMOINE CULTUREL

Architectures

Du point de vue architectural, Prague se révèle un chef-d'œuvre absolu, une cité unique en Europe. Nulle part ailleurs on ne retrouve autant de coins campagnards (voire sauvages), de telles avalanches merveilleusement désordonnées de toits, de tels pieds de nez à l'uniformité et à l'ennui. C'est un festival de lignes brisées, décrochements, saillies, etc. Les architectes s'adaptèrent savamment au terrain accidenté, accentuant même parfois le côté ludique de cet urbanisme imposé par la configuration des lieux. Ajoutez à cela les myriades de façades et frontons aux formes multiples et richement sculptés. Et puis la ville se révèle un véritable gruyère. C'est une ville de « passages ». De nombreux porches s'ouvrent sur des enfilades de cours menant à d'autres porches, s'ouvrant sur d'autres rues. Les Pragois connaissent bien ces raccourcis, ces traboules locales, qui ajoutent encore au mystère de la ville et qui permirent à nombre de résistants de toutes époques d'échapper aux sbires des Habsbourg puis plus tard aux nazis. Ne dit-on pas qu'on pourrait traverser Prague en évitant quasiment toutes les rues ? Nos lecteurs aventureux, randonneurs urbains impénitents, seront vraiment à la noce ! Visiter Prague le nez au vent, c'est aussi prendre un ***cours d'architecture*** en plein air. Rare ville d'Europe qui témoigne de toutes les périodes de l'histoire, Prague invite à la découverte permanente. Elle a bénéficié des influences romanes et germaniques, oscillé entre protestantisme rigoureux et Contre-Réforme baroque et accueilli les avant-gardes occidentales autant que celles de Moscou. À chaque strate successive, l'architecte tchèque réinterprète les genres et ajoute une tonalité originale « made in Bohemia ». Pour comprendre cet audacieux entassement de styles architecturaux, il suffit d'observer certains bâtiments. Pas évident de s'y retrouver dans ce véritable millefeuille !

– ***Roman (IXe-milieu XIIIe s) :*** dans la vieille ville, les 1res maisons en dur étaient romanes. L'art roman est un pot-pourri d'influences diverses. Introduit en Bohême au XIe s, sous la dynastie des Přemyslides, il est à la mode byzantine à la rotonde Sainte-Croix et de tradition rhénane à la basilique Saint-Georges ou au château. Ses règles sont connues : arcades et voûtes rondes, clochers carrés, tympans et chapiteaux sculptés, fresques omniprésentes... Le tout massif, trapu, calqué sur les besoins de la liturgie et, pour tout dire, fonctionnel... Le style roman dans l'habitat privé est également présent autour de la place de la Vieille-Ville, mais... enfoui sous terre. En effet, les rez-de-chaussée romans ont été recouverts par un remblai au XIIIe s pour rehausser la vieille ville et éviter les crues catastrophiques de la Vltava. Voilà comment de nombreux rez-de-chaussée sont devenus des caves.

– ***Gothique (XIIIe-XVe s) :*** au XIIIe s, on bâtit le plus souvent sur les anciennes structures romanes ; fondation du ghetto juif et construction de la synagogue Vieille-Nouvelle. Création également du quartier de Malá Strana sur la colline du château. Au siècle suivant, naissance du quartier de Hradčany au sommet de la colline. Édification de l'hôtel de ville de la vieille ville et début des travaux de la cathédrale Saint-Guy. Au XIVe s, sous le règne de Charles IV, Prague connaît une extraordinaire floraison architecturale. La voûte sur croisée d'ogives est la marque de fabrique du style. Des raffinements de structure permettent d'élancer la voûte, d'allonger les fenêtres, de décomposer les vitrages en alvéoles innombrables... Libéré, le gothique (par exemple, dans la cathédrale Saint-Guy) imite la forêt : clochetons arborescents, colonnades-futaies, voûtes à nervures du château... La multiplication des ouvertures, l'amplitude retrouvée de l'espace ne cesse d'alléger l'édifice. L'architecte ***Benedikt Rejt*** porte à son paroxysme ces possibilités, en particulier dans la salle Vladislas et dans l'escalier des Cavaliers du vieux palais royal.

À la fin du XVe s, le gothique flamboyant pousse au maximum cette effervescence et annonce le baroque avant la lettre.

– ***Renaissance (XVIe-XVIIe s) :*** Prague possède son propre style Renaissance. Il marie curieusement les pignons chantournés des pays du Nord au maniérisme de l'Italie néo-antique. Gimmicks d'usage : les ***sgraffites*** (fresques grattées sur fond noir ou bistre) à motifs figuratifs – cette technique consiste à badigeonner la façade de plusieurs couches d'enduit, puis à gratter la forme du motif qu'on voulait voir apparaître (exemple : maison *À la Minute,* place de la Vieille-Ville) – ou géométriques, comme les faux bossages en pointes de diamant au palais Schwarzenberg.

– ***Baroque (XVIIe-XIXe s) :*** le gothique et le style Renaissance sont largement supplantés par le baroque arrivé dans les fourgons de la Contre-Réforme, incarnée par la très catholique dynastie Habsbourg, avec pour corollaire l'avènement de l'art jésuite, français, italien ou allemand. Une assez étonnante « punition architecturale » pour un peuple protestant trop rebelle.
Style d'origine romaine avec la façade tripartite et le plan centré, le baroque accentue l'ondulation des parois et l'enchevêtrement des espaces. L'église ***Saint-Nicolas,*** à Malá Strana, est une merveille du genre. Ce qui explique d'ailleurs aujourd'hui la belle homogénéité de ce quartier, entièrement « converti » au baroque. Les églises manifestent un grand souci de promotion religieuse : portiques intimidants, amples plafonds en trompe-l'œil, porches triomphaux... Sur les statues et les peintures, les saints se contorsionnent dans des postures théâtrales. Les maîtres-autels ruissellent de personnages dorés. On exploite les courbes sensuelles, les accroche-cœurs espiègles, les bulbes joufflus. Au XVIIIe s, le baroque s'exaspère pour imiter les fantaisies les plus tarabiscotées de la nature : c'est le style rococo, ou rocaille.
– ***Classicisme, Empire et historicisme (XVIIIe-XXe s) :*** le classicisme marque le retour de balancier après les extravagances du baroque. Retenue, sévérité et économie d'effets en sont les conséquences. Le style Empire (début XIXe s) est peu représenté à Prague, à part les réalisations du Viennois ***Georg Fischer.***
En revanche, on trouve plus de vestiges de la ***période dite « historiciste »*** (néoroman, néogothique, néo-Renaissance, néobaroque...) couvrant la 2de partie du XIXe s et un peu au-delà. Ce style mélange allègrement toutes les tendances précédentes et parvient à créer un genre éclectique vraiment original (voir la rue de Paris). Les monuments, comme le *Théâtre national* ou le *Musée national,* résultant de l'utilisation d'éléments historiques, renforcent le sentiment d'identité nationale très en vogue à l'époque.
– ***Art nouveau (1894-1910) :*** sous ce terme vont se regrouper différents mouvements européens qui voient le jour à la fin du XIXe s, *Arts and Crafts movement* en Angleterre, *Jugendstil* en Allemagne, *Sécession* en Autriche, *Art nouveau* en France et en Belgique, etc. Une même aspiration les unit : rejeter l'héritage historique et académique, exprimer l'art de vivre de l'époque en renouvelant le langage décoratif. L'Art nouveau, ici simplement appelé *Secese,* remodèle le visage de Prague, empruntant au *Jugendstil* un goût pour les lignes courbes du végétal et au genre viennois une stylisation plus épurée. De sinueux décors arborescents qui mêlent verrières, mosaïques, ferronneries et céramiques ornent en particulier les façades de la *Maison municipale,* du *Grand Hotel Europa* ou de l'hôtel *Central.* L'ornementation, qui est le fruit d'artistes d'horizons divers (peintres, sculpteurs ou artisans d'art), constitue un manifeste à la gloire du décor et de la beauté.
– ***Cubisme, rondocubisme, constructivisme, fonctionnalisme (XXe s) :*** Prague est la seule ville où des réalisations architecturales cubistes se sont concrétisées. Sur les théories du cubisme pictural, on arrive à un éclatement de la forme, à une décomposition de la façade en multiples facettes inclinées et saillantes. Quelques exemples : la maison *À la Vierge noire de Dieu,* rue Celetná, ou, à Vyšehrad, la maison de l'architecte **Chochol.** Ici, on a poussé jusqu'à inventer le *rondocubisme,* qui intègre des éléments typiquement slaves (rondins de bois) ainsi que les couleurs nationales, le rouge et le blanc, comme sur la façade de la *Legiobanka,* rue na Poříči.
Pendant l'entre-deux-guerres, sous l'influence de 2 mouvements, l'accent est mis sur la fonction utilitaire de l'architecture à laquelle doit se soumettre la forme. À l'Est, le ***constructivisme russe*** se veut être un instrument révolutionnaire. À l'Ouest, le ***fonctionnalisme*** de Le Corbusier prône le volume élémentaire, standardisable, aux surfaces dépourvues d'ornementation non fonctionnelle, le tout aboutissant à un style quelque peu indigeste... Pour finir, les monstres architecturaux de la période stalinienne et husákienne ne méritent guère d'attention.

Aujourd'hui, la tendance est au dialogue entre architecture nouvelle et ancienne, avec un regain d'intérêt pour le « génie du lieu » si particulier à Prague. Bon exemple avec la ***Maison dansante*** (1996) de Frank O. Gehry, dont la conception avant-gardiste s'intègre comme par magie aux immeubles plus classiques du quartier.
Il faut aussi saluer les gros efforts déployés depuis 1970 pour restaurer les plus beaux monuments de la ville.

Prague : ville inspirée des écrivains, artistes et musiciens

Ville au grand pouvoir de séduction et à l'hospitalité légendaire, Prague se devait d'attirer artistes et intellectuels. Le 1er d'entre eux, ***Mozart,*** y fut véritablement reconnu (beaucoup plus qu'en Autriche) et y vécut ses plus beaux jours. *Don Giovanni* fut commencé à Vienne, mais terminé à Prague avant d'y être joué pour la 1re fois, le 20 octobre 1787, au théâtre des États. Il donna plusieurs concerts, notamment au palais Clam-Gallas. Le génie aurait aussi joué de l'orgue dans plusieurs lieux de la ville : à l'abbaye de Strahov, à l'église Saint-Nicolas de Malà Strana, à l'église Saint-François-d'Assise... Il fut hébergé en divers palais, comme au palais Pachta de Ràjov. ***Beethoven*** reçut également un chaleureux accueil à Prague. Le palais Lobkowicz (dans l'enceinte du château) abrite la partition originale de sa *Symphonie héroïque.* Le musicien fut aidé et soutenu par la famille Lobkowicz, grands mécènes au XVIIIe et au XIXe s. Le palais conserve aussi un manuscrit annoté de Mozart.
Chateaubriand séjourna à Prague en 1833. En mission secrète auprès de Charles X, monarque déchu exilé au château de Prague, il laissa dans les *Mémoires d'outre-tombe* de fort belles pages que lui avait inspirées la ville.
À la même époque, ***Chopin*** et ***Liszt*** séduisirent les Pragois. ***Berlioz,*** lui, les conquit. C'est d'ailleurs dans leur ville qu'il composa plusieurs morceaux de *La Damnation de Faust.*
Puis, dans la 2de partie du XIXe s, Prague produisit 2 immenses génies : ***Smetana*** et ***Dvořák,*** tout en continuant d'accueillir avec enthousiasme ***Saint-Saëns*** et ***Tchaïkovski.*** Beaucoup de musiciens, souvent mal compris dans leur propre pays, reconnurent devoir à Prague de grands moments de bonheur. ***Mahler,*** bien sûr, est indissociable de Prague puisqu'il y fit ses études avant d'aller au conservatoire de Vienne. Mais c'est en Bohême qu'il commença véritablement sa carrière musicale. À partir de 1903, on y joua ses symphonies les plus importantes. La même année, ***Grieg*** y reçut un accueil triomphal. D'emblée, l'œuvre de ***Rodin*** fut comprise et aimée par les Pragois. Le génie du sculpteur ne pouvait qu'entrer en symbiose avec l'extraordinaire baroque tchèque.
Citons aussi le musicien ***Leo Janáček*** qui, bien que né en Moravie et ayant vécu à Brno, composa souvent à Prague où il était fort estimé. Plus près de nous, l'illustrateur, cinéaste et marionnettiste ***Jiří Trnka*** laissa une œuvre superbe, très poétique, à l'image de la cité aux 100 tours et clochers.
Diplomate revenu de Chine, ***Paul Claudel*** s'installa comme consul de France à Prague en 1909. Il y croisa ***Franz Kafka,*** qui mérite bien un chapitre spécial (voir également, plus loin, la rubrique « Personnages »). Contemporain de Kafka, ***Rainer Maria Rilke*** a décrit la ville comme « un gigantesque poème épique de l'architecture ». En 1934, ***André Gide*** y vint pour adapter au théâtre *Le Procès* de Kafka. En 1936, ***Albert Camus*** passa quelques jours à Prague. Malade et déprimé, il évoque cette « expérience désespérée » dans *L'Envers et l'Endroit,* ainsi que dans *La Mort heureuse.* En 1967, l'écrivain britannique ***Bruce Chatwin,*** prototype du *travelwriter* anglais, rencontra à Prague le baron Utz, un des derniers grands collectionneurs privés de porcelaine de Saxe. Ce singulier personnage le captiva tant qu'il devint le sujet du dernier livre écrit par Chatwin avant sa mort. Son titre : *Utz.*

La culture juive

Selon une très ancienne croyance, les juifs se seraient installés en Bohême avant l'arrivée des Slaves, soit peu de temps après la destruction du Temple de Jérusalem par les Romains en 70 apr. J.-C. Leur présence est en tout cas attestée par des écrits dès le Xe s. Isolés du monde chrétien, les juifs vécurent pendant de nombreux siècles dans toutes les villes historiques tchèques, mais avec leurs propres lois et un style de vie singulier qui s'entourait de légendes et de mystères. Beaucoup étaient pauvres mais certains devinrent fabuleusement riches. Imprégnée du souvenir de ***Rabbi Jehuda Löw ben Bezalel,*** féru de Kabbale (il aurait créé un homme d'argile, le Golem), l'atmosphère très particulière du ghetto de Prague inspira de nombreux écrivains qui conférèrent à la ville une aura de cité magique.
L'histoire des juifs de Bohême a été malheureusement marquée par l'intolérance, l'humiliation, la violence et les pogroms. Les terribles persécutions, au cours de la Seconde Guerre mondiale, provoquèrent la déportation de 84 % de la population juive vers les camps de concentration, et principalement vers celui de Terezín. La ségrégation et la discrimination du ghetto de Prague avaient pourtant commencé à s'adoucir à partir du XIXe s. La coexistence des Tchèques, des Allemands et des juifs d'expression allemande contribua à l'apparition de figures illustres de la littérature moderne juive : ***Franz Werfel, Jiří Weil, Max Brod*** et, bien entendu, ***Franz Kafka...***

Le cas Kafka

– ***Franz Kafka*** *(1883-1924)* **:** « Kafka était Prague, et Prague était Kafka », a-t-on pu écrire. Enfant chétif, né en 1883, fils de Hermann Kafka qui tenait 2 merceries dans la vieille ville, il fut élevé par des gouvernantes qui le tourmentèrent et le culpabilisèrent. Kafka concentra toutes les contradictions de la ville et de son époque : juif en milieu majoritairement chrétien, intellectuel dans une famille qui ne l'était pas, écrivant en allemand au moment de la montée des aspirations nationales tchèques, travaillant dans une compagnie d'assurances qui l'empêchait de s'épanouir... Carrière, santé, mariage, la malchance le suivit partout. Ses œuvres ? Il brûla ses 1ers brouillons, les jugeant trop ampoulés. Mais il ne put s'empêcher d'écrire, comme pour expier sa « faute », sa « plaie dont celle des poumons n'était que le symbole ». Bonjour l'angoisse ! Elle ne le quitta plus. Tous les ingrédients étaient réunis pour réaliser une œuvre sombre, pessimiste, inachevée ! Il mourut en 1924 de la tuberculose, près de Vienne.
Kafka a entretenu avec Prague un rapport passionné, amour et haine mêlés. Il écrivait : « Prague ne nous lâchera jamais, cette petite mère a des griffes ! » Pour Kafka, le monde moderne n'inspirait que l'angoisse, la perspective d'une vie sans issue. Ses héros ne comprenaient ni les raisons ni les responsables de leur oppression. C'étaient des prisonniers, et ce n'est pas un hasard s'ils portaient des noms qui sonnaient comme des matricules : l'arpenteur K. dans *Le Château,* Joseph K. dans *Le Procès...*
Comment ne pas voir, dans le condamné innocent du *Procès,* une préfiguration du destin que les nazis réserveront aux juifs ? Pendant la guerre, l'occupant ne s'y est pas trompé : il saccagea son domicile, détruisit des lettres et des documents, puis expédia les 3 sœurs de Kafka en camp de concentration... Il s'en est fallu de peu que l'œuvre de Kafka disparaisse à jamais, puisqu'il avait ordonné à son ami ***Max Brod,*** écrivain lui aussi, de brûler tous ses manuscrits. Brod a commis là une infidélité historique puisqu'il permit la publication posthume de la majeure partie de l'œuvre de son ami et le succès de l'adjectif « kafkaïen » !

PERSONNAGES

– ***Edvard Beneš*** *(1884-1948)* **:** l'homme des grandes heures, bonnes ou mauvaises. Lors de la Première Guerre mondiale, Edvard Beneš rejoignait celui qui sera le 1er président de la Tchécoslovaquie indépendante, Masaryk. De Suisse, ils mirent même sur pied une brigade pour livrer bataille aux Austro-Hongrois. À la naissance du pays, Beneš prit en charge les Affaires étrangères. Il succéda à Masaryk en 1935, dans une conjoncture difficile. Hitler s'enhardissant, les Allemands des Sudètes devinrent motif de discorde. Beneš appela à l'union sacrée des Tchèques et des Slovaques. Rien n'y fit. Le 28 septembre, Hitler lança un ultimatum. Le 29, les accords de Munich (sans Beneš) livrèrent au Reich une portion de terre tchèque. Quand la guerre éclata, Beneš prit la fuite pour constituer un gouvernement en exil à Londres. Reconnu par les pays occidentaux, il amadoua Moscou en y admettant un communiste. Ce ne fut que le 1er. À la Libération, il forma un gouvernement d'union nationale avec tous les grands partis, dont l'homme de Moscou, Klement Gottwald. Sur 25 ministres, 8 étaient communistes. Ils le feront savoir en 1948, lors du « coup de Prague ». Évincé, Beneš mourut peu après...

– ***Tycho Brahé*** *(1546-1601)* **:** avant que Galilée n'invente la lunette (en 1609), on observait le ciel comme on pouvait. Le Danois Tycho Brahé s'y essaya dans les années 1570. À la mort du roi de Danemark, son protecteur, Brahé rejoignit à Prague la cour de Rodolphe II de Habsbourg. Il continua de plonger le nez dans les étoiles. À la fin, son catalogue en recensait 800. Restait à ordonner tout cela en système et là, Tycho Brahé fit le mauvais choix. Il abandonna la cosmologie de Copernic (la Terre tourne autour du Soleil) pour une variante du système de Ptolémée (l'univers tourne autour de la Terre), plus conforme aux dogmes de l'Église et de la Bible.

LA MORT DE TYCHO BRAHÉ

Réputé pour ses travaux, sa moustache démesurée et sa prothèse nasale en or et argent, il est aussi connu pour la légende liée à sa mort. Un jour, partageant le carrosse du roi, il fut pris d'une forte et soudaine envie d'uriner. Devant le roi, impossible de demander à s'arrêter ! Il se retint donc si longtemps que sa vessie éclata. C'est du propre ! Les enfants apprirent cette histoire et en Bohême lorsqu'on dit : « Je ne veux pas mourir comme Tycho Brahé », cela signifie qu'une envie pressante se précise.

– ***Karel Čapek*** *(1890-1938)* **:** écrivain, journaliste, dramaturge, il fut l'un des intellectuels en vogue de l'entre-deux-guerres. Son amitié et ses contacts réguliers avec le président Masaryk lui ont donné le rôle d'écrivain officiel du château. Il est le célèbre créateur du mot « robot » (du mot tchèque *robota* signifiant « corvée ») qui apparaît dans la pièce de théâtre *RUR.* Sur une île, un savant extravagant met au point des golems modernes, machines bien huilées qui remplacent, sans émotion aucune, le travail de l'homme. Évidemment, quand la mécanique s'emballe, les robots prennent le pouvoir et c'est le cauchemar. Cette pièce, très avant-gardiste, se voulait un avertissement à la société technique autant qu'une déclaration de haine envers toute forme de collectivisme ou de réforme fanatique. Avec l'invasion allemande, Čapek passa pour un visionnaire.

– ***David Černý*** *(né en 1967)* **:** artiste conceptuel prolifique, il est l'un des plus célèbres sculpteurs contemporains tchèques, auteur d'œuvres provocantes, alliant l'humour, la satire sociale et politique. Ses œuvres sont souvent controversées mais elles lui ont apporté une reconnaissance internationale et elles font

UN ROSE PIQUANT

En 1991, Černý se fait remarquer en peignant en rose un char Staline glorifiant la libération de Prague par l'Armée rouge. Sur plainte des Russes, il est envoyé en prison pour vandalisme, et le char est repeint dans sa couleur d'origine, mais aussitôt badigeonné à nouveau de rose par un groupe de députés qui profitent de leur immunité parlementaire. L'artiste est libéré et le char, symbole aussi de la répression du Printemps de Prague, à nouveau kaki, a été relégué au fonds d'un musée, hors de portée des iconoclastes.

désormais partie des curiosités de la capitale. Parmi ses œuvres récentes figure *Entropa,* une installation monumentale commandée en 2009 à l'occasion de la présidence de l'UE par la République tchèque et qui trône à l'entrée du bâtiment Juste-Lipse à Bruxelles. Les pays membres de l'UE y sont caricaturés via des stéréotypes associés à leur image. La France, entre autres, y figure via une banderole où est inscrit le mot « GRÈVE » !

– ***Charles IV*** *(1316-1378)* **:** appelé « père de la Patrie » tchèque, tant son œuvre politique, économique et culturelle fut grande. Monarque sage et éclairé, d'une grande culture, polyglotte, il fut roi de Bohême (1357) et empereur germanique. Il fut élevé à la cour de Charles IV le Bel à Paris (son oncle et parrain, dernier des rois Capétiens), et c'est en son honneur qu'il prit le nom de Charles, délaissant son nom de baptême, Venceslas. Bâtisseur de nombreux monuments (la cathédrale Saint-Guy, le pont Charles, le palais royal, le château de Karlštejn), il fut également mécène des arts et des sciences.

Il fut le 1er à introduire la vigne en Bohême. Il fonda l'université de Prague et décida de la construction de Nové Město. Personnage très pieux, il se maria 4 fois, avec toujours de bonnes alliances stratégiques ! Charles IV reste l'une des figures maîtresses de l'histoire du pays et de Prague.

– ***Josef Chochol*** *(1880-1956)* **:** après une formation dans la mouvance Art nouveau à Vienne, il devint l'un des représentants du cubisme tchèque et l'auteur de plusieurs bâtiments de ce style dont les plus importants se trouvent à Vyšehrad. Les immeubles sont composés de facettes et d'arêtes, à l'image des cristaux ou des minéraux. Dans les années 1920, Chochol se tourna vers le constructivisme russe, mais sans réalisation concrète.

– ***Christoph et Kilián Ignáz Dientzenhofer*** *(1655-1722 et 1689-1751)* **:** tel père, tel fils ! Cela pourrait être la devise de cette famille d'architectes d'origine bavaroise. Le père, Christoph, s'installa à Prague et débuta la construction de l'église Saint-Nicolas à Malá Strana. Le fils, Kilián Ignáz, acheva certaines des œuvres de son père et ne tarda pas à le surpasser en qualité. Il porta le style baroque à son sommet en lui donnant sa marque personnelle. Il érigea à Prague et ses environs nombre d'églises, de palais et de couvents, entre autres, la façade de Notre-Dame-de-Lorette, l'église Saint-Jean-Népomucène, l'église Saint-Nicolas de la vieille ville, etc.

– ***Antonín Dvořák*** *(1841-1904)* **:** la *Symphonie Du Nouveau Monde* est l'un des morceaux emblématiques du répertoire classique tchèque, considéré par certains comme un « chef-d'œuvre visionnaire ». Dvořák y déroula à l'envi les grands espaces peuplés de sauvages inquiétants et de gigantesques forêts... De ce romantisme échevelé, les Américains eux-mêmes n'en revenaient pas. Quant à Serge Gainsbourg, il rendra un hommage pop à la symphonie, en la reprenant, en 1968, dans son titre *Initials BB.* À New York, Antonín Dvořák devint professeur au Conservatoire national de musique et dirigea l'orchestre de cette institution. Pour le reste, ce brillant chef d'orchestre fut un compositeur résolument tchèque, comme en témoignent ses fameuses *Danses slaves.* En plus d'être l'auteur d'autres symphonies, d'un *Requiem* et de l'estimable *Concerto pour violoncelle et orchestre en si mineur,* Dvořák resta avant tout l'homme du fameux oratorio *Stabat Mater.*

– ***Miloš Forman*** *(1932-2018)* **:** comme Kafka, Miloš Forman est à la fois tchèque et juif, et sa famille a connu les camps. Formé par le maître du théâtre pragois, Alfréd Radok, il pratiqua dès ses débuts l'improvisation contrôlée, le cinéma-vérité en quelque sorte, et se passionna pour les conflits de générations. Après *L'As de pique,* c'est *Hair,* puis *Les Amours d'une blonde.* En 1969, Miloš Forman quitta la Tchécoslovaquie « normalisée » pour les États-Unis. Avec *Taking Off,* il brocarda la moyenne bourgeoisie américaine, empêtrée dans son incompréhension. *Vol au-dessus d'un nid de coucou* (1975) reste son film culte : la rébellion d'un *outlaw* dans un goulag psychiatrique. En 1984, il renoua avec la Tchécoslovaquie pour un grand succès commercial : *Amadeus.* En 1989, c'est *Valmont,* le libertin du roman

Les Liaisons dangereuses, qu'il mit en scène. Ses derniers films sont des biographies : *Larry Flint* (1996), racontant la vie d'un magnat de la presse porno, *Man on the Moon* (1999), retraçant la vie d'Andy Kaufman, humoriste américain et *Les Fantômes de Goya,* retraçant, en 2010, la vie du peintre espagnol.

– ***Le Golem :*** immortalisé par Gustav Meyrink, le Golem est l'esprit du ghetto de Prague. La Kabbale, dont la tradition, dit-on, date du Paradis, parle du pouvoir magique des lettres hébraïques. Ses initiés sont capables, tout comme Dieu, de créer un homme avec de l'argile. C'est ainsi qu'à Prague un vieux rabbin s'était fabriqué un serviteur. Un jour, il oublia d'enlever la lettre : le Golem s'enfuit dans les ruelles du ghetto et se mit à terroriser la population.

– ***Jaroslav Hašek*** *(1883-1923)* **:** vous n'avez pas lu *Le Brave Soldat Švejk* ? Alors vous ne connaissez pas les Tchèques. À Prague, tout le monde vous le dira, bien que Hašek ne soit pas toujours indulgent avec ses compatriotes. Écrivain et humoriste, soldat sur le front russe pendant la guerre de 1914-1918, il mena une vie de bohème... mais malgré tout riche d'œuvres littéraires. Le personnage légendaire du *Brave Soldat Švejk,* naïf et roublard, est un véritable don Quichotte tchèque.

– ***Václav Havel*** *(1936-2011)* **:** bien des présidents ont coiffé la casquette de l'homme de lettres. Mais Václav Havel reste, avec Senghor et Pompidou, le seul exemple d'homme ayant effectué le trajet inverse. De fait, Václav Havel fut une autorité morale. Écrivain et dramaturge, dissident avant l'heure, non conformiste par nature, il incarna la révolte de tout un peuple, souvent avec humour et cynisme.

Après avoir mené la « révolution de Velours », il légitima la République tchèque. Étrange parcours que celui de cet homme hanté par l'absurde. Les communistes le traitaient de « fils de bourgeois » : le père et le grand-père Havel étaient de riches entrepreneurs. Ses pièces furent interdites dans son propre pays après 1968. En 1977, dans le désert intellectuel laissé par la « normalisation », Václav Havel participa à la création de la *Charte 77.* Très vite, cette organisation de défense des dissidents subit les foudres du pouvoir.

Havel fit de la prison en 1977, puis en 1979. En janvier 1989, on l'arrêta à nouveau : il venait de déposer des fleurs à la mémoire de Jan Palach. 10 mois plus tard, les badges *I love Havel* étaient sur tous les revers de veste. On scandait son nom sur la place Venceslas. Il s'en excusa : « Je préfère être celui qui fait les rois plutôt que le roi. » Peine perdue : la foule pragoise l'avait choisi. Le 24 novembre, il fit ovationner Dubček. Le 29 décembre 1989, enfin, il fut élu président de la République par une assemblée

LA RECETTE DU GOLEM

Pour créer ce monstre, il faut : 1) de l'argile ou, à défaut, une terre de bonne qualité ; 2) maîtriser la prononciation du nom de l'ineffable ; 3) effectuer une marche circulaire en récitant les 221 formes de l'alphabet secret. Pour animer la créature ainsi produite, ne pas oublier d'inscrire le mot « Emeth » (Vérité) sur son front. Attention, le Golem peut vite devenir furieux lorsqu'il échappe au contrôle de son créateur. Il faut alors effacer l'inscription sur son crâne, ce qui le fera retourner à l'état argileux.

LA JOURNÉE « DU PANTALON COURT »

C'est par ce nom bizarre qu'on commémore le 18 décembre la date de la mort de Václav Havel. Lorsqu'il était nerveux ou particulièrement stressé, il avait pris l'habitude de retrousser ses pantalons, ce qui était parfois interprété comme une provocation. Par la suite, il perpétra ce geste à l'occasion des événements solennels, comme lors de son investiture à la présidence.

d'ex-communistes déboussolés. Après le divorce tchécoslovaque de 1993, Havel devint président de la République tchèque, mais cette fois de justesse : l'homme qui incarna « l'autre Tchécoslovaquie » avait vu sa popularité s'éroder. Il mourut le 18 décembre 2011. Son compatriote, l'écrivain Milan Kundera, l'avait salué dans ces termes : « La plus belle œuvre de Václav Havel, c'est sa vie. » Sa tombe se trouve au cimetière de Vinohrady.

– ***Bohumil Hrabal*** *(1914-1997)* **:** après avoir été ouvrier, VRP, figurant de théâtre ou encore cheminot, cet amoureux de Prague et des tavernes apporta une voix très originale dans la littérature tchèque. Son style imagé et empreint d'humour le fit ressembler à un Rabelais slave ou un Bukowski de l'Est. À tel point qu'il eut des ennuis avec les autorités qui le censurèrent après le Printemps de Prague pour « grossièreté et pornographie », le contraignant à publier certains livres en *samizdat* (publication clandestine dissidente). Habitué de la brasserie *Au Tigre d'Or,* il écrivait : « Je me disais comme toujours que si les dieux m'aimaient, je crèverais devant un verre de bière. » Derrière le personnage bourru se cachait l'homme écorché qui clamait son indignation lors des heurts en 1989 entre étudiants et policiers. Il mourut en tombant (certains disent en sautant) de la fenêtre de sa chambre d'hôpital en 1997. Sacrée manie tchèque de la défenestration ! Il faut lire *Une trop bruyante solitude* (voir « Livres de route » dans « Prague utile »).

– ***Jan Hus*** *(1371-1415)* **:** les huiles du clergé n'ont pas toujours été de petits saints. Au Moyen Âge, des milliers de prédicateurs ont dénoncé ces turpitudes. Mais ça pouvait aussi coûter très cher. C'est que Jan Hus, recteur de l'université de Prague, n'était pas n'importe qui. Héritier de John Wycliffe, un théologien d'Oxford violemment antipapiste, il brocarda le stupre des évêques, voulut retourner à la pureté évangélique et sauver le monde ! Plus grave, il dénonça la mainmise allemande sur le clergé de Bohême. L'empereur Sigismond s'en offusqua : allemand, il chercha à s'emparer de la Bohême. En 1414, ce triste sire réunit un concile à Constance. La pieuse assemblée se donna bonne conscience en condamnant maître Jan Hus. Malgré son sauf-conduit, on livra l'homme au bûcher. Ce fut le 1er martyr de la cause tchèque et pas le dernier. Dans toute la Bohême, des armées se formèrent spontanément. Les hussites écrasèrent les troupes impériales jusqu'en 1436, date à laquelle un nouveau concile leur reconnut le droit de communier sous 2 espèces (pain et vin).

– ***Václav Klaus*** *(né en 1941)* **:** ancien Premier ministre « de droite », technocrate qui a traversé le communisme sans s'engager ni se compromettre, Václav Klaus voulait être un politicien pragmatique. Si Václav Havel incarnait le romantisme charismatique de l'après-communisme, l'austère Václav Klaus, lui, a été un homme d'État à l'occidentale. Très représentatif des nouveaux « yuppies » tchèques, il incarna le passage à la prospérité. Au sein du 1er gouvernement postcommuniste, Václav Klaus fit prévaloir sa conception (radicale) de la réforme économique. Après avoir lutté contre la gauche en tant que membre du Forum civique, il créa son propre mouvement (ODS) de droite et résolument eurosceptique. La privatisation des entreprises d'État, autre succès, ne fit que consolider sa position. En 2003, il devint président de la République. Réélu en 2008 pour 5 ans, il céda sa place en 2013 à Miloš Zeman.

– ***Milan Kundera*** *(né en 1929)* **:** né à Brno, écrivain tchèque naturalisé français. Fils d'un pianiste célèbre, il fut exclu du parti communiste à l'âge de 20 ans et dut attendre 1957 pour publier ses 1ers recueils de poèmes. L'humour de son théâtre, de ses romans (*La Plaisanterie,* 1967 ; *La Valse aux adieux,* 1976 ; *Le Livre du rire et de l'oubli,* 1979 ; *L'Ignorance,* 2003) et de ses nouvelles l'imposa comme l'une des consciences les plus lucides de la littérature contemporaine et comme l'analyste de la désagrégation de la vieille Europe (*L'Insoutenable légèreté de l'être,* 1984 ; *L'Immortalité,* 1990). Exilé en France depuis 1975, professeur à l'université de Rennes, il a obtenu la nationalité française en 1981.

– ***Tomáš Garrigue Masaryk*** *(1850-1937)* **:** il vit le jour en Moravie dans une famille très modeste. Devenu professeur de philosophie à l'université Charles, il fut homme politique pragmatique, social-démocrate, au parlement de Vienne. Pendant la Première Guerre mondiale, il émigra en France où il fonda le Conseil national tchèque. En octobre 1918, il proclama l'indépendance et, dans la foulée, le 14 novembre, devint le 1er président de la République tchécoslovaque. Jusqu'à sa mort en 1937, il mit en place une démocratie progressive qui restera bientôt le seul exemple en Europe centrale. Les communistes, après 1948, se chargeront de détruire le mythe Masaryk en censurant toute référence à ce président trop « bourgeois ». Cependant, dès 1968, les portraits du président libéral refleurirent aux fenêtres des maisons tchèques comme symbole d'une démocratie réussie.

– ***Gustav Meyrink*** *(1868-1932)* **:** fils d'un baron allemand et d'une actrice israélite, il n'habita à Prague que 17 ans. Né à Vienne, banquier à Prague, puis écrivain, errant de Hambourg à Montreux et chassé de partout, il est resté l'un des fruits les plus exotiques de la déliquescence viennoise. Pourtant, Prague est bien l'héroïne du trouble roman qui le fit connaître : *Le Golem.* Ses autres livres *(Le Visage vert, L'Ange à la fenêtre d'Occident...)* seront de la même veine, celle de la gnose et de l'occultisme. Fasciné par la Kabbale, il mourut bouddhiste.

– ***Alfons Mucha*** *(1860-1939)* **:** le délicat promoteur du style nouille qui marqua le début du XXe s était un Morave passé par Munich. Paris l'éveilla à lui-même et le mit à la mode. Touche-à-tout de génie, Mucha dessina des bijoux, des robes, de l'argenterie, des meubles, des sculptures, sans cesser d'être avant tout l'un des 1ers illustrateurs de l'époque, au travers de couvertures de magazines (le plus souvent de mode), d'affiches de théâtre (Sarah Bernhardt l'adorait) ou de salons artistiques, de décorations étranges et raffinées (magasin *Fouquet*) et de commandes les plus diverses (papier à cigarettes *Job,* fresques du pavillon de la Bosnie-Herzégovine...). Alfons Mucha fut l'un de ceux qui élaborèrent l'Art nouveau. Ses femmes bien en chair, auréolées de tiges florales, symboliseront l'époque. Fervent patriote, il réalisa également une extraordinaire *Épopée slave,* soit 20 tableaux monumentaux représentant les étapes de l'histoire des Slaves depuis leurs origines.

TRISTE FIN POUR MUCHA

Lorsque la Tchécoslovaquie devint indépendante après 1918, Mucha se vit confier la commande du dessin des nouveaux timbres-poste, des billets de banque et d'autres documents. Il mourut à Prague en 1939, âgé de 79 ans, quelques jours après avoir été interrogé par la Gestapo, qui s'intéressait à lui du fait de son appartenance à la franc-maçonnerie. Son corps fut jeté à la fosse commune.

– ***Jan Palach*** *(1948-1969)* **:** le 16 janvier 1969, lorsqu'il fut clair que les chars soviétiques avaient « normalisé » Prague, cet étudiant s'immola par le feu sur la place Venceslas. Jan Palach est resté vivant dans le cœur de tous les Pragois.

– ***Rodolphe II*** *(1552-1612)* **:** neveu de Philippe II d'Espagne et petit-fils de Charles Quint, couronné roi de Bohême et de Hongrie, puis empereur allemand, il fut le seul monarque de la dynastie des Habsbourg à choisir Prague comme capitale. Féru d'astrologie, d'alchimie et d'art, il fut peu préoccupé par les affaires politiques du royaume et encore moins par la menace turque. Il introduisit au château de Prague de nombreux savants et artistes (Kepler, Tycho Brahé, Arcimboldo), mais aussi beaucoup de charlatans. Son rêve ? Fabriquer de l'or et découvrir l'œuvre au noir. C'est sous son règne que Prague acquit le magnétisme et la magie qui nous envoûtent encore aujourd'hui (voir plus loin la rubrique « Prague magique et alchimique »). Bon nombre de légendes et d'histoires à dormir debout ont vu le jour à cette époque. Ses descendants le disaient fou, mais Rodolphe, malgré les pressions familiales, est resté au pouvoir jusqu'à sa mort.

– ***Jan Saudek*** *(né en 1935)* **:** souvent confondu avec Josef Sudek. L'autre grand photographe de Prague (toujours vivant, lui) sonda fiévreusement les cœurs et les corps. Beaucoup de femmes bien en chair mises à nu (« Le sexe, dit-il, est l'énergie la plus puissante. ») dans un esprit d'onirisme désuet, riche de nuances, mais toujours traversé par une ironie cinglante.

– ***Bedřich Smetana*** *(1824-1884)* **:** la *Vltava* (autrement dit, la Moldau) fait partie des incontournables du répertoire du mélomane en herbe. Il s'agit du morceau de bravoure d'un cycle de poèmes symphoniques composé par Smetana au XIXe s, sous le titre *Ma patrie.* En somme, Bedřich Smetana a mis la Bohême en musique. Hélas, les autres compositions de cet ardent patriote, adulé par les siens, n'ont guère franchi les frontières. Smetana, par ailleurs excellent pianiste, fut le barde du romantisme tchèque.

– ***Saint Venceslas*** *(Václav, mort en 929 ou 935)* **:** c'est celui dont la statue équestre ferme la place du même nom (Václavské náměstí) et qui possède une si belle chapelle-tombeau dans la cathédrale Saint-Guy. 4e souverain tchèque de la dynastie přemyslide, homme réputé cultivé et sage, chrétien de surcroît, il s'est vu forger par l'histoire une réputation de défenseur du droit et de l'indépendance de son pays. Il fut assassiné par son frère Boleslav, qui aurait été irrité par son esprit conciliant envers la Saxe et la Bavière qui lorgnaient déjà le royaume de Bohême. Instinctivement, c'est au pied de sa statue que se rassemble la population en cas de coup dur.

PRAGUE MAGIQUE ET ALCHIMIQUE

Le surréaliste André Breton a surnommé Prague « capitale magique de l'Europe ». À l'époque, le mot n'était pas employé à tort et à travers comme aujourd'hui sur les brochures touristiques. Ceux qui visitent Prague se voient proposer des tours guidés sur le thème de « Prague alchimique et magique ». Pour une fois, il n'y a rien d'abusif dans cette appellation. Pourquoi ? Parce que Prague fut, dans son passé, une ville de magiciens et d'alchimistes.

Tout a commencé au XVIe s. L'***empereur Rodolphe II de Habsbourg*** (1552-1612) préfère Prague à Vienne pour sa capitale impériale. Couronné roi de Hongrie, roi de Bohême, puis roi de Rome, il devient en 1576 empereur du Saint Empire romain germanique. Consécration suprême, le voilà l'homme le plus puissant d'Europe. Contrairement à son grand-père Charles Quint au tempérament nomade, Rodolphe est un pantouflard qui se soucie peu de politique et déteste la guerre. Les conflits entre catholiques et protestants, la menace des Turcs aux marches de l'empire, l'intéressent bien moins que les arts et les sciences. De plus, il se moque des enseignements du catholicisme transmis par son oncle, le rigide Philippe II d'Espagne. Dans son château de Prague, Rodolphe s'entoure d'une foule d'artistes (dont les peintres ***Arcimboldo*** et ***le Caravage***), de savants, de scientifiques, d'astronomes venus de toute l'Europe comme ***Tycho Brahé*** et ***Johannes Kepler.*** Collectionneur passionné, il remplit les nombreuses salles de son château d'œuvres d'art exceptionnelles et de curiosités de la nature qu'on lui rapporte de pays lointains.

En s'éloignant des dogmes de l'Église, il pénètre dans le monde mystérieux de l'occulte. Hanté par l'étrange et le bizarre, poussé par une curiosité morbide, Rodolphe ne peut se contenter des réponses classiques sur la vie et le cosmos. Insatisfait, il suit une idée fixe, il fonde à Prague une ***académie alchimique*** et acquiert lui-même le matériel adéquat. On le surnomme le « ***Nouvel Hermès Trismégiste*** », du nom du dieu grec protecteur des voyageurs, des commerçants et des voleurs.

Rodolphe collectionne des fœtus monstrueux dans des bocaux, fait peindre une famille dont les membres sont couverts de poils longs, autorise la culture de la mandragore, une plante qui vaut aussi cher que l'or au XVIe s et qui se récolte au pied des gibets des pendus. Par sa forme, la racine de cette plante maudite évoque un corps humain. Les sorcières médiévales couvraient leur corps d'un onguent à base de mandragore avant les nuits de sabbat.

À Prague, l'objectif des alchimistes est le ***Grand Œuvre,*** dont l'œuvre au noir est une étape : il s'agit d'accomplir la ***transmutation des métaux*** (le plomb surtout) en or, pour aboutir à la pierre philosophale. L'autre objectif est de trouver un élixir de longue vie. Pour y parvenir, un certain nombre de plantes sont collectées et une ribambelle d'éléments étranges dont seuls les adeptes maîtrisent l'usage : sucs lunaires, crachats de lune, émeraude des philosophes, graisse de rosée, beurre magique, vitriol végétal... Ces ingrédients bizarres de la nature entrent dans les recettes alchimiques les plus complexes. Au temps de Rodolphe II, l'alchimie côtoie aussi l'irrationnel et la folie ! Le souverain ne décide rien sans avoir consulté les astres. ***Tycho Brahé*** a beau être un grand astronome et mathématicien, il est aussi très superstitieux. Il exerce une influence néfaste sur l'empereur. Lorsqu'un visiteur de marque se présente au château de Prague, il est indispensable que l'empereur soit informé au préalable de son horoscope...

Tycho Brahé concocte pour Rodolphe un breuvage abracadabrant contenant de la mélasse, de la teinture d'or et de corail, et même de l'or potable. Avec cette potion magique, Rodolphe croit atteindre l'immortalité. Et jusqu'à la fin de sa vie, il porte autour du cou un petit flacon en argent gainé de velours contenant le précieux breuvage.

Bref, les alchimistes fréquentent souvent le macabre et la sorcellerie. Résultat de ces recherches alambiquées en de sombres laboratoires : rien, *niente, nada,* chou blanc ! Les alchimistes ne sont jamais parvenus ni à fabriquer de l'or ni à inventer la pilule d'immortalité...

Rodolphe II persiste néanmoins à croire en sa quête sans fin. L'astrologue officiel de la reine Élisabeth Ire d'Angleterre, ***John Dee,*** est si populaire en Europe que Rodolphe le convie à Prague. L'Anglais débarque en Bohême en 1584 accompagné de son comparse Talbot, connu aussi sous le nom d'***Edward Kelley...*** Férus de sorcellerie et de magie noire, les 2 acolytes pratiquent des exorcismes, s'échinent sur des opérations de transmutation des métaux et tentent de communiquer avec les esprits. Edward Kelley prétend pouvoir parler aux anges à travers un miroir en obsidienne polie, dans une langue réservée aux initiés : l'***enochien.*** Rodolphe est enchanté et comble Kelley de multiples honneurs. John Dee offre à Rodolphe une pierre magique et l'empereur passe ses nuits à entrer en contact avec les morts ; c'est bel et bien de la ***nécromancie.***

Devenu riche, Kelley est nommé chevalier de Bohême. Il achète 2 maisons à Prague dont l'une située dans un lieu satanique (*Dobytčí trh,* le marché aux bestiaux) et l'autre dans le quartier de Karlovo náměstí : la ***Faustův dům,*** la ***maison dite « Faust »*** où il se livre à ses expériences. La maison est toujours là aujourd'hui, bien que transformée en palais (lire la partie « À voir »).

Le manuscrit de Voynich : le plus mystérieux des livres médiévaux

Avant de tomber en disgrâce, des spécialistes pensent qu'***Edward Kelley*** a pu être l'auteur du plus mystérieux des manuscrits : un ouvrage de 234 pages écrit dans un alphabet inconnu et illustré par des dessins fantasmagoriques, des peintures représentant des plantes, des astres, des femmes nues au bain... Le texte, composé de milliers de glyphes, demeure incompréhensible. Les plus grands chercheurs ont tenté de le décrypter. On pense qu'il s'agit d'une supercherie de plus de la part d'Edward Kelley, pour bluffer Rodolphe II.

De fait, l'empereur achète l'étrange livre, convaincu qu'il était le fruit du célèbre savant anglais ***Roger Bacon.*** Rodolphe II le confie pour déchiffrage à ***Jacobus de Tepenecz,*** directeur du laboratoire alchimique et des jardins botaniques. Rodolphe meurt le 20 janvier 1612 (d'épuisement, dit-on, mais surtout des suites d'une syphilis incurable). Tepenecz conserve alors le mystérieux manuscrit sans toutefois percer son secret. Il se contente d'y apposer sa signature (qui y figure toujours aujourd'hui). Après sa mort en 1622, le manuscrit change de mains.

Un certain ***Georg Baresch,*** intrigué, l'envoie en 1639 à ***Athanasius Kircher,*** un jésuite allemand installé à Rome et un des grands scientifiques de son temps, astronome, mathématicien, linguiste et spécialisé dans les hiéroglyphes, mais surtout farouche détracteur de l'alchimie. Dans une lettre datée de 1639, le père Kircher mentionne le mystérieux manuscrit sans parvenir à trouver de réponse à l'énigme de ce bouquin illisible. Le manuscrit disparaît ensuite dans les archives de la Compagnie de Jésus pendant des siècles. Jusqu'au jour où les pères du palais Mondragone à Frascati, près de Rome, décident de vendre une partie de leur bibliothèque.
En 1912, un antiquaire de New York, ***Wilfrid M. Voynich,*** achète à Rome 30 manuscrits anciens. Rentré aux États-Unis, il découvre cet écrit rédigé dans une langue inconnue. À sa mort, le livre arrive aux mains de Kraus, un marchand de livres anciens qui le confie en 1969 à l'***université de Yale*** où il est toujours aujourd'hui. De Prague à Yale, de Rodolphe II à Voynich ; voilà, résumée, l'histoire rocambolesque du dernier manuscrit crypté du monde !

SITES INSCRITS AU PATRIMOINE MONDIAL DE L'UNESCO

En coopération avec le

Organisation des Nations Unies pour l'éducation, la science et la culture

Centre du patrimoine mondial

Pour figurer sur la liste du Patrimoine mondial, les sites doivent avoir une valeur universelle exceptionnelle et satisfaire à au moins un des 10 critères de sélection. La protection, la gestion, l'authenticité et l'intégrité des biens sont également des considérations importantes.
Le patrimoine est l'héritage du passé dont nous profitons aujourd'hui et que nous transmettons aux générations à venir. Nos patrimoines culturel et naturel sont 2 sources irremplaçables de vie et d'inspiration. Ces sites appartiennent à tous les peuples du monde, sans tenir compte du territoire sur lequel ils sont situés. Pour plus d'informations : • *whc.unesco.org* •
La République tchèque compte 12 sites répertoriés au Patrimoine mondial, dont, traités dans ce guide :
- le centre historique de Prague (1992) ;
- Kutná Hora : le centre historique de la ville avec la cathédrale Sainte-Barbe et la cathédrale de l'Assomption-de-Notre-Dame de Sedlec (1995).

les ROUTARDS sur la FRANCE 2019-2020

(dates de parution sur • ***routard.com*** •)

Découpage de la FRANCE par le ROUTARD

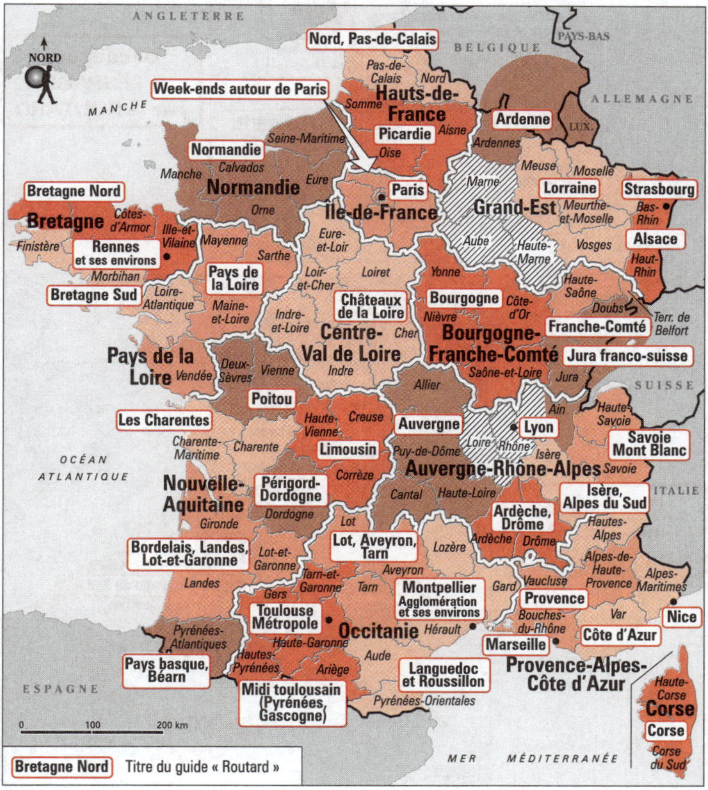

Autres guides sur la France

- Hébergements insolites en France
- Canal des 2 mers à vélo
- La Bourgogne du Sud à vélo (mai 2019)
- La Loire à Vélo
- Paris Île-de-France à vélo
- La Vélodyssée (Roscoff-Hendaye)
- Nos meilleurs campings en France
- Nos meilleures chambres d'hôtes en France
- Nos meilleurs restos en France
- Les visites d'entreprises en France

Autres guides sur Paris

- Paris
- Paris balades
- Paris exotique
- Restos et bistrots de Paris
- Le Routard des amoureux à Paris
- Week-ends autour de Paris

les ROUTARDS sur l'ÉTRANGER 2019-2020

(dates de parution sur • **routard.com** •)

Découpage de l'ESPAGNE par le ROUTARD

Découpage de l'ITALIE par le ROUTARD

Autres pays européens

- Allemagne
- Angleterre, Pays de Galles
- Autriche
- Belgique
- Bulgarie
- Crète
- Croatie
- Danemark, Suède
- Écosse
- Finlande
- Grèce continentale
- Hongrie
- Îles grecques et Athènes
- Irlande
- Islande
- Madère
- Malte
- Norvège
- Pays baltes : Tallinn, Riga, Vilnius
- Pologne
- Portugal
- République tchèque, Slovaquie
- Roumanie
- Suisse

Villes européennes

- Amsterdam et ses environs
- Berlin
- Bruxelles
- Budapest
- Copenhague
- Dublin
- Lisbonne
- Londres
- Moscou
- Naples
- Porto
- Prague
- Saint-Pétersbourg
- Stockholm
- Vienne

les ROUTARDS sur l'ÉTRANGER 2019-2020

(dates de parution sur • *routard.com* •)

Découpage des ÉTATS-UNIS par le ROUTARD

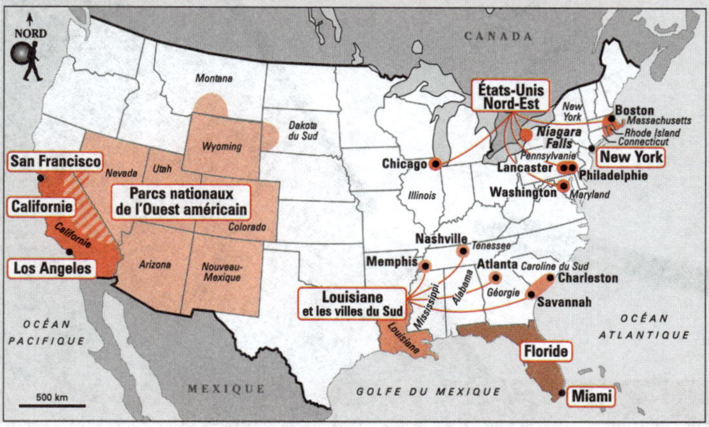

Autres pays d'Amérique

- Argentine
- Brésil
- Canada Ouest
- Chili et île de Pâques
- Colombie
- Costa Rica
- Équateur et les îles Galápagos
- Guatemala, Belize
- Mexique
- Montréal
- Pérou, Bolivie
- Québec et Ontario

Asie et Océanie

- Australie côte est + Red Centre
- Bali, Lombok
- Bangkok
- Birmanie (Myanmar)
- Cambodge, Laos
- Chine
- Hong-Kong, Macao, Canton
- Inde du Nord
- Inde du Sud
- Israël et Palestine
- Istanbul
- Jordanie
- Malaisie, Singapour
- Népal
- Shanghai
- Sri Lanka (Ceylan)
- Thaïlande
- Tokyo, Kyoto et environs
- Turquie
- Vietnam

Afrique

- Afrique du Sud
- Égypte
- Kenya, Tanzanie et Zanzibar
- Maroc
- Marrakech
- Sénégal
- Tunisie

Îles Caraïbes et océan Indien

- Cuba
- Guadeloupe, Saint-Martin, Saint-Barth
- Île Maurice, Rodrigues
- Madagascar
- Martinique
- République dominicaine (Saint-Domingue)
- Réunion

Guides de conversation

- Allemand
- Anglais
- Arabe du Maghreb
- Arabe du Proche-Orient
- Chinois
- Croate
- Espagnol
- Grec
- Italien
- Japonais
- Portugais
- Russe
- G'palémo (conversation par l'image)

Livres-photos Livres-cadeaux

- L'éphéméride du Routard (nouveauté)
- Voyages
- Voyages : Italie (nouveauté)
- Road Trips (40 itinéraires sur les plus belles routes du monde ; nouveauté)
- Nos 120 coins secrets en Europe
- Les 50 voyages à faire dans sa vie
- 1 200 coups de cœur dans le monde
- 1 200 coups de cœur en France
- Nos 52 week-ends dans les plus belles villes d'Europe
- Nos 52 week-ends coups de cœur en France (nouveauté)
- Cahier de vacances du Routard (nouveauté)

Nous tenons à remercier tout particulièrement Loup-Maëlle Besançon, Thierry Bessou, Gérard Bouchu, François Chauvin, Grégory Dalex, Fabrice Doumergue, Cédric Fischer, Carole Fouque, Guillaume Garnier, Nicolas George, Michelle Georget, David Giason, Claude Hervé-Bazin, Emmanuel Juste, Dimitri Lefèvre, Fabrice de Lestang, Romain Meynier, Éric Milet, Pierre Mitrano, Jean-Sébastien Petitdemange et Thomas Rivallain pour leur collaboration régulière.

Jean-Jacques Bordier-Chêne
Laura Charlier
Agnès Debiage
Coralie Delvigne
Jérôme Denoix
Tovi et Ahmet Diler
Clélie Dudon
Sophie Duval
Alain Fisch
Bérénice Glanger
Adrien et Clément Gloaguen
Bernard Hilaire et Pepy Frenchy Kupang
Sébastien Jauffret
Alexia Kaffès
Jacques Lemoine
Caroline Ollion
Martine Partrat
Odile Paugam et Didier Jehanno
Céline Ruaux
Prakit Saiporn
Jean-Luc et Antigone Schilling
Jean Tiffon
Caroline Vallano

Direction : Nathalie Bloch-Pujo
Direction éditoriale : Élise Ernest
Édition : Matthieu Devaux, Olga Krokhina, Gia-Quy Tran, Julie Dupré, Emmanuelle Michon, Pauline Janssens, Amélie Ramond, Margaux Lefebvre, Laura Belli-Riz, Amélie Gattepaille, Aurore Grandière, Camille Lenglet et Lisa Pujol
Ont également collaboré : Estelle Gaudin, Bertrand Lauzanne et Odile Raoul
Cartographie : Frédéric Clémençon et Aurélie Huot
Contrôle de gestion : Jérôme Boulingre et Amina Deiboune
Secrétariat : Catherine Maîtrepierre
Fabrication : Nathalie Lautout et Audrey Detournay
Relations presse : COM'PROD, Fred Papet. ☎ 01-70-69-04-69.
● *info@comprod.fr* ●, Martine Levens (Belgique) et Maureen Browne (Suisse)
Direction marketing : Adrien de Bizemont, Élodie Darty et Charlotte Brou
Informatique éditoriale : Lionel Barth
Couverture : Clément Gloaguen et Seenk
Maquette intérieure : le-bureau-des-affaires-graphiques.com, Thibault Reumaux et npeg.fr
Direction partenariats : Jérôme Denoix
Contact Partenariats et régie publicitaire : Florence Brunel-Jars
● *fbrunel@hachette-livre.fr* ●

INDEX GÉNÉRAL

INDEX GÉNÉRAL

INDEX GÉNÉRAL

INDEX GÉNÉRAL

INDEX GÉNÉRAL

T

LISTE DES CARTES ET PLANS

INDEX GÉNÉRAL

Remarque importante aux hôteliers et restaurateurs

Les enquêteurs du Routard travaillent dans le plus strict anonymat. Aucune réduction, aucun avantage quelconque, aucune rétribution n'est jamais demandé en contrepartie. Face aux aigrefins, la loi autorise les hôteliers et restaurateurs à porter plainte.

Avis aux lecteurs

Le Routard, ce n'est pas comme le bon vin, il vieillit mal. On ne veut pas pousser à la consommation, mais évitez de partir avec une édition ancienne. Les modifications sont souvent importantes.
Les réductions accordées à nos lecteurs ne sont jamais demandées par nos rédacteurs afin de préserver leur indépendance. Les hôteliers et restaurateurs sont sollicités par une société de mailing, totalement indépendante de la rédaction, qui reste donc libre de ses choix. De même pour les autocollants et plaques émaillées.

Avec routard.com, choisissez, organisez, réservez et partagez vos voyages !

✓ Rejoignez la plus grande communauté francophone de voyageurs : **plusieurs millions d'internautes.**

✓ Échangez avec les routarnautes : forums, photos, avis d'hôtels.

✓ Retrouvez aussi toutes les informations actualisées pour choisir et préparer vos voyages : plus de 300 guides destinations, une centaine de dossiers pratiques et un magazine en ligne pour découvrir tous les secrets de votre destination.

✓ Enfin, comparez les offres pour organiser et réserver votre voyage au meilleur prix.

Les **Routards** *parlent aux* **Routards**

Faites-nous part de vos expériences, de vos découvertes, de vos tuyaux et de vos coups de coeur. Aidez-nous à remettre l'ouvrage à jour. Indiquez-nous les renseignements périmés. Faites profiter les autres de vos adresses nouvelles, combines géniales... On adresse un exemplaire gratuit de la prochaine édition à ceux qui nous envoient les meilleurs courriers, pour la qualité et la pertinence des informations.
Quelques conseils cependant :
– Envoyez-nous votre courrier le plus tôt possible afin que l'on puisse insérer vos tuyaux sur la prochaine édition.
– N'oubliez pas de préciser l'ouvrage que vous désirez recevoir, ainsi que votre adresse postale.
– Vérifiez que vos remarques concernent l'édition en cours et notez les pages du guide concernées par vos observations.
– Quand vous indiquez des hôtels ou des restaurants, pensez à signaler leur adresse précise et, pour les grandes villes, les moyens de transport pour y aller.
Si vous le pouvez, joignez la carte de visite de l'hôtel ou du resto décrit.
En tout état de cause, merci pour vos nombreux mails.

122, rue du Moulin-des-Prés, 75013 Paris

• *guide@routard.com* • *routard.com* •

Routard Assurance *2019*

Enrichie année après année par les retours des lecteurs, *Routard Assurance* est devenue une assurance voyage incontournable. Tout est compris : frais médicaux, assistance rapatriement, bagages, responsabilité civile... Vous avez besoin d'un médecin, d'un conseil médical ou d'une prise en charge dans un hôpital ? Appelez simplement le plateau *AVI Assistance* disponible 24h/24, leur réseau est l'un des plus complets actuellement. Vous avez eu des frais de santé en voyage ? Envoyez les factures à votre retour, *AVI* vous rembourse sous une semaine. Avant votre départ, n'hésitez pas à les appeler pour des conseils personnalisés. Ce que l'on a aimé : pas d'avance à faire, ils s'occupent de tout. Un seul réflexe avant de partir : téléchargez l'appli mobile pour garder le contact avec l'assistance 24h/24 et disposer de l'un des meilleurs réseaux médicaux à travers le monde. *40, rue Washington, 75008 Paris.* ☎ *01-44-63-51-00.* • *avi-international.com* • Ⓜ *George-V.*

Édité par Hachette Livre (58, rue Jean-Bleuzen, CS 70007, 92178 Vanves Cedex, France)
Photocomposé par Jouve (rue de Monbary, 45140 Ormes, France)
Imprimé par Lego SPA Plant Lavis (via Galileo Galilei, 11, 38015 Lavis, Italie
Achevé d'imprimer le 15 février 2019
Collection n° 13 - Édition n° 01
26/8653/2
I.S.B.N. 978-2-01-706715-3
Dépôt légal : février 2019

PAPIER À BASE DE FIBRES CERTIFIÉES